U0500271

新时代知识产权文化
传播实践研究

主　编　张　丹
副主编　韩晓洁　吴　峥

知识产权出版社
全国百佳图书出版单位
—北京—

图书在版编目（CIP）数据

新时代知识产权文化传播实践研究 / 张丹主编；韩晓洁，吴峥副主编 . — 北京：知识产权出版社，2024.9. — ISBN 978-7-5130-9234-0

Ⅰ . D923.404

中国国家版本馆 CIP 数据核字第 2024AD0252 号

内容提要

本书围绕知识产权文化传播，比较国内外的知识产权文化传播实践情况，通过翔实的数据、严谨的分析，全视角地从知识产权创造、运用、保护、管理、服务全链条，梳理总结知识产权文化传播实践经验，勾勒出新时代中国知识产权文化传播的现状和未来，让读者可以更深入全面地了解知识产权文化发展和传播的规律。

本书可为政府部门、创新主体、专业人士等做好知识产权文化工作提供有益借鉴，为进一步走好中国知识产权强国之路提供有力支撑。

责任编辑：阴海燕　　　　　　　责任印制：孙婷婷

新时代知识产权文化传播实践研究

XINSHIDAI ZHISHI CHANQUAN WENHUA CHUANBO SHIJIAN YANJIU

张　丹　主编

韩晓洁　吴　峥　副主编

出版发行：知识产权出版社 有限责任公司	网　址：http://www.ipph.cn
电　话：010-82004826	http://www.laichushu.com
社　址：北京市海淀区气象路 50 号院	邮　编：100081
责编电话：010-82000860 转 8693	责编邮箱：laichushu@cnipr.com
发行电话：010-82000860 转 8101	发行传真：010-82000893
印　刷：北京中献拓方科技发展有限公司	经　销：新华书店、各大网上书店及相关专业书店
开　本：720mm×1000mm　1/16	印　张：27.75
版　次：2024 年 9 月第 1 版	印　次：2024 年 9 月第 1 次印刷
字　数：404 千字	定　价：138.00 元
ISBN 978-7-5130-9234-0	

本书编写组

国家知识产权局专利局专利审查协作北京中心　组织编写

主　　编　张　丹

副主编　韩晓洁　吴　峥

编　　委　黎舒婷　付　佳　徐慧芳

　　　　　赵偲懿　罗　朋　李文龙

专家审核　石志超　张珍丽

审　　定　郭　强　高　磊

作者撰写分工

张　丹　框架设计、第一章第一、六节，第三章，共 79.8 千字；

韩晓洁　第四章，第六章前言、第二节，共 70.7 千字；

吴　峥　第七章第一至六节、第八章，共 65.2 千字；

黎舒婷　第五章，共 59.7 千字；

付　佳　前言，第二章第一节，第六章第一、五至六节，结语，共 23.9 千字；

徐慧芳　第一章第二至五节，共 23 千字；

赵偲懿　第二章第二至五节，共 25.7 千字；

罗　朋　第六章第三至四节，共 33 千字；

李文龙　第六章第七节，第七章第七节，共 23 千字。

主要缩略语

全 称	简 称
《中华人民共和国专利法》	《专利法》
《中华人民共和国商标法》	《商标法》
《中华人民共和国著作权法》	《著作权法》
《中华人民共和国民法通则》	《民法通则》
《中华人民共和国海关法》	《海关法》
《中华人民共和国民法典》	《民法典》
《中华人民共和国反不正当竞争法》	《反不正当竞争法》
《中华人民共和国促进科技成果转化法》	《促进科技成果转化法》
《中华人民共和国民事诉讼法》	《民事诉讼法》
《中华人民共和国刑法》	《刑法》
《中华人民共和国专利法实施细则》	《专利法实施细则》
《中华人民共和国发明奖励条例》	《发明奖励条例》
《中华人民共和国自然科学奖励条例》	《自然科学奖励条例》
《中华人民共和国知识产权海关保护条例》	《知识产权海关保护条例》
《中华人民共和国植物新品种保护条例》	《植物新品种保护条例》
《中华人民共和国著作权法实施条例》	《著作权法实施条例》

前言
preface

2023 年 10 月，全国宣传思想文化工作会议在北京召开，习近平总书记出席并发表了重要讲话，对宣传思想文化工作的重要指示，首次提出并系统阐述了习近平文化思想。这在党的理论创新进程中具有重要意义，在党的宣传思想文化事业发展史上具有里程碑意义。

当今时代，是一个全球化语境中文化思潮空前激荡的时代，也是国家软实力竞争不断加剧的时代。随着文化的地位和作用在全球凸显，文化日益走入国家政策和发展战略的中心。国际上，文化领域的扩张和反扩张、渗透和反渗透的博弈成为国际政治经济竞争的焦点之一，对文化资源和话语权的争夺成为全球性资源配置的重要内容，越来越多的文化产品进入全球市场，越来越多的区域文化经济融入现代世界市场体系各种文化力量之间的博弈空前激烈。

要提高国家文化软实力，必须夯实文化的根基。这个根基就是坚持走中国特色社会主义文化发展道路，弘扬中华优秀传统文化。在去粗取精、去伪存真的基础上，坚持古为今用、推陈出新，实现中华文化的创造性继承、创新性发展。习近平总书记强调，要使中华民族最基本的文化基因与当代文化相适应、与现代社会相协调，以人们喜闻乐见、具有广泛参与性的方式推广开来，把跨越时空、超越国度、富有永恒魅力、具有当代价值的文化精神弘扬起来，把继承传统优秀文化又弘扬时代精神、立足本国又面向世界的当代中国文化创新成果传播出去。

改革开放以来，随着《商标法》《专利法》等一系列知识产权相关法律的出台，我国知识产权事业快速发展壮大，取得了举世瞩目的成就。成就的背后，有国家相关法律体系的完善，有知识产权人的拼搏奋斗，有社会各界的广泛参与，有知识产权意识的不断增强，当然，更深层的，也有知识产权文化的逐步形成而产生的坚强支撑。

知识产权文化是现代文明的重要组成部分，是科学技术、法治思想、文化理念的综合性体现。知识产权制度起源于几百年前的西方国家，在几次工业革命中发挥了重要作用，推动在全世界范围内形成尊重和保护知识产权的文化共识和浓厚氛围。改革开放后，我国的知识产权制度日趋完善，极大地促进了我国经济社会和科学技术的快速发展。

知识产权制度建立完善的过程，就是现代知识产权文化积累、传播和发展的过程。知识产权文化的培育，关键是推动包括知识产权创造、知识产权运用、知识产权保护、知识产权管理、知识产权服务等全链条的知识产权实践活动。知识产权文化既形成发展于知识产权发展过程中，也是知识产权事业的价值追求。知识产权实践发展的过程，就是知识产权文化发展的过程。可以说，知识产权实践不断深化，知识产权文化就不断发展，同时，知识产权文化不断发展，反过来又推动着知识产权实践不断深化。

本书围绕知识产权文化及知识产权文化的传播，比较国内外具体的知识产权文化传播实践情况，通过认真的研究、全面的视角、翔实的数据、严谨的分析，从知识产权创造、知识产权运用、知识产权保护、知识产权管理、知识产权服务全链条，梳理总结知识产权文化传播实践经验，让大家更深入全面、更多视角地了解知识产权文化发展、演变、传播的规律，勾勒出新时代中国知识产权文化及其传播的现状和未来，为政府部门、创新主体、专业人士、社会公众等做好知识产权文化工作提供有益的借鉴，为今后进一步做好知识产权工作提供有力的支撑。真诚期望中国知识产权强国建设之路越走越好！

目　录
contents

第一章　知识产权文化

第一节　知识产权概述

一、知识产权的衍生

知识产权的英文是"Intellectual Property"，简称 IP，该词最早于 17 世纪中叶由法国学者卡普佐夫提出，后为比利时著名法学家皮卡第所发展，皮卡第将之定义为"一切来自知识活动的权利"。1967 年世界知识产权组织（World Intellectual Property Organization，WIPO）成立以后，"知识产权"一词开始广泛使用。

"Intellectual Property"也被翻译为智力成果权、智慧财产权或智力财产权，是指"权利人对其智力劳动所创作的成果享有的财产权利"，一般只在有限时间内有效。受各国司法制度不同的影响，知识产权是有一定的地域性。各种智力创造比如发明创造、外观设计、软件源代码、文学和艺术作品，以及在商业中使用的标志、名称、图像，都可被认为是某一个人或组织所拥有的知识产权。

对于知识产权的概念界定，学术界有狭义和广义之分。狭义知识产权概念认为，知识产权是指人们可以就其智力创造的成果所依法享有的专有权利。广义知识产权概念认为，知识产权是指人们基于自己的智力活动创造的成果和经营管理活动中的经验、知识而依法享有的权利。

知识产权权利涉及权利广泛：其中有些权利源于智力创作行为，授予的目的是鼓励智力创作，使其得到回报；另一些权利不论是否有智力创作行为，都是为了规范竞争。专利、著作权等需要智力创作的授权，其授权保护的本意就在于鼓励创新激励发展，商标、商号它们的授权有时同保护智力成果无关，这部分内容的授权更多的是为了规范市场行为，维护市场竞争。地理标志、货源标记这类知识产权，大多数同智力成果也相关性不大，有些地理标志更多的是依靠自然资源、地理环境而产生的。商业秘密，是指不为公众所知悉，具有商业价值，并经权利人采取相应保密措施的技术信息、经营信息等商业信息，也不全与特定人的智力成果有关，通常表现为一个企业长期生产经营的成果，是经营管理活动中的经验、知识的总结。

1883年，《保护工业产权巴黎公约》诞生，并于1884年生效。1886年，随着《保护文学和艺术作品伯尔尼公约》的缔结，版权走上了国际舞台。1893年成立了被称为保护知识产权联合国际局（常用其法文缩略语BIRPI）的国际组织，这是一个规模很小的组织，设在瑞士伯尔尼，当时只有7名工作人员，这便是世界知识产权组织的前身。1967年，"国际保护工业产权联盟"（巴黎联盟）和"国际保护文学艺术作品联盟"（伯尔尼联盟）的51个成员在瑞典首都斯德哥尔摩共同建立了世界知识产权组织，以便进一步促进全世界对知识产权的保护，加强各国和各知识产权组织间的合作。1970年，《建立世界知识产权组织公约》生效，在经历了机构和行政改革并成立了对成员国负责的秘书处之后，保护知识产权联合国际局变成了世界知识产权组织。世界知识产权组织是由成员主导的政府间组织，总部设在瑞士日内瓦。1974年，世界知识产权组织加入联合国，成为联合国的一个专门机构。"Intellectual Property"一词，在这一时期最终被国际公约采用，并且成为这一学科的正式名称。因此，可以说"Intellectual Property"一词是在世界知识产权组织的酝酿成立之时被确定下来，并且广泛推广使用的。该组织主要职能是负责通过国家间的合作促进对全世界知识产权的保护，管理建立在多边条约基础上的关于专利、商标和版权方面的

23 个联盟的行政工作，并办理知识产权法律与行政事宜。该组织的很大一部分财力是用于同发展中国家进行开发合作，促进发达国家向发展中国家转让技术，推动发展中国家的发明创造和文艺创作活动，以利于其科技、文化和经济的发展。

1994 年签订的《与贸易有关的知识产权协议》（简称"TRIPs 协议"），被公认为当前国际知识产权保护领域涉及面广、保护水平高、保护力度大、制约力强的国际公约。TRIPs 协议指出知识产权涵盖版权及邻接权、商标权、地理标志权、工业品外观设计权、专利权、集成电路布图设计权、未披露过的信息专有权、植物新品种。并对上述知识产权的可获得性、范围及行使标准、施行、获得与维持程序、纠纷的预防及解决等作了详细规定。TRIPs 协议已超出任何现有的知识产权国际公约，使知识产权问题与贸易问题密不可分。TRIPs 协议明确表达了一个令人信服的观点，即知识产权制度的存在是为了促进技术知识的生产者和使用者的共同利益，从而促进社会和经济福利提升，平衡权利与义务。期望减少国际贸易中的扭曲和障碍，促进对知识产权充分、有效的保护，同时保证知识产权的执法措施与程序不至于变成合法的障碍。

二、我国的知识产权范畴

（一）我国知识产权发展的背景

受中国古代封建君主专制制度的政策禁锢和传统文化的"无欲""无为"观念的影响，以及当时社会上自给自足的自然经济和重农抑商的环境，很多文化和技术都被当作公共财产，任何人都可以共享使用，所以中国古代缺乏对知识产权的保护，公众的知识产权保护意识也较为淡薄，中国古代对知识产权保护没有严格意义上的法律制度，这种普遍缺乏知识产权保护的社会意识持续到中国近代社会。1910 年颁布的《大清著作权律》是中国历史上第一个版权法，但是颁布的第二年清政府便垮台了，没有起到实际的作用，但对后来北洋政府1915年颁布的著作权法和国民党政府1928年颁布的著作权法有较大的影响，很大程度上保留了《大清著作权律》的内容。新中国成立后颁布的第一部著作权法，从1980年起草到颁布用了十年的时间，究其原因，知识产权法律的建立重新调整了社会的利益关系，利益集中到了少数的个人，而原本免费共享知识的多数人失去了更多的利益，这种知识的私有便有了"资本主义社会""资产阶级"的色彩，很多人不能认识到知识产权的保护长远的作用和意义，认为这与中国近代社会主义公有制是对立的，与当时的社会制度和观念也是大相径庭，这部法律的颁布也是经历很多阻碍和困境。

虽然知识产权保护制度未建立，但是知识产权保护的意识并不是完全没有的。我国古代在很多方面也展现了对知识产权的保护，春秋战国时期的诸子百家，著书立说，抒发自己的思想和政治主张见解，比如《孟子》《荀子》《庄子》等这些书籍都是以思想家的姓名来命名，这便是中国古代的著作权保护意识的体现。而兴盛于宋元时期印章中的花押印，它作为凭信之物，非画非字式样只有本人能看懂的样式标记着作者的身份。自清朝末年到中华人民共和国成立早期，都有建立知识产权制度的考虑或者已经见诸条文，但限于当时实际的社会条件，无法真正全面实行。直到改革开放，才陆续建立起相关法律制度并逐步完善。

（二）我国知识产权制度的建立

经过各界知识产权人的努力，中国于1982年颁布了《商标法》，开启构建知识产权法律体系的先河，同年，发布了《合理化建议和技术改进奖励条例》；1984年颁布了《专利法》，1985年修订了《发明奖励条例》以及《自然科学奖励条例》；1986年通过的《民法通则》在第五章针对知识产权作了专门规定；1990年，《著作权法》颁布。中国的知识产权部门法经历了数次大规模的修订，尤其是《著作权法》，历经三次修正与国际惯例更加接轨；2000年全国人大常委会修订《海关法》，2003年修订《知识产权海关保护条例》，从法律层面确定和强化了海关在知识产权保护方面的职能；最高人民法院公布的《关于办理侵犯知识产权刑事案件具体应用法律若干问题的解释》大幅降低了刑事处罚的门槛，进一步加大了对知识产权犯罪案件的打击力度。

除了国内立法，我国也积极加入有关知识产权保护的国际组织和公约。1981年，中国加入联合国世界知识产权组织，1992年，加入《世界版权公约》；除此之外，中国还加入了十多项保护知识产权的国际公约，如《保护工业产权巴黎公约》《保护文学和艺术作品伯尔尼公约》《商标国际注册马德里协定》《专利合作条约》等。为与国际协定的相关条款相契合，我国对有关知识产权的法律做了一系列的修改，是为成功加入世界贸易组织而必不可缺的❶。

2007年4月10日，美国向世界贸易组织（WTO）提出磋商请求，认为中国在知识产权的版权保护、海关措施、刑事门槛三方面不符合TRIPs协议等相关规定。这是中国加入世界贸易组织以来首次因知识产权引发争议的案件，被称为"中国WTO知识产权争端第一案"。2009年1月26日，世界贸易组织正式公布《"中国——影响知识产权保护与实施的措施"专家组报告》（WT/DS362/R），3月20日，世界贸易组织争端解决机构（DSB）会议审议通过该报告；由于在规定期间未提出上诉，该报告已成为该案最终裁决。它对美国诉称我国《著作权法》和海关措施违背义务的主张"部分予以支持"；同时裁决美国没有证实我国"刑事门槛"不符合TRIPs协议第61条设定的相关义务，并适用司法经济原则，对美国根据TRIPs协议第41.1条和第61条第2句所提出的与刑事门槛相关的主张不进一步审查。从无到有，中国"入世"前后在各项立法、执法方面的不断完善为此次争端中部分胜诉奠定了坚实的基础。

---

❶ 王煜.知识产权40年：源于改革，支撑改革[J].新民周刊，2018（29）：68-69.

（三）我国知识产权制度的逐步完善

2020 年 5 月 28 日，十三届全国人大三次会议表决通过《民法典》，宣告中国进入"民法典时代"，这是新中国历史上首部以"法典"命名的法律，开创了我国法典编纂立法的先河。《民法典》第 123 条规定："民事主体依法享有知识产权。知识产权是权利人依法就下列客体享有的专有权利：（一）作品；（二）发明、实用新型、外观设计；（三）商标；（四）地理标志；（五）商业秘密；（六）集成电路布图设计；（七）植物新品种；（八）法律规定的其他客体。"知识产权是基于创造成果和工商业标记依法产生的权利的统称。

"民法典对于强化知识产权保护，支撑知识产权运用具有重大意义，将持续促进我国知识产权法律法规的不断优化。"大连理工大学知识产权学院院长陶鑫良表示，一方面，我国《专利法》《商标法》《著作权法》等知识产权法律法规应根据《民法典》规定对号入座，不断完善；另一方面，《反不正当竞争法》《知识产权海关保护条例》等关联性法律法规，应与《民法典》做好衔接，进一步强化保护力度。陶鑫良院长认为这次知识产权并未在我国《民法典》中独立成编，应当是时势使然。第一，知识产权法主要随科技进步而生而长而发展。互联网、人工智能、区块链等当代技术进步日新月异，愈演愈烈，相应地，知识产权法也越来越需要随时调整和随机适应，改《民法典》太难，改单行法易。第二，知识产权法只是松散的法律集群，而不是严密的法律体系，往往各知识产权法律法规的个性，与知识产权法的共性同样鲜明，很难全面提炼出凸显知识产权法共性特征的一般性规则。第三，知识产权是"一片竞争法的洋面托起了几座知识产权的冰山"。知识产权法不但主要源于民法，也源于竞争法与其他法。知识产权法中不仅有民事法律的江河，也有行政管理及其他的溪流。故在《民法典》中既难以、也不宜单独设立"知识产权"编。世异时移，法随时变。《民法典》的出台必将开启中

国民事法律新时代，其对知识产权法律法规的影响，也将成为推动我国创新的蓬勃力量。❶

知识产权按照广义的分类包括发明权、实用新型权、外观设计权、商标权、著作权和其他知识产权，按照狭义知识产权分为文学产权和工业产权（表 1-1）。

表 1-1　知识产权分类及具体权利

知识产权分类	具体权利		
广义知识产权	发明权、实用新型权、外观设计权、商标权、著作权（版权）和其他知识产权（植物新品种权、地理标志权、集成电路布图设计权）		
狭义知识产权	文学产权		著作权
			邻接权
	工业产权		专利权
			商标权

最常见也最主要的知识产权有三种，包括著作权、专利权和商标权（表 1-2）。

表 1-2　三大主要知识产权定义

三大主要知识产权	定义
著作权	著作权又称版权，指自然人、法人及非法人组织对文学、艺术和科学作品享有的财产权利和精神权利的总称。
专利权	专利权是指国家根据发明人或设计人的申请，以向社会公开发明创造的内容，以及发明创造对社会具有符合法律规定的利益为前提，根据法定程序在一定期限内授予发明人或设计人的一种排他性权利。
商标权	商标权是指民事主体享有的在特定的商品或服务上以区分来源为目的的排他性使用特定标志的权利。

❶ 陶鑫良.民法典中知识产权星光闪耀 [N].中国知识产权报，2020-06-24（10）.

我国参与全球版权治理的深度和广度不断拓展。与世界知识产权组织合作举办国际版权论坛，开展版权保护优秀案例示范点调研项目，版权多双边合作交流持续加强，推动民间文艺版权保护国内立法和国际推广，以版权助力中华文化影响力进一步提升。2020年，联合国成立以来首个在中国缔结并以中国城市命名的国际知识产权条约《视听表演北京条约》正式生效。2022年，世界上迄今为止唯一一部版权领域的人权条约《马拉喀什条约》在中国落地实施。展示了中国对全世界失明、视力受损或印刷品阅读障碍群体的人道主义，使3.14亿世界盲人和视力障碍者有更多机会接触这一最古老、最丰富且连续不断的文学和文化传统，并用世界的文化和文明惠及和滋养中国1 700多万盲人和视力障碍者。中国版权事业的发展不仅造福自己，也为人类版权事业贡献自己丰富的文化艺术资源。❶

2022年，《工业品外观设计国际注册海牙协定》（简称《海牙协定》）在我国正式生效，海牙协定是由世界知识产权组织管理的一个非常重要的知识产权国际条约，与《商标马德里协定》和《专利合作条约》一起，共同构成工业产权领域的三大业务体系。加入海牙协定，意味着中国企业能够更加便利地在全球范围内开展产品布局和创新保护，对于我国深度参与世界知识产权组织框架下的全球知识产权治理，起到有力促进作用；有利于我国积极融入外观设计全球化体系，促进外观设计创新能力提升，助力中国创意、中国设计、中国制造走向世界。

知识产权是一种无形的财产权，是一种新型的民事权利和法定权利，知识产权的对象不具有具体物质形态，其类型和内容均由法律设定，体现了知识产权的非物质性。非物质性是指知识产权的客体是具有非物质性的作品、发明创

---

❶ WIPO 中国办事处 . WIPO 中国：从《视听表演北京条约》和《马拉喀什条约》看中国在全球版权治理中的作用和影响 [EB/OL]. （2022-05-19）[2024-09-03]. https：//baijiahao.baidu.com/s?id=1733224091982237680&wfr=spider&for=pc.

造和商誉等，由于具有非物质性，其需要借助一定的有形物质载体而存在。因此要将无形的知识产权保护客体与其有形的物质载体区分开，获取物质载体的所有权不意味着获取其承载知识产权，侵犯物质载体的所有权也不意味着侵犯知识产权。

知识产权具有独占性、期限性、地域性的特点。独占性也称垄断性、排他性，指专属于权利人，经其同意或法律规定外，任何人不得享有或行使该权利，知识产权所有人对其权利的客体享有占有、使用、收益和处分的权利。期限性指知识产权仅在法律规定的期限内受到保护，一旦保护期届满，权利即自动终止，知识产权的期限性是世界各国为了促进科学文化发展、鼓励智力成果创造所普遍采用的原则。然而不是所有知识产权都受期限性和独占性的制约，例如，商标的保护期满是可以续展的，商业秘密不受时间的限制，地理标志不具有严格的独占性意义。地域性知识产权只在所确认和保护的地域内有效，是对权利的一种空间限制。任何一个国家或地区所授予的知识产权，仅在该国或该地区的范围内受到保护，而在其他国家或地区不发生法律效力。如果知识产权所有人希望在其他国家或地区也享有独占权，除国家之间有公约的之外，应依照其他国家的法律另行提出申请。为解决就同一发明创造向多个国家或地区申请专利时，减少申请人和各个专利局的重复劳动。《专利合作条约》于 1970 年 6 月在华盛顿签订，1978 年 1 月生效，同年 6 月实施。我国于 1994 年 1 月 1 日加入《专利合作条约》（*Patent Cooperation Treaty*，PCT），同时中国国家知识产权局作为受理局、国际检索单位、国际初步审查单位，接受中国公民、居民、单位提出的 PCT 国际申请。PCT 国际申请是指依据《专利合作条约》提出的申请，是在专利领域进行合作的国际性条约。截至 2024 年 8 月 1 日，已有 157 个国家加入了该条约。PCT 是在巴黎公约下只对巴黎公约成员国开放的一个特殊协议，是对巴黎公约的补充。

知识产权文化传播的载体和理论基础是知识产权法治体系的建设，知识产权法律制度建设的完善程度，直观体现了国家知识产权文化的氛围和水平。反过来说推进知识产权文化的发展，同样推动了国家法律制度的完善，两者相辅相成相互成就，既互相影响又互相支持。研究中国特色知识产权文化传播体系，同样离不开对其法律制度体系的探索。党中央、国务院高度重视知识产权强国建设，2021 年出台了《知识产权强国建设纲要（2021—2035 年）》，从建设面向社会主义现代化的知识产权制度等六个方面，绘就了知识产权强国建设的宏伟蓝图。

三、知识产权全链条保护

习近平总书记在第十九届中央政治局第二十五次集体学习时指出，"要强化知识产权全链条保护。要综合运用法律、行政、经济、技术、社会治理等多种手段，从审查授权、行政执法、司法保护、仲裁调解、行业自律、公民诚信等环节完善保护体系，加强协同配合，构建大保护工作格局。要打通知识产权创造、运用、保护、管理、服务全链条，健全知识产权综合管理体制，增强系统保护能力。要统筹做好知识产权保护反垄断、公平竞争审查等工作，促进创新要素自主有序流动、高效配置。"不同维度下的知识产权工作，拥有一个共同的目标，就是让创新主体获得高水平知识产权保护，从而激发出最澎湃的创新活力。

知识产权保护是一个系统工程，覆盖领域广、涉及方面多。我国从持续加强立法修法、强化法治保障，到提升审查质量效率、加强源头保护，再到压实各方保护责任、强化社会共治，围绕加强全链条保护，不断强化整体设计，完善大保护工作格局，进一步织牢织密知识产权保护网，助力营造更好的创新环境和营商环境。"近年来，中国有关加强知识产权保护的一系列文件和国家政策相继出台，让我们看到了中国政府保护知识产权的决心，也极大地增强了高通这样的外资企业在中国持续投资和长期发展的决心。"美国高通公司高级副总裁马克·斯奈德说。❶ 这些观点，有力回击了国际上认为中国"知识产权保护不力"的声音。

围绕加强全链条保护，我国九部门联合印发《知识产权保护体系建设工程实施方案》(以下简称《实施方案》)，从知识产权保护全链条、全过程、全要素出发，强化整体设计，完善大保护工作格局，进一步织牢织密知识产权保护网，助力营造更好的创新环境和营商环境。

《实施方案》明确，建设知识产权保护体系是一项系统工程，要从知识产权保护全链条、全过程、全要素出发，重点在知识产权保护政策和标准体系、知识产权执法司法体系、知识产权授权确权体系、知识产权保护管理体系、知识产权保护社会共治体系、知识产权领域国家安全治理体系、知识产权保护能力支撑体系等七个方面开展。

《实施方案》强调加强法治保障，要求：夯实知识产权基础性法律立法研究基础；推进《商标法》及其实施条例修改；加强商业秘密保护规制建设；研究建立健全符合知识产权审判规律的特别程序法律制度；推进《著作权法实施条例》及著作权集体管理、作品登记等法规规章修订和《民间文学艺术作品著作权保护条例》制订；完善集成电路布图设计法规；研究论证制订官方标志保护规章；修订驰名商标认定和保护规定；鼓励地方知识产权法规制修订。

根据《实施方案》，到 2027 年，知识产权保护体系和保护能力现代化建设将迈出实质性步伐：知识产权法律法规更加全面系统，严保护的政策和标准更加健全，行政执法和司法保护更加严格，授权确权更加优质高效，快速协同保

---

❶ 中国保护外企知识产权放大招 [EB/OL].（2017-09-22）[2024-06-03]. http://finance.people.com.cn/n1/2017/0922/c1004-29551220.html.

护更加顺畅，知识产权领域国家安全治理基础进一步巩固，社会共治合力进一步增强，保护能力显著提升。覆盖国家、省、市、县四级的知识产权保护网络更加完善，知识产权保护基础进一步夯实，大保护工作格局全面形成。到 2035年，知识产权保护体系和保护能力现代化将基本实现，形成政府履职尽责、执法部门严格监管、司法机关公正司法、经营主体规范管理、行业组织自律自治、社会公众诚信守法的现代化知识产权保护治理体系。

第二节　知识产权文化的历史溯源

一、知识产权文化的提出

2003 年 5 月，世界知识产权组织在《2004—2005 年计划与预算草案》中提到，要把创建知识产权文化作为 WIPO 工作的一项重点计划，极具创新性地以组织性工作方式推动知识产权价值认同和知识产权文化发展，确立了关于知识产权文化的初步认识。同年 9 月，WIPO 召开计划和预算委员会第七次会议，WIPO 总干事在其发布的《WIPO 计划活动的中期计划——WIPO 构想与战略方向》进一步详细提出"建立一种明达的知识产权文化"的工作思路，促进和鼓励每个国家根据其自身的情况，发展一种适宜本国的知识产权文化，倡导落实到国家层面和社会相关的基础层面，包括最适合的国家知识产权战略和国家知识产权制度，全方位地提升公众的知识产权意识，把知识产权意识杂糅在国家治理体系中，作为推动各方面发展的有力措施，并广泛提高国内对知识产权作为促进经济、社会和文化发展强有力手段的认同。采取各有侧重的战略举措和政策布局，将知识产权文化精神融汇于提升知识产权治理效能的实践，推进全社会知识产权意识的加速形成与提高，并将知识产权文化作为促进政治经济发展和世界合作交流的重要基石、沟通世界各国知识产权合作互利的重要基础，将建设知识产权文化作为世界知识产权组织的战略目标之一。

二、知识产权文化建设的推进

2004 年 5 月来自全球 39 个主要国家和地区、组织的 600 多名代表，参加了日本发明协会在东京举办的以"知识产权文化的建立和传播"为主题的国际研讨会，最终形成了以知识产权文化为主题的共识性文件——《东京宣言》，时任 WIPO 总干事卡米尔·伊德里斯（Kamil Idris）博士主张："在经济发展全球化的今天，不同参与者之间相互依存的关系增强，在比以往更多维的对创新的影响要素中，知识产权文化处于核心地位。知识产权对任何文化来说都不是外来的，对任何国家来说都不是本土的。应当在注重知识产权文化的包容性、多元性和多民族性的基础上开展广泛的国际合作。"[1] 代表围绕知识产权文化的利益、功能和实践重点等相关内容，形成了包括培育创造力和鼓励创造保护和有效利用知识产权等主要内容。重申了建立知识产权文化是关乎人类社会长远发展的基础性必然要求，而培育知识产权文化可以从企业战略、经济发展战略、青少年教育及整个社会的价值认同等几个方面重点把握。文件强调知识产权文化必须通过全球传播来贯彻，而不是局限于某个特定国家或者地区。[2]《东京宣言》的发布，标志着知识产权文化建立与传播的组织性实践在相当程度上得到了国际社会的广泛认可。[3]

---

[1] 刘华，李晓钰 . 习近平文化思想引领下知识产权文化的实践展开 [J]. 中国出版，2024（8）：8-14.

[2] JIII. The Proceedings of the International Symposium in Commemoration of the 100th Anniversary of the Establishment of the Japan Institute of Invention and Innovation. Tokyo，2004：9-47.

[3] 刘华，李晓钰 . 我国知识产权文化实践：经验、问题与深化路径 [J]. 科学与社会，2024，14（1）：50-62.

三、中国的知识产权文化建设

党的二十大报告提出，加强知识产权法治保障，形成支持全面创新的基础制度。这是我们实施创新驱动发展战略和人才强国战略，全面激发创新活力的一项关键举措。知识产权在中国快速发展 40 多年，但已经走过了欧美国家 100 多年的道路，我国已经建立与国际通行做法相一致的知识产权法律制度体系，取得了历史性成就。这场转变随改革开放而起，并持续给改革开放提供巨大动力。知识产权制度的建立完善和对知识产权的保护，是中国自身发展的需要，也是中国对世界的重要贡献。

2001 年 12 月 11 日，中国正式加入世界贸易组织（WTO），是中国经济发展历程中的一个重要里程碑。这使中国更深入地融入全球经济体系，也承担了更多的国际义务和责任。中国作为 WTO 的正式成员，全面履行 TRIPs 协议。为了全面履行 TRIPs 协议，为与国际知识产权规则相衔接，我国在法制、公众意识等方面做出了一系列重要调整措施。政府不仅是作为知识产权法律制度的构建者、公共政策的制定者，更重要的是政府承担知识产权文化建设的组织和示范作用，发布了一系列知识产权文化建设的指引。

2008 年 6 月 5 日，国务院颁布实施《国家知识产权战略纲要》（2008—2020），大力提升知识产权创造、运用、保护和管理能力，建设创新型国家。在全社会弘扬以创新为荣、剽窃为耻，以诚实守信为荣、假冒欺骗为耻的道德观念，形成尊重知识、崇尚创新、诚信守法的知识产权文化。首次明确将培养"尊重知识、崇尚创新、诚实守信"的知识产权文化氛围作为国家战略实施中的重点任务之一，要求：加强知识产权宣传，提高全社会知识产权意识；广泛开展知识产权普及型教育；在精神文明创建活动和国家普法教育中增加有关知识产权的内容；建立政府主导、新闻媒体支撑、社会公众广泛参与的知识产权宣传工作体系；完善协调机制，制定相关政策和工作计划，推动知识产权的宣传普及和知识产权文化建设；在高等学校开设知识产权相关课程，将知识产权教育纳入高校学生素质教育体系。❶2009 年 4 月 25 日，中国知识产权文化建设工程在北京启动，强调"尊重知识，崇尚创新，诚信守法"的知识产权文化理念和时代精神。2010 年 10 月，《中共中央关于制定国民经济和社会发展第十二个五年规划的建议》提出，要提高全民族文明素质，营造良好的社会文化环境，推动文化产业成为国民经济支柱性产业，增强文化产业整体实力和竞争力。提升国家文化软实力，要加强对外宣传和文化交流，积极探索促使我国文化走出国门的有效方式方法，以增强中华文化国际竞争力和影响力。❷

党的十八大以来，实施创新驱动发展战略，习近平总书记多次指出"创新是引领发展的第一动力，保护知识产权就是保护创新"，"必须把创新摆在国家发展全局的核心位置"。创新，成为以习近平同志为核心的党中央治国理政的核心理念之一，创新驱动，成为中国发展的核心战略之一。习近平总书记重视新时代思想文化发展，强调"宣传思想文化工作事关党的前途命运，事关国家长治久安，事关民族凝聚力和向心力，是一项极端重要的工作"，为新时代知识产权文化实践提供了强大的思想纲领和行动指南。随着创新发展理念的深入人心，民众的知识产权文化意识日渐增强。随着知识产权文化社会氛围愈渐浓厚，知识产权文化建设不断向纵深推进。2013 年 3 月，国家知识产权局、国家工商总局、国家版权局、中宣部、文化部等联合印发《关于加强知识产权文化建设的若干意见》指出，知识产权文化是中国特色社会主义文化的组成部分，是实施国家知识产权战略、建设创新型国家的重要思想意识保障，为深入推进国家知识产权战略实施，增强全社会尊重、保护知识产权的观念，建设适应创新驱动发展需要的知识产权文化，为创新型国家

---

❶ 见《国家知识产权战略纲要》。

❷ 见《国民经济和社会发展第十二个五年规划纲要》。

建设提供强大精神动力。2015 年 12 月，国务院发布了《国务院关于新形势下加快知识产权强国建设的若干意见》❶，要求加强知识产权文化建设，加大宣传力度，广泛开展知识产权普及型教育，加强知识产权公益宣传和咨询服务，提高全社会知识产权意识，使尊重知识、崇尚创新、诚信守法理念深入人心，为加快建设知识产权强国营造良好氛围。2020 年 11 月，习近平在第十九届中央政治局第二十五次集体学习时强调，要全面加强知识产权保护工作激发全社会创新活力推动构建新发展格局，对全面加强知识产权保护 6 个方面工作作出重大部署。全面建设社会主义现代化国家，必须从国家战略高度和进入新发展阶段要求出发，全面加强知识产权保护工作，促进建设现代化经济体系，激发全社会创新活力，推动构建新发展格局。这是党的十八大以来，中央政治局第一次就知识产权保护工作进行集体学习，是我国知识产权事业发展的重大里程碑。2021 年，中共中央、国务院印发《知识产权强国建设纲要（2021—2035 年）》❷，要求牢牢把握加强知识产权保护是完善产权保护制度最重要的内容和提高国家经济竞争力最大的激励，打通知识产权创造、运用、保护、管理和服务全链条，建设文化自觉的知识产权强国，促进知识产权高质量发展的人文社会环境，充分发挥知识产权制度在社会主义现代化建设中的重要作用。知识产权全链条保护能够系统保护科技创新和文化创意成果，进而推动经济社会高质量发展。塑造尊重知识、崇尚创新、诚信守法、公平竞争的知识产权文化理念，厚植公平竞争的文化氛围，培养新时代知识产权文化自觉和文化自信，推动知识产权文化与法治文化、创新文化和公民道德修养融合共生、相互促进。构建内容新颖、形式多样、融合发展的知识产权文化传播矩阵，创新内容和形式手段，加强涉外知识产权宣传，形成覆盖国内外的全媒体传播格局，打造知识产权宣传品牌，标志着我

---

❶ 见《关于加强知识产权文化建设的若干意见》。

❷ 见《知识产权强国建设纲要（2021—2035 年）》。

国知识产权文化实践实现重要转折。党的二十大对新时代新征程文化建设作出了全面部署，提出了明确要求。强调加强知识产权法治保障，形成支持全面创新的基础制度，以及完善产权保护、市场准入、公平竞争、社会信用等市场经济基础制度，优化营商环境等，为新时代知识产权事业发展指明了前进方向、提供了根本遵循。我们要以高度的政治责任感和时代使命感，落实好党的二十大报告部署的重点任务，在中国特色社会主义文化发展道路上激发全民族文化创新创造活力，建设社会主义文化强国，加强国际传播能力建设，全面提升国际传播效能。2023 年，是全面贯彻落实党的二十大精神的开局之年。国务院办公厅印发《知识产权领域中央与地方财政事权和支出责任划分改革方案》，设立了国家知识产权强国建设工作部际联席会议制度。国务院常务会议审议通过了《专利转化运用专项行动方案（2023—2025年）》和《专利法实施细则》，并围绕"深入实施知识产权强国战略，有效支撑创新驱动发展"主题，开展国务院第四次专题学习，打出了一套知识产权"组合拳"。

第三节　文化的内涵

一、国内关于文化的定义

研究知识产权文化的内涵离不开对文化的理论追溯和研究，"文化"一词最早出现在《易经》："刚柔交错，天文也。文明以止，人文也"，"观乎天文，以察时变；观乎人文，以化成天下。""观乎天文，以察时变"，讲的是通过观察、分析自然现象，就能掌握了解它的变化规律。"观乎人文，以化成天下"，讲的是欲对人民进行教化，应先观察、研究人类社会创造的文明礼仪，了解、掌握其规律，然后才能制定正确的措施和办法，实现教化天下的目标。"文"

是名词，指客观规律、礼仪制度，"化"为动词，指教化驯化。治理国家，既要晓天文、观时序也要通礼仪、教百姓。西汉刘歆在其散文《说苑·指武》中作"文化不改，然后加诛"语。此处的"文化"意指以非武力的方式来教化转变人。这些箴言本是千百年前政治家治理国家的规训，却已朴素初现"文化"为国家治理的政治工具价值。

近现代意义上的文化概念则是西方文化概念中国化的产物。我国古典语言中的"文化"一词被作为西文 culture 和 kultur 的对等词。梁启超认为"文化者，人类心能所开释出来之有价值的共业也"，胡适认为文化是一种文明所形成的生活的方式，梁漱溟认为文化是人的生活样法，《辞源》则从广义和狭义两个层面界定了文化的概念，认为"广义的文化指人类在社会历史实践过程中创造的物质财富与精神财富的总和；狭义的文化，指社会的意识形态，以及与之相适应的制度和组织结构"。《现代汉语词典》释义为："人类在社会历史发展过程中所创造的物质财富和精神财富的总和，特别指精神财富，如文学、艺术、教育、科学等。"《中国大百科全书——社会学》解释为，广义的文化是指人类创造的一切物质产品和精神产品的总和。狭义的文化专指语言、文学、艺术及一切意识形态在内的精神产品。文化是上层建筑的一部分，决定于经济社会的发展，而文化又对经济社会发展起推动作用。

二、国外关于文化的定义

1690 年，安托万·菲雷迪埃《通用词典》解释 "culture" 为"人类为使土地肥沃、种植树木和植物所取的耕耘和改良措施"，将文化定义为为农耕服务的一种能力或手段。苏联哲学家罗森塔尔与尤金合编的《简明哲学词典》将"文化"解释为"人类在社会历史实践过程中所产生的物质财富与精神财富的总和"，《苏联百科》词典中也采同样解释。马克思主义则从实践观、历史观和辩证法的角度阐述文化概念，认为"文化是形成人的关系、力量、能力和需要的全部总和，其最高价值就在于实现真善美高度统一的自由境界，文化上的每一个进步，都是迈向自由的一步"。文化的含义丰富，外延广阔，英国著名人类学家爱德华·伯内特·泰勒在《原始文化》（1871 年）中提到，"所谓文化和文明乃是包括知识、信仰、艺术、道德、法律、习俗，以及包括作为社会成员的个人而获得的其他任何能力、习惯在内的一种综合体。"20 世纪，美国文化学家克鲁伯和克拉克洪在《文化：概念和定义的批判性回顾》一书中认为：文化是包括各种外显或内隐的行为模式，通过符号的运用使人们习得并传授，并构成了人类群体的显著成就，文化的基本核心是历史上经过选择的价值体系；文化既是人类活动的产物，又是限制人类进一步活动的因素。

三、文化的定义

文化是精神文明的保障和导向，定义涵盖了广泛的概念。其一，文化有广义和狭义之说：广义文化是人类在社会历史进程中创造的物质财富和精神财富的总和；狭义文化是人们普遍遵守的社会规范，例如行为规范、生活方式、风俗习惯等。其二，文化又有广义、中义、狭义之分：从广义说，文化指人类在改造客观世界实践中创造的物质成果和精神成果的总和，文化是人类创造的一切，又称为大文化。从中义说，文化指人类思想和知识领域的全部创造物，即精神成果，指社会的意识形态，以及与之相适应的制度和组织机构。认为文化是指人类在长期的历史实践过程中所创造的包括知识、信仰、艺术、道德、法律、习惯等精神财富的总和，它实质上排除了上述广义文化观中物质文化作为文化的构成要素。中义文化观认为文化具体包括社会的意识形态以及与社会意识形态相适应的制度和组织机构。从狭义说，文化仅指人类精神成果中观念形态的东西，仅指社会的意识形态或社会的观念形态，即精神文化。其三，有人类学家将文化区分为三个层次：高级文化，包括哲学、文学、艺术、宗教等；大众文化，主要指习俗、仪式以及包括衣食住行、人际关系在内的生活方式；深层文化，主要指价值观、时间取向、生活节奏、解决问题的方式以及与性别、阶层、职业、亲属关系相连的个体角色。其四，文化可以分为传统文化和现代文化。我国的传统文化具有鲜明中华特色的、内涵博大精深而传统悠久的文化，是在整个中华文明发展中逐步演化而汇集成的一种反映民族特质和风貌的民族文化，包括诸多文化种类，例如，儒家文化、道家文化、佛教文化等。简言之，传统文化是以儒学为主导、以儒佛道为主体、诸子百家兼容互补的多元一体的文化集合体。传统文化中"以义待利""崇尚创新""追求和谐"等思想所蕴含的价值可成为当代中国融入全球化和赢取话语权的文化资本。同时，也能为我国知识产权文化培育提供理论借鉴，是我国知识产权观念文化培育应该重点关注的方面。关于现代文化的概念，国内外学界有两种观点，一是从文化史角度认为其是工业社会以来新产生的、在当今历史时期占主导地位的文化；二是从社会发展观角度认为，现代文化是相对于传统文化或封建文化而言的一种"现代性文化"，这种文化具有科技化、工业化、商业化等特点，并在生产方式变革、生产效能以及促进经济增长方面具有重要作用。纵观世界各国，适合本国特点的先进文化正在承担着主导各自社会发展以及塑造社会成员正确价值观的重任。

马克思主义站在历史的唯物主义的立场，从实践观、历史观和辩证法的角度阐述文化概念，强调文化是社会历史发展的产物，具有阶级性、民族性、历史继承性和开放性，认为"文化是形成人的关系、力量、能力和需要的全部总和，其最高价值就在于实现真善美高度统一的自由境界，文化上的每一个进步，都是迈向自由的一步"。马克思主义文化观认为文化是政治和经济的反映，同时它还对政治、经济具有反作用。马克思主义文化观不仅仅是一种单纯的学者的理论观点，更是一种国家的实践指南，为社会主义国家的文化建设和发展提供了指导。

综上，文化在广义上涵盖了整个人类历史发展的全部过程；狭义上指在一定社会历史条件下产生并体现大众活动的一种精神认同，表达人们的愿望、需求乃至理想等目标和价值观念，其核心要素是价值取向和思维方式。文化作为一种精神现象，它具有传播性、继承性、渗透性、排他性、习惯性（稳定性）、渐进性（演变性）等特质，也正是由于这些特质的长期、潜移默化的影响，才促进人类变化与差异化发展，即不同的文化决定了人类社会人们不同的价值取向，决定了人类社会的文明程度。由此，足见文化的影响魅力与重大作用。

文化对知识产权的影响所体现出来的无形性、认同性、相对性与普遍性为人们所共同认可。文化是内隐与外显的统一，是潜藏于人类生活背后的观念系统，其对知识产权领域的影响也掩映在其他因素背后发挥作用，这体现了文化的无形性。文化强调群体认同，认同是文化的基本功能之一，不同国家和民族的文化具有不同的思维方式和价值观念，而相同的文化则会促进向心力与亲和力的形成与加强。文化既反映特定的历史传统、地理环境下人类的特殊经验，又是人类文明的有机组成部分，具有一定的共识性和普遍性。

第四节　知识产权文化的内涵

随着知识产权在全球的经济和文化发展中重要性的不断增强，知识产权文化的提出以及普及，越来越受到全球各国的重视。构建知识产权文化体系受到广泛的关注，各国的学者百家争鸣，纷纷表达着自己的观念。随着知识产权在各国的不断发展及全球社会经济的发展，知识产权文化也经历了多年的探索和发展，形成了自己的文化体系范畴，对知识产权文化的内容界定和体系构建尤为重要。知识产权文化作为文化的一部分，同样可以从广义、中义、狭义这三个层面对知识产权文化内涵进行研究。

一、广义的知识产权文化观

通常认为，广义的知识产权文化是指在人类历史发展进程中积累下来并不断创新的有关知识产权的法律制度、认知（态度、信念、知悉）评价、心理结构、价值体系、行为模式等相互结合的有机整体，主要包括制度文化、理念文化和环境文化。这种观点称之为广义知识产权文化观，它包含物质、制度、观念三个层次，使用了马克思唯物史观的分析范式，逻辑比较完整，受到很多学者的青睐。

代表性观点有：刘华、李文渊认为知识产权文化的内在结构应该划分为两个层面，一是观念形态的知识产权文化，包括知识产权学说、意识、习惯等；二是制度形态的知识产权文化，包括知识产权法律制度及规范、管理制度及组织机构、设施等方面。❶郭民生认为知识产权文化是在中国传统文化的基础上，结合现代科技、经济和社会发展的国内外环境，经过人们继承、丰富和发展而来的，在世界科技经济一体化和政治、文化相互交流与融合的潮流中逐步形成的新文化形态。基于一般视角，认为知识产权文化是指知识产权制度和观念层面的文化。从知识产权的内涵出发，认为知识产权文化是以知识产权为核心，涵盖了人本、科学、民主、学习、诚信、和谐、创新、创业、创富等诸多要素的价值观念、行为方式、制度和物质的总和。❷历宁等从社会发展进程角度出发，认为知识产权文化是长期积累下来并且能够不断创

---

❶ 刘华，李文渊．论知识产权文化在中国的构建 [J]．知识产权，2004（6）：16-20.

❷ 郭民生．理解知识产权文化的基本内核 [J]．创新科技，2005（10）：48-49.

新的制度、观念、认知、评价、行为的有机整体。从广义的视角出发对知识产权文化的分析是宽泛的。❶

二、中义的知识产权文化观

中义的知识产权文化认为知识产权文化应包括观念和制度两个层次的内容，即观念层次上的知识产权文化，包含知识产权学说、意识和习惯等，制度形态上的知识产权文化，包含知识产权法律制度、管理制度、组织机构和基础设施等。代表性观点有：吴汉东从影响因素角度出发，认为知识产权文化应该包括意识文化、制度文化和环境文化等。❷ 丁卫明、汤易显从创新文化、法治文化和管理文化角度出发，认为知识产权文化是意义符号管理制度、沟通管理制度和氛围管理制度等所组成的制度集合体，其中，意义符号管理制度属于观念层面。❸ 韩兴将知识产权文化界定为法律文化的子范畴，从法律关系中主体、客体和内容三个构成要件出发，认为知识产权文化"是由知识产权战略、知识产权制度、组织机构、设施和知识产权学说、意识及习惯共同组成的社会文化氛围"。❹

三、狭义的知识产权文化观

狭义的知识产权文化认为知识产权文化是人类在从事知识产权活动中产生的、影响知识产权事务的精神现象的总和，涉及人们对于知识产权的认知、态

---

❶ 历宁，周笑足.论我国知识产权文构建 [EB/OL].（2006-10-26）[2024-06-10]. 中国知识产权资讯网. http：//www.iprchn.com/Index_NewsContent.aspx?NewsId=824.

❷ 吴汉东.当代中国知识产权文化的构建 [J]. 华中师范大学学报（社科版），2009（2）：104-108.

❸ 丁卫明，汤易兵.交叉学科视野下的知识产权文化探微 [J]. 中国发明与专利，2009（10）：20-22.

❹ 韩兴.论我国知识产权文化建设的多元文化互动 [J]. 南京理工大学学报（社科版），2014（1）：49-53.

度、价值观和信念，仅指观念层面的文化。从知识产权现象、科技创新文化观、知识产权的观念形态、法治文化观等角度界定知识产权文化，认为知识产权文化是涵盖意识、观念、价值、心理、习惯、行为等诸多要素的集合体。

四、知识产权文化内涵

通过对学者的观点梳理分析，可以发现众学者对知识产权文化内涵的界定还存在着一定差别。笔者认为，在知识产权文化传播中，虽然形成了大众意识，但离开制度的引领作用，这种意识的发展会充满许多未知。制度作为顶层设计，本身蕴含着知识产权文化，本书中，以中义的知识产权文化观作为界定，更为充分地分析文化及其传播。

对于知识产权文化内涵的理解，无外乎知识产权文化观念和知识产权制度这两个内在层面，前者包括知识产权意识、习惯、认知等精神层面的知识产权文化价值观和行为习惯，是在当下的社会背景中，社会公众普遍接受的价值引导并遵循的社会规律，这种价值观影响着一个国家及社会民众对知识产权的态度，长远看，对国家不断发展中的知识产权制度改革也有着影响，这是一种内在层面的影响。在精神内涵上，知识产权文化是通过对保护创新、促进知识产权价值的认同，构建起知识产权市场发展良性秩序所需要的精神资源，尊重知识产权，全社会崇尚创新精神，要以公众形成正确道德观和强烈权利意识为基础。知识产权文化也是法律文化范畴一部分，知识产权的制度文化是知识产权文化的最基本表现形式，被以法律法规、制度规范等一系列政策等所固化的表现形式。知识产权文化是基于对知识产权创造、运用、保护、管理、服务基础上的新型文化形态，知识产权文化的观念和知识产权制度都决定着国家的知识产权文化的发展方向，知识产权制度更是直接对一个国家的知识产权事务直接做出规定，对于知识产权文化制度形态的表现，社会公众是普遍认同的，是经过社会实践的不断优化得出的。当一个国家的社会中普遍的知识产权文化观念可以和当下知识产权制度相契合匹配，两者相互协调发展时，说明社会公众普遍的知识产权文化意识是良性发展的，公众对知识产权制度是非常认同的。如果知识产权文化观念和知识产权制度相背，则无论是知识产权制度还是文化都难以良性发展。所以说知识产权文化的观念和制度需要相互促进，共同发展，当一个社会的知识产权观念和制度都是正向的，适合国家和全球发展的，知识产权文化建设才能良币驱逐劣币，不断地完善和发展。

在建设知识产权强国的进程中，特别是在知识产权已经成为现有和潜在的全球知识经济国家的战略资源和核心竞争力的新形势下，加强知识产权文化建设，有助于弘扬改革创新精神，树立创新理念，有助于进一步推动先进文化的繁荣发展。

五、知识产权文化的特征

知识产权文化内在本质上是人类社会发展衍生出来的法律文化、权利文化，是以权利方式为最基本的体现，并通过法律制度建立起来的利益激励机制。知识产权文化在制度层面只是表面的体现，涉及知识产权法律法规体系、公共政策体系、管理制度体系及组织机构等，这也是知识产权规则文化。深层核心的知识产权文化，是对人们的意识理念、思维及行为习惯的深入影响，包括价值准则、观念认识、理论体系和学术思想。规则和意识也是知识产权文化构建的两个基本层面。知识产权文化具有继承性和创新性、先进性和引导性及包容性和国际差异性的特征。

（一）知识产权文化具有继承性和创新性

知识产权文化的核心是创新，展现了人类社会对创新的态度已逐步演变成一种行为习惯的状态，是引导整个社会创新的精神支持，是一种涉及技术、法律领域的以技术共享、交流合作、产权保护为共同指向的观念，也是激励自主创新、影响创新活动的内在动力。这种文化是经过人类社会的创造继承不断发展起来的，不是故步自封和停滞不变的，具有历史延续性。知识产权文化不仅继承和积累了历史传承中与知识产权相关的知识、制度和观念等的精华，同时接受积极的先进思想、观念和制度，在不断的创新中继承和发展。正因如此，我国在对知识产权文化传播培育的道路上，在对中国传统文化和社会观念的历史传承中，结合世界上优秀的知识产权文化观念，不断地进步、创新，形成了具有中国特色，并且符合中国社会经济发展的知识产权文化氛围。

（二）知识产权文化具有先进性和引导性

先进的知识产权文化，可以促进社会形成尊重和保护知识产权的良好氛围，从而激发人们的创新活力，推动了科技进步和社会发展。知识产权文化的理念，体现了我们的价值目标，对人类社会的价值取向和行为方式有着规范作用，是整个国家主流意识形态和习惯养成的标准，推动知识产权文化的发展和繁荣。对社会整体而言，知识产权文化具有鲜明的价值导向和精神追求，对全社会普遍认同知识产权价值观念、形成创新氛围具有积极的引导功能。优秀的知识产权文化，对国家的知识产权政策和氛围具有引导作用，促进知识产权事业的发展与进步。

（三）知识产权文化具有包容性和国际差异性

各个国家都拥有独特的文化或民族传统，价值观也是不一样的，各国不同的文化传统、价值观体系对知识产权文化的形成有着不可忽视的影响。不同的文化传统和价值观体系的差异导致各个国家知识产权文化的差异性，为适应经济全球化的发展，我们面对这种差异性，不可避免地需要开放观念，吸收和借鉴中外优秀的思想元素和理论成果，取长补短，求同存异，为多元文化交融和碰撞提供土壤，逐渐形成包容多样式文化的现代文化，以实现我国知识产权文化的强大生命力和国际竞争力。正因为国际差异性的存在，也要求我们具有不断化解因多元文化而引发矛盾和冲突的能力。在当今国际社会中，更要勇于走出去，向世界传播我国知识产权文化的核心主张，用自己的话语体系传递中国声音。

第五节　知识产权文化的理念

我国的知识产权文化理念是我们国家经过对知识产权事业的探索和培育，进行升华和总结而得出的价值观。我国深耕于知识产权文化建设，厚植知识产权文化理念，大力推动了知识产权人文社会环境的形成，促进了社会主义市场经济的发展。基本理念可概括为"尊重知识、崇尚创新、诚信守法、公平竞争"，其本质在于激励创新。该文化理念日益深入人心，有力支撑了知识产权强国建设，我国多年来持续推进知识产权文化建设，积极构建大宣传工作格局，全社会尊重和保护知识产权的意识明显提升，创新主体运用知识产权提升竞争力的水平不断增强。

2008 年，我国在《国家知识产权战略纲要》第一次提出"尊重知识、崇尚创新、诚信守法"的知识产权文化理念。为贯彻落实中央对严格产权和知识产权保护的部署要求，促进完善"公平竞争"的市场环境，《知识产权强国建设纲要（2021—2035 年）》提出了"尊重知识、崇尚创新、诚信守法、公平竞争"的知识产权文化理念，在原来十二个字的文化理念的基础上增加了"公平竞争"的理念，形成了十六个字的知识产权文化理念。并将"建设促进知识产权高质量发展的人文社会环境"列为知识产权强国建设六大重点任务之一。

接下来将对这十六个字的理念进行剖析。

一、尊重知识

尊重知识就是要倡导尊重创造、尊重权利、尊重人才的观念，这是知识产权文化的基本价值观，尊重和保护知识产权是维护创新和创意成果的重要环节，社会要充分尊重和保护创新。知识是经济社会发展的重要支柱，是个人成长和社会进步的推动力。尊重知识是一种重要的道德原则，它关乎国家发展、个人成长和社会进步。在知识经济时代，知识和人才成为国家繁荣、民族振兴的关键因素。尊重知识意味着将知识视为经济社会发展的重要支柱，知识产权、技术创新和人才培养成为国家竞争力的核心要素。

例如，2018 年，北京市知识产权局构建"行政执法、司法审判、多元调解、商事仲裁、法律服务、社会监督、行业自律"七位一体知识产权大保护格局，优化首都营商环境，营造首都知识产权保护首善之区。"行业自律"是知识产权大保护格局的重要组成部分，在活动中，20 多个行业组织代表发布北京市行业组织"尊重知识产权，保护知识产权"行业自律倡议。北京市知识产权局以微信公众号、微官网为载体，面向各行业组织、企事业单位及社会公众发布知识产权保护倡议书，通过移动互联网开展公众网络接力活动，提高各行业知识产权保护的关注度和影响力，推动知识产权保护的良好社会氛围。❶

在全球化的背景下，尊重知识对于实现国家跨越式发展至关重要，它不仅关乎国家发展，更是个人成长和社会进步的推动力。通过不断学习、创新，人们可以提升自身素质，为国家的发展贡献自己的力量。此外，尊重知识还体现在学习者对知识的热情和尊重。掌握知识的过程是密集型的劳动，学习者的热情可以激发整个社会的活力和进步。让更多人参与知识的学习，会让社会进步

---

❶ 北京局组织发布"尊重知识产权，保护知识产权"行业自律倡议 [EB/OL].（2018-04-28）[2024-06-15].
https：//www.cnipa.gov.cn/art/2018/4/28/art_57_123434.html.

得更快。知识是人类社会发展过程中产生的技术价值和文化价值，它在改变社会进步方面起着重要的作用。因此，尊重知识不仅是一种理念，更是一种实际行动。政府高度重视知识经济和人才发展，不断优化政策环境，为人才的成长提供广阔舞台。尊重知识和人才已成为全社会共同的价值观念，深入人心。

二、崇尚创新

崇尚创新就是要发扬创新变革、勇于竞争、宽容失败的精神，推动社会生产力的发展、生产关系和社会制度的变革，以及人类思维和文化的发展，体现了知识产权文化的基本精神品质。习近平总书记指出"创新是引领发展的第一动力，保护知识产权就是保护创新"。在当代，技术创新、知识创新、管理创新、制度创新已经成为社会进步和经济发展的根本动力，这就表明创新实践已经日益成为社会实践的主导形式和价值创造的重要源泉，创新已经成为时代主题。不断向知识产权强国的广度和深度进军，离不开知识产权保护的土壤、离不开全民知识产权意识的提升、离不开对知识产权文化崇尚创新精神的不懈追求。

例如，2017 年，湖北省把中小学知识产权试点教育列入知识产权强省建设计划，试点期限为两年。试点期内，各知识产权试点教育学校将建立和健全知识产权教育工作体系，形成教学有师资、学习有课时和激励创新的良好氛围。计划通过培育一批全省中小学知识产权教育工作的试点学校，让青少年从小形成尊重知识、崇尚创新的知识产权意识。以试点促推广，充分发挥知识产权教育的辐射带动作用，从点到面扩散，在全社会形成尊重知识、崇尚创新的知识产权文化氛围。❶ 把知识产权文化普及放在与科技创新同等重要的位置，将会

---

❶ 沈莹.湖北省第二批中小学知识产权教育试点学校名单公布 [EB/OL].（2017-10-16）[2024-06-15]. https://www.cnipa.gov.cn/art/2017/10/16/art_322_41488.html.

使全社会的创新智慧充分释放、创新力量充分涌流。

习近平总书记强调："科技创新、科学普及是实现创新发展的两翼"。营造尊重知识、崇尚创新的社会氛围，要强化知识产权创造、保护、运用。一个创新主体不断扩大、创新意愿不断增强、创新举措不断涌现的社会，必定是创新成果受到尊重、受到保护的社会。创新成果来之不易，凝聚着科技创新工作者的心血和智慧，需要全社会倍加珍惜、保护。保护知识产权就是保护创新，只有严格执行知识产权制度，给创新"赋权"，让成果受到尊重，才能使创造活力竞相迸发，为贯彻新发展理念、构建新发展格局、推动高质量发展提供有力支撑。

三、诚信守法

诚信守法就是要推行诚实守信、遵纪守法的风尚，确立了知识产权文化的普遍道德标准和行为准则。加强知识产权法治保障，有力支持全面创新。知识产权文化也是法律文化的一部分，而法律文化也是文化的一个分支，它是法律制度的升华，是法律上升到精神层面的探索，同样的可以说，知识产权文化就是对知识产权法律制度的升华，但是知识产权文化又不能简单地等同于知识产权制度和法律法规。

2022 年，就诚实守信而言，国家知识产权局印发《国家知识产权局知识产权信用管理规定》，适用于国家知识产权局在履行法定职责、提供公共服务过程中开展信用承诺、信用评价、守信激励、失信惩戒、信用修复等工作。国家知识产权局知识产权信用管理工作坚持依法行政、协同共治、过惩相当、保护权益原则，着力推动信用管理长效机制建设。法律为社会的正常运行提供了规则和框架，守法意味着尊重并遵守这些规则，不违反法律的规定。守法不仅是对个人的要求，也是对组织的要求，包括企业、机构等在内的所有社会成员都应遵守法律，维护法律的权威和尊严。

法律为社会的正常运行提供了规则和框架，守法意味着尊重并遵守这些规则，不违反法律的规定。守法不仅是对个人的要求，也是对组织的要求，包括企业、机构等在内的所有社会成员都应遵守法律，维护法律的权威和尊严。知识产权违法行为包括：未经授权，在生产、经营、广告、宣传、表演和其他活动中使用相同或者近似的商标、特殊标志、专利、作品和其他创作成果；伪造、擅自制造相同或者近似的商标标识、特殊标志或者销售伪造、擅自制造的商标标识、特殊标志；变相利用相同或者近似的商标、特殊标志、专利、作品和其他创作成果；未经授权，在企业、社会团体、事业单位、民办非企业单位登记注册和网站、域名、地名、建筑物、构筑物、场所等名称中使用相同或者近似的商标、特殊标志、专利、作品和其他创作成果；为侵权行为提供场所、仓储、运输、邮寄、隐匿等便利条件；违反国家有关法律、法规规定的其他侵权行为。

2022 年，辽宁省大连市组织实施知识产权"亮剑护航"专项行动，严厉打击侵犯商标、专利、地理标志等知识产权违法行为，充分发挥知识产权行政执法在营造良好营商环境等方面的重要作用，促进知识产权强市建设。在加强知识产权法治保障方面采取了一系列措施：一是制定出台《2022 年度大连市知识产权"亮剑护航"专项执法行动方案》，加强医药领域、食品领域、电子商务领域等方面执法保护。二是与宁波市市场监管综合行政执法队跨区域联合开展打击侵犯知识产权和假冒伪劣商品违法犯罪工作，签订备忘录，共同提升区域内知识产权行政执法保护水平和效率。三是在全市知名企业中选取知名度高，产品质量好，生产规模大，在全国同行业排名靠前的企业，建立大连市申报驰名商标认定保护企业梯队，实施重点保护。四是部署各区市县局摸清本地区专业市场分布，规范市场主办方及场内经营者的经营行为，维护良好的专业市场秩序。对重复提交非正常专利申请的专利代理机构开展

行政约谈，引导督促企业增强诚信守法意识，自觉履行社会责任，作出诚信守法承诺。●

现代社会中，诚信守法是构建和谐社会的基石，它有助于维护市场经济的公平竞争，保护消费者权益，促进社会信任度的提升。同时，诚信守法也是企业和社会组织赢得公众信任和长期发展的关键。诚信和守法是相辅相成的。诚信是内在的道德要求，而守法是外在的法律约束。二者共同构成了社会行为的双重保障。

四、公平竞争

公平竞争就是强调在一个公平的市场环境中，鼓励竞争和创新，保护所有市场主体的合法权益。公平竞争是市场经济的基本特征之一，产权制度是社会主义市场经济的基石。党的十九届四中全会明确指出，要健全以公平为原则的产权保护制度。知识产权制度是产权保护制度的重要内容，只有公平合理保护知识产权，使各类市场主体公平竞争、竞相发展，才能更好激发市场主体的活力，从而推动全社会的创新发展。新时代，大力倡导"公平竞争"，就是要通过严格保护知识产权，落实惩罚性赔偿制度等措施，有效发挥知识产权制度激励创新的基本保障作用，稳定市场预期，扩大对外开放。同时，做到公正合理保护，对滥用知识产权获取不正当利益的行为进行有效规制，维护公平竞争的市场环境，实现激励创新与公共利益兼得，为国家经济高质量发展提供坚实的知识产权文化支撑。

激发市场活力和公正监管相辅相成，没有公正的监管，就没有市场公平竞争，就可能出现劣币驱逐良币，并容易滋生寻租腐败，也不利于发挥市场作用

● 大连组织实施 2022 年知识产权"亮剑护航"专项行动 [EB/OL].（2022-07-20）[2024-06-15]. https：//www.cnipa.gov.cn/art/2022/7/20/art_57_176695.html.

倒逼企业创新和提质。新形势下市场监管不同于高度集中计划体制下的市场管理，需要创新监管方式、分类实施。对一般商品和服务领域可全面实施"双随机、一公开"监管。对投诉举报的突出问题或公众关注的产品和服务等要开展重点监管。对食品药品、特种设备等实行全程监管，严把每一道关口，坚决守住人民生命健康和安全的防线，用严管重罚把"害群之马"逐出市场。对新产业、新业态坚持包容审慎监管，支持其创新发展，守住基本规则和安全底线，并坚决破除阻碍市场活力发挥的各类垄断。

同济大学上海国际知识产权学院教授、博士生导师许春明认为："这突出了知识产权制度通过保护知识产权维护公平竞争的市场竞争秩序、营造良好营商环境，进而促进高质量发展的制度功能和制度目标，丰富了知识产权文化理念的内涵。"在他看来，知识产权强国建设应当形成以实现知识产权制度价值目标的文化自觉、文化自信，知识产权文化理念既包括"尊重知识、崇尚创新"的创新文化理念，也包括"诚信守法"的法治文化理念，更包括"公平竞争"的竞争文化理念，做到"知识产权文化与法治文化、创新文化和公民道德修养融合共生、相互促进"。[1]

武汉大学知识产权与竞争法研究所所长、教授宁立志也认为：促进公平竞争本身便是知识产权制度的应有之义，将"公平竞争"与"尊重知识、崇尚创新、诚信守法"并列，是对知识产权制度中"促进竞争"目标的重申与强调。[2] 从理论层面，进一步厘清了"知识产权严格保护"与"禁止权利滥用"、知识产权法与反不正当竞争法的关系。从现实层面，积极地回应了现实需求，有利于与知识产权相关法律修订相衔接，促进新法实施。强调"公平竞争"表明了我国在加强知识产权严格保护的同时，也强调对知识产权相关

❶ 蔡莹.国家知识产权局知识产权信用管理规定[N].中国知识产权报，2021-12-15（2）.

❷ 知识产权报：建设促进高质量发展的人文社会环境[EB/OL].（2021-12-15）[2024-06-15].https：//www.cnipa.gov.cn/art/2021/12/15/art_55_172204.html.

的不正当竞争行为的规制，使知识产权司法、执法主体高度重视打击知识产权领域的不正当竞争行为，引导全社会形成崇尚、保护、促进公平竞争的市场环境。

党的十八大以来，以习近平同志为核心的党中央高度重视知识产权工作。习近平总书记多次作出重要指示批示，深刻阐释了知识产权工作的时代内涵，为推进知识产权事业高质量发展指明了方向、提供了根本遵循。2022年全国知识产权宣传周以"尊重知识、崇尚创新、诚信守法、公平竞争"开展宣传活动，普及和推广知识产权文化，就是要把知识产权文化理念深入人心，把这十六个字的文化理念的重要性传递到社会中，让老百姓普遍接受并且认同，在知识的认知、态度、信念、价值观及涉及知识产权的行为方式上进步，提高全社会上下科学、文化道德素质。更好地体现社会主义核心价值体系中以改革创新为核心的时代精神，为社会形成和谐的知识产权制度和知识产权秩序奠定坚实的基础，这样才能真正地形成一种文化，在全社会形成一种蕴含着创新、竞争、诚信、法治的知识产权文化氛围，促进各界树立保护知识产权的意识，营造鼓励知识创新和保护知识产权的法律环境。这一年的宣传周着重围绕"尊重知识、崇尚创新、诚信守法、公平竞争"开展各类活动，深刻展现了国家和政府对知识产权文化在全社会落地发芽的迫切需求，是我们国家全面开启知识产权强国建设新征程的迫切需要，具有很强的时代价值和现实意义：加快推动我国从知识产权大国向知识产权强国迈进，更好地服务构建新发展格局、推动高质量发展，激发全社会创新创造活力（图1-1）。

国家知识产权局和中国日报共同推出了"知识产权入画来"系列海报（图1-2）。

图 1-1　2022 年中国知识产权宣传周活动主题海报

图 1-2　国家知识产权局和中国日报共同推出的 2022 年全国知识产权宣传周活动主题海报

第六节　培育知识产权文化的重要意义

2013 年 3 月 13 日，在中央宣传部的支持下，国家知识产权局、教育部、文化部、工商总局、广电总局、版权局联合制定的《关于加强知识产权文化建设的若干意见》中强调，知识产权文化是中国特色社会主义文化的组成部分，是实施国家知识产权战略、建设创新型国家的重要思想意识保障。

知识产权文化是中国特色社会主义文化的组成部分，是中国特色社会主义核心价值体系必要的丰富和补充，对我国经济社会发展具有重要作用，是实施国家知识产权战略、建设创新型国家的重要思想意识保障，对于建设创新型国家具有关键作用。知识产权文化不仅体现了对创新的尊重和保护，还促进了创新成果的推广运用。通过强化知识产权保护，我国逐渐形成了大众创业、万众创新的良好氛围，推动了经济由要素驱动向创新驱动的转变。这种文化的建设有助于激发全社会的创新热情，实现创新驱动发展战略。知识产权文化通过倡导尊重知识、崇尚创新、诚信守法、公平竞争的理念，增强公民文明素质，提高全社会文明程度，营造公平竞争、诚信经营、创新发展的市场经营环境，维护公平有序的竞争秩序。这些努力共同促进了知识产权文化的形成和发展，为创新型国家的建设提供了重要的思想意识保障。此外，知识产权文化的宣传推广活动已为社会大众熟悉，通过各种重大宣传活动和新闻发布制度的健全，丰富了知识产权文化的传播形式，调动了全社会各方面力量广泛参与，促进了知识产权文化建设的蓬勃开展。

一、发展知识产权文化建设有利于激励创新，保护创造者的权益并推动经济的发展

知识产权文化，是推进知识产权事业科学发展、促进创新型国家建设的重

要的社会精神力量。当处于充分保护知识产权、尊重知识的社会大环境中，首先得益的便是创新主体，创新主体的智力成果获得法律的保护，并通过智力成果得到相应的经济反馈，创新主体获得经济的反馈后将更愿意投入时间、资金和人力去研发新技术，促进自主创新成果的知识产权化、商品化和产业化。同时，加强知识产权宣传，普及知识产权制度，能够培养公众对知识产权保护的理解与尊重，形成自觉守法、尊重创新的社会环境。知识产权的保护和营造的良好创新环境也鼓励企业和创新者进行跨领域的合作和创新，从而推动技术的进步和经济的发展。知识产权的保护本质是公开换保护，社会上的企业互相学习研究，不断进步，从而推动社会的进步，有助于更多人借鉴和利用前人智慧成果创造更多知识产品，促进知识产权高质量发展。相反地，创新主体的智力成果不能获得法律的保护，也不能通过创作获得经济的反馈，创新创造的积极性将会大大减弱，同时对自己的发明创造成果采取保密措施，社会上便缺少了知识相互碰撞的火花。若社会上人人都不尊重知识产权，保护意识淡薄，"拿来主义"泛滥，便会滋生窃取行为、假冒行为，这样便会劣币驱逐良币，越来越多的创新主体不愿意投入资金和精力去继续发明创造，将阻碍社会经济的发展和国家的进步。大力弘扬尊重知识、崇尚创新、诚信守法、公平竞争的知识产权文化观念，有助于增强公民文明素质，提高全社会文明程度；有助于营造公平竞争、诚信经营、创新发展的市场经营环境，维护公平有序的竞争秩序；有助于继承和发扬中国传统文化精髓，发展中国特色文化事业和文化产业；有助于激发全社会的创新热情，实施创新驱动发展战略。

二、知识产权工作关乎国家的主权权利和外交大局，发展知识产权文化建设有利于提升国家软实力

习近平总书记在十九届中央政治局第二十五次集体学习时的重要讲话指

出："知识产权保护工作关系国家治理体系和治理能力现代化，关系高质量发展。关系人民生活幸福，关系国家对外开放大局，关系国家安全。"经济全球化，世界多极化的今天，面对发展变革的当今世界，文化在综合国力竞争中的地位和作用更加凸显，文化越来越成为民族凝聚力和创造力的重要源泉、越来越成为综合国力竞争的重要因素、越来越成为经济社会发展的重要支撑，维护国家文化安全任务更加艰巨。知识产权制度的有效运行，国家知识产权战略的有效实施，有赖于全社会在共同的知识产权文化理念下的共同努力与合作。我国的知识产权文化建设在当今世界背景下已进入新发展阶段，早已摆脱了早期的舶来观念。培育和发展知识产权文化为营造既适合我国国情、形成有利于推动自主创新和拥有自主知识产权、尊重和保护知识产权的意识氛围，又符合国际规则、熟练运用知识产权制度参与国际竞争、维护国家利益的知识产权法治环境、市场环境，提供思想保证、理念支撑。

随着我国的经济全球化的体量逐渐增强，科技创新能力的日益增强，我国坚定文化自信大力发展尊重知识保护创新的理念，让保护知识产权日渐深入人心，在知识产权文化传播中展现中华文化国际影响力，为我国提升国家软实力做足功课。深耕文化土壤，涵养创新精神，奋进强国征程。在愈发热烈的舆论氛围下，我国公众的知识产权意识全面提升。如今，中国的知识产权不仅是"报、网、微、屏、端"的高频热词，也已经融入包括中国在内的各国百姓生活的方方面面。清晨，云南保山小粒咖啡的香气在莱茵河畔的小镇厨房里腾蕴；午后，新疆库尔勒的果农为即将寄出的香梨贴上地理标志产品标识；深夜，挑灯写作的作家、专心钻研的科研人员希望自己的劳动成果得到版权、专利权的保护……加强知识产权保护，有助于满足人民群众对美好生活的向往和需要，这正在成为举国上下的重要共识。❶

❶ 韩星晨.凝心聚力，为知识产权培根铸魂 [EB/OL].（2022-10-14）[2024-06-06]. https：//sicip.tongji. edu.cn/_t580/47/6c/c13008a280428/page.htm.

　　构建内容新颖、形式多样、融合发展的知识产权文化传播矩阵是发展知识产权文化建设的重要举措之一。我国通过扎实开展品牌文化活动，定期举办新闻发布会、主题采访，积极推进新媒体平台知识产权政务账号的建设，推出中英文纪录片、出版主题书籍，成立专家咨询委员会，推进中小学知识产权教育，举办国际研讨会、分享知识产权助力精准脱贫经验等措施，使当下知识产权文化发展环境持续改善，知识产权文化品牌影响力持续增强，知识产权文化传播渠道不断拓宽，知识产权文化产品创作日益丰富，知识产权人才培养力度全面强化，知识产权文化发展经验世界共享。知识产权文化只有通过一定的载体才能将抽象的概念以具象的方式传播，才能为公众所感知、所接受，进而形成全社会的共同认知。

　　按照《知识产权强国建设纲要（2021—2035年）》提出的目标任务，知识产权文化传播矩阵的构建需要传统媒体与新兴媒体相融合、内容创新与形式手段相统一、国内宣传与国外宣传全覆盖、形式多样的大众文化传播，覆盖国内外的全媒体传播，这将有利于知识产权文化的快速、准确传播，讲好知识产权文化的中国故事，改变外国公众对中国知识产权文化的片面看法，让中国的知识产权文化传播更加自信。

第二章 知识产权文化传播概述

第一节 知识产权文化传播的概念

一、传播学的概念

传播学起源于欧美国家，根据《不列颠百科全书》中的解释，所谓的"传播"即"人们通过普通的符号系统交换彼此的意图"。当然，作为一个并无定论的概念，"传播"有着不同角度的阐释和解读，如美国学者戈德认为传播就是"变独有为共有的过程"，因此传播具有一定的共享性。在 19 世纪，德国哲学家黑格尔和费尔巴哈等人提出了唯物主义和辩证法的思想，为传播学的发展奠定了理论基础。此外，19 世纪末和 20 世纪初，心理学、社会学和人类学等学科的兴起也为传播学的发展提供了重要的理论支持。随着大众传媒的兴起，传播学开始成为一门独立的学科。最早的传播学著作可以追溯到美国学者卡尔·魏格曼的《传播的艺术》（1913 年）。此后，传播学开始逐渐发展成为一门独立的学科，并得到了广泛的应用和研究。学者格伯纳将传播定义为"通过讯息进行的社会相互作用"，不仅强调传播活动本身，而且将它置于一种社会关系和社会交往的过程当中[1]，也强调了传播对于构成人类社会，对于人类在社会当中互相交往所具有的重要意义。学者贝雷尔森和塞纳认为"传播就是运用词语、画片、数字、图标等符号来传递信息、思想、感情、技术的行为和过

---

❶ 闫珂铭，李秋华. 数字时代新闻价值嬗变下新闻媒体提升"四力"的策略探析 [J]. 科技传播，2024，16（11）：96-99.

程"，突出了传播活动中所使用的符号。学者霍夫兰则认为"传播就是某个人传递刺激以影响另一些人行为的过程"，这个定义强调的是传播带来的影响。❶

传播学的相关研究将传播理解为单纯的认识活动或信息采制与交换的活动。马克思主义实践观揭示，传播是交往实践中的认识活动，是交往实践中人的主观能动性的表现，传播的性质就是交往实践中人的主观能动性的表现，不是单纯的认识活动，不能脱离实践活动而存在，而是实践活动的有机组成部分，它是主体改变客体的一部分，因而传播不是实践之外的认识活动，而是发生在实践活动之中的主观能动性的表现。❷

二、文化视角下的传播学

传播学与文化紧密相连，传播作为一种社会信息的传递和社会信息系统的运行，在构造社会文化变迁的过程中起着重要作用。通过传播，文化得以在不同的群体中进行传承，在不同文化中能够得到交流和碰撞，产生新的文化形态。

从外延来看，强调了文化传播的跨文化性和全球化。文化研究视角下的传播，强调传播跨越了不同文化之间的界限。这意味着，传播不仅仅局限于特定的文化领域，而是能够在不同文化背景下进行。例如，在全球化的背景下，由于不同文化背景下的民族或国家的民众，基于自身固有的意识形态、文化背景、认知环境等，先行形成了对他国文明与文化的固有认知和看法，影响国际的文化交流互鉴，在一定程度上影响了跨文化交流与合作的开展。❸

跨文化交流成为越来越重要的研究领域。通过研究跨文化交流，我们可以

---

❶ 转引自戴元光. 传播：人的本能 [M]. 上海：上海交通大学出版社，2003.

❷ 韩立新，杨新明. 传播十要素论 [J]. 现代传播（中国传媒大学学报），2022，44（1）：29-36.

❸ 李冰河，荣琛. 中国二十二冶：聚"心"赋"融"，做跨文化交流的耕耘者 [J]. 国际工程与劳务，2024（3）：33-37.

更好地理解不同文化之间的差异和相似之处，从而为文化研究提供新的视角。其次，全球化也对传播产生了深远的影响，全球化使得信息传递的速度和范围得到了极大的扩展。通过全球化，文化得以在全球范围内进行传播和交流，从而推动了全球文化的多样性和文化交流。同时，全球化也对全球政治、经济和社会产生了影响。例如，全球化的过程中，各国之间的经济联系越来越紧密，政治和经济的发展也受到了传播的影响。

文化传播是研究文化和传播互相影响及其规律的学问。广义上指传播精神信息的方式，即精神信息的传播行为。狭义上指传播过程中文化发生的变化以及文化的变化对传播的影响，泛指对文化信息的传播，重点研究传播对人类文化行为，文化习俗的传承作用。❶

三、知识产权文化传播

第十九届中共中央政治局 2020 年 11 月 30 日就加强我国知识产权保护工作举行第二十五次集体学习。习近平总书记在主持学习时强调，知识产权保护工作关系国家治理体系和治理能力现代化，关系高质量发展，关系人民生活幸福，关系国家对外开放大局，关系国家安全。全面建设社会主义现代化国家，必须从国家战略高度和进入新发展阶段要求出发，全面加强知识产权保护工作，促进建设现代化经济体系，激发全社会创新活力，推动构建新发展格局。2021 年 2 月 1 日出版的第 3 期《求是》杂志发表习近平总书记的重要文章——《全面加强知识产权保护工作　激发创新活力推动构建新发展格局》。

第十九届中共中央政治局于 2021 年 5 月 31 日就加强我国国际传播能力建设进行第三十次集体学习。习近平总书记在主持学习时强调，讲好中国故事，

---

❶ 高卫华. 新闻传播与文化传播的学科关系分析 [C]// 郑保卫. 新时期中国新闻学学科建设 30 年. 北京：经济日报出版社，2008：5.

传播好中国声音，展示真实、立体、全面的中国，是加强我国国际传播能力建设的重要任务。习近平总书记强调，要全面提升国际传播效能，建强适应新时代国际传播需要的专门人才队伍。要加强国际传播的理论研究，掌握国际传播的规律，构建对外话语体系，提高传播艺术。

从《知识产权强国建设纲要（2021—2035年）》到《"十四五"国家知识产权保护和运用规划》，均明确强调了知识产权文化建设和宣传推广的重要意义。早在 2013 年，国家知识产权局等 6 部委联合制定的《关于加强知识产权文化建设的若干意见》，明确知识产权文化建设的工作目标、主要任务和具体举措，提出要不断丰富知识产权文化建设的形式，调动全社会各方面力量广泛参与，促进知识产权文化建设蓬勃开展。❶

可见，在当前全球化的背景下，伴随着知识产权国际竞争持续升温，其文化内涵越来越受到重视。我国要积极拓展影响知识产权国际舆论的渠道和方式，通过有效传播，讲述中国知识产权故事，从而展示我国作为文明大国和负责任大国的形象。

伴随着信息技术的飞速进步，传播方式不断更迭，对人们日常生活产生了深远的影响。这种影响，正是通过现代传播媒介所实现的"记忆"实践。在媒介形态方面，现代传播媒介所进行的"记忆"实践与既往媒介记忆研究并无本质差异。然而，在具体内容、生产方式及传播范围等方面，知识产权文化传播与既往媒介记忆研究的对象存在着明显区别。此外，知识产权文化传播的范围也发生了显著变化，传统的媒介记忆研究主要关注的是信息的保存、传承和遗忘等问题，而知识产权文化传播则更加关注信息的利用、创新和传播。

随着互联网的广泛应用，尤其是近年来手机短视频的崛起，不仅极大地

---

❶ 杨柳.让知识产权意识深入人心：十年来我国倡导知识产权文化综述 [EB/OL].（2018-06-06）[2024-06-05]. https://www.cnipa.gov.cn/art/2018/6/6/art_55_126504.html.

丰富了传播内容的多样性，也极大地拓宽了传播渠道，使得文化在传播模式上发生了重大变革，即从传统的信息生产模式转变为以用户为中心的共创、共享、传播模式，为知识产权文化的联系、记忆书写提供了一个新的途径（或方式）。

客观上，我国知识产权实践已经在许多方面开创了引领示范，成为孕育先进的知识产权文化的土壤。譬如，建立新闻发布制度、加强对重大政策解读力度、组织大型活动、开展系统宣传，或者是开展中小学知识产权教育、加强知识产权普及型教育，都在为全社会形成"尊重知识、崇尚创新、诚信守法、公平竞争"的知识产权文化观念起了重要作用，并让知识产权意识深入人心，形成尊重知识产权的社会氛围提供强大助力。❶

关于知识产权法入《民法典》已热议多年，未来制度作何安排暂且不论，该过程中社会各界关于知识产权权利属性、制度体系与技术创新和社会进步的关系等问题的大讨论，形成了对我国此前数十年知识产权实践的自省和总结。在这期间我国学者提出的"知识产权制度是创造者获取经济独立的权利宪章""法治观是知识产权制度建设理论的核心范畴"等论断，也是中国智慧的体现，是中国知识产权文化对世界知识产权的贡献。又如，我国最高人民法院知识产权法庭是世界范围内首个在最高法院层面设立的专门化知识产权司法机构，以法治方式树立我国知识产权保护负责任大国形象，营造国际一流营商环境、积极参与和引领国际知识产权治理进程。这些客观实践，一方面是我国现有知识产权文化发展的必然，另一方面将进一步促使我国培育和发展出先进的知识产权文化。❷

---

❶ 杨柳.让知识产权意识深入人心：十年来我国倡导知识产权文化综述 [EB/OL].（2018-06-06）[2024-06-05]. https://www.cnipa.gov.cn/art/2018/6/6/art_55_126504.html.

❷ 赵志彬.中国知识产权文化的发展与展望 [J].知识产权，2019（8）：28-37.

第二节　知识产权文化传播的主客体

知识产权文化作为一种抽象概念，在传播过程中依赖于载体逐渐转化为具体的表达形式。这种现象反映了不同群体的意识形态认同，因此，将知识产权文化传播视为一种文化现象具有重要的学术价值。根据"传播人假说"，人类天生具有传播的冲动，在广义的传播主体系统视角下，文化意识形态认同的主体系统包括传播主体和传播客体两大要素，这两类主体在传播过程中相互作用，共同构建了文化意识形态认同的主体系统。

我国通过讲好中国知识产权故事，展示文明大国和负责任大国形象，以提升我国在国际知识产权领域的影响力，这不仅有助于我国知识产权保护制度的完善和发展，也能够推动我国知识产权文化的国际认同度。在这个过程中，传播主体和传播客体的互动关系至关重要。传播者作为知识产权文化的传播主体，需要明确自身在传播过程中的角色定位，明确传播目标和策略。传播客体作为知识产权文化的接受者，需要理解和接受传播者的传播内容，同时也要在传播过程中对知识产权文化进行主动的接受和认同。此外，我国还需要通过有效的传播手段和渠道，将知识产权文化传播至更为广泛的人群。综上所述，知识产权文化的传播是一个复杂而重要的过程，涉及传播主体、传播客体以及传播渠道和传播价值等多个因素。通过明确这些要素的目标定位和行动策略，我们可以促进知识产权文化的传播，提升我国在国际知识产权领域的地位和影响力。坚持把政府推动和全社会广泛参与紧密结合起来，建立协同推进的工作机制，调动全社会各方面力量广泛参与，促进知识产权文化建设蓬勃开展，也间接形成了政府主导、社会参与的传播格局。

1948 年，传播学奠基人之一哈罗德·拉斯韦尔明确提出由五个基本要素构成的传播过程，即"5W"传播模式。该模式首次将传播活动解释为由传播者、传播内容、传播渠道、传播对象和传播效果五个环节和要素构成的过程，为人们理解传播过程的结构和特性提供了具体的出发点。实现了对复杂的传播现象、过程、环节的高度抽象和凝练，这也建构了传播学研究的五大核心框架，这一研究范式对知识产权文化传播体系的建构和形成的生态提供了理论基础，在此模式下建构传播过程的时间顺序具有合理性和递进性。横向涵盖大众传播，纵向上统筹协调中央和地方宣传资源的知识产权"大宣传"工作格局基本形成。❶

一、传播主体

"5W"概念中的传播者即"谁"（Who），包括组织或群体和个人，在传播过程中也担负着信息的收集、加工和传递的任务。以上传播者类型形成了传播共同体，可以理解为传播者将传播实践与文化认同联系起来，在传播过程中产生情感认同，同时也促进了"知识产权文化共同体"的建构。

传播主体是一切传播内容的源泉和起点，传播者的主观能动性和传播积极性一旦被有效调动起来，其后续产生的传播问题则会迎刃而解。构建我国知识产权文化传播生态体系分析，就要以传播者研究为基础，结合其他几个方面展开分析与讨论。

（一）组织类型传播主体

所谓组织传播，指的是以组织为主体所进行的有领导、有秩序、有目的的信息传播活动。它包括组织内传播和组织外传播。这两方面都是组织生存和发

---

❶ 国家知识产权局. 让知识产权意识深入人心：十年来我国倡导知识产权文化综述 [EB/OL].（2018-06-06）[2024-07-03]. https://www.cnipa.gov.cn/art/2018/6/6/art_55_126504.html.

展必不可少的保障。●

西方的学者如戈德哈伯（G.Goldhaber）认为："组织传播是由各种相互依赖关系结成的网络，为应对环境的不确定性而创造和交流信息的过程。包括组织内部成员间，组织间及组织与环境的信息互动。"强调了组织传播是为了应对环境不确定性而创造和交流信息的过程，这包括组织内部成员之间、组织之间及组织与环境之间的信息互动。此定义突出了组织传播的目的性和环境适应性。

而我国学者郭庆光的观点则更加强调组织本身的特点，他认为应偏向于从组织结构和组织目标的视角来考察组织传播。张国良等人的理解则更接近于一般人对组织传播的直观认识，他们认为组织传播是自然发生的，每个人都处在一定的组织之中，因此组织之间的内外传播是必然的。❷

总体而言，国内学者在研究"组织传播能力"时，更倾向于从具体的组织类型和具体情境出发，例如，分析政府在公共危机情境下的传播能力。这种研究可以为组织传播的理论研究提供实际案例支持，也有助于理解组织在特定情境下的传播策略和效果。同时，这类研究有助于为不同类型的组织提供针对性的传播改进策略，从而提高组织在实际操作中的传播效率和效果。

1. 政府

政府既是我国知识产权文化建设的主导者又是传播政策的制定者，因此鉴于我国知识产权文化传播体系中组织传播的发展需要，政府部门作为组织传播的主体，以科层制为体系，通过"自上而下"的纵向传播保持传播体系常态运转，并在传播中明确政策方向，提出工作要求，进而才可能在推进知识产权文化建设工作中具有坚实的思想基础，进一步提升知识产权信息传播

● 李丹. 企业传播策略研究 [D]. 成都：四川省社会科学院，2007.

❷ 张国良. 传播学原理 [M]. 上海：复旦大学出版社，1995：9.

效能。

知识产权文化作为知识产权法律制度建立的凝练和体现，宣传普及之于知识产权文化传播具有即时性、强化性、针对性等工作特点，是政府主导知识产权文化建设的重要手段。而其方式的选择、内容的设计、创意的策划是直接影响宣传效果的关键因素。❶

国家知识产权局围绕党领导下知识产权事业发展历程、巨大成就和新时代战略部署，积极整合各类知识产权资源，为知识产权文化传播提供了有力支持。此外，国家知识产权局还与各级政府部门、企事业单位、社会团体等多方力量紧密合作，共同推进知识产权文化传播工作，构建内容新颖、形式多样、融合发展的知识产权文化传播矩阵。

近几年来，"政府＋互联网"将文化传播提高到前所未有的高度，政府传播实践的蓬勃发展也吸引了诸多学者将研究视角侧重于政府传播创新、政府新媒体传播等"政府组织传播"领域。

我国努力打造传统媒体和新兴媒体融合发展的知识产权文化传播平台，拓展社交媒体、短视频、客户端等新媒体渠道。创新内容、形式和手段，加强涉外知识产权宣传，形成覆盖国内外的全媒体传播格局，打造知识产权宣传品牌。❷同时，利用新闻发布会中记者提问的方式，增强互动和交流，进一步增强了传播的公信力。

在国际宣传方面，大力发展国家知识产权高端智库和特色智库，深化理论和政策研究，加强国际学术交流。开展了一系列线上线下的宣传活动，打造知识产权文化传播矩阵，同时加强与中央主流媒体的合作，形成"网微端屏"全覆盖的宣传矩阵，传递好知识产权文化"声音"，讲述好知识产权文化

---

❶ 刘华，姚芳，张祥志.我国知识产权文化建设调查报告：基于政府主体的视角 [C] // 鲍红.知识产权文化建设与发展论坛.北京：知识产权出版社，2012.

❷ 见《知识产权强国建设纲要（2021—2035 年）》。

故事。同时我国知识产权文化传播也受西方高度关注，做好党领导下中国知识产权事业发展成就的宣传引导和解疑释惑，是十分重要且紧迫的任务。为积极扩大对外影响，国家知识产权局海外推特账号"@IPRinCN"上线，知识产权外宣工作迈出坚实一步，得到了包括世界知识产权组织、刚果民主共和国副总理等国际组织、国外政要、专家学者、科研人员、媒体从业者、创业者等权威账号及"大V"关注，成为对外讲好中国知识产权故事的外宣新平台。

2. 企业

在知识产权文化的概念中，就企业层面而言，知识产权文化可以被理解为在知识产权战略及其相关活动中，企业和员工对知识产权的认知、态度、信念、价值观以及涉及知识产权的行为的总和。这可被视为对企业知识产权文化的广义理解。[1]然而，从狭义的角度来看，将企业知识产权文化视为一致性的知识产权认知、协同性的知识产权思想和层次性的知识产权价值观。这意味着企业知识产权文化是一种内在统一的理念，包括对知识产权的认同、对协同合作的追求以及对不同层次价值观的认同。[2]

企业作为传播者，已经充分认识到知识产权文化的重要性，一般需要通过以下几种途径加强知识产权文化建设，提升企业的核心竞争力：

①加强知识产权保护意识：企业需要加强知识产权保护意识，提高员工对知识产权的认识和重视，使员工能够更好地保护企业的知识产权；②完善知识产权保护制度：企业需要建立健全的知识产权保护制度，包括专利申请、保护、维护和运用等方面的规定和流程，以确保企业的知识产权得到有效保护；

[1] 王汇，王扬平.以知识管理促企业知识产权文化建设[C]//中华全国专利代理人协会.2013年中华全国专利代理人协会年会暨第四届知识产权论坛论文汇编第四部分，2013.
[2] 王海波.知识产权文化与企业知识产权战略[J].中国发明与专利，2008（12）：15-17.

③加强知识产权国际传播：企业需要加强知识产权国际传播，通过参加国际知识产权展览、会议和活动等方式，向国际社会展示企业的知识产权成果，提升企业的国际知名度和影响力；④积极应对知识产权侵权行为：企业需要积极应对知识产权侵权行为，采取法律手段维护自己的知识产权权益，防止知识产权的损失和浪费。

2015 年，国家知识产权局赴浙江开展知识产权文化建设专题调研，在杭州乐富智汇园文创园区，可以看出，知识产权就是文创企业的生命线。企业通过学习运用专利、商标、版权等各类知识产权工具，提升企业知识产权综合运用和保护能力，并通过文创知识产权联盟等平台着力提升文创产业发展层次，打造文化精品，做长产业链，提升产业附加值。

同时，中国知识产权培训中心通过定期举办公益课堂和讲堂，将知识产权文化作为培训内容，无形中加强了教育引导、实践养成和制度保障，培养企业和员工自觉尊重和保护知识产权的行为习惯，倡导创新文化，弘扬诚信理念和契约精神，大力宣传锐意创新和诚信经营的典型企业，引导企业自觉履行尊重和保护知识产权的社会责任。

3. 科研机构

科研机构，作为组织类型的传播主体在知识产权文化交流中起到长期和持久的作用。同样知识产权文化对于科研机构来说也具有重要的意义。首先，科研机构可以通过知识产权来保护自己的科研成果，确保其获得合法的收益和价值。其次，知识产权可以促进科研成果的转化和应用，推动科研机构与产业界的合作，加快科研成果的落地转化。最后，知识产权文化的传播还能够提升科研机构的创新能力和竞争力，激发科研人员的研究积极性和创造力。

（二）个人类型传播主体

增强全民知识产权保护意识，培育和践行社会主义核心价值观。以创新为内核的知识产权文化是对社会主义核心价值观的丰富和补充，它们都根植于五千多年中华文明史，彰显了中国精神的时代特征，凝聚着全体人民共同的价值追求。从个人类型的传播主体来说，将其主要分为学者和社会公众两类，当然也不排除其他个人主体成为传播主体。

1. 学者

知识产权学者在我国知识产权文化传播中的传播形式主要是大众媒体推介和发声、在期刊发表论文和出版学术专著等。在国家层面上，学者多主张应从法律政策、行业环境、宣传教育等方面制定措施；在省市区（县）层面上，有文章结合各自的具体情况，分析自身培育和建设知识产权文化的有益经验；在高校院所方面上，学者们多从学校知识产权教育、高校科技创新、高校知识产权文化体系等角度开展研究；在企业集团方面上，学者们针对企业知识产权文化发展过程中的模式选择、企业战略、企业文化需要等角度进行研究。❶

2. 社会公众

在当前的自媒体时代，社会公众作为信息传播的重要主体，其参与的深度与方式呈现出多样化的特点。为了更好地理解和分析公众在科技传播中的角色与影响，可将其参与方式按照不同的标准进行分类。浅层次的参与，如信息的接收、浏览和简短的评论等，缺乏深度的交流与互动。相对而言，深层次参与则是指能够主动地参与到知识产权传播的内容输出甚至整个传播过程中。例如，社会公众通过社交媒体平台上分享关于知识产权文化的见解并产生互动，如点赞、转发、评论等互动方式。整个传播过程也有助于组织类型传播者更好

---

❶ 赵志彬.中国知识产权文化的发展与展望[J].知识产权，2019（8）：28-37.

地理解社会公众对知识产权文化的理解及传播过程中所扮演的角色，更有利于制定策略相关政策，以适应多样化的社会公众广泛参与。

二、传播客体

传播内容的接受者也称为"传播客体"即"给谁听"，但这一概念并不意味着传播客体是一种完全被动的存在，相反，他可以通过反馈活动来影响传播主体。传播客体同样可以是个人，也可以是组织或群体。

传播客体和传播主体并非固定不变的角色，有效的信息传播活动是建立在反馈基础上的，是一种双向流通的互动过程。[1] 在一般传播过程中，这两者能够发生角色的转换或交替。一个人在发出讯息时是传播主体，而在接收讯息时则又在扮演传播客体的角色，因此，传播主体和传播客体在"5W"传播模式中日益模糊化，客体"主体化"意识逐渐增强，知识产权文化的"推行主体"越来越多，推行主体和接受主体兼具"主体"和"客体"的角色，这便是知识产权文化的讲述者（即传播主体）和倾听者（即传播客体）可以形成互动互鉴的文化传播循环。

以往的大众传播体系中传播客体处于传播链的末端，面对大众传媒设置的规定动作，受众通常都是囫囵吞枣似的全盘接受。而在媒体融合发展时代，传播客体的地位不断上升，同时受传群体不断细分，个性化需求愈发凸显，这也奠定了满足传播客体个性化需求成为文化传播的重要动力的基础，也一定程度上决定了传播效果。[2]

---

[1] 尤文梦 ."五 W"传播模式下社会主义意识形态认同的系统建构 [J]. 内蒙古社会科学, 2022, 43（4）：18-25.

[2] 胡家升，张志林，刘华坤 . 基于"5W"模式考量的北京冬奥会传播渠道融合创新 [J]. 北京印刷学院学报, 2023, 31（5）：33-38.

　　同时，社会分类论提示传播主体，要想提高传播效果，就要适应和引导不同社会类型传播客体的需要，而不是去适应不同个体的差异。在信息传播中，传播者在确定传播内容与传播方法时，要针对不同社会地位、不同文化程度、不同兴趣、不同年龄的传播客体群体的特点，去选择与制作信息。那么如何在知识产权文化传播中找到中外受众共同关心的热点、重点、难点问题，设置非常好的新闻、学术或影视作品的议题，是一项长期积累和学习的过程。这需要传播者长期关注，对相关受众的教育水平和心理接受程度、新的传播渠道等要素比较熟悉。在情感认同方面、价值认同方面都能达成共识。

　　互动性也是新媒体传播的突出特性。在传播过程中，传播主体应加强与传播客体的互动交流，把"有意义"的事讲得"有意思"。为了能够满足受众的需求，国家知识产权局推出优质的内容产品。如在 2021 年，①在抖音平台发起的话题"知识产权创造美好生活"播放量达 19 亿次，微博平台每日经济新闻等媒体结合国新办"2020 年中国知识产权发展状况"新闻发布会等内容，发起话题"500 余名艺人发声反对短视频侵权""茶颜悦色起诉茶颜观色一审判决"，阅读量分别为 8.2 亿、5.2 亿，讨论量分别为 4.9 万、1.9 万，大大提升了公众对知识产权话题的关注度和参与度。②拍摄制作了近 300 部诵读作品，在微信公众号"知识产权青年（youthip）"对作品进行了线上展示并邀请读者投票相关文章阅读量达 9 万次，留言数百条，有力营造了浓厚庆祝氛围。③联合《求是》杂志"圆点直播"App 发起"承百年创新精神·享知识产权成果"主题短视频征集，全国知识产权系统踊跃投稿，共收到作品 210 部，有效调动广大干部群众主动参与知识产权新媒体宣传的积极性。

第三节 知识产权文化传播的媒介

一、传播媒介

传播媒介，即通过什么渠道（In which channel），传播主体的信息能够顺利到达传播客体的接收视阈，必须以传播媒介为渠道，架构起沟通交流的桥梁。其中德布雷所认为的"媒介"是一种"中介行为"，即存在一个调解的动态过程，而这一过程是在大众传播媒体出现之前出现的，如今被欧洲学者术语化的"媒介化"概念所指涉的是德布雷口中作为一种特殊的、后来的和具有侵略性的延伸的媒体，也就是作为客体和对象的"传播工具"。[1] 麦克卢汉于1964 年在他的《理解媒介——论人的延伸》一书中认为"所谓媒介即讯息，只不过是说：任何媒介（即人的任何延伸）对个人和社会的任何影响，都是由新的尺度造成的；我们的任何一种延伸（或任何一种新的技术），都要在我们的事务中引进一种新的尺度"。简言之，理解媒介的关键一环在于理解不同媒介的不同特性语言的产生引爆了第一次传播革命。

二、传播媒介的变革

麦克卢汉认为，媒介是社会发展的基本动力，是区分不同社会形态的标志。[2] 为了更好理解知识产权文化传播的媒介，我们按照时间线索梳理了媒介变迁的历程。在原始社会，口语是主要的传播媒介，由于听力的物理限制，人们必须生活在小空间的部落群体中，相互保持着近距离的密切联系。文字和印

---

[1] 骆世查. 作为中介行为的媒介：德布雷的媒介理论初探 [J]. 中国传播学评论，2019：87-106.

[2] 麦克卢汉 M. 理解媒介：论人的延伸 [M]. 北京：商务印书馆，2000.

刷媒介产生后，人类由"耳朵的社会"转向了"眼睛的社会"，由于交往和传播不再以物理空间的接近性为前提，人与人的关系变得疏远。电子媒介尤其是电视的普及再次改变了这种情况，它们把遥远的世界拉得很近，人与人之间的距离感大大缩小，于是人类在更大的范围内重新部落化，整个世界变成了一个新的"地球村"。

（一）口语传播

口语传播作为人类最早的文化传播方式，承载着深远的历史意义，并在很长一段时间内充当了信息传递的重要角色。在古代的社会结构中，人口稀少且生产力水平相对有限，人们普遍依赖于口头交流来传递信息和表达思想。因此，口语传播成了那个时代的主要信息媒介，它的特点是便捷但受限于传播的空间和时间。在口头传播的时代，信息的传递往往通过"述听"模式进行，这种以接收者为导向的传播方式，需要信息的传递者和接收者同时在线，即必须有直接的人际互动。❶这种模式的特点是信息的传播范围受限，依赖于记忆力和说话者的表达能力，因此信息量有限。

（二）文字传播

为了克服口语传播的时空限制，并提升口语传播的质量，古代人类创造了仪式传播的技术，如在民间节日的歌会及各种仪式上的歌诗和诵诗活动中，文学活动成了仪式的一部分。这些仪式不仅增强了人们的集体参与感，而且通过特定的场所和环境，赋予言语以神圣性，从而扩大了语言的影响力和传播效力。

夏朝的建立，标志着我国早期国家的形成。国家统治疆域的扩大使人们逐

---

❶ 蔡星月. 从"述听"到"视听"：媒介变革对我国法律文化的影响 [D]. 北京：中国政法大学，2010.

渐觉察到"述听"型传播的局限性,单纯依靠口耳相传的方式已不能满足君主对宣扬国威、宣布命令、宣传统治思想的需要,已经不能满足人们对信息传播与交流的需求,于是人们开始用文字来表达思想、记录事件。公元前1300年的殷商出现了现存最早的汉字——甲骨文,这种象形文字将读音与意义结合在一起,比起结绳记事和绘图刻画,更能简便地表达更多抽象复杂的含义。❶甲骨文之后,文字经历了从大篆到小篆,从小篆到隶书的演变过程,文字书写变得更加普及与便捷。随着国家疆域的不断扩大、君主统治人口数量逐渐增加,人们难以再完全依赖于口语传播时代的习惯法来维护统治秩序和宗法制度,正在这个时候,文字的产生与成熟为法律信息的即时记录创造了条件,法令规章从此能够书写出来公之于众,中国社会顺其自然地走入了成文法的时代。

(三)视听传播

众所周知,在经历了文字、印刷品、广播、电视等媒介的更迭后,在经济快速发展的今天,科学技术发展给文化传播带来了更多的有利条件,使文化传承和信息传播突破了传统纸质书籍的传播模式,就多样性的传播途径和效果而言,纸质媒介的效果略显逊色。视听传播并没有摒除文字传播的叙事性,相反,它更加剧了传播文本的叙事性和传奇性,传播者们在图像与光影的背后安插着叙事过程,经过拆分与组合的案件情节变得引人入胜、精彩离奇。

中国知识产权出版社原创动漫《我也会发明》以其系列图书为基础改编,通过丰富多彩的故事情节、诙谐有趣的卡通形象、浅显易懂的发明创造过程启发青少年的发明创造思维、提升青少年的科学素养和科技创新水平,不但培养了青少年知识产权意识、提升青少年创新能力,为我国知识产权文化的输出提供了生动助力,象征了以图书、影视为载体的传播媒介成了主流。

---

❶ 蔡星月.从"述听"到"视听":媒介变革对我国法律文化的影响[D].北京:中国政法大学,2010.

这种从"述听"到"视听"的感官转变及传播方式的不同，使得人们接收到的信息的内涵亦不同，思想、观念、表达都因传递信息方式的变化而不断深化与拓展。"视听"型的文化传播的实现对技术和设备提出了更高的要求，普通大众无法随意进入传播机构，专业人士和专门机构主导着法律信息发布的权力。❶

（四）互联网传播

20 世纪 90 年代，传统媒体的融合变革主要体现为传播形态的变化，仅是简单地将传统业务与互联网嫁接起来。1992 年美国《圣何塞信使新闻报》创办了世界第一份电子网络版报纸，1993 年《杭州日报》开办了国内首份电子报，初步形成了报纸与互联网的融合。1995 年底，美国微软公司与全国广播公司联手在互联网上开设有线电视频道。2002 年诞生于北京的"千龙网"首次以产业的形式实现了电视、报纸、广播等传统媒体与互联网的跨媒体融合。❷

互联网平台媒体，是基于互联网平台发展起来的新媒体。美国新媒体人乔森纳·格里克（Jonathan Glick）认为"平台媒体"（Platisher）不再仅仅是一个普通的互联网技术平台，而是一个将算法、编辑、专家相结合，能同时满足客户、用户及市场营销人员创建内容，并拥有可以进行深度策划、独特内容设计及品牌营销等编辑功能的互联网平台。

具体而言，互联网平台媒体是依靠技术创新、资本驱动和海量用户构建的具有媒体属性的共享互动平台，主要包括两个层面的属性：其一，互联网平台媒体是一个聚合信息并能有效实施传播与互动的平台。平台媒体本身不生产内容，但因拥有聚合社会化大生产内容的能力而具有基于社交链接的用户黏

---

❶ 蔡星月. 从"述听"到"视听"：媒介变革对我国法律文化的影响 [D]. 北京：中国政法大学，2010.

❷ 孟建. 媒介融合理论在中国电视界的实践：作为研究个案的 IPTV（交互式网络电视）[J]. 广播电视大学学报（哲学社会科学版），2009（2）：73-76.

性。其二，互联网平台媒体依靠技术和资本建构了完整的互联网生态系统，通过连接性塑造社会行为、创造商业价值，是"原创内容创造者和广告商分配的平台"。

互联网技术的深度渗透、广泛应用，以及智能终端的普及使得具有强大聚合能力的互联网平台媒体跨越单一平台属性，这冲击了传统新闻生产模式，并重塑了内容创制的生产力与生产关系。互联网平台媒体以其强大技术赋能模糊了传统的泾渭分明的传受关系，颠覆了传者单向灌输、受者被动接受的视听模式。互联网平台中出现了信息"生产者""传播者"和"消费者"合一的用户群体，新闻生产与传播的话语权不再由传统媒体独自把控，越来越多的互联网平台的用户参与到新闻的挖掘、生产和传播过程中。因此可以说，互联网平台媒体解构了传统编码者与解码者的社会关系。受互联网平台媒体的影响，传统媒体的新闻采制流程和采编人员角色也发生了根本变化，新闻的组织结构、工作流程和资源分配日益受到平台的影响。与互联网平台合作的传统媒体中，部分员工专门服务特定的互联网平台，为其创造内容，并管理随之而来的运营关系。

互联网的出现打破了"点对点"或者"点对多"的传统传播模式，实现了机器终端到人，人再到机器终端的循环传播。借此，文化传播者与接收者的壁垒正在打破，在互联网促进下，人们不仅能够进行文化传播活动、主动发起信息交换，而且能够被动接受已有知识体系以外的新文化内容，拓宽自身的认知储备。在互联网的作用下，人机交互概念在社会发展中逐渐成熟并丰富，特别是 5G 技术的普及，VR、AR、"短视频 +""Vlog+"等新型文化传播模式屡见不鲜，伴随着媒介技术与媒体深度融合的发展大势，各主流媒体已形成立体化、多元化、多层次，双向互动式的传播格局。❶

---

❶ 张彩霞，张涵 . 互联网平台媒体的反向融合逻辑与新传播生态 [J]. 现代传播（中国传媒大学学报），2022，44（2）：154-161.

互联网时代知识产权文化传承中的共情传播的发生与受众联系密不可分，即表现为通过感官体验进行对文化信息的接收，通过视觉感知、听觉感知、场景体验和氛围沉浸完成认知。具体上看，中国知识产权培训中心开展的中小学知识产权教育系列活动，通过提供生动活泼、通俗易懂的课程实现"教育一个学生，影响一个家庭，带动整个社会"的目标，活动参与人数超461.5万，覆盖31个省（自治区、直辖市），科普阵地课程访问人数达53.8万。通过抖音、微信微博等一系列数字化手段，在新媒体平台持续更新，打造媒体矩阵，激励公众参与分享和内容创作，并面向全国开展征集知识产权类短视频活动等原创作品，形成"全民参与互动共享"的传播新模式，潜移默化中使知识产权文化得到更好推广。❶中国知识产权报开展的"新春走基层"活动记者深入基层一线、深入群众生产生活，充分报道知识产权融入经济社会发展的生动实践，策划推出一批基层群众喜闻乐见的精品力作，涌现出一批先进典型。

总结来说，从古代口语传播到如今互联网传播，知识产权文化的传播媒介经历了从受限的人际互动到神圣仪式的语言使用，再到书写文字的记录与传承，最终发展到信息时代的网络化、电子化传播的演变过程。这一过程不仅反映了技术的进步，也反映了人类社会文化交流的深化与扩展。

第四节　知识产权文化传播价值

习近平总书记在主持十九届中央政治局第三十次集体学习时强调，"讲好中国故事，传播好中国声音，展示真实、立体、全面的中国，是加强我国国际传播能力建设的重要任务"，"要全面提升国际传播效能，建强适应新时代国际传播需要的专门人才队伍。要加强国际传播的理论研究，掌握国际传播的规

---

❶ 易魁，白子巾. 互联网时代文化传承的共情传播与身心记忆 [J]. 东南传播，2023（4）：116-119.

律，构建对外话语体系，提高传播艺术"。

知识产权文化的价值是知识产权文化体现出的功用性，梳理、整合知识产权文化的价值有利于明确知识产权文化的定位与作用，有利于提升人们对知识产权文化的认识水平，调动人们参与知识产权文化建设的积极性。知识产权文化的价值是多维立体的，其功用性表现于社会生活的方方面面，对知识产权文化的价值体认取决于人们的认识视角，关键是能够提供令人信服的价值证据。❶

一、知识产权文化的引领价值

"引领"是个不言自明的概念，知识产权文化的引领价值表现为"先导性""引导（领导）性""合法性"与"合目的性"等。第一，知识产权文化反映了人类最新文明成果，持续推陈出新是知识产权文化的特质，最新的科技发明，最新的品牌，最新的思想、作品都被知识产权文化及时吸纳，新的文明引领社会进步。第二，知识产权文化具有高势位特征，以知识产权为底蕴的知识产权文化更多地被赋予民族复兴、国家富强的崇高目标和理想，这种文化寄托使得知识产权文化具备高位阶引领优势。第三，知识产权文化具有前瞻性，知识产权文化是面向未来的文化，而且是面向未来创造、集结财富的文化，知识产权文化引领未来。第四，知识产权文化具有"普适性"，一般的文化往往带有"地方性"特色，且富有争议甚至冲突，而知识产权文化被世界广泛认同，成为全球共识文化，"普适性"为知识产权文化引领提供了"合法性"基础。第五，创新属性使知识产权文化始终保持旺盛的生命力，成为引领经济社会发展取之不竭的动力之源。

党的十八届五中全会提出五大发展理念，排在首位的就是创新。习近平总

---

❶ 舒媛，申来津.知识产权文化：本体、属性与价值 [J]. 学术交流，2017（2）：129-134.

书记在党的十九大报告中提出，创新是引领发展的第一动力。习近平总书记指出："抓住了创新，就抓住了牵动经济社会发展全局的'牛鼻子'"，同时强调："让创新贯穿党和国家一切工作，让创新在全社会蔚然成风"[1]。创新是知识产权文化的灵魂，创新驱动发展必须由知识产权文化引领，进入创新型国家行列必须由知识产权文化引领，只有这样才能为建设中国特色、世界水平的知识产权强国奠定坚实基础。

二、知识产权文化的激励价值

简而言之，激励是对人们行为的预（测）控（制）。知识产权文化的激励价值体现在两个方面，即正激励与反激励，正激励体现知识产权文化中认同的、肯定的特质，是对知识产权创新行为的认可、鼓励、保障与促进，包括利益驱动，"给天才之火添加利益之油"，调动知识产权相关人的创新、运用、保护与管理的积极性；反激励则体现知识产权文化中禁止的、否定的特质，是对知识产权侵权、犯罪行为的控制、遏止、打击与惩罚，形成侵权可耻的氛围，让"盗版""山寨"产品无处藏身。实现知识产权文化激励价值的途径有很多，包括产权激励、成就激励、目标激励、公平激励等。

人类的智力成果主要是知识产权制度激励的结果，而且还存在着巨大的激励潜力。[2] 我国历来重视知识产权文化的激励作用，早在新中国成立初期就颁布了一系列科技奖励方面的法律法规，如《发明奖励条例》等，1999 年颁布了《国家科学技术奖励条例》，这些法规充分体现了对促进知识产权的激励特质。同时，我国也对知识产权侵权行为和犯罪行为加以控制和打击。国务院于 2015 年 12 月颁布的《关于新形势下加快知识产权强国建设的若干意见》中强调要

---

❶ 中共中央宣传部.习近平总书记系列重要讲话读本 [M].北京：人民出版社，2016：133.

❷ 王烈琦.知识产权激励论再探讨：从实然命题到应然命题的理论重构 [J].知识产权，2016（2）.

"保障和激励大众创业、万众创新"，并"实行更加严格的知识产权保护"，加大知识产权侵权行为惩治力度和知识产权犯罪打击力度。这些内容都蕴含丰富的激励价值取向。

三、知识产权文化的教育价值

教育价值是人们对教育活动有用性或功用的评判，知识产权文化的教育价值包括如下四方面。第一，"以文化人"是文化的功能，知识产权文化也不例外，将知识产权文化理念内化于人们的思维、生活、行为、消费之中，以启迪智慧，教化民众，引导行为。第二，知识产权文化是知识谱系中价值优越的部分，知识产权文化无疑丰富了教育资源。第三，知识产权文化高扬创新风帆，成为创新教育的主导，并致力于创新精神的培养，创新素质的提高，以及创新型社会与创新型国家的形成。[1] 第四，知识产权文化纳入教育体系以满足社会与个人需求，成为实现知识产权文化教育价值的有效途径。第五，知识产权文化包含丰富的法治教育的内容，突出遵守知识产权法律制度的教育，承担了法治教育的部分功能。

知识产权文化的教育价值在我国知识产权文化建设中尚未得以充分体现。[2]《关于加强知识产权文化建设的若干意见》明确指出，要通过各种途径普及知识产权教育，宣传知识产权对国家富强、民族振兴、人民幸福、社会和谐、国家形象提升的重要价值和意义，使尊重知识、崇尚创新、诚信守法观念深入人心。强调将知识产权有关内容纳入国民教育和继续教育体系，知识产权文化与教育日益融合，彰显出特定的教育价值。

---

❶ 陈泽欣.知识产权强国建设文化、人才保障研究 [J].科技促进发展，2016（4）.

❷ 姚远，徐和平.缺失与构建：知识产权文化的思考 [J].湖南社会科学，2014（5）.

四、知识产权文化的社会价值

社会价值是知识产权文化的价值支点，而且是基础性的价值。首先，知识产权文化促进社会财富创造，增加社会福祉。在经济全球化的今天，知识产权甚至决定着社会政治、经济、科技、军事话语权。知识产权不仅属于稀缺资源，而且是公认的经济增长点发源之地，知识产权文化与科技前沿最为接近，发明专利经过转化就有可能成为新的经济增长点。知识产权文化不仅驱动经济发展，丰富社会经济资源，而且引导经济发展方向，优化经济结构，并使资源配置更加合理，为绿色经济、可持续发展提供保障。

其次，知识产权文化有利于化解社会矛盾，维护社会稳定，知识产权文化强调规则、程序和公平正义，抑制、打击知识产权侵权与犯罪，优化知识产权产品市场秩序，通过协调利益关系以维护社会稳定。再次，知识产权文化通过提升企业核心竞争力促进社会进步，企业是社会进步的主体力量，发展知识产权文化，有利于提升企业技术开发和创新能力，有利于提升创造品牌和运用品牌的能力，又为社会提供更多的就业机会。最后，知识产权文化秉持诚信理念，促进社会和谐。孔子云："人而无信，不知其可也。"（《论语·为政》）教导人们不管在怎样的环境中，失去信用都是寸步难行。然而，面对利益诱惑，社会诚信就成了问题，"山寨仿冒""拿来主义"大行其道，知识产权侵权行为屡禁不止，防不胜防，这与和谐社会格格不入，而知识产权文化致力于促进社会诚信，具有明显的社会诚信规制价值。

当然，知识产权文化的价值远不止这些，还有诸如军事价值、外交价值，等等。充分认识知识产权文化的价值还需要一个过程，但知识产权文化的价值发挥并不会因为人们的认识状态而等待，更不会停滞。❶

---

❶ 刘章鹏.以唯物史观看"知识产权文化"建设[J].读天下，2016（23）：1.

第五节　我国知识产权文化传播模式

一、我国知识产权文化传播模式现状

政府部门在文化宣传中起着关键作用，以知识产权文化传播为例，知识产权文化立足于本国先进的知识产权制度基础上，能使其具有强大的支撑力，成为不断发展的保障。传播文化信息的共享性、权威性等特点使其具有社会地位赋予功能。人们通过政府部门的宣讲来了解知识产权文化的内涵，其价值取向和引导方式等也直接影响了大众对于我国知识产权文化的认知。

目前，我国知识产权文化传播是以政府部门为主导进行公共文化事业的宣传，也就构成了"自上而下"的文化传播体系。但也由于这种统一口径的宣传方式，极大程度导致了传播信息单向、闭塞和僵化，无论是传播者还是受众者没有得到一定的自由度，难以调动全民的积极性和创造力。因此在进入互联网时代，文化传播载体和文化传承模式已发生历史性变革，特别是 Web3.0 时代，媒介的更新迭代及全民参与互动传播开始走向时代舞台。

大众传播作为一种"自下而上"的开放参与平台，具有巨大的跨空间传播潜力，所创造的记录者这一角色，试图描述为"纯粹的认识者"，至少在形式上是这样，所以可称大众传媒的传播活动为"形式上的认识活动"。

同时，大众传播不仅打破了国内传播与国际传播的视域界限，而且开启了以平台化和智能化为特征的数字全球化时代。高水平研发机构、高校、科研院所和企业等创新主体在知识产权文化传播中具有重要作用，根据传播学中的群体心理，依托知识产权服务，培育社会公众的文化传播意识，积极引导大众群体承担起知识产权文化传播的职责；同时鼓励社会力量创办和参与非政府组织，与国际接轨，在与世界对话中加强合作，丰富传播知识产权文化形式。❶

---

❶ 熊澄宇.关于新时代传播与传承互动的思考 [J].中国记者，2023（7）：4-7.

二、构建我国知识产权文化传播生态模型

基于我国知识产权文化传播的现状分析，并立足传播实践，兼顾理论研究，不难发现，知识产权文化的传播会形成两种情况，即国内版知识产权文化和海外版知识产权文化。法国结构主义批评家热拉尔·热奈特（Gérard Genette）提出"谁说""谁看"之问，区分了来自两个不同版本的"传播者"，前者代表了"谁在说"后者则体现了"谁在看"，其背后是国内、海外集体记忆和文化认同的叙事角度区别。

因此，应发挥政府部门的导向功能，推动实施我国知识产权文化的国内、国际传播顶层设计和整体战略，着力强化多主体参与、凸显文化价值，打造有利于知识产权文化传播的机制。基于此，本书配套构建了一系列关于我国知识产权文化传播生态体系。

（一）发挥政府主导作用，鼓励大众参与，拓展知识产权文化传播主体

多方参与、协同发力是我国知识产权文化传播提升的必由之路。知识产权文化传播的主体逐渐呈现出身份多元化、平等化的特点。传播权力下放使得"对称性交流"的格局得以凸显，知识产权文化传播领域的意见领袖不再是正襟危坐的新闻发布会，而是更多的专业人才，他们代表社会公众进行发声与互动。

（1）明确政府在知识产权文化传播格局中的职能与定位，扮演好管理者与"把关人"的角色，健全规划、协调、沟通、监管、奖惩等机制，起到价值导向作用。同时，推动各级政府、媒体机构、企业、社会组织、高校等主体在知识产权文化传播过程中协同发力，发挥各自的比较优势❶，于主流价值框架内尊重各类主体的差异化传播策略及目标导向，明确各方的治理边界，激发传播更

---

❶ 于璇，楚颖盈，罗恒睿. 科技赋能中华文化的传播实践与创新路径 [J]. 科技智囊，2023（7）：17-22.

广泛的积极性和主动性。❶ 2023 年在知识产权宣传周期间，安徽制定了知识产权工作宣传管理办法，明确知识产权新闻写作要求，形成 175 人的知识产权宣传队伍，范围覆盖管理部门、企业、高校院所和服务机构。❷

（2）积极推动和社会联动的知识产权文化共同治理，并按照各自职能确定任务和分工。例如，应该从宏观层面进行知识产权文化传播的基本框架和制度设计，加强多部门、地方的联动和配合；从中观层面加强知识产权文化和创新文化传播载体建设；从微观层面引导全体社会成员培育加强知识产权文化等。同时，要调动吸引企业、学校、社区、民间社团组织、公众个体等多方力量参与知识产权文化传播中。唯有和政府形成合力，才能将知识产权文化培育转化为一种全社会的自觉意识，使社会各个系统都积极参与到其中，充分利用各方资源，做到优势互补，富有成效地开展各项工作，可以充分调动人民群众的积极性和广泛参与。❸

（二）丰富矩阵传播效果，以全面融合多渠道媒体覆盖

在当今社会，任何学科任何行业都能够与互联网结合，同样任何行业和学科都在融入当下的媒介环境，以互联网为连接衍生出来的多种媒介，其超越时间、空间的媒介技术消解了人与人之间的距离，媒介大众化，人人都可以传播信息。因此，媒介融合通过多种媒介的相互作用可实现更好的传播效果。❹

---

❶ 李丹颖，李瑜琪，张亚南.全媒体时代知识产权文化传播体系建设策略研究 [J].河南科技，2022，41（22）：4.

❷ 吴珂.唱响知识产权主旋律！2023 年度中国知识产权报社新闻宣传通联工作会议召开 [EB/OL].（2023-10-13）[2024-09-11]. http：//mp.weixin.qq.com/s?__biz=MzA3NDI3NjAyMg==&mid=2649728639&idx=1&sn=45230a8bbe89cf1296f09125ab602e8b&chksm=87194ba6b06ec2b0031d93407ba491e4588ee82b699b91e01eb864bb8cb9264c88b97b5eba68&scene=27.

❸ 姜国峰.我国知识产权文化培育研究 [D].大连：大连理工大学，2014.

❹ 杨玉叶.多媒介视域下纸质书籍传播价值研究 [D].西安：西安理工大学，2023.

党的二十大报告提出"加强全媒体传播体系建设，塑造主流舆论新格局"，充分体现了以习近平同志为核心的党中央对新闻舆论工作的高度重视和科学部署。加强全媒体传播体系建设，是新时代推进文化自信自强、铸就社会主义文化新辉煌的重要举措。

全媒介时代的知识产权文化宣传需要人们改变思维，这是一项庞大的系统工程，要实现"牢牢占据舆论引导、思想引领、文化传承、服务人民的传播制高点"目标，需要强化动力支撑体系建设，最大限度激发全媒体创新活力。❶同时，以先进技术为支撑，抢占传播制高点，发挥大数据、云计算、5G、虚拟现实等基础技术的发展，精准化、定制化传播成为传媒领域的大势所趋，知识产权文化传播也需顺应这一趋势，转变传播战略，整理用户数据并绘制用户画像，实施分众化策略，实现精准化的内容生产。同时，当前的智能传播逐渐从分众化走向更为精确的场景化内容生产与分发模式，用户的时空状态成为继社交关系、生活习惯后的又一大影响因素，地方性知识产权媒体也可借此机会，增加本土化的知识产权文化输出内容，将其与城市特色、地区文化结合，如地理标志产品可以作为展现当地的知识产权文化的符号。❷

此外，我国知识产权文化传播能进一步提升，其影响力和普及力既与我国知识产权文化传播的主体、内容、媒介等有关，同时也和平台、传播模式的使用组合息息相关。要充分利用媒体的传播渠道与载体优势，将各级电视台、微信客户端、社交媒体平台账号打通，结合各传播平台特色及自身定位进行内容定制，发挥不同平台的优势，以共性化和个性化构建传播矩阵，放大网络传播效能，并推动国内社交媒体逐步走向国际化。❸

例如，由国家知识产权局邀请中央广播电视总台主持人撒贝宁录制《小撒

---

❶ 朱瑞，李良荣.加强全媒体传播体系建设的逻辑、内涵和支撑 [J].新闻战线，2022（23）：86-89.

❷ 同❶.

❸ 于璇，楚颖盈，罗恒睿.科技赋能中华文化的传播实践与创新路径 [J].科技智囊，2023（7）：17-22.

带你走进知识产权》短视频，以实地探访的形式呈现知识产权事业发展成就和专利审查工作流程，短视频在局微信公众号观看量超 30 万。同时与新华社对外宣传工作平台"中国好故事"App 合作，拍摄制作英文动画短片《餐桌上的"地标"故事》，在境内外新媒体平台的观看量过百万。

再如，中国知识产权报社在春节期间开展的"新春走基层"活动，报社记者深入基层践行"四力"，带着热心和真诚，听民意、感民情、访民生，记录伟大时代的脉动，讴歌幸福美好的人民生活。共推出相关报道百余篇，以文字、图片、漫画、视频等方式，生动讲述基层一线的知识产权故事。

（三）发挥媒介融合优势，形成多元叙事视角传播模式

2020 年 11 月 3 日《中共中央关于制定国民经济和社会发展第十四个五年规划和二〇三五年远景目标的建议》（以下简称《建议》）全文发布，《建议》提出"推进媒体深度融合，实施全媒体传播工程，做强新型主流媒体，建强用好县级融媒体中心"。标志着媒体深度融合发展已从顶层设计，进入全面落实的新阶段，提出全媒体传播格局、全媒体传播体系、全媒体传播工程的内涵和要求，准确把握其关系，对加快推进媒体深度融合发展具有重要的理论价值和实践意义。

同时，《"十四五"文化发展规划》中明确指出：推动文化繁荣发展，需加快推进媒体深度融合发展，打造一批具有强大实力、竞争力的新型主流媒体。在互联网时代，文化发展与媒体转型都呈现"融合"趋势，文化与媒体间的互动关系也愈发强烈；同时，媒体融合的发展、新型主流媒体的建设，也为文化传播提供了全新的视角，将在话语语态、叙事主体、传播渠道、媒介技术等方面进一步促进文化的传播。可以洞察出文化与媒介间的关系。

1983 年麻省理工学院的政治学教授伊索尔·索勒·普尔（Lthiel de Sola Pool）提出了"媒介融合"的概念。他将"融合"视作媒体工业的变革力量，

认为模式的融合模糊了媒介之间的界限，各种媒介呈现出了一体化融合传播的趋势，主要指多种媒体传播过程中实现功能互补的现象。例如，纸质书籍、报刊、电视等传统媒介的融合。多种媒体的互相融合打破了以往传播的局限性，能使信息传播效率更高。后来媒介融合的概念被美国新闻学会媒介研究中心的主任安德鲁·纳奇森（Andrew Nachison）重新定义为"印刷、音频、视频、互动性数字媒体组织之间的战略文化联盟"，纳奇森所认为的"媒介融合"更多是指多种不同的媒介之间的合作和联盟。❶

"媒介融合"的概念包括狭义和广义两种，狭义是指将不同的媒介形态"融合"在一起，产生"质变"，形成一种新的媒介形态，如电子杂志、博客新闻，等等；而广义上"媒介融合"则范围广阔，包括一切媒介及其有关要素的结合、汇聚甚至融合，不仅包括媒介形态的融合，还包括媒介功能、传播手段、所有权、组织结构等要素的融合。在经历了传统媒体融合、融合传媒和智能媒介三个分期，目前已进入平台、内容、技术、终端融合的智能分期。

媒体融合（convergence）最早由美国学者尼古拉斯·尼葛洛庞帝（Nicholas Negroponte）提出。1978年他在《数字化生存》中从多媒体的角度谈到了传统印刷业、唱片业、广播电视业及计算机业在技术、媒介及内容层面的融合，认为这是数字化生活未来的发展方向。美国学者伊契尔·索勒·普尔在《自由的技术》中提出了"传播形态聚合"（the convergence of modes）的概念，并更明确地将媒体融合解释成为各种媒介以相互关联的方式呈现出的多功能一体化的趋势。尼葛洛庞帝和普尔都将技术的发展视为媒体融合的基本动力，认为正是传播技术、计算机技术的发展打破了传统媒介之间的藩篱，从而带来了不同媒体之间的聚合。这些虽然是对媒体融合概念的狭义解读，但也是学界研究媒体

---

❶ 董琳.媒介融合环境下广播发展现状，趋势及对策[J].环球首映，2021，000（11）：203-204.

融合的起点和基础。❶

　　广义的媒体融合概念蕴含着媒体融合的发展趋势和方向。丹麦学者克劳斯·布鲁恩·延森（Klaus Bruhn Jensen）从网络传播、大众传播和人际传播三个维度扩展了媒体融合的概念认为"交流与传播的实践不仅跨越了不同的媒介平台，而且跨越了不同的社会与文化语境，成为我们想象与创造未来的途径"，并且将媒体融合视为"一种交流与传播实践跨越不同的物质技术和社会机构的开放式迁移"。

　　反观互联网平台，尽管在与传统媒体融合之初不够主动，但由于其强大的开放性、聚合性和吸附力，广泛吸收传统媒体的优势而获得迅速发展的倍增器，不断增强对传播渠道、信息内容、传播模式、商业运营的控制力逐渐从聚合型平台向平台型媒体转变。

　　从理论上讲，新旧媒体之间的融合是一个优势互补的开放共赢关系。传统媒体具有的权威性、公信力和专业内容生产能力可以弥补互联网平台媒体过于追求商业利益及传播随意性等缺陷；而互联网媒体平台的用户多元性、开放共享性、即时互动性等特点又为语态与表达相对单一、传播方式滞后、运作机制僵化的传统媒体注入新动能，从而助推传统媒体不断增强传播力和影响力。但传统媒体与互联网平台媒体在融合实践中的情况并非如此。传统媒体在融合中虽然有所创新发展，但实际效果并未达到预期；反而是互联网平台的发展更为迅猛，急速地由"传播平台"向"平台媒体"发展，进而给传统媒体的传播力、引导力、影响力造成冲击和影响。❷

　　互联网平台媒体是基于互联网平台发展起来的新媒体。

　　在新的媒介生态环境下，媒介融合对我国知识产权文化生产产生着重要的

---

❶ 张彩霞，张涵.互联网平台媒体的反向融合逻辑与新传播生态 [J].现代传播（中国传媒大学学报），2022，44（2）：154-161.

❷ 同❶.

影响，内容呈现的创新多元也包含两层意思，除了上述的多媒体融合外，还意味着叙事结构、信息组织方式的创新。传统媒体要想在互联网激烈的竞争环境下取胜，就要在信息采集、信息制作、信息发布、受众反馈等方面做出适应的调整：比如使用可视化的视觉呈现方式加深受众印象，通过信息的多元、立体的融媒体呈现。将 VLOG、H5、VR、AR 也参与进媒介融合，共同建构多元化的传播叙事。如微信公众号"知识产权青年（youthip）"打造全景线上数字展厅《献礼建党百年！局"永远跟党走"书画摄影展邀您线上观展》，近万人在线浏览，通过可视化处理，加载在真实图片上，让体验者沉浸式地欣赏作品。

因此，原创主体一定要拥有较强的创新意识、创造能力和较丰富的业务、实践经验，持续提高文化创造的效率，保证创造的积极性与能力，用不易复制的知识成果增强竞争力。要走在新媒体科技传播的前列，做新媒体科技传播的领导者。以丰富多元的叙事角度展现知识产权文化的内涵，避免单一僵化的传播思维，打造文化传播"自塑"与"他塑"共赢的话语体系。鲍德里亚认为，随着技术和文化的发展，这个世界已经进入了符号统治的时代："这个世界是一个通过符号才能被发现，被阐释的世界——也就是说，可以任意地被操控，具有可操控性。"从新颖的视角下去解读不同语境的文化符号，从而获得集体的文化认可与情感共鸣，塑造出可接受、可认同的共义文化。❶

例如，在对外宣传上，中国知识产权报开设了集文字、图片、视频于一体的"讲好中国知识产权故事"融媒产品专栏。其中，讲述新中国首件专利诞生经历的《专利制度承认了知识的价值》一文，在业界引起反响，新华社刊载了该文的英语版，阿联酋迪拜大新闻网等境外媒体也对该文予以关注。在对内宣传上，在国家知识产权局开放日期间，邀请网络"大 V"参加国家知识产权局开放日活动，其在微博上刊发消息的阅读量超 170 万，在快手等全网平台观看

---

❶ 于璇，楚颖盈，罗恒睿．科技赋能中华文化的传播实践与创新路径 [J]．科技智囊，2023（7）：17-22．

量超 300 万，充分运用了"网红经济"的概念。中国知识产权报创设《地标周刊》，全面展现我国地理标志助推经济社会发展的生动场景；深度报道《期待地标产品在中欧市场大放异彩》，被中国行业报协会官方微信转载;《版权周刊》推出的"IP 读书"专版，也受到读者好评。

（四）增强人才培养，培育知识产权文化复合型传播人才

《知识产权强国建设纲要（2021 — 2035 年）》中提出："营造更加开放、更加积极、更有活力的知识产权人才发展环境。完善知识产权人才培养、评价激励、流动配置机制"以及"进一步推进中小学知识产权教育，持续提升青少年的知识产权意识"。

知识产权文化传播作为经济、法律、传媒三者的交叉领域，需要专业人才的不断供给：其一是与高校合作，签订个性化、定制化定向知识产权专业人才和媒体传播人才培养计划，创新教育模式，形成更为强调实际技能的教育培训模式，以符合培育应用型人才、复合型人才的要求；其二是各领域间的人才交换，推动知识产权领域人才去媒体，学习采访、撰写、拍摄、制作、策划等实践操作；其三是社会性人才精准引入，坚持知识产权文化传播人才需求导向和产业化方向，培养一批有理论、懂业务、通专业、擅实务的知识产权复合型人才。

随着媒体融合持续深化，技术应用的复杂程度也会不断上升，传统媒体从业人员可能随时面临着新技术困境，而懂技术的新型传播人才在未来的文化传播中将会发挥至关重要的作用。因此应尽早为即将到来的高科技水准的知识产权文化传播布局培养一批懂技术的新型传播人才。

第三章　知识产权文化传播实践经验

第一节　知识产权文化演变与外延

一、知识产权文化演变

（一）中国知识产权文化的演变

我国的知识产权文化之旅是一个引人入胜的传奇，其特点是古老的传统、动荡的时期和快速的现代化。从造纸术的发明到全球科技巨头的崛起，中国丰富的历史和多样的文化遗产塑造了其知识产权的方式。

中国有着悠久而辉煌的创新创造历史，造纸术、指南针、火药、印刷术等古老发明塑造了人类文明的进程，并被多位西方学者赞叹为"四大发明"，称"整个古代没有能与之相匹敌的发明"，经各种途径传至西方，对世界文明发展史产生巨大的影响力。汉代（前206—220年）造纸术的发明彻底改变了知识传播形式，为中国书面文化和知识产权的发展奠定了基础。几千年来，中国的工匠、学者和发明家对科学、技术和艺术作出了重大贡献。然而，中国传统社会不太重视个人所有制，而更多地关注公共知识共享和集体进步。知识产权的概念往往植根于儒家伦理，儒家伦理强调社会和谐和集体福利的重要性。

在封建王朝统治时期，中国统治者认识到创新和创造力的经济价值，但也试图控制和规范知识生产。隋朝（581—618年）科举制度的建立促进了人才和专业知识的培养，而统治者的法令和条例则管理着书籍、地图和艺术品等发明的生产和分销。在政治不稳定和冲突时期，包括殖民大国在内的外国势力利用中国薄弱的保护意识为自己谋利。

19世纪末和20世纪初，随着中国面临现代化和全球化的压力的增长，中国的知识产权格局发生了深刻变化。1895年清政府被迫签订《马关条约》，向日本割让领土，并授予外国列强治外法权，包括知识产权特许权。1912年随着中华民国成立，开启了法律改革和知识产权保护的新时代。西方法律概念的采用和现代制度的建立，如专利法和版权法，为更强有力的知识产权制度奠定了基础。然而，内乱和外国占领阻碍了这些法律的实施和执行。

1949年，中华人民共和国成立，中国知识产权格局发生了深刻变化。中国共产党从社会主义意识形态的角度看待知识产权，强调集体所有制和公共福利高于个人权利。在新中国成立初期，知识产权往往服从于国家优先事项，创新和发明被视为人民的集体财产。然而，我国在20世纪70年代末发起的经济改革开创了一个开放和创新的新时代，导致中国知识产权法律逐渐自由化，并融入全球经济。在过去的四十年里，在快速工业化、外国投资和政府主导的举措的推动下，我国实现了前所未有的经济增长和技术进步。我国已成为制造业、电信和电子商务等领域的全球强国，其创新和知识产权重塑了全球市场。

然而，我国的快速崛起也给知识产权保护和执法带来了挑战。假冒、盗版和商业秘密盗窃等问题给投资者带来重大风险。对强迫技术转让、不公平竞争行为和侵犯知识产权的担忧使中国与美国和其他国家的贸易关系紧张。

作为回应，我国政府正在采取措施加强知识产权法律，加强执法机制，促进创新驱动发展。2015年中国政府印发《中国制造2025》，涉及诸多知识产权方面的内容，包括："强化知识产权运用。加强制造业重点领域关键核心技术知识产权储备，构建产业化导向的专利组合和战略布局。鼓励和支持企业运用知识产权参与市场竞争，培育一批具备知识产权综合实力的优势企业，支持组建知识产权联盟，推动市场主体开展知识产权协同运用。稳妥推进国防知识产权解密和市场化应用。建立健全知识产权评议机制，鼓励和支持行业骨干企业与专业机构在重点领域合作开展专利评估、收购、运营、风险预警与应对。构建知识产权综合运用公共服务平台。鼓励开展跨国知识产权许可。研究制定降低中小企业知识产权申请、保护及维权成本的政策措施。"上述举措表明，我国致力于为创新创业创造更有利的环境。❶

我国寻求经济增长与创新和法律改革之间平衡进程的关键在于在培养创造力和保护知识产权之间达成微妙的平衡。通过发挥自身优势、应对挑战和对接国际标准，中国可以为一个更具活力和可持续的知识产权生态系统铺平道路，使国内和全球利益相关者都受益。

（二）美国知识产权文化的演变

美国自成立以来一直是创新和创造力的灯塔，其知识产权文化在塑造其经济和文化景观方面发挥了关键作用。从开国元勋到硅谷企业家，美国在知识产权领域的历程以创新、法律斗争和社会变革为标志。

美国知识产权文化的根源可以追溯到殖民时期，当时定居者正在努力解决所有权和创新问题。在缺乏正式法律保护的情况下，早期的美国发明家和企业家依靠商业秘密、合同和普通法原则来保护他们的创作。一个值得注意的例子是塞缪尔·霍普金斯（Samuel Hopkins），他在 1790 年获得了美国第一个改进的钾肥生产方法专利。这一具有里程碑意义的决定为现代专利制度奠定了基础，为发明人提供了在有限时间内对其发明的专属权利。1790 年美国专利局的成立进一步巩固了美国通过法律保护促进创新的承诺。

---

❶ 国务院关于印发《中国制造 2025》的通知 [EB/OL].（2015-05-08）[2024-07-20]. https：//www.gov.cn/zhengce/content/2015-05/19/content_9784.htm.

19 世纪见证了工业革命的黎明，它将美国转变为创新和工业化的强国。这一时期专利的激增导致了激烈的竞争和被称为"专利战"的法律斗争。托马斯·爱迪生和亚历山大·格雷厄姆·贝尔等发明家家喻户晓，不仅因为他们开创性的发明，还因为他们积极追求专利和对竞争对手提起诉讼。

专利制度在促进创新的同时，也因扼杀竞争和阻碍进步而受到批评。1890 年通过了《谢尔曼反垄断法》，旨在遏制垄断行为，促进公平竞争。这是美国在知识产权方面的一个转折点，平衡了发明人与消费者和竞争对手的利益。

20 世纪，在科学、工业和商业进步的推动下，美国成为全球创新和技术的领导者。美国专利商标局（USPTO）于 1975 年成立，简化了专利申请流程，使发明人和企业家更容易获得专利。

全球化经济给知识产权保护带来了新的挑战和机遇。美国在 TRIPs 协议等国际条约的谈判中发挥了关键作用，该协议为世界贸易组织成员的知识产权保护和执行制定了最低标准。

20 世纪末，互联网的出现彻底改变了信息的创建、共享和消费方式，对传统的知识产权观念提出了新的挑战。数字盗版、文件共享平台和在线流媒体服务的兴起，引发了人们对数字时代现有版权法是否充分的质疑。作为回应，美国于 1998 年颁布了《数字千年版权法》（DMCA）等立法，旨在打击网络版权侵权行为，同时平衡内容创作者、互联网服务提供商和消费者的利益。DMCA引入了关于通知和撤销程序及在线中介机构安全港的规定，塑造了数字版权执法的法律格局。

美国知识产权文化的历史体现了这个国家的创业精神、独创性和促进创新的承诺。美国在知识产权领域的历程反映了技术进步、法律改革和社会变革推动下的不断演变。随着美国继续应对数字时代的挑战和机遇，关键在于在保护知识产权和促进获取知识和创新之间取得平衡，通过建立其丰富的创新和适应性遗产，美国可以继续引领未来几代人塑造知识产权文化的未来。

（三）欧洲知识产权文化的演变

欧洲的知识产权文化有着丰富而多元的历史，由几个世纪的创新、法律框架和文化规范所塑造。从早期的工匠协会到现代的全球条约，欧洲一直处于定义和保护知识产权的前沿。

知识产权文化在欧洲的根源可以追溯到中世纪的行会制度。行会是由工匠和商人组成的协会，负责管理贸易并保护其成员的利益。他们通过制定质量和工艺标准，在促进创新方面发挥了至关重要的作用。行会还通过商业秘密和学徒制度提供了一种基本的知识产权保护形式，限制了知识向外界传播。

正式知识产权的概念在文艺复兴和启蒙时期开始出现。15世纪，威尼斯共和国颁布了第一部专利法，授予发明者在有限时间内对其作品的独家权利。这标志着人们开始认识到创新和创造力的经济价值。

同样，版权法在18世纪开始形成，英国的《安妮规约》确立了作者对其文学作品的权利。这些早期的法律框架为现代专利和版权制度奠定了基础，为创作者提供了法律保护和创新激励。

19世纪的工业革命带来了技术、商业和社会的深刻变革。随着创新的加速，加强知识产权保护的必要性变得显而易见。欧洲各国开始制定全面的专利和版权法，以鼓励创新并保护发明人和创作者的权利。这一时期的一个重大发展是1883年世界知识产权组织的成立，该组织旨在促进在全球范围内保护知识产权。知识产权组织促进了知识产权法的国际合作和协调，为现代全球知识产权制度奠定了基础。

进入20世纪，全球化与数字化挑战成为文化发展的主旋律。20世纪见证了欧洲及其他地区知识产权法的进一步扩展和完善。《伯尔尼公约》和《巴黎公约》等条约确立了版权和专利保护的国际标准，为跨境贸易和创新提供了便利。20世纪末数字技术的出现对传统的知识产权观念提出了新的挑战。互联网、数字盗版和文件共享平台的兴起挑战了现有的版权法，并引发了关于权利持有人和公众获取信息之间平衡的辩论。作为回应，欧洲国家和欧盟（EU）实施了各种指令和法规，以使知识产权法适应数字时代。数字单一市场等举措旨在统一版权规则，促进数字内容在欧盟成员国的分发，同时确保创作者获得公平补偿。

欧洲知识产权文化的历史反映了技术进步、经济需求和不断变化的社会规范所推动的不断演变。从中世纪的行会到21世纪的全球化数字经济，欧洲在塑造知识产权的法律框架和文化态度方面发挥了核心作用。随着欧洲继续应对数字时代的复杂性，挑战在于在促进创新和创造力的同时确保公平获得知识和文化表达之间取得平衡。通过建立其丰富的创新和适应性遗产，欧洲可以继续在培育一个充满活力和可持续的知识产权生态系统方面发挥领导作用。

（四）日本知识产权文化的演变

日本的知识产权文化又具其独特性。从传统艺术到尖端技术和全球品牌，日本一直处于创新和创造力的前沿。

日本有着数百年的工艺和艺术表现传统，这为其现代知识产权方法奠定了基础。从日本剑匠一丝不苟的工艺到浮世绘木版画的精美之美，日本的工匠长期以来都重视独创性、质量和细节。在江户时代（1603—1868），日本封建社会促进了行会和工匠社区的发展，在那里，知识和技能通过学徒制的师徒关系得以传承。虽然在此期间，对知识产权的正式法律保护受到限制，但社会规范和文化价值观强调尊重工艺和创作者的权利。

1868年的明治维新标志着日本知识产权格局的转折点，日本走上了现代化和工业化的道路。明治政府推行了全面改革，以促进经济发展，加强日本在全球舞台上的地位。一个重要的里程碑是日本于1885年颁布了第一部模仿西方法律体系的专利法。该法律在有限的时间内授予发明者对其发明的专属权利,为创新和技术进步提供激励。这标志着日本开始向更正式的知识产权制度过渡。

第二次世界大战给日本知识产权文化带来了重大挑战和机遇。战后,日本在技术创新和出口导向型增长的推动下,踏上了重建和经济振兴的非凡旅程。战后时期,索尼、丰田和任天堂等标志性日本品牌的出现,彻底改变了行业,吸引了全世界消费者的目光。在日本强有力的知识产权保护框架下,知识产权制度在保护和推广这些品牌方面发挥了至关重要的作用。

近几十年来,日本巩固了其作为全球创新和技术领导者的地位,推动了电子、汽车和机器人等领域的进步。日本公司在研发方面投入巨资,在半导体、人工智能和可再生能源等领域取得突破。日本的知识产权战略强调合作、标准化和促进开放创新。日本特许厅(JPO)的专利高速公路(PPH)计划等举措有助于加快专利申请的审查,简化发明人的流程,提高授予专利的质量。

尽管日本在知识产权方面取得了成就,但该国在专利质量、执法和国际合作等领域仍面临持续的挑战。对专利流氓、诉讼滥用和获得基本技术的担忧仍然是政策制定者和行业利益相关者关注的领域。

(五)韩国知识产权文化的演变

韩国的知识产权文化证明了该国丰富的创新动力,跨越了几个世纪的文化交流和技术进步。从韩国流行音乐K-pop和三星电子在全球的成功,韩国的知识产权之旅反映了传统与现代的动态互动。

韩国的知识产权文化深深植根于东亚的工艺、学术和艺术表现传统。在朝鲜王朝(1392—1897)期间,受儒家思想启发的韩国社会高度重视学术和教育,培养了学习和创新的文化。韩国的学者和工匠创作了精美的书法、陶瓷和绘画作品,为该国丰富的文化和知识遗产做出了贡献。

19世纪末和20世纪初是朝鲜半岛历史上的一个动荡时期，面临着日本帝国的殖民化。殖民时代给韩国的知识产权文化带来了重大挑战，因为日本当局对韩国的文化表达和经济活动施加了限制。尽管面临这些挑战，韩国工匠和企业家还是适应了不断变化的环境，在接受现代技术和商业实践的同时保护了他们的文化遗产。殖民时期出现了纺织、化工和电子等新产业，为韩国的工业化和经济发展奠定了基础。

第二次世界大战的结束给韩国的知识产权格局带来了深刻的变化。朝鲜战争（1950—1953）结束后，韩国开始了一段非凡的重建和经济振兴之旅，被称为"汉江奇迹"。战后，现代、LG和三星等标志性韩国品牌的出现，将韩国转变为全球创新和技术强国。20世纪末和21世纪初，韩国崛起为数字革命的领导者，三星和LG等公司处于电子、电信和半导体技术创新的前沿。韩国的文化出口，包括K-pop、韩剧和电子游戏，也在全球流行，塑造了流行文化，影响了世界各地的趋势。

韩国的知识产权战略强调合作、教育和促进创新驱动的增长。韩国知识产权局（KIPO）也利用专利高速公路计划等举措促进了专利申请的快速审查，鼓励发明人和企业家保护他们的知识产权。

韩国的知识产权文化反映了该国的韧性、独创性和对卓越的承诺。从古老的工艺传统到尖端的科学技术创新，韩国的知识产权之旅反映了传统与创新的动态融合。

（六）小结

通过梳理以上各国家和地区知识产权文化发展过程，可知各国的传统文化与总体价值观对知识产权文化的产生和发展均产生了巨大的影响，因此各国知识产权文化建立的基础及发展均表现出不同的特点，总结如下。

中国文化遗产强调知识共享和集体所有制。从历史上看，工匠和学者为共享知识库做出了贡献，而较少强调个人所有权。随着中国经济的快速发展和工业化，人们对知识产权的态度正在演变。人们越来越认识到创新和创造力对经济增长的重要性，从而加强了现代知识产权法律和实践。在欧洲，对创造力、艺术性和创新有着深厚的文化欣赏氛围。欧洲商业文化强调协作与合作，注重相互尊重知识产权。跨界伙伴关系和研究联盟很常见，促进了创新和知识交流。

创业、创新和追求经济成功的观念在美国文化中根深蒂固。硅谷和其他创新中心体现了一种冒险、实验和颠覆的文化。初创企业和科技公司在一个奖励创造力并通过专利、商标和版权保护知识产权的环境中蓬勃发展。

日本的文化遗产重视工艺、精度和对细节的关注。茶道、插花和盆景等传统艺术体现了对美的深刻欣赏和对技艺的精通。日本高度重视知识产权，整体社会文化培养了保护知识产权资产的责任感。

韩国的知识产权文化反映了传统价值观与现代法律框架之间的平衡。儒家尊重权威和社会和谐的价值观与创新和全球竞争力的驱动力共存。韩国快速的经济发展和技术进步塑造了其知识产权文化。该国对教育、研究和发展的重视导致了电子、汽车和生物技术等领域的突破。

总之，受历史遗产、经济需要和社会价值观的影响，不同地区对知识产权的文化态度和做法各不相同。在日益互联和全球化的世界中，了解这些文化细微差别对于促进合作、促进创新和保护知识产权至关重要。

二、各国知识产权法律框架与文化外延

基于不同的文化发展演变，在法律制度发展进程中，各国以文化为基础建立了不同的知识产权法律框架，并基于各自的法律框架表现出的不同的文化发展。

（一）欧洲

欧洲拥有丰富的文化遗产，长期以来重视创造力、创新和知识交流。从文艺复兴时代到启蒙运动，欧洲是科学探究、艺术表达和技术进步的中心。约翰内斯·古腾堡在 15 世纪发明的印刷机彻底改变了传播和知识传播，为版权和出版权等现代知识产权概念奠定了基础。以此为基础，欧洲有一个全面的知识产权法律框架，包括专利、商标、版权和工业设计。《欧洲专利公约》（EPC）和欧盟知识产权局（EUIPO）在管理成员国的知识产权方面发挥着核心作用。

欧洲联盟（EU）为协调各成员国的知识产权法律和法规作出了重大努力，以促进其一致性和连贯性。《欧盟版权指令》和《欧盟商标指令》等指令旨在为知识产权保护建立一个统一的法律框架。

在教育和研究方面，欧洲大学和研究机构在促进创新和知识创造方面发挥着至关重要的作用。由欧洲研究委员会（ERC）和地平线欧洲等组织资助的合作研究项目推动了科学发现和技术进步。对于技术转让，欧洲大学和研究中心积极参与技术转让活动，向行业合作伙伴和初创公司授予知识产权许可。欧洲创新技术研究所（EIT）等项目支持欧洲各地的创业和创新生态系统。

在创业与创新生态系统建设方面，欧洲拥有充满活力的创业和创新生态系统，伦敦、柏林、巴黎和斯德哥尔摩等创业中心吸引着人才、投资和创新。孵化器、加速器和合作空间为初创公司开发和商业化其想法提供了支持和资源。

欧洲各国政府与地区和国家创新机构一起，提供资金、赠款和支持计划，以促进创新和创业。欧洲创新委员会（EIC）和地平线欧洲创新支柱等举措旨在加快创新技术的开发和市场吸收。

（二）美国

美国与欧洲一样，有一个强有力的法律框架来保护知识产权，包括版权、专利、商标和商业秘密。美国专利商标局（USPTO）和版权局负责监督知识产权的注册和执行。美国的强制执行机制涉及民事补救措施，如禁令和损害赔偿，以及对严重侵权行为的刑事处罚。美国也有专门的法院，如审理专利案件的美国联邦巡回上诉法院。

在此框架基础上，美国以其创新和创造力产业而闻名，包括科技、娱乐、制药和生物技术。强有力的知识产权保护对于促进创新和吸引研发投资至关重要。

美国对知识产权的态度各不相同，强烈支持保护权利以激励创新和创造力。然而，也有关于保护权利与促进获得信息和文化之间的平衡的争论。像知识共享这样的组织为那些希望更自由地分享作品的人提供了传统版权的替代品。

同时与欧洲类似，美国在保护知识产权方面面临挑战，包括网络盗版、假冒和国际侵权。数字时代带来了新的挑战，如与数字盗版以及软件和数字内容保护有关的问题。

美国在知识产权文化方面具有重要的全球影响力，其许多法律和实践为其他国家树立了榜样。美国还在协调和执行知识产权的国际努力中发挥了主导作用，包括通过 TRIPs 协议和世界知识产权组织（WIPO）等组织。

（三）其他国家、地区和组织

韩国由韩国知识产权局（KIPO）管理专利与商标。韩国以其高效的专利审查程序和强有力的专利权执行而闻名，韩国的商标保护受 KIPO 管理的商标法管辖。韩国拥有完善的商标注册制度，并强制执行商标权以防止侵权和假冒。韩国版权委员会（KCC）负责监督版权登记和执行，还实施了应对数字盗版和保护数字时代内容创作者权利的措施。

日本有强有力的法律保护知识产权，包括专利、版权、商标和商业秘密，这些权利是通过民事和刑事补救措施来执行的。日本还以其高效的专利制度和强有力的执法措施而闻名。

印度的知识产权保护法律框架包括有关专利、版权、商标和地理标志的法律。该国努力使其知识产权法现代化，并加强执法机制。然而，挑战依然存在，包括专利局的积压及盗版和假冒问题。

俄罗斯有保护知识产权的法律，包括专利、版权、商标和商业秘密。由于腐败和资源不足等问题，执法可能具有挑战性。俄罗斯还以积极参与国际知识产权谈判和协议而闻名。

巴西有保护知识产权的法律，包括专利、版权、商标和工业设计。该国已努力加强其知识产权框架，以符合国际标准。然而，执法仍然是一个挑战，特别是在盗版和假冒方面。

总的来说，尽管不同国家有不同的法律框架和执行机制，但总体世界主要国家都认识到保护知识产权对促进创新、创造力和经济增长的重要性。

三、主要国家知识产权战略

随着知识产权文化的不断传播，很多国家的知识产权保护均提到了国家战略层面，与国家发展相协调、相适应，以下介绍主要国家的知识产权战略的建立与发展。

（一）欧洲

首个欧洲知识产权战略是指欧盟委员会于 2011 年提出的一项旨在加强欧盟在知识产权领域的竞争力，并推动创新和经济增长的政策框架。该战略涵盖了多个方面，包括知识产权保护、知识产权执法、知识产权创新等，包括：

欧洲知识产权战略提出了加强知识产权保护的措施，包括加强专利、商标、版权和设计等各类知识产权的保护，并提高知识产权保护的效率和质量。此外，战略还强调了在全球范围内推动知识产权保护的国际合作。

战略重点关注了知识产权执法的问题，提出了加强执法机构的协调合作、加强知识产权执法的能力建设、加强知识产权执法的刑事和行政制裁等一系列措施，以确保知识产权的有效保护和执法。

战略强调了知识产权在促进创新和经济增长中的重要作用，提出了推动知识产权创新的措施，如鼓励企业加大技术研发投入、加强知识产权与创新政策的协调配合、促进知识产权的交叉应用等。

战略还特别关注了数字化时代对知识产权的挑战和机遇，提出了加强数字版权保护、推动数字知识产权市场的发展、加强数字知识产权管理和执法等措施，以适应数字化经济的发展需求。

战略强调了知识产权教育和宣传的重要性，提出了加强知识产权教育和培训、加强知识产权宣传、提高公众对知识产权的认识和重视等措施，以提升全社会对知识产权保护的意识和理解。

总体而言，首个欧洲知识产权战略为欧盟成员国在知识产权领域制定了一系列政策和措施，旨在加强知识产权保护、推动知识产权创新，促进欧洲经济的可持续发展。

（二）美国

美国政府于 2010 年 6 月发布了《国家知识产权战略》（*National Intellectual Property Enforcement Strategy*），这是美国历史上首次制定的全面的国家知识产权保护战略。该战略由美国知识产权执行办公室（IPEC）负责协调执行，旨在加强对知识产权侵权行为的执法力度，保护创新和知识产权。

2011 年 6 月，美国政府又发布了《美国知识产权战略》（*Strategy for American Innovation*），强调了知识产权在推动创新、经济增长和就业方面的重要作用。该战略提出了一系列政策和措施，包括加强知识产权保护、促进技术创新和知识产权交叉应用等。

美国政府还制定了《美国知识产权战略纲要》（*2018 Joint Strategic Plan on Intellectual Property Enforcement*），以应对新的知识产权挑战和威胁。该战略纲要由美国知识产权执行办公室（IPEC）和美国国家经济委员会（NEC）共同制定，强调了知识产权保护对经济安全和国家安全的重要性，提出了加强知识产权执法、加强国际合作等一系列措施。

除了上述国家知识产权战略外，美国政府还通过一系列其他政策和措施来促进知识产权保护和创新发展，包括加强知识产权执法力度、加强知识产权保护的国际合作、推动专利审查流程的改革和优化等。

总体而言，美国的国家知识产权战略是一个全面的政策框架，旨在保护知识产权、促进创新和经济增长。美国政府通过制定和执行各种政策和措施，致力于提高美国在知识产权保护和创新领域的竞争力和影响力。

（三）日本

日本的《知识产权战略基本计划》于2018年制定，是日本政府制定的一项重要政策文件，旨在加强知识产权保护、促进技术创新和经济增长。

日本政府制定《知识产权战略基本计划》，是为了应对日本面临的国内外经济环境变化和知识产权保护的新挑战。该计划旨在通过加强知识产权保护、促进技术创新和知识产权交易等措施，提升日本在知识产权领域的竞争力和创新能力。

为实现战略目标，《知识产权战略基本计划》提出了一系列重点措施，包括加强知识产权保护的法律和制度建设、加强知识产权执法力度、推动知识产权教育和培训、促进知识产权与创新政策的协调配合等。

为确保《知识产权战略基本计划》的有效实施，《知识产权战略基本计划》

还设立了一系列实施机制和评估机制，包括建立政府间协调机制、加强知识产权保护的执法力度、加强对知识产权政策的监督和评估等。

第二节　世界知识产权组织知识产权文化传播经验

世界知识产权组织（WIPO）在知识产权文化传播方面采取了多项具体措施，主要包括如举办提高公众意识活动、提供教育与培训机会、分享丰富的信息资源等多种方式。

一、丰富的知识产权文化传播模式

WIPO 认为，树立尊重知识产权的意识涉及的不仅仅是执法，还必须通过教育改变态度，相关教育包括意识提升活动、公共教育、宣传资料等。

对此，WIPO 运营了互动式网站 respectforip.org，旨在提高年轻人对版权和商标的认识及理解。其中包括尊重版权板块，该板块由韩国提供的信托基金支持，它包括五个单元，面向 10~15 岁的青少年，目的是通过辩论和讨论，使青少年更好地了解创造性活动和与知识产权的联系；尊重商标板块，该模块由日本专利厅提供的信托基金支持，它包括三个单元，面向 14~19 岁的青少年，着重介绍商标在现代社会中的作用和品牌发展中的创造力；同时，"知识产权与公民新闻"是一个面向在校学生提高知识产权意识的项目，由产权组织在韩国文体部的支持下设计并实施。

同时 WIPO 采用立体式的传播模式，提高文化传播受众的接纳程度，例如包括 Youtube 频道视频、知识产权组织漫画集等众多形式。为了提高儿童相关文化接纳程度，也开发了多个相关产品。例如，"和波鲁鲁一起来创造"系列，通过"小企鹅波鲁鲁"这个可爱的角色帮助幼儿了解知识产权基本知识。该系列动画是用由韩国特许厅和文化体育观光部提供的信托基金资助开发。

成员国倡议，在执法咨询委员会（ACE）每年的会议上，产权组织成员国会聚一堂，分享关于树立尊重知识产权风尚的观点和经验。

WIPO认为意识提升是任何树立尊重知识产权风尚战略的必要部分，因此为了提高知识产权保护意识，开发了制定此类战略的模块化方法。任何战略中涉及的手段都不仅包括公共传播，还包括公共或私营部门机构采取的实用措施，例如：改变教育课程，鼓励正当消费受知识产权保护的商品，防止访问侵权内容的技术措施，与具体意识提升活动有关的执法活动等。

WIPO创办了免费的《WIPO杂志》，该杂志旨在探讨令人着迷的创新和创造世界，以及知识产权在推动人类进步方面发挥的核心作用。其目标是通过启发公众，向公众提供知识产权如何支持世界各地的社会、文化和经济发展及商业增长的信息，让知识产权世界离公众更近。通过该杂志，公众可以通过它来探索知识产权世界的最新热点话题，了解发明人、创造者和企业家如何利用知识产权来实现目标。

WIPO还在其网站上推出"案例研究与成功故事"模块，其中采用丰富的案例介绍相关知识产权领域的成功案例。通过相关实际案例，使公众对知识产权在真实世界中如何运行以及其如何促进社会发展等方面获得直观的感受。

二、世界知识产权日

每年4月26日为世界知识产权日，旨在提高人们对创意和创新的重视，推广知识产权的保护。世界知识产权日提供了独一无二的良机，可以借此与全球各地的人们一起思考知识产权如何帮助全球艺术走向繁盛，如何促进技术创新，推动人类进步。2000年，世界知识产权组织成员国指定4月26日（《建立世界知识产权组织公约》于1970年生效的日子）为世界知识产权日，目的是增进对知识产权的普遍认识和了解。

世界知识产权日是凸显知识产权（专利、商标、工业品外观设计、版权）在鼓励创新创造方面所起作用的良机。一个兼顾各方利益的知识产权制度对发明人和创作者的作品表示认可并给予回报，确保社会从这些创意创造中受益。知识产权提供了一种手段，使研究人员、发明人、企业、设计者、艺术家和其他人员得以合法地保护其创新和创意成果，并确保他/她们获得经济回报。同时，知识产权制度并非免费的午餐。只有当成果符合某些既定标准时，才有资格获得知识产权保护。例如，一首歌或一部电影只有是原创的才符合版权保护的资格。同样，一项技术必须是突破性的（例如新的、非显而易见并且有用的），才有资格获得专利保护。此外，要获得专利，发明人有义务将其发明详情公开，以便其他人可以借鉴该技术进行创新。

一个可以平衡发明人、创造者的利益与整个社会的利益的有效的知识产权制度，已被证明是一种有效的方式，能够鼓励发明人和创造者投入时间、精力和创造力，来开发新技术、新形式的创造性表达，从而改进并丰富我们的生活。一个使创新创造蓬勃发展的环境，一个多样化的包容性环境，使我们更有可能应对人类面临的主要挑战，推动人类进步，并使我们的生活更健康、更安全、更舒适。

目前，世界知识产权日已经成为全球庆祝的活动。包括知识产权局、政府机构、律所、企业、国际组织、非政府组织、高校、中小学、学生等成百上千万来自五湖四海的人们，每年一起庆祝世界知识产权日。

近年来，世界知识产权日发布了如下主题：2020年以"为绿色未来而创新"为主题，关注打造绿色未来的工作核心；2021年主题为"知识产权和中小企业：把创意推向市场"，关注每天在全球运营的数百万家中小企业；2022年聚焦"知识产权与青少年：未来的创造者"，探讨年轻人在创新和创意中的角色；2023年主题"知识产权与女性：推动创新与创意"，强调女性在创新和创意产业中的贡献；2024 年以"创新与知识产权：促进可持续发展"为主题，强调知识产权在可持续发展目标中的作用。据此可以看出，该活动主旨即促进知识产权文化的广泛传播，加强各方面对知识产权的认识与重视程度。

三、相关奖项的设置提高文化传播影响力

（一）全球奖

世界知识产权组织（WIPO）于 2022 年设立全球奖（WIPO Global Awards），旨在表彰在知识产权领域表现卓越的个人和组织。全球奖通常包括多个类别，涵盖技术创新、文化创意、可持续发展等领域。这些奖项旨在鼓励和促进创新，特别是在推动社会经济发展的方面。

评选标准：一是创新性，参选项目或作品必须具备显著的创新性和独特性；二是社会影响，对社会、经济或环境产生积极影响的项目将受到优先考虑；三是可持续性，注重可持续发展目标的项目，尤其是在实现联合国可持续发展目标方面的贡献。

全球奖的参选对象包括个人、企业、研究机构和非政府组织。无论是大型企业还是小型创业公司，均可参与。其评审流程包括：①提名，候选者可通过 WIPO 或相关国家知识产权机构提名。②评审，由国际评审委员会对提名进行评估，依据评选标准进行打分和筛选。

获奖者通常会获得奖杯、证书及 WIPO 的宣传支持。此外，获奖者有机会在 WIPO 的国际会议上分享他们的经验和成果，进一步提高其在全球范围内的影响力。

全球奖的设立旨在提升公众对知识产权重要性的认识，鼓励创新和创意，促进知识产权的有效利用。通过表彰优秀案例，WIPO 希望激励更多的人参与到知识产权的创造与保护中，推动全球经济的可持续发展。

（二）国家奖

世界知识产权组织（WIPO）还设立国家奖（National Awards），旨在表彰各国在知识产权保护和利用方面取得的杰出成就。国家奖的设立是为了鼓励各国在知识产权领域的创新和发展，提升公众对知识产权重要性的认识，促进知识产权制度的有效实施，推动经济和社会发展。

国家奖的参选对象包括：一是个人，如发明家、创作者和企业家；二是企业，无论是大型公司还是小型创业企业；三是组织，包括非政府组织、科研机构和教育机构。

评选标准通常包括：一是创新性，即项目或成果的独特性和创新程度；二是社会和经济影响，即对当地或国家经济、文化或社会产生的积极效果；三是知识产权保护，即有效利用和保护知识产权的措施和效果。

候选者可以通过各国的知识产权办公室进行提名，进一步由专业评审委员会根据既定标准进行评估，筛选出优秀候选。与全球奖类似，其获奖者通常也会获得证书和奖杯，并可能获得WIPO的宣传支持。此外，获奖者可能被邀请在相关活动中分享他们的经验，以提高其影响力。

国家奖不仅表彰了在知识产权领域的突出贡献，还旨在推动各国对知识产权的重视，鼓励更多的创新和创意，促进知识产权的有效利用和保护，从而推动经济和社会的可持续发展。通过这些举措，WIPO希望能够激励更多国家和地区加强知识产权的相关工作，创造更加良好的创新环境。

四、教育培训资源

世界知识产权组织在知识产权培训方面开展了多项重要工作，其中WIPO学院是其核心组成部分。

WIPO学院提供了一系列在线和面对面的培训课程，旨在提升各国知识产权从业人员和公众的知识产权意识和专业技能。每年，其会制定较为丰富的相关课程计划，并且编制相关计划手册，列出 WIPO 学院全年的全部培训目录，并概述每门课程的内容，为有意参加者提供了资格标准、申请手续、时间安排、遴选程序等方面的信息及其他相关的必要信息。

其中包括：

（1）远程学习计划。WIPO 学院通过利用数字技术来为虚拟和混合形式的学术培训项目提供便利，WIPO 学院远程学习计划旨在提高知识产权知识在全球范围内的可达性，面向所有人提供知识产权知识而无须考虑他们的地理位置、社会经济背景、行业部门或语言群体。WIPO 学院自 1999 年起开设了远程学习（DL），作为一种创新型教学和培训方法，通过互联网的潜力扩充了学院的教育任务授权。自该计划启动以来，世界各地超过一百万人参加了一门或多门产权组织远程学习课程。

（2）学术机构计划。例如，高校伙伴关系和知识产权联合硕士学位项目，WIPO 学院学术机构计划与非洲、亚洲、阿拉伯地区、欧洲和拉丁美洲的高校合作（有时也与次地区或国家级的知识产权管理部门合作）开办了 16 个知识产权联合硕士学位项目。这些项目的课程通常为期一年至一年半，由 WIPO 学院和相关合作机构共同制定。

（3）暑期班计划。世界知识产权组织暑期班为青年专业人士和高校学生提供更为深入了解知识产权知识的机会，包括了解知识产权作为工具对促进经济、社会、文化和技术发展所起的作用。所有暑期班都有相同的课程安排，有些暑期班会特别关注特定的知识产权问题，如技术转让。它们的形式和时长也相同。会向学员教授知识产权不同的方面的知识，包括知识产权保护的国际特性及知识产权与政策领域的相互关系。该计划采取了跨学科、以问题为导向的方法，包括了讲座、模拟练习、针对选定知识产权议题的集体讨论、分组讨论及案例研究。

作为知识产权培训机构，WIPO 学院帮助成员创建其自己的可独立运营的知识产权培训机构（IPTI）。该项工作旨在帮助成员根据其国家和地区的需求和优先事项，发展其知识产权培训能力。

截至2023年，在WIPO学院的支持下，已经在阿塞拜疆、哥伦比亚（与版权局和工业产权局合作）、哥斯达黎加、多米尼加（与版权局和工业产权局合作）、埃及、萨尔瓦多、埃塞俄比亚、格鲁吉亚、伊朗、秘鲁、沙特阿拉伯、特立尼达和多巴哥、突尼斯、土耳其（与版权局和工业产权局合作）以及乌克兰建立了18个IPTI。截至2022年，IPTI已经为超过43.6万名学员提供了7600多项培训活动。有13个项目正在进行，将在未来几年内完成。

IPTI成立后，WIPO学院将继续协助其实施能力建设项目，特别是满足知识产权生态系统中历来代表性不足的人群的需求，如中小企业、妇女和青年。WIPO学院与现有的IPTI继续合作，迄今为止已经推出了30多个项目。IPTI继续发挥重要作用，为一系列来自关键的国家和区域经济部门（包括农业、数字内容创造、技术服务、纺织和手工艺、食品和烹饪行业等）的学员提供培训。IPTI提供的培训课程特别强调知识产权的实用技能，涵盖广泛的主题，包括商标、专利、版权及相关权、工业品外观设计、知识产权管理和商业化。

同时WIPO具有专门的青年与女性倡议。WIPO特别关注青年和女性在知识产权领域的参与，通过专项培训和支持活动，激励他们的创新与创意，提升他们在知识产权领域的能力。

五、WIPO信息资源

WIPO提供多种信息资源，以支持全球知识产权的理解与应用。

（1）PATENTSCOPE：该数据库是一个全面的专利搜索和信息平台，旨在为全球用户提供便捷的专利信息访问。其收录内容包括：①国际专利申请，提供对国际专利申请（PCT申请）的访问，涵盖多个国家和地区的专利信息。

②国家专利数据，整合了来自多个国家和地区的专利数据，用户可以查找不同国家的专利信息。③专利文献，包括专利说明书、法律状态信息、专利分类和引证信息等。该数据库具有友好的用户界面，界面设计简洁直观，便于用户快速上手，且支持多语言操作，使全球用户都能方便使用。PATENTSCOPE 数据库向公众免费开放，用户可以随时访问和查询。

（2）Global Brand Database：WIPO 的 Global Brand Database 是一个全面的在线平台，旨在提供全球范围内的商标和品牌信息。数据库内容包括：①商标注册信息，包括来自多个国家和地区的注册商标，用户可以查阅商标的详细信息。②品牌名称，涵盖不同类别和领域的品牌名称，便于用户进行检索。③法律状态，提供商标的法律状态信息，如注册、异议和失效等。该数据库具有高级搜索功能，用户可以通过多种搜索选项（如商标名称、申请人、国际分类、申请日期等）进行精确检索。④图像搜索，支持基于图像的搜索，帮助用户查找相似或相关的商标。⑤多语言支持，数据库提供多种语言的界面，方便全球用户使用。Global Brand Database 向公众免费开放，任何人都可以随时访问和查询商标信息。并且拥有用户友好的界面，设计简洁明了，易于导航和使用。WIPO 还提供有关如何使用 Global Brand Database 的培训材料，包括在线教程和使用指南，帮助用户有效地获取和利用商标信息。Global Brand Database 为企业、法律专业人士和研究人员提供了重要的商标信息资源，有助于品牌保护和市场研究，帮助了企业在注册新商标之前进行检索，避免侵犯他人商标权，又为品牌发展和市场策略提供数据支持。

（3）WIPO Lex：WIPO Lex 是 WIPO 提供的一个法律数据库，专注于知识产权相关的法律和政策。数据库内容包括：①国际条约，涵盖与知识产权相关的国际条约和协议，包括各类公约的文本和信息。②国家法律，提供多个国家的知识产权法律、法规及其最新修订，用户可以查阅国家在专利、商标、版权等领域的具体法律规定。③地区协议，包括区域性知识产权合作协议和法律文件。在功能特点上，具有搜索功能，用户可以通过关键词、国家、法律类别等进行精确搜索，快速找到所需的法律文献。数据库提供多种语言版本，便于用户在不同语言环境中查阅法律资料。WIPO Lex 数据库向公众免费开放，任何用户均可访问和查询相关法律信息。WIPO 也提供使用 WIPO Lex 的培训材料，包括用户指南和在线教程，帮助用户充分利用数据库功能，提升知识产权法律的理解与应用。WIPO Lex 为研究人员、法律专业人士和政策制定者提供了重要的知识产权法律资源，有助于法律研究和政策制定，该数据库支持对国际及国家知识产权法律的深入研究，为国家和地区的知识产权政策发展提供法律参考。

第三节　中国知识产权文化传播实践经验

一、总体情况

近年来，随着党中央、国务院对知识产权工作的高度重视，也随着互联网的高速发展，做好知识产权宣传工作成为深入推进知识产权强国建设的重要抓手。经过多年探索，我国通过从打造宣传活动品牌、完善新闻发布制度、构建信息传播矩阵、拍摄影视宣传作品以及推动中小学知识产权教育普及等 5 个方面积极开展实践，在创新讲好中国知识产权故事方面取得积极成效。

一是打造宣传活动品牌。从 2009 年开始，每年于 4 月 20—26 日，国家知识产权局联合多个国家部委共同举办全国知识产权宣传周活动，截至 2024 年，已连续成功举办 16 届，部委参与数量达到 21 家。每年的宣传周活动期间，各地积极组织开展丰富的案例发布、培训座谈、征文演讲、集中销毁侵权产品等各类活动近 10 万项次，在全社会掀起集中关注和保护知识产权的热潮，成为中国知识产权领域最具知名度的全国性盛事。特别是 2023 年的全国知识产权宣传周期间，习近平总书记致贺信，李强总理会见 WIPO 总干事，副总理丁薛祥出席主场活动并讲话，将全国知识产权宣传周活动的规格和层次提升到前所未有的高度。

同时，还举办有上海知识产权国际论坛、中国国际专利技术与产品交易会、中国（无锡）国际设计博览会、中国知识产权年会、中国国际商标品牌节等各类大型活动，集中展示中国知识产权发展成就，促进知识产权交流互鉴、贸易往来以及沟通合作。

二是完善新闻发布制度。多层次高频率组织新闻发布活动，权威知识产权信息在国内国际舆论场几乎"天天见"，为中国知识产权事业高质量发展营造了良好舆论氛围。从 2022 年起，国家知识产权局每月举办一场新闻发布会，平均每场邀请 30 余家境内外媒体参加，产生原创报道数千篇，及时展示知识产权事业发展成就，助力公众了解知识产权政策。2023 年起，新闻发布会还开到了地方，比如联合江苏、浙江、安徽、上海共同召开的长三角一体化高质量发展新闻发布会，以及京津冀营商环境改革成效新闻发布会，均取得了积极效果。在发布内容方面，除年度、半年度知识产权工作进展外，还就新出台的相关政策例进行解读，以及发布例如《中国知识产权保护状况》白皮书等各类专项报告。

三是构建信息传播矩阵。积极搭建对内对外信息传播矩阵，从不同角度呈现知识产权工作成效。国家知识产权局不仅与人民日报社、新华社、中央广播电视总台等中央主流媒体长期合作，还在微信、微博、抖音、快手、头条、B 站、视频号等多个新媒体平台开通账号，总粉丝量近 200 万。同时，完善英文网站，获得良好浏览效果。近年来，国家知识产权局不断深化央地联动，于全国知识产权宣传周活动期间在全国多个地方设置分会场，全国多地同步启动、同步宣传知识产权事业成就，推动形成全国范围内同步开展知识产权宣传的良好格局。

四是拍摄影视宣传作品。几年来，国家知识产权局拍摄制作多部纪录片、短视频，生动讲述中国知识产权故事。纪录片方面，拍摄了知识产权专题纪录片《国之利器》，面向全球播出，讲述了专利制度对于中国及世界的贡献。短视频方面，邀请中国著名书法、篆刻、绘画、舞蹈等领域的艺术家创作与知识产权有关的作品，拍摄制作中英文短片《知识产权文化在身边》。拍摄中英文动画短片《餐桌上的地标故事》，讲述中欧地理标志互认互保给两个国家和地区人民生活带来的积极影响。制作公益广告《知识产权——幼苗篇》，在央视黄金时段播出。

与此同时，国家知识产权局积极邀请知名人物加入知识产权宣传阵列。例如，邀请中国著名电视节目主持人录制《小撒带你走进知识产权》，揭秘专利审查的流程。邀请青年演员拍摄倡议保护和尊重知识产权的公益视频，在青少年中产生巨大影响。特别是，2023 年邀请中国在轨航天员从中国空间站发来祝贺，倡议加强载人航天领域的知识产权保护，极大地激发了中国公众的创新热情和对知识产权保护工作的关心支持。

五是推动中小学知识产权教育普及。国家知识产权局高度重视青少年知识产权普及教育，2015 年起联合教育部开展全国中小学知识产权教育试点示范工作，累计评定国家级试点示范学校 165 所（截至 2023 年），各省评定省级试点示范学校近 2000 所（截至 2023 年），覆盖师生超百万。在持续开展线下工作的基础上，还开设中小学知识产权远程教育平台，每年在线培养教师上万人，促进面向中小学生的知识产权教育取得突出实效。

近年来，我国不断以更大的工作力度、更多的创新手段、更优质的故事内容，面向全世界创新讲好新时代中国知识产权故事，全面呈现立体丰富、蓬勃发展的中国知识产权事业全貌，为全世界知识产权体系的完善作出中国贡献。

二、品牌活动

根据中国和阿尔及利亚在 1999 年的提案，世界知识产权组织在 2000 年召开的第三十五届成员大会上通过决议，决定从 2001 年起，将每年的 4 月 26 日定为"世界知识产权日"（The World Intellectual Property Day）。4 月 26 日是《建立世界知识产权组织公约》（《世界知识产权组织公约》）生效的日期。设立世界知识产权日旨在全世界范围内树立尊重知识，崇尚科学和保护知识产权的意识，营造鼓励知识创新和保护知识产权的法律环境。确定"世界知识产权日"和开展有关活动将有助于突出知识产权在所有国家的经济、文化和社会发展中的作用和贡献，并提高公众对人类在保护知识产权领域努力的认识和理解。

每年世界知识产权组织会确定一个主题，各成员国围绕当年主题在世界知识产权日期间举办各种宣传活动。

随着知识产权的受重视程度升高，2009 年，国家知识产权局、中央宣传部、国家工商总局、国家版权局、国务院新闻办等 24 个部门联合举办首届全国知识产权宣传周活动。直到 2023 年，形成了由国家知识产权局、中央宣传部、市场监督管理总局三个部门共同牵头的崭新局面。宣传周一般始于每年 4 月 20 日，于 4 月 26 日即世界知识产权日结束，为期一周，每年设立不同主题（表 3-1、图 3-1～图 3-20）。

表 3-1　2021—2024 年世界知识产权日主题及我国知识产权宣传周活动主题

时间	世界知识产权日主题	我国知识产权宣传周活动主题
2001 年	今天创造未来	—
2002 年	鼓励创新	—
2003 年	知识产权与我们息息相关	—
2004 年	尊重知识产权，维护市场秩序	—
2005 年	思考、想象、创造	—
2006 年	知识产权——始于构思	—
2007 年	鼓励创造	—
2008 年	赞美创新，增进人们对知识产权的尊重	—
2009 年	绿色创新	文化·战略·发展

续表

时间	世界知识产权日主题	我国知识产权宣传周活动主题
2010 年	创新——将世界联系在一起	创造·保护·发展
2011 年	设计未来	知识产权助推经济转型
2012 年	天才创新家	培育知识产权文化，促进社会创新发展
2013 年	创造力：下一代	实施知识产权战略、支撑创新驱动发展
2014 年	电影——全球挚爱	保护·运用·发展
2015 年	因乐而动，为乐维权	建设知识产权强国支撑创新驱动发展
2016 年	数字创意重塑文化	加强知识产权保护运用 加快知识产权强国建设
2017 年	创新改变生活	创新创造改变生活 知识产权竞争未来
2018 年	变革的动力：女性参与创新创造	倡导创新文化 尊重知识产权
2019 年	奋力夺金：知识产权和体育	严格知识产权保护 营造一流营商环境
2020 年	为绿色未来而创新	知识产权与健康中国
2021 年	知识产权和中小企业：把创意推向市场	全面加强知识产权保护 推动构建新发展格局
2022 年	知识产权与青年：锐意创新，建设未来	全面开启知识产权强国建设新征程
2023 年	女性和知识产权：加速创新创造	加强知识产权法治保障 有力支持全面创新
2024 年	知识产权和可持续发展目标：立足创新创造，构建共同未来	知识产权转化运用促进高质量发展

图 3-1　2024 年中国知识产权宣传周活动主题海报

图 3-1　2024 年中国知识产权宣传周活动主题海报（续）

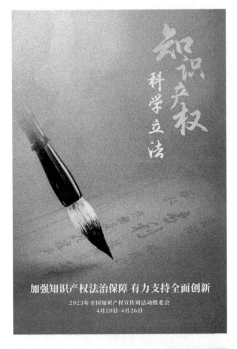

图 3-2　2023 年中国知识产权宣传周活动主题海报

图 3-3　2022 年中国知识产权宣传周活动主题海报

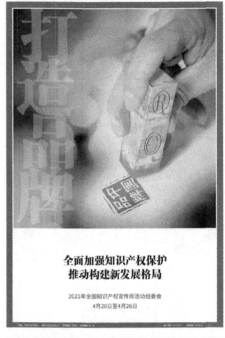

图 3-4　2021 年中国知识产权宣传周活动主题海报

图 3-5　2020 年中国知识产权宣传周活动主题海报

图 3-6 2019 年中国知识产权宣传周活动主题海报

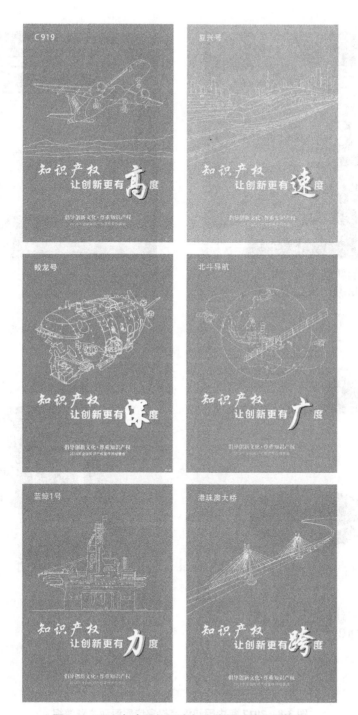

图 3-7　2018 年中国知识产权宣传周活动主题海报

图 3-8　2017 年中国知识产权宣传周活动主题海报

图 3-9　2016 年中国知识产权宣传周活动主题海报

图 3-10　2015 年中国知识产权宣传周活动主题海报

图 3-11　2014 年中国知识产权宣传周活动主题海报

图 3-12　2013 年中国知识产权宣传周活动主题海报

图 3-13　2012 年中国知识产权宣传周活动主题海报

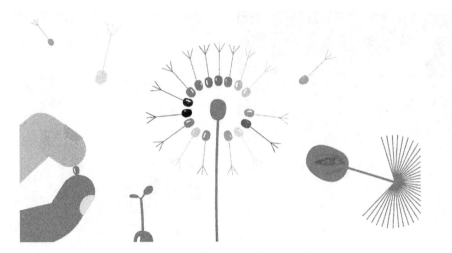

图 3-14   2024 年世界知识产权日主题海报

图 3-15   2023 年世界知识产权日主题海报

图 3-16   2022 年世界知识产权日主题海报

图 3-17　2021 年世界知识产权日主题海报

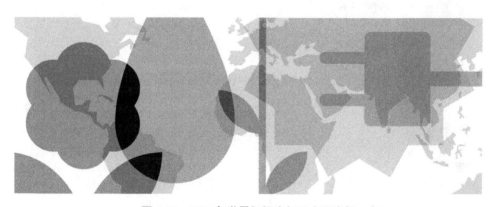

图 3-18　2020 年世界知识产权日主题海报

另外，在国家知识产权局的指导下，由知识产权出版社有限责任公司主办的中国知识产权年会（China Intellectual Property Annual Conference，简称 CIPAC），自 2010 年创办以来，也逐步发展成了中国知识产权领域规模最大、影响最广、参与人数最多的年度知识产权品牌盛会。在 2010 年至 2016 年的成长期，其名称为"中国专利信息年会"，发展到 2017 年至 2018 年的转折升级期，其名称为"中国专利年会"，再到 2019 年至今，再次升级，成了当之无愧的"中国知识产权年会"。参展规模从 2010 年的 30 余个参展商、10 余位演讲人、600 余参会者，发展至 2024 年来自 40 个国家、4 个国际组织的 300 余家参展商、180 余位演讲人、近万名参会者，还举办了 1 个主论坛、11 个分论坛、3 场圆桌会议及 9 项同期活动等。

图 3-19　2005 年世界知识产权日主题海报

图 3-20　2001 年世界知识产权日主题海报

其会议主题分别如下。

2010 年：专利信息应用与企业创新；

2011 年：专利信息与专利创造能力的提升；

2012 年：专利信息助推产业转型升级；

2013 年：专利信息促进创新驱动发展战略；

2014 年：专利运用与经济发展的融合；

2015 年：专利运用新业态支撑经济发展新常态；

2016 年：专利运营助推供给侧结构性改革；

2017 年：专利，助推实体经济发展；

2018 年：专利，助推对外开放；

2019 年：知识产权与时代同行；

2022 年：贯彻党的二十大精神，加快知识产权强国建设；

2023 年：知识产权支持全面创新；

2024 年：知识产权为新质生产力蓄势赋能。

从近年来主题的变换，可以从一个侧面反映出知识产权围绕我国经济社会发展和知识产权强国建设所做的不懈努力。相信在未来，随着知识产权文化的不断繁荣，这类的品牌活动将会越来越多、越办越好。

第四节　美国知识产权文化传播实践经验

美国通过各种渠道和平台进行广泛的宣传活动，旨在提升公众对知识产权保护重要性的认识和理解。这些活动包括政府主导的公共广告、社交媒体宣传、教育活动等。例如，美国版权局经常通过其官方网站和社交媒体发布关于版权保护和法律的信息，向公众传达知识产权的基本概念和法律框架。

一、知识产权宣传周

美国知识产权宣传周是一年一度的活动，旨在提高公众对知识产权（IP）保护的意识，并促进合法贸易和创新，通常在每年的某个特定日期范围内举行，具体日期可能会有所变动，但通常持续一周时间。该活动主要由美国政府机构主导，如美国国务院、美国商务部下属的专利与商标局（USPTO）、国际贸易委员会（ITC）等，也会有其他行业协会、商业团体、学术界和非政府组织参与支持。

宣传周包括了众多活动，包括：①官方发布和宣传活动，美国政府通过各种渠道（包括官方网站、社交媒体、新闻稿等）发布关于知识产权保护重要性的信息和公告；②教育和培训活动，举办各类研讨会、培训班和讲座，面向企业、创新者和法律从业者，深入探讨知识产权的最新发展和实践问题；③公众参与活动，包括艺术展览、文化节庆、专利和版权展示等，通过各种艺术和文化活动增强公众对知识产权的认知和兴趣。同时，美国知识产权宣传周不仅关注国内的知识产权保护问题，还积极推广国际合作和最佳实践，促进全球知识产权保护标准的一致性和合作。

通过宣传周活动，增强公众和企业对知识产权保护的重视，促进了创新和合法贸易环境的发展，同时也加强了政府在知识产权领域的领导力和影响力。

最近五年，美国知识产权宣传周的主题和焦点包括以下几个方面：

2020 年：创新的保护与增长。该主题强调了知识产权在保护创意和推动经济增长中的关键作用。

2021 年：强调创新和知识产权保护对应对全球挑战的重要性。特别是在全球化和数字化转型的背景下，强调知识产权保护对促进经济增长和创新的关键作用。

2022 年：集中讨论知识产权在保护消费者和企业免受假冒伪劣产品侵害方面的作用。强调了消费者的权益和安全问题，以及如何通过知识产权保护减少假冒商品的流通。

2023 年：聚焦于知识产权保护对于创新和技术发展的推动作用。特别强调了专利、商标和版权对新技术和商业模式创新的重要性，以及如何通过知识产权保护吸引和保留创新人才。

2024 年：突出知识产权保护对美国经济和创新生态系统的贡献。重点讨论了知识产权如何促进企业竞争力和市场繁荣，以及在全球贸易和投资中的作用。

二、青少年创新挑战

美国专利商标局通过专门的青少年教育计划，如"青少年创新挑战"等活动，激发年轻一代对创新和知识产权保护的兴趣和参与。

青少年创新挑战（National STEM Challenge）是美国专利商标局主办的一个年度竞赛活动，旨在鼓励学生在科学、技术、工程和数学（STEM）领域内进行创新性的思考和解决方案的提出。每年的竞赛主题涵盖了不同的科技和社会挑战，例如环境保护、医疗健康、可持续发展等，鼓励学生利用他们的创意和科技知识提出解决方案。参赛学生有机会与行业专家和科技创新领域的从业者互动，并获得奖金、荣誉证书和其他奖励。

近几年美国青少年创新挑战竞赛的主题包括以下几个方面：

2020 年：重点是"促进环保"（Promoting the Environment）。这一年的竞赛鼓励学生们提出在环保领域的创新想法和技术解决方案，旨在保护和改善环境。

2021 年：主题为"推动可持续发展"（Advancing Sustainable Development）。学生们被鼓励提出可持续发展领域的创新解决方案，包括在社会、经济和环境方面的挑战。

2022 年：竞赛的主题是"利用科技创新改善医疗健康"（Harnessing Technology Innovation for Better Health）。参赛者被鼓励提出在医疗健康领域利用科技创新解决问题的方案，如提高医疗保健服务的效率和质量。

2023 年：主题为"推动数字技术领域的创新"（Advancing Innovation in the Digital Technology Realm）。竞赛重点关注在数字技术和信息技术领域的创新解决方案，如人工智能、数据科学等。

可见，该竞赛主题紧跟当年热点，将科学热点与竞赛紧密结合，不仅能够提高青少年的知识产权知识，也能够促进青少年科技知识的掌握与运用。

除此以外，美国专利商标局提供了专门针对青少年的教育资源和工具，包括在线教育课程、视频教程、工作手册等，帮助他们了解知识产权的基本概念和重要性。这些资源涵盖了专利、商标和版权的基础知识，以及如何保护自己的创意成果和发明。

美国专利商标局的工作人员和志愿者定期访问学校和教育机构，组织专题讲座、工作坊和互动活动，向学生和教师介绍知识产权保护的重要性。这些活动不仅帮助学生理解知识产权的法律框架，还鼓励他们在创新和科技领域中的参与和发展。美国专利商标局与教育机构、非营利组织和行业合作伙伴合作，共同推动青少年教育计划的发展和实施。通过这些合作伙伴关系，美国专利商标局能够扩大教育资源的覆盖范围，提供更多机会让青少年接触和了解知识产权保护的重要性。

青少年教育计划不仅培养了学生的创新意识和科技能力，还帮助他们在竞争激烈的创新环境中获得竞争优势。此外，通过这些活动，USPTO 也为未来的科技创新人才培养打下了坚实的基础，促进了整个社会对知识产权保护的理解和支持。

三、广泛开展政府主导的宣传活动

美国专利商标局也重视官方媒介的宣传工作，其会定期更新官方网站上的新闻和事件页面，发布关于知识产权法律、政策变化及行业动态的最新信息。这些报道和分析帮助公众了解知识产权领域的最新发展和影响。

美国政府通过各级机构如美国专利商标局、美国版权局等，定期发布关于知识产权保护的宣传信息和政策更新。这些信息通过官方网站、社交媒体、电视广告等多种渠道传播，以普及知识产权的基本概念、法律保护范围及其对创新和经济的重要性。

美国专利商标局在其官网上设立了专门的资源中心，汇总了各种关于专利、商标和版权的重要信息和链接。这些资源中心通常包括案例研究、法律条文、政策指南和教育资源的集合，方便公众深入学习和查询相关内容。美国专利商标局通过其官方社交媒体平台（如 Twitter、LinkedIn 等）定期发布知识产权保护的相关内容和实时更新。这些平台不仅扩展了信息的传播范围，还为公众提供了直接互动和咨询的机会。

除此以外，美国专利商标局的网站上也包括了丰富的教育指南和资源。教育指南如专利、商标和版权基础知识，提供详尽的教育指南，解释知识产权的基本概念、申请流程和保护范围。这些内容有助于公众了解知识产权的核心内容和操作步骤。各种资源，如在线视频和教育课程，USPTO 制作和发布了一系列关于专利和商标的教育视频，涵盖从基础到高级的各种主题，如专利申请过程、商标注册流程、知识产权保护策略等。这些视频通常通过 USPTO 的官方 YouTube 频道或官网提供。还提供在线工具和数据库：USPTO 的官网提供了专利和商标的在线搜索工具和数据库，允许公众查询已注册的专利和商标信息。这些工具包括全文搜索、图像搜索和详细的案件信息，有助于公众获取具体的知识产权数据和案例研究。

第五节　欧洲知识产权文化传播实践经验

知识产权在欧洲的经济和社会中扮演着至关重要的角色，它不仅保护创新和创意成果，还推动经济发展和文化繁荣。欧洲作为全球知识产权保护的重要地区之一，通过多种渠道和机制，致力于提升公众对知识产权保护的理解和支持。其中包括：

（1）宣传活动。政府主导的宣传活动，欧洲各国政府与欧盟机构在推广知识产权保护方面采取了积极的宣传活动。例如，欧洲专利局和欧盟知识产权局定期发布关于专利、商标和设计的重要信息，通过官方网站、社交媒体和传统媒体向公众传达知识产权的基本概念和法律框架。这些宣传活动不仅帮助企业和个人了解知识产权的操作流程，还强调知识产权保护对经济创新和市场竞争的重要性。

（2）共同教育和培训项目。欧洲通过教育和培训项目，提升不同群体对知识产权的认知和理解。例如，欧洲知识产权网络（European IP Helpdesk）为中小企业和创新者提供免费的知识产权咨询服务，通过在线课程、研讨会和工作坊传授知识产权的基础知识和实用技能。这些项目帮助企业规避侵权风险，同时鼓励创新者充分利用知识产权保护工具保护其创意成果。

（3）法律框架与政策支持。欧盟委员会与世界知识产权组织以及其他国际组织合作，共同制定和推广国际知识产权政策，促进全球知识产权体系的稳定和发展。这种国际合作不仅有助于保护欧洲企业在全球市场上的知识产权权益，也促进了全球创新环境的共享与进步。

欧洲国家不断更新和完善知识产权法律框架，以应对数字化和全球化时代带来的新挑战。法律改革旨在加强知识产权的保护力度，同时确保公平竞争和创新活动的持续发展。欧洲法律框架的稳定性和透明度，为投资者和创新者提供了可预测的法律环境，增强了知识产权保护的信任度和效果。

（4）文化与艺术活动的结合。欧洲通过文化和艺术活动，将知识产权保护与文化创意产业紧密结合。艺术展览、文化节庆和创意产业周等活动，不仅展示了知识产权对文化遗产保护的重要性，还增强了公众对版权和设计保护的认知和尊重。这些活动为艺术家和创意从业者提供了展示和保护其作品的平台，同时推动了文化创意产业的可持续发展。

（5）社交媒体和数字传播的应用。欧洲在官方网站和社交媒体平台上发布关于知识产权保护的实时信息和政策更新。通过这些数字化平台，政府机构能够与公众直接互动，解答疑问并提供个性化的知识产权服务。社交媒体的广泛使用不仅扩展了信息的传播范围，还加强了公众对知识产权话题的关注和讨论。

其中，包括了多种特色的宣传活动。

一、IP 春天活动（IP Spring）

该活动是由欧盟知识产权局主办的年度活动，旨在推广和促进知识产权的重要性及其在创新和经济发展中的作用。

IP 春天活动每年在不同的欧盟成员国和地区举办，由欧盟知识产权局组织和管理。活动的主要目的是通过专家讲座、研讨会、案例研究展示和专业人士的互动交流，增强企业家、创新者和公众对知识产权保护的理解和支持。此外，IP 春天也提供了一个平台，让参与者能够分享最佳实践、探讨知识产权相关的法律和政策问题，以及学习如何在实际应用中有效管理和保护知识产权。

活动内容包括：

（1）专家讲座与研讨会。IP 春天活动通常包括多场专家讲座和研讨会，涵盖从基础概念到高级实务的各个方面。专家们来自知识产权领域的顶尖机构和法律专业人士，分享他们的经验和见解，帮助参与者深入了解知识产权的重要性及其应用。

（2）案例研究展示。活动中常会展示一些成功的知识产权案例研究，这些案例可以是企业如何利用专利、商标或版权保护其创新成果和品牌形象，也可以是在知识产权侵权诉讼中的应对策略等。这些案例不仅能够展示知识产权保护的实际效果，还能够激励其他企业和创新者重视和有效运用知识产权。

（3）互动交流与网络建立。IP 春天活动为参与者提供了一个互动和交流的平台。与会者可以与同行交流经验，建立商业联系，探讨合作机会，并从互动环境中获得灵感和新思路。

（4）提供教育和培训机会。活动通常还会提供针对企业家、创新者和法律从业者的培训和教育机会。这些培训涵盖知识产权的基础知识、最新发展趋势、申请流程以及如何有效运用知识产权保护自己的创意和技术成果。

该活动使多方面参与者均可以受益：企业家和创新者在内的活动参与者，可以学习如何最大化其创新成果的商业价值，并了解如何在全球市场上建立和维护自己的品牌声誉，他们还可以获得与法律专家和行业顾问交流的机会，解决实际应用中的知识产权问题；参与活动的法律从业者，可以通过专家讲座和案例研究学习最新的法律法规和判例，为客户提供更好的法律服务和建议；公众与学术界人士，IP春天活动也对公众开放，特别是对于对知识产权感兴趣的学术界人士和研究者，他们可以通过参与活动了解知识产权在社会和经济发展中的角色，并探索知识产权与创新之间的关系。

IP春天活动作为欧盟知识产权局的重要倡议之一，通过其多样化的内容和形式，为参与者提供了一个深入探讨和学习知识产权的平台。这不仅促进了知识产权保护意识的普及和提升，还为创新和经济发展创造了有利条件。随着全球经济和技术进步的快速发展，IP春天活动的重要性将继续增强，为未来的创新和全球知识产权保护标准的推广作出贡献。

二、欧洲发明家奖

欧洲专利局在知识产权文化传播方面也开展了多项重要活动。其中欧洲发明家奖（European Inventor Award）是由欧洲专利局每年举办的一项盛大活动，旨在表彰在技术领域做出杰出贡献的发明家和团队。这一奖项不仅是对发明家们的荣誉认可，也是对他们在技术创新和知识产权保护方面的卓越贡献的高度赞扬。

获得欧洲专利和在欧洲的商业化是有资格获得传统类别之一的先决条件

之一。欧洲发明家奖分为多个类别，包括工业奖、研究奖、非欧洲专利局国家奖、中小企业奖等，以涵盖不同领域的技术创新。其中工业奖项旨在表彰欧洲大公司获得商业成功的专利技术的发明者，一般来说，这些公司需要具有雇佣超过250名员工，年营业额超过5000万欧元的资质；研究奖项旨在表彰在大学、研究机构或其衍生机构工作的发明家，这一类别的发明往往会带来重大的技术进步，并提高发明人所在机构的声誉；非欧洲专利局国家类别对来自欧洲专利局成员国以外的所有发明人开放，无论应用其专利发明的公司的规模或营业额如何，但是，发明或相关产品必须在欧洲提供；中小企业奖项旨在表彰中小型企业发明背后的人，这些公司在获得专利时要符合员工人数少于250人，年营业额不到5000万欧元的标准，理想情况下，该发明奖取得商业上的成功，并能够帮助中小企业扩大业务；该奖项还有终身成就奖，旨在表彰欧洲发明家的长期贡献，表彰其奉献精神和不懈努力，以及其获得专利的里程碑式发明，对其技术领域和社会产生的重大影响。上述每个奖项的评选标准包括创新性、市场潜力、社会影响力以及对技术发展的贡献程度。评选过程严格，涵盖了专业评审团的详细审查和公众投票环节，确保获奖者的公正评选和广泛认可。

奖项中，为了提高奖项的参与程度，还颁发人气奖，该奖项是唯一一个由公众投票决定获奖者的奖项。投票在宣布决赛入围者时开始，并在颁奖典礼期间结束。同时为了鼓励青年发明人员，还颁发青年发明家奖，该奖项旨在表彰年轻发明家（30岁及以下）。青年发明家奖向全球创新者开放，旨在表彰致力于实现联合国可持续发展目标的解决方案。该奖项并非需要获得欧洲专利。

欧洲发明家奖不仅仅是对个体发明家的认可，更是对整个创新社区的鼓励和支持。通过表彰技术领域的前沿创新和商业化成功案例，奖项推动了欧洲在全球技术创新竞争中的地位，同时促进了技术转移和商业化。奖项的设

立也激励了更多年轻人投身于科学技术领域，推动了下一代创新者的成长和
发展。

欧洲专利局于 2006 年设立该奖项，旨在给予发明人应有的认可。随着时间的推移，奖项的影响力逐渐扩展，成为全球创新领域备受瞩目的盛事之一。每年的奖项都反映了当时最前沿和具有代表性的技术创新趋势，展示了欧洲在各个领域的创新能力和技术实力。

欧洲发明家奖通过多种媒体渠道和国际合作伙伴的支持，将获奖者的故事和成就推广给全球观众。这不仅加强了公众对创新的认知，还促进了知识产权保护在全球范围内的普及和应用。获奖者和其背后的团队也因此获得了更广泛的社会认可和商业机会。

三、欧洲发明家网络

欧洲发明家网络是欧洲专利局于 2023 年开始组织的一项活动，旨在唤醒年轻一代对创新和创造力的终生热情。欧洲专利局相关网站介绍："正如我们有责任为我们的孩子留下一个安全和可持续的世界一样，他们将在未来几十年塑造地球。在人类历史上的这一关键时期，至关重要的是要发扬光大，为年轻人提供他们成为地球守护者时所需的知识。创新对他们的使命至关重要。"

该网络的成员都是杰出的发明家和企业家，他们是理想的榜样。欧洲专利局希望通过欧洲发明家网络，让年轻人能够释放他们的创造力并发现科学和技术的奇迹。在受到启发和知识装备的情况下，下一代可以开始为所有人铺平通往更光明未来的道路。

为实现这一目标，该网络在财政上支持校友开展活动，以激励年轻一代，甚至包括在校儿童和青少年。成员可以提出任何他们认为会激发对技术领域（STEM）的长期兴趣并培养创业心态的活动。内部遴选委员会将根据所选活动

的影响和外展范围选择活动并授予 2000 欧元、4000 欧元，或 6000 欧元。

2023 年，共计批准活动 24 项。如参观获得 2022 年欧洲专利奖的比利时水实验室，中学生通过参观"水实验室"，学习如何从大气中产生水；如在丹麦召开两个研讨会，在此期间，学生将共同创建项目，采用乐高积木的方式以解决性别不平等的具体挑战。后续，2024 年相关批准活动将于本年的秋季发布。

四、IP for Kids

"IP for Kids"是德国专利和商标局（German Patent and Trade Mark Office，DPMA）专门为儿童和青少年设计的教育项目。通过这个项目，DPMA 向学生们介绍知识产权的基本概念，包括专利、商标和版权的定义及其在日常生活中的应用。DPMA 通过游戏、互动展示和教育资源，以生动和有趣的方式帮助青少年理解和欣赏知识产权的重要性。

五、IP School

"IP School"是面向教育界的专业培训项目，旨在帮助教师和学校工作人员更好地整合知识产权教育内容进入教学课程中。这个项目为教育者提供工具、资源和培训，使他们能够有效地教授知识产权相关的课程内容，提升学生的创新意识和知识产权保护意识。

IP in Business："IP in Business"是为企业家和创业者设计的教育项目，旨在帮助他们理解和有效利用知识产权来保护和推广自己的创新成果。DPMA 通过举办研讨会、工作坊和在线培训课程，向企业家介绍知识产权的商业战略价值，包括专利申请流程、商标保护策略和版权法律框架等方面的内容。

IP and Research：“IP and Research”项目针对研究机构、大学和科研人员，提供关于知识产权保护和技术转移的培训和咨询服务。这些培训涵盖了如何有效管理研究成果的知识产权、商业化研究成果以及与产业界合作的最佳实践等内容，促进科研成果的转化和市场化。

DPMA Academy：DPMA Academy 是 DPMA 的专业培训机构，致力于为各种受众提供高质量的知识产权培训和教育。DPMA Academy 的课程涵盖了从基础知识到高级实践的广泛内容，包括知识产权法律、专利审查程序、商标注册流程、知识产权管理和保护战略等方面的培训。

在大众传媒领域，欧洲专利局目前还开办了“Talk innovation”播客，在“谈话创新：解锁技术”频道中，专家演讲者和嘉宾（包括专利审查员）将就技术趋势发表看法，并重点介绍突破性发明。“谈话创新：专利专业”频道中，提供针对专利专业需求量身定制的播客，如专利律师、律师助理、专利检索员和相关专业。

六、其他活动

除此以外，欧洲专利局还会举办众多其他活动，如专利信息会议（Patent Information Conference），欧洲专利局定期举办专利信息会议，旨在促进专利信息的交流与共享，增强专利信息和知识产权保护的意识。会议通常邀请来自各个领域的专家，分享最新的专利信息管理技术、法律法规变化和国际合作经验，为企业、专利代理师和研究人员提供学习和网络的机会。

欧洲专利局与欧洲各国的大学、研究机构和行业组织合作，开展各种形式的宣传和培训活动。这些活动包括专利法律研讨会、专利信息培训课程、专利数据库的使用培训等，旨在帮助学术界和行业专业人士更好地理解和运用专利制度，促进技术创新和经济发展。

在线资源和教育工具，欧洲专利局在其官方网站提供丰富的在线资源和教育工具，包括专利申请指南、专利数据库查询工具、专利法律法规解读等。这些资源不仅为专业人士提供了方便快捷的知识产权信息，也向公众普及了专利保护的基本概念和流程。

专利展览和推广活动，欧洲专利局参与和举办各类国际和本地的专利展览和推广活动。这些展览展示了各国发明家和企业的创新成果，为他们提供了展示产品和技术的平台，同时也加强了公众对专利制度和创新的认识。

技术转移和创新支持计划，欧洲专利局通过技术转移和创新支持计划，促进技术的商业化和转让。该局与企业、投资者和技术转移机构合作，帮助创新者将其技术成果转化为市场上的产品和服务，从而推动经济增长和就业机会。

除了欧洲的两个欧盟组织，其他成员国也会举办各自的特色宣传活动，如在法国，知识产权的宣传不仅仅限于法律和商业领域，也涉及文化和艺术的领域。法国在一些重要的文化和艺术节庆中，例如文化遗产日和法国电影节等，会通过展览、讲座和工作坊等形式，向公众介绍知识产权对艺术和创意产业的重要性，以及如何保护艺术作品和文化遗产的方法；还如德国，也有众多特色宣传项目。

可见，欧洲在知识产权文化传播方面通过政府主导的宣传活动、公共教育与培训项目、国际合作与标准推广、法律框架与政策支持、文化与艺术活动的结合，以及社交媒体和数字传播的应用，形成了一套多层次、多角度的策略。这些策略不仅提升了公众对知识产权保护的认知和理解，也促进了经济创新和文化多样性的发展。未来，随着技术和全球市场的不断变化，欧洲将继续探索创新的知识产权保护机制，为其社会经济发展注入新的动力和活力。

第六节　日本知识产权文化传播实践经验

日本在知识产权文化传播方面采取了多种措施和经验，旨在提升公众对知识产权保护的认识和理解，促进创新和经济发展。以下是日本在这方面的主要经验和措施：

（1）重视教育与培训。日本重视通过教育系统普及知识产权的基本概念。学校教育从早期开始就涵盖了知识产权的基础知识，包括专利、商标和版权的概念及其作用。此外，日本还开设了专门的知识产权研究课程和专业培训，帮助企业家、研究人员和法律从业者深入了解知识产权法律框架和实践操作。

（2）注重公共宣传和意识提升。日本政府和相关机构通过各种宣传活动和媒体渠道，定期发布有关知识产权保护的信息和政策更新。这些信息包括知识产权的重要性、法律保护范围以及如何申请和保护知识产权的实用指南。通过电视、广播、互联网和印刷媒体等多种渠道，向公众传达知识产权的核心价值和应用。

（3）设立专门机构和组织。日本设立了专门的知识产权相关机构，如日本专利厅（Japan Patent Office，JPO）和文化厅等，负责推动和执行知识产权政策，提供咨询服务和教育资源。这些机构不仅通过官方网站和社交媒体平台发布信息，还定期举办公众教育活动和研讨会，提高公众对知识产权的认知和理解。

（4）提供技术支持与在线资源。JPO 提供了丰富的在线资源和工具，包括专利和商标数据库、申请指南、案例研究及知识产权法律文件的在线访问。这些资源不仅帮助公众了解和查询知识产权相关信息，还支持企业和创新者有效管理和保护他们的知识产权。

（5）参与国际合作与标准推广。日本积极参与世界知识产权组织和国际标准化组织，推动全球知识产权保护标准的一致性和合作。通过参与国际会议、交流和合作项目，日本促进了国际的知识产权法律互认和技术合作，增强了国际市场上日本企业的竞争力。

（6）制定和实施创新政策。日本政府通过制定和实施创新政策，鼓励和支持企业进行创新活动，并保护其知识产权。这些政策包括税收优惠、技术转移支持和创新项目资助等措施，旨在营造有利于创新和知识产权保护的法律和经济环境。

在日本，有几个重要的知识产权宣传活动和倡议。

一、知识产权宣传周（Intellectual Property Week）

每年，日本专利厅（JPO）举办知识产权宣传周活动，旨在提高公众对知识产权重要性的认识。这一周的活动包括各种宣传活动、教育讲座、展览和媒体发布会，涵盖专利、商标、版权等知识产权领域的重要议题。活动还包括向学校、企业和公众提供有关知识产权保护和运用的培训和咨询服务。

二、青少年教育和创新挑战

日本专利厅还积极推动青少年对知识产权的理解和参与。他们组织和支持青少年创新挑战赛，鼓励学生在科技创新领域提出解决方案，并与行业专家和教育机构合作，提供相关培训和资源。

三、"企业之声"

日本特许厅在其官方网站上的专属页面列出"企业之声"栏目，该栏目定时更新，将在日本取得的知识产权成功案例进行总结提炼，从而达到对公众宣传的目的。

四、418 发明日

1885 年（明治 18 年）4 月 18 日，日本特许厅第一任厅长高桥是清公布了《专利专卖法》（现行专利法的前身），日本专利制度由此拉开序幕。

为了纪念此举，通商产业省（经济产业省）于 1954 年（昭和 29 年）1 月 28 日，将 4 月 18 日规定为"发明日"，以提高国民对专利制度等工业产权制度的认识。

日本的发明日活动通常包括以下几个方面：

（1）举办庆祝活动和纪念仪式：在这一天，日本的学校、企业和社区可能会举办庆祝活动和纪念仪式，以表彰创新者和发明家的贡献。这些活动可能包括颁奖典礼、发明展示、创新论坛等。

（2）开展知识产权教育和宣传：日本专利厅（JPO）和其他相关组织可能会利用这一天推广知识产权保护的重要性，通过各种媒体和活动向公众传达知识产权的意义和价值。

（3）举办创新和发明竞赛：一些学校和机构可能会在发明日举办创新和发明竞赛，鼓励学生和创新者展示他们的发明和创意。这些竞赛有助于激发创新意识和提升知识产权意识。

（4）进行专利信息和资源发布：JPO 和其他知识产权相关机构可能会在这一天发布有关专利信息、最新法规和知识产权保护策略的重要消息和资源。

通过这些活动，日本旨在强调创新和发明在经济、社会和文化发展中的关键作用，并鼓励更多人参与到创新活动中来，推动日本的科技创新和经济增长今年，JPO 发布 2024 年的海报主题为"发明连接世界"，展现了相距遥远的人们，不分国籍、不分性别，通过 VR 技术一起游玩的场景。

通过这些综合的措施和经验，日本不仅提升了国内企业和公众对知识产权保护的认识和理解，还在全球范围内推广了其创新文化和竞争力。这些努力有助于日本在全球知识经济中的地位和影响力，并为未来的创新发展打下坚实基础。

第七节　韩国知识产权文化传播实践经验

韩国在知识产权文化传播方面采取了多种举措和措施，旨在提高公众对知识产权保护的认识和理解。以下是一些韩国在知识产权文化传播方面的主要经验和措施。

韩国通过教育和培训活动，向公众、企业和学术界传授知识产权的基本概念和法律框架。这些活动包括举办研讨会、讲座和培训课程，旨在帮助参与者理解知识产权的重要性，以及如何申请、保护和管理知识产权。

韩国知识产权厅（KIPO）维护和更新官方网站，提供关于专利、商标、版权等知识产权的详细信息和在线服务。这些网站不仅包括法律法规和申请指南，还提供专利检索工具和数据库，方便公众查询和了解相关信息。

KIPO 通过各种推广活动和宣传策略，向公众传达知识产权保护的重要性。例如，他们利用电视、广播和社交媒体等多种渠道发布宣传广告和信息，提高公众对知识产权的认识。

韩国举办各类创新竞赛和展览，鼓励和表彰创新者和发明家。这些活动不仅展示了创新成果，还通过展览和论坛促进了创新思维和技术交流，同时强调知识产权的保护和管理重要性。

韩国积极参与世界知识产权组织（WIPO）及其他国际平台的活动，推动全球知识产权保护标准的一致性和发展。通过国际合作和交流，韩国不仅分享自身的经验和最佳实践，还加强了在全球知识产权领域的影响力和地位。

类似于其他国家，韩国也注重青少年对知识产权的教育。他们开展青少年创新竞赛和教育项目，通过学校和社区活动，激发学生的创新潜力，并教育他们如何保护自己的创意和发明成果。

韩国也不定期举办各种活动与奖项，包括韩国知识产权领域的重要奖项和活动：韩国知识产权大奖（Korea Intellectual Property Award）：这是由韩国知识产权协会（Korea Intellectual Property Association，KIPA）主办的年度奖项，旨在表彰在知识产权创新和保护方面做出重大贡献的个人、组织或企业。该奖项分为多个类别，如专利、商标、著作权等，评选标准涵盖了技术创新、市场影响力、法律保护等方面。

韩国创新大奖（K-Innovation Award）为韩国在知识产权和创新领域的一个重要奖项。虽然这一奖项主要侧重于技术和创新的应用和发展，但也涵盖了知识产权保护的相关内容。

韩国会举办如韩国国际专利技术展览会或其他由企业或学术机构主办的专利展览活动。这些展览会通常是为了展示和推广创新技术，增强企业和个人在知识产权领域的交流和合作。

通过这些综合的措施，韩国致力于建立一个支持创新和知识产权保护的环境，促进经济发展和社会进步。这些举措不仅提高了公众对知识产权的认识和理解，还为创新者和企业提供了必要的支持和保护，推动了科技创新和国家竞争力的提升。

第四章　面向知识产权创造的
文化传播实践经验

党的十八大以来，党中央深入推动实施创新驱动发展战略，提出加快建设创新型国家的战略任务，不断深化科技体制改革，有力推进科技自立自强。我国基础前沿研究实现新突破，战略高新技术领域迎来新跨越，创新驱动引领高质量发展取得新成效，科技体制改革打开新局面，国际开放合作取得新进展，科技事业取得历史性成就、发生历史性变革。科技兴则民族兴，科技强则国家强。中国式现代化要靠科技现代化作支撑，实现高质量发展要靠科技创新培育新动能。在创新型国家的建设中，必须充分认识科技的战略先导地位和根本支撑作用。

知识产权的一头连着创新，一头连着市场，知识产权保护作为激励创新的基本手段、创新原动力的基本保障，以及国际竞争力的核心要素，其角色和作用正不断彰显。作为知识产权全链条的第一个环节，知识产权的创造是与创新结合最紧密的环节，发挥对创新的激励和引导作用是知识产权创造环节重要任务之一。

创新驱动是构建新发展格局的重要支撑，创新文化是支撑创新驱动发展最基础、最长远的因素。创新文化依存于良好的创新生态结构，涉及人、组织、制度等多个方面；需要教育、科技与人才协同发展。而知识产权文化是知识产权的重要影响因素，知识产权文化传播和生态构建，影响创新，影响创新文化生态体系。成熟的知识产权文化必然形成健全而高效的知识产权制度体系，切实保障创新型国家建设的顺利进行。

当前，我国正从知识产权引进大国向知识产权创造大国转变，知识产权工作正从追求数量向提高质量转变。知识产权创造关乎知识产权的产生。知识产权文化则在知识产权制度体系完善和知识产权知识普及中，将知识产权的制度规则"内化"为社会个体的内在意识，能够更好地引导知识产权创造者的行为。强化知识产权创造、强化知识产权事业各项建设，需要知识产权文化先行；发挥知识产权的价值作用，更需要知识产权文化支撑。知识产权文化对于鼓励创新活动，促进科学技术进步、经济发展和文化繁荣，推动社会文明进程，有着不可估量的重大作用。培育知识产权文化，提高知识产权意识、建立良好的知识产权秩序，在知识产权的创造环节尤为重要。而知识产权创造的过程，也是知识产权文化传播的过程，二者有机统一，相辅相成。

第一节　知识产权创造的概念

正如前面章节所述，对于知识产权及知识产权文化的含义，存在多种讨论，而"知识产权为民事主体对创造性智力成果依法享有的权利"这一内涵，赋予了知识产权创造更高的实用价值和更为重要的内驱动力。知识产权创造，从字面意义上理解——知识产权的产生，即通过创造性的劳动获得智力成果，并将该成果转化为法律保护的知识产权。其分为成果产生和产权确权两个阶段。

根据我国《民法典》第123条的规定，知识产权是权利人依法就下列客体享有的专有权利：（一）作品；（二）发明、实用新型、外观设计；（三）商标；（四）地理标志；（五）商业秘密；（六）集成电路布图设计；（七）植物新品种；（八）法律规定的其他客体。即我国主要包括七种具体的知识产权保护客体，形成著作权、专利权、集成电路布图设计专有权、商标权等知识产权。知识产权的创造需要满足具体类型知识产权的内涵和法定确权条件，方能产生知识产权。

一、获得创造性智力成果

对于具体类型的知识产权，其内涵主要体现为相关法律法规的规定或者符合普通公众认知的常规含义。我国现行法律对多项知识产权进行了规定。根据《专利法》的规定，发明是指对产品、方法或者其改进所提出的新的技术方案；实用新型是指对产品的形状、构造或者其结合所提出的适于实用的新的技术方案；外观设计是指对产品的整体或者局部的形状、图案或者其结合以及色彩与形状、图案的结合所作出的富有美感并适于工业应用的新设计。根据《著作权法》的规定，作品是指文学、艺术和科学领域内具有独创性并能以一定形式表现的智力成果；著作权即版权，包括人身权和邻接权，其只保护思想的表达形式，而不保护思想本身。根据《集成电路布图设计保护条例》的规定，集成电路布图设计是指在集成电路中至少有一个是有源元件的两个以上元件和部分或全部的互联线路的三维配置，或者为制造集成电路准备的上述三维配置。其直接体现了集成电路的物理结构，需要经过设计、制成电器电路图和转换成布图设计三个阶段，属于集成电路重要的知识产权。根据《反不正当竞争法》的规定，商业秘密是指不为公众所知悉、能为权利人带来经济利益，具有实用性并经权利人采取保密措施的技术信息和经营信息，具有秘密性、价值性、实用性、保密性。根据《植物新品种保护条例》的规定，植物新品种是指经过人工培育或者对发现的野生植物加以开发，具备新颖性、特异性、一致性和稳定性并有适当命名的植物品种。而本领域所知晓的，商标是企业所使用的、旨在确认他们自身为其产品和服务来源，并将它们同其竞争者区别开来的标志。上述具体知识产权保护的内容即为创造中取得的创造性智力成果。

需要注意：①仅有意识而没有以某种方式将其记录下来，并未形成知识成果，不能享有知识产权的保护。②除了商业秘密以外的其他类型的知识产权，智力成果均需要具有创新性或独创性。③知识产权和科技成果关系密切，但并不等同。即科技成果诞生并不等同于获得知识产权，以专利为例，科研成果是专利的保护对象，但是如果不进行申请环节，其可能仅以技术秘密存在，而如果其还以著作权以外的方式进行了公布，则其不具有任何知识产权。

二、符合法定的确权条件

取得知识产权的方式也是知识产权创造中的确权环节，只有符合法定的确权条件，才能取得知识产权。知识产权具有明确的地域性。不同国家、不同类型知识产权的权利取得方式不同，其保护时效也有所差异。通常情况下，除著作权和商业秘密之外的知识产权一般均须进行申请，经审批或登记后方能取得所有权，并进行所有权范围确定，世界大多数国家和地区皆是如此。

在我国，大部分知识产权的确权均需有关部门的登记或审批。如专利、商标具有系统完备的审批流程及救济方式，其经国家专利行政管理部门和商标管理部门审批后生效，其中发明、实用新型、外观设计专利的保护期限分别为 20年、10 年、15 年；商标的保护期限为 10 年，但可进行续展。对于植物新品种，国务院农业、林业行政部门按照职责分工共同负责申请的受理和审查，其中农业农村部负责农作物新品种审批，国家林业和草原局负责林业新品种的审批；藤本植物、林木、果树和观赏树木为 20 年，其他植物为 15 年。集成电路布图设计专有权经国家知识产权局登记产生，保护期为 10 年，起算日是布图设计登记申请之日或者在世界任何地方首次投入商业利用之日，以较前日期为准。上述知识产权均具有排他性，且以先申请制为原则。

与大部分知识产权不同，著作权的取得有两种方式：自动取得和登记取得。自动取得是《保护文学和艺术作品伯尔尼公约》（以下简称"《伯尔尼公约》"）所确立的原则，也是世界上大多数国家版权法确立的版权取得原则，我国即为自动取得方式获得著作权。《伯尔尼公约》的基本原则是：国民待遇原则，即所有缔约方国民的作品，或在某一缔约方首先发表的作品，在其他任何缔约方享有该国法律给予该国国民作品的同等保护；自动保护原则，即根据国民待遇原则，作者在缔约方获得的保护不需要履行任何手续；独立保护原则，即缔约方按照本国著作权法保护其他缔约方的作品，而不论该作品在本国是否受保护。对于保护期限，我国著作权中的署名权、修改权、保护作品完整权的保护期不受限制；发表权及财产权的保护期为作者终生及其死亡后 50 年。

商业秘密属于非常特殊但也比较普遍的一种知识产权，其无须进行审批登记，自行采取保密措施，仅须在维权过程中证明其符合法律规定即可。商业秘密保护期限不定，可能为无期限的永久性保护，但在他人独立开发、反向工程、权利人自己泄密的情况下，被他人获知相关内容，则权利终止。

三、权利从无到有

知识产权创造属于权利的从无到有，即产生一项或多项新的知识产权，为知识产权的原始取得。且知识产权具有独占性，即通常情况下，他人不允许使用该权利。

知识产权作为一种财产权，其可以被转让、许可或者放弃，虽然上述行为均可对权利所有人或其权利范围产生影响，但是，其均为基于现有专利权存在的情况下做出的进一步处分行为。当知识产权被转让后，知识产权的所有权发生变更，对于新的权利人，其通过转让的方式获得了知识产权。但是该方式中，一方的权利获得是以另一方权利的消失为前提，并未在根本上产生新的知识产权，仅是知识产权发生了转移，因此，其并非知识产权的创造。而对于许可，不论是独占许可还是普通许可，被许可人仅获得了实施专利权内容的资格，其权利人并未发生权利转移，也未诞生新的知识产权。上述方式仅为知识产权运用的一种方式。其与知识产权的创造存在本质的区别。

知识产权的从无到有并不能等同于知识的从无到有。以专利权为例，即使都是自主研发产生的科研成果，或者他人在先产生了成果，但是专利权仅授予先申请的人，即虽然完成了创造成果的环节，但是在专利的申请环节没有把握时机，其依然不会获得专利权。当然，为了平衡公众利益，法律也就特殊情况进行了相关规定，如规定了先用权，即如在专利申请日前已经制造相同产品、使用相同方法或者已经作好制造、使用的必要准备，并且仅在原有范围内继续制造、使用的，不视为侵犯专利权。

第二节　知识产权创造环节涉及的客体与主体

一、知识产权创造环节涉及的客体

基于《民法典》的规定可知，知识产权创造的客体即为各种类型的知识产权，这一点毋庸置疑。而知识产权是特定主体针对特定内容所专有的财产权。不同类型的知识产权，其保护的内容有所交叉，这在知识产权创造的过程中，需要有针对性地进行选择，有目的地进行培育。

对于不同的知识产权，其创造成果需要满足特定的条件。如构成著作权法意义上的作品应当满足三项要件：①作品应当是人类智力创作成果的体现，纯粹自然的产物不能构成作品；②作品应当具有独创性，独创性强调独立创作完成、体现作者的选择和判断以及达到一定的创作高度，其中的智力成分不能过于微不足道；③作品应当能以一定形式表现，并能被外界所感知。被授予专利权的发明或者实用新型应当具备新颖性、创造性和实用性，即满足"三性"（下文将新颖性、创造性和实用性简称为"三性"）。其中，新颖性，是指该发明或者实用新型不属于现有技术；也没有任何单位或者个人就同样的发明或者实用新型在申请日以前向专利主管部门提出过申请，并记载在申请日以后公布的专利申请文件或者公告的专利文件中。创造性，是指与现有技术相比，该发明具有突出的实质性特点和显著的进步，该实用新型具有实质性特点和进步。实用性，是指该发明或者实用新型能够制造或者使用，并且能够产生积极效果。能够制造或者使用，是指发明创造能够在工农业及其他行业的生产中大量制造，并且应用在工农业生产上和人民生活中，同时产生积极效果。

下面对比了知识产权创造中，保护内容具有交叉的几种常见类型的知识产权。

（一）发明与实用新型

专利是受法律规范保护的发明创造，专利权仅在该国家或地区的法律管辖范围内有效，对其他国家或地区没有约束力。发明和实用新型在我国均属于专利权，但属于两种不同的专利权类型。授予专利权的发明和实用新型，应当具备"三性"。

基于前述定义可知，发明同时能够保护产品和方法，实用新型仅可就产品进行保护。其中，产品是指工业上能够制造的各种新制品，包括有一定形状和结构的固体、液体、气体之类的物品。方法是指对原料进行加工，制成各种产品的方法。即实用新型专利保护的范围较窄，它只保护有一定形状或结构的新产品，不保护方法及没有固定形状的物质，实用新型也是通常所说的"小发明"，其技术水平较发明而言要低一些，多数国家实用新型专利保护的都是比较简单的、改进性的技术发明。而发明专利的保护范围比较宽，且虽然并不要求其提供直接应用于工业生产的实践证据，但也不能将其与单纯提出的课题、设想相混同，因为单纯的课题、设想并不具备工业上应用的可能性。

发明和实用新型的审查方式和创造性水平要求有所不同，造就了二者不同的特点。发明专利需经过初步审查、实质审查后方可授权，而实用新型仅需经过初步审查。相比较而言，发明具有更高的创造性要求及更稳固的权利基础，保护期限也比较长，但是存在审查周期长的缺点。相对而言，实用新型的创造性水平要求偏低，审查周期更短，能够快速及时地实现保护，但是保护期限较短，且权利稳定性相对较低。

我国允许就同样的发明创造同时提出发明和实用新型专利权申请，仅需在提交申请文件的请求书中根据相关规定进行说明。同时提出两种申请是大多数申请人选择的一种方式，其很好地结合了发明和实用新型专利权的特点，利用了实用新型快速获权的优势，同时又保证了权利的稳固和保护期限。当然，一项发明创造仅能授予一项专利权，在保护范围完全相同的情况下，发明拟授权之前，需放弃已被授予专利权并且维持有效的实用新型，方能获得发明专利权。对此，缺乏相关知识和意识的权利人可能在发明授权前已经通过放弃等形式导致实用新型专利权失效，进而无法通过放弃实用新型专利权获得相同保护范围的发明专利权，从而影响了自身权益的最大化。

当然，能够授予专利权的前提是要符合客体的相关要求。首先要满足《专利法》第二条第二款规定的发明创造的定义。其次，要符合《专利法》第五条和第二十五条的规定，即对违反法律、社会公德或者妨害公共利益的发明创造，不授予专利权；对违反法律、行政法规的规定获取或者利用遗传资源，并依赖该遗传资源完成的发明创造，不授予专利权；对下列各项，不授予专利权：①科学发现；②智力活动的规则和方法；③疾病的诊断和治疗方法；④动物和植物品种（对动物和植物品种的生产方法，可以授予专利权）；⑤原子核变换方法以及用原子核变换方法获得的物质；⑥对平面印刷品的图案、色彩或者二者的结合作出的主要起标识作用的设计。

另外，药品专利补偿期也是发明专利特有的内容。《专利法》第四十二条第三款规定，为补偿新药上市审评审批占用的时间，对在中国获得上市许可的新药相关发明专利，国务院专利行政部门应专利权人的请求给予专利权期限补偿。补偿期限不超过五年，新药批准上市后总有效专利权期限不超过十四年。

药品专利权期限补偿制度延长了原研药的专利保护期，也意味着仿制药进入市场的时间延长。从短期来看，这将对仿制药企业造成冲击，但是从长期来看，可以促使国内企业积极进行创新研发，促进与国外企业合作。《专利法实施细则》设置了专利权期限补偿的专门章节，明确提出专利权期限补偿请求的条件和时间要求、补偿期限计算方式以及补偿范围等。请求给予新药相关发明专利权期限补偿的，应当自该新药在中国获得上市许可之日起三个月内向国家知识产权局提出。此外，该专利必须在有效期内，且尚未获得过新药相关发明专利权期限补偿。如该新药同时存在多项专利的，专利权人只能请求对其中一项专利给予专利权期限补偿；一项专利同时涉及多个新药的，只能对一个新药就该专利提出专利权期限补偿请求。补偿期限按照该专利申请日至该新药在中国获得上市许可之日的间隔天数减去五年，在符合《专利法》第四十二条第三款规定的基础上确定。❶

（二）专利与商业秘密

商业秘密与专利是两种重要的知识产权，其中技术秘密与专利存在重合和交叉，也就是同一个技术内容，既可用商业秘密进行保护，也可以用专利保护。实践中，权利人可根据具体需要加以选择。科技成果可以是商业秘密与专利的保护对象。对于科学研究中仅为科学发现、智力活动规则等成果不能获得专利权，但可以采用商业秘密进行保护。

商业秘密必须具有秘密性。秘密性是商业秘密与专利技术、公知技术相区别的最显著特征，也是商业秘密维系其经济价值和法律保护的前提条件。专利是以公开技术内容为代价来获得法律赋予的专有权，因此专利必须是公开的。对于保护期限，只要信息一直处于保密状态，权利人可以决定对商业秘密进行

---

❶ 中国知识产权研究会.高级经济实务：知识产权[M].4版.北京：中国人事出版社，2024.

无期限的永久性保护。授权专利的保护具有一定的期限，该期限过后，任何人均可自由免费地使用该专利。商业秘密不受地域限制，由商业秘密权利人根据自己的需要在不同的国家、地区自行或许可他人使用。专利具有地域性，一个国家或地区依照其专利法授予的专利权，对其他国家或地区没有任何约束力。商业秘密是一项相对的权利，其专有性不是绝对的，不具有排他性。如果其他人以合法方式取得了同一内容的商业秘密，他们就和第一个人有着同样的地位。专利权存在唯一性，一旦被提出专利申请，同一国家或地区的其他人就不得再以相同的发明、实用新型或外观设计申请专利，故专利权具有排他性。商业秘密保护是自己保护，不需要向其他人缴纳费用。专利权人需按照法律规定向专利管理机关缴纳相关费用，否则专利权便终止。

对于某些技术，可以以商业秘密进行保护，比如云南白药、可口可乐的配方，历经数百年依然无法被他人获知，进而不断创造商业价值。当然，商业秘密在许可他人使用的过程中，或者在寻求技术合作或融资的过程中，非常容易泄露或被他人获知，进而导致丧失竞争力。而专利则被赋予了专用权，即使他人获知技术内容，也不能擅自实施，且除了自身生产外，还可以通过专利许可产生新的经济价值。

（三）专利与著作权

在科技创新中，科研工作者通常采用申请专利或者发表论文的方式进行成果的展示和保护，进而分别取得专利权和著作权，它们是科技创新中两种非常重要的知识产权。科技论文可发表的成果内容相对广泛，其涵盖了科学发现等不授予专利权的客体。在科学研究中，通常存在与实际应用相距较远的探索性或者科学发现类研究，其通常以论文形式进行传播。而符合专利保护客体的科学研究，则属于二者交叉的保护内容。

基于论文发表产生的著作权与专利权并非只能择一取得，二者可以同时拥有。但是，基于二者的获权条件不同，论文发表和专利申请的时机在知识产权体系的构建中非常重要。

论文经过撰写取得著作权，而专利权取得需要经过申请以及审批，比如发明或者实用新型专利权审批中需要同时满足"三性"。其中，对"三性"产生影响的现有技术的公开日期应在本申请的申请日或者优先权日之前，优先权成立的情况下，优先权日视为申请日。因此，如果在申请日前已经公开发表了科技论文，则该技术成为了公众可以获知的技术，其将直接影响专利申请的"三性"，进而导致无法获得专利权。我国早期科研院校的专利申请，很多都因此丧失了获权的机会。随着申请人专利意识的提升，该现象基本已经消失，但该情况依然值得注意。原因在于，虽然申请人有意识的不主动提前进行文章发表，但是基于大部分论文审稿时间过长或者存在其他原因，部分申请人依然在提交专利申请文件前进行了文章投稿。但是，目前期刊的网络公开非常便捷，且部分论文收稿速度超过申请人预期，因此，依然会存在论文发表时间早于专利申请的申请日，从而导致专利申请丧失"三性"，无法获得专利权。

而对于发表日晚于或同于专利申请的申请日的论文，其并不能影响专利权，从而可以获得两方面的知识产权。另外，为避免他人提前公开相关成果，研究人员往往尽可能提前进行论文投稿，但应当确保专利申请日（或优先权日）在论文发表日之前。

（四）标准与标准必要专利

标准必要专利是标准与专利的融合，是"技术标准化、技术专利化、专利标准化"的产物。专利和标准的深度结合，有利于提升科技竞争力，为技术创新带来重要驱动力，同时可以为专利权人带来巨大的经济效益和竞争优势。

标准与专利的融合过程主要可分为确定标准与专利融合的技术方向、选择合适的标准项目、制定标准和专利策略、结合标准项目形成技术方案、围绕标准项目实施专利布局、评估改进六个阶段，如图 4-1 所示。

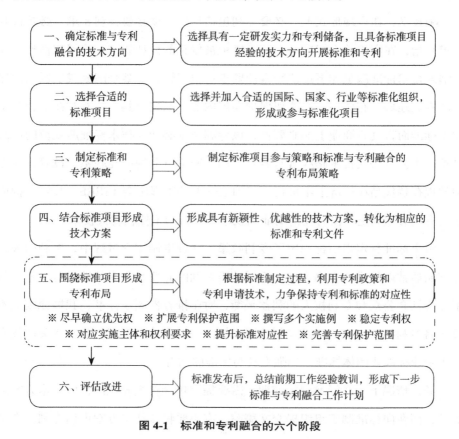

图 4-1　标准和专利融合的六个阶段

专利与标准融合的形式可分为三类：第一类是独享型标准必要专利，第二类是共享型标准必要专利，第三类是标准关联专利，即标准的技术方案中虽然没有对应专利的权利要求，但要实现标准中要求的某些指标或功能，就必须用到某个专利。该专利不是标准必要专利，其与标准的对应性可能被其他的技术方案代替。❶

专利纳入标准的影响因素至少包括以下两方面，实际标准必要专利在认定

---

❶ 谭丽，等.标准和专利融合方法研究 [J].中国标准化，2023（23）：47-52.

的过程中，可能仅考虑其中一个方面，也可能综合考虑两个方面。其一，专利技术纳入技术标准必须具有技术上的必要性，该专利技术是技术标准必不可少的一项技术，在表现形式上，必要专利包括至少一项必要权利要求。必要权利要求是指，在实施技术标准时，不可避免被侵犯的权利要求。除侵权性外，专利纳入技术标准满足如下法律因素的要求：地域性，受某个国家或地区法律保护的有效地域；有效性，在法律保护期限内的专利权。其二，专利技术相对于技术标准而言具有商业上的必要性，该专利技术必须与技术标准所规范的产品要求、工艺方法或技术路线等有着直接的、密不可分的内在联系，欲寻找该专利的现存替代品在经济上不可行。美国电气电子工程协会（IEEE）规定，构成必要专利必须满足"没有任何商业和技术上可行的不侵权替代技术"。

每个标准制定组织都规定了专利政策，在标准制定全过程中，专利的披露和声明通常以鼓励和自愿为主，不对披露专利的必要性和有效性进行审查。为了配合社会公众和专利权人的利益平衡，对于推荐性国家标准，我国原则上不反对将专利纳入标准，但是强制性国家标准一般不涉及专利，鼓励将关键技术纳入企业标准或团体标准，加强专利与标准的结合。

通常情况下，在标准制定前期，需要提交包含自主知识产权的技术方案的文稿，而在向标准制定组织提交文稿前，有必要将该技术方案申请专利。专利技术纳入标准还受到其他诸多因素的影响，包括技术本身的特性、专利申请文件的撰写、标准化组织政策的引导等。❶

二、知识产权创造环节涉及的主体

知识产权的创造，归根结底，是人的创造行为。尽管已经出现 AI 等人工智能进行创造的作品，但是，其赖以生成的基础和技术依然离不开人的创造性

---

❶ 王奎芳，等.面向标准制定全过程的专利布局策略研究 [J]. 中国发明与专利，2024，21（5）：4-12.

劳动，且权利人依然是个人或者由人主导的组织。因此，知识产权创造的主体是人或由人主导的组织。

知识产权是权利人依法就相关客体享有的专有权利。如果从确权的角度看，权利获得审批通过、作品面世的瞬间，或者作为商业秘密的成果产生的瞬间，才能产生知识产权。如果仅依据权利产生瞬间予以界定，则知识产权的首个所有者即为该权利创造的主体。但是，知识产权的创造是个复杂的过程，其远非一个瞬间可以囊括。对于知识产权创造的主体，仅认定为首个权利人这一群体，很难体现出知识产权创造中参与者的贡献，以及知识产权权利质量的决定性因素，且会导致对知识产权文化传播对象范围的定位过窄。

基于上述分析可知，知识产权的创造，大多要同时经过成果产生和产权确权两个阶段，才能最终获得知识产权。其中作出贡献的关键人群，如科研成果的研发者、专利权的申请人和发明人等，均是知识产权创造的主体，在后续章节将对关键人群进行详细分析。基于法律规定可知，成果产生和产权确权的主体并非必然相同。

作为一项财产权，在知识产权产生之前，便可进行相关民事权利的约定、转让、变更。对于知识产权的申请权与所有权，知识产权相关法律也具有合意性，即并不强行要求具有必然的权利归属，通常情况下，当事人存在意识自由，如果双方达成一致的意思表示，则有约定从约定。在产生相关成果之前，便可以约定权利的归属；在成果产生后、权利确认前也可发生所有权的变更；而对于专利权，其申请权、优先权均可进行转让。

对于作为知识产权保护客体的创造性智力成果，通常情况下，基于所依赖的物质基础和执行任务情况，具有职务成果和非职务成果之分；依据参与创作的人员数量，有独立完成的成果与合作完成的成果之分；另外，基于需求提出人与创作者或研发机构的同一性，也存在基于委托关系产生的作品或者科技成果。在没有约定下，上述不同分类下取得的创造成果，知识产权的申请权和所有权也有所不同。另外，在著作权、专利权等不同知识产权类型下，权利归属方面也存在一定差异。

下面以专利为例，对知识产权创造的主体进行示例性说明，主要基于创造成果产生条件的不同进行分类。❶

（一）职务发明

执行本单位的任务或者主要是利用本单位的物质技术条件所完成的发明创造为职务发明创造。职务发明创造申请专利的权利属于该单位；申请被批准后，该单位为专利权人。利用本单位的物质技术条件所完成的发明创造，单位与发明人或者设计人订有合同，对申请专利的权利和专利权的归属作出约定的，从其约定。本单位，是指发明人或设计人所在的，能够以自己的名义从事民事活动，独立享有民事权利，独立承担民事责任和义务的组织，既包括法人单位，也包括能够独立从事民事活动的非法人单位，如个人独资企业、个人合伙企业等。本单位包括临时工作单位，以及在作出发明创造之前 1 年内发明人或设计人办理退休、调离手续或者劳动、人事关系终止的单位。本单位的物质技术条件，是指本单位的资金、设备、零部件、原材料或者不对外公开的技术资料等。

判断是否属于职务发明创造，不取决于发明创造是在单位内还是在单位外作出，也不取决于是在工作时间之内还是在工作时间之外的业余时间作出，只要属于执行本单位的任务或者主要是利用了本单位的物质技术条件，均属于职务发明创造。

（二）委托发明或合作发明

成果产生和产权确权不一定为同一人或组织，这里主要涉及的是委托发

---

❶ 见《专利纠纷行政调解办案指南》。

明或合作发明，多涉及技术开发合同。技术开发合同是指当事人之间就新技术、新产品、新工艺或者新材料及其系统的研究开发所订立的合同。技术开发合同包括委托开发合同和合作开发合同。根据《专利法》的规定，委托或合作开发过程中完成的发明创造，专利申请权和专利权的归属取决于双方是否就该发明创造的归属另有协议约定，双方约定专利申请权和专利权的归属的，从其约定。

1. 委托发明

委托开发完成的发明创造，是指一个单位或个人提出研究开发任务并提供经费和报酬，由其他单位或者个人进行研究开发所完成的发明创造。委托开发合同的标的是一项新的技术或者设计，通常表现为一项新的技术方案，既可以是技术方案本身，也可以是体现技术方案的产品、工艺、材料或者其组合。

一个单位或者个人接受其他单位或者个人委托所完成的发明创造，双方就该发明创造的归属另有协议约定的，专利申请权属于协议约定的一方；双方没有协议约定归属的，专利申请权属于完成的单位或者个人；申请被批准后，申请的单位或者个人为专利权人。

2. 合作发明

合作开发完成的发明创造，是指两个以上单位或者个人共同进行投资、共同参与研究开发工作所完成的发明创造。两个以上单位或者个人合作完成的发明创造，合作各方就发明创造的归属订有协议的，按照协议确定权利归属。没有订立协议的，专利申请权和专利权属于完成或者共同完成的单位或者个人。所述完成或者共同完成的单位或个人，是指完成发明创造的发明人或设计人所在的单位，是对发明创造的实质性特点作出了创造性贡献的合作方。如果发明创造的完成是基于对某一合作方提供的特有的技术、设施或试验数据等的运用，则该合作方应视为对发明创造的实质性特点作出了创造性贡献。在没有协议的情况下，如果各方派出的人员对发明创造的完成都作出了创造性贡献，各方就是共同完成发明创造的单位或者个人，应当共同享有权利；如果只有一方的发明人或设计人对发明创造的完成作出了创造性贡献，其他合作方虽然参加了研究开发，但是没有作出创造性贡献，就只有该发明人或设计人所代表的一方享有权利。

在没有协议的情况下，判断合同双方究竟属于委托开发还是合作开发，主要依据两点：一是双方是否都进行了投资，二是双方是否都派出了人员参与研究开发。如果仅有一方投资，另一方进行研究开发，则一般属于委托开发；如果双方都进行了投资，且双方派出的人员对发明创造的完成都作出了创造性贡献，则应当属于合作开发。如果双方都进行了投资，但只有一方派出的人员对发明创造的完成作出了创造性贡献，尽管仍属于合作关系，但完成的发明创造只能由完成方享有权利。

第三节　知识产权创造的方式与文化传播

随着我国知识产权事业的发展，知识产权创造量质也不断提升。在 2024年发布的《知识产权强国建设发展报告（2023 年）》中指出，截至 2022 年底，我国每万人口高价值发明专利拥有量达到 9.4 件，比上年提高 1.9 件（图 4-2）；专利密集型产业增加值和版权产业增加值（2021 年值）占 GDP 比重分别为 12.44% 和 7.41%，比上年分别提高 0.47 和 0.02 个百分点；知识产权使用费年进出口总额达到 3872.5 亿元，比上年增长 2.4%，其中，全年使用费出口额 889.2 亿元，比上年增长 17.0%；海外发明专利授权量达到 5.0 万件，"十四五"以来实现年均 11.0% 的较快增长。具体而言，全国专利密集型产业增加值达到 14.3 万亿元（2021 年值），比上年增长 17.9%（未扣除价格因素，下同），占 GDP 的比重为 12.44%，比上年提高 0.47 个百分点。从内部结构看，新装备制造业规模最大，占专利密集型产业增加值的比重为 26.9%，其后依次为信息通信技术服务业 21.4%，信息通信技术制造业 20.0%，新材料制造业 11.5%，医药医疗产业 10.8%，研发、设计和技术服务业 7.1%，环保产业 2.3%。

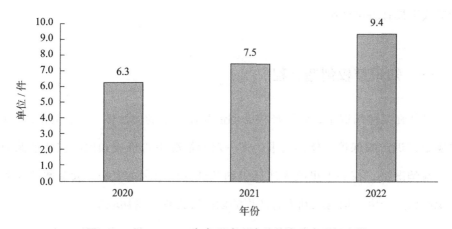

图 4-2　2022—2023 年每万人口高价值发明专利拥有量

截至 2022 年底，我国每万人口高价值发明专利拥有量达到 9.4 件，比上年提高 1.9 件。其中，战略性新兴产业有效发明专利、维持年限超过 10 年的有效发明专利比上年分别增长 18.7%、39.0%。海外发明专利授权量持续增长。2021 年和 2022 年，我国申请人在世界主要国家和地区经实质审查获得授权的发明专利量分别为 4.6 万件和 5.0 万件，"十四五"以来实现年均 11.0% 的较快增长。

在 2023 年，全年授权发明专利 92.1 万件，同比增长 15.3%。核准注册商标 438.3 万件，认定地理标志产品 13 件，核准以地理标志注册集体商标、证明商标 201 件。登记集成电路布图设计 1.1 万件。作品、计算机软件著作权登记量分别达 642.8 万件和 249.5 万件，同比分别增长 42.3% 和 36.0%。授予农业植物新品种权 8385 件、林草植物新品种权 915 件。在世界知识产权组织发布的《2023 年全球创新指数报告》中，我国拥有的全球百强科技集群数量达到

24 个，首次跃居全球第一。❶

从知识产权创造对全链条其他环节的影响角度而言，知识产权产生过程的控制以及最终取得的知识产权的质量是知识产权创造的两个重要方面，其影响着知识产权及转化运用的成效、知识产权保护的力度，同时也对知识产权文化传播效果具有决定性影响。

一、知识产权创造流程

虽然在某些情况下，知识产权的创造存在一定的偶然性。无意间形成的成果满足知识产权保护客体的要求，在一定的情况下将形成知识产权并被保护。在极端情况下，权利人可能无法认识到其具有该权利。但是，大多数情况下，知识产权的产生，均与权利人有意识的创造行为具有密切联系。

知识产权种类多样，并具有一定的地域性、时间性、排他性、无形性，因此，权利人或者创造者的知识产权意识在知识产权保护全链条中具有重要影响，否则即使产生了知识产权，也会在后续转化运用、保护等环节中丧失知识产权原有的意义与价值。从产生创新意识到最终形成知识产权，经历了多个环节，其中知识产权意识以及制度保障贯穿始终，也凸显了知识产权文化传播的重要性和基础性。

知识产权的创造，从过程上主要具有以下几个步骤，即产生创新意识、进行技术研发、布局知识产权申请、形成知识产权。其中前两项的重点在于产生智力成果。后两项的重点在于获得权利，但其为有机统一的整体，脱离其他环节而仅局限于本步骤的实现，均会影响知识产权的质量。

---

❶ 国新办举行新闻发布会介绍 2023 年中国知识产权强国建设有关情况 [EB/OL].（2024-04-24）[2024-07-09]. http://www.cnipa.gov.cn/art/2024/4/24/art_11665_364886.html.

图 4-3 为知识产权创造的方式与风险的示意图，以相对复杂的专利为主线，展示了各个环节以及可能存在的风险。从产生创造的意识到取得知识产权，作为一个未来的发明人或者申请人，是否具有知识产权意识，会导致创造成果和知识产权种类存在较大差异。

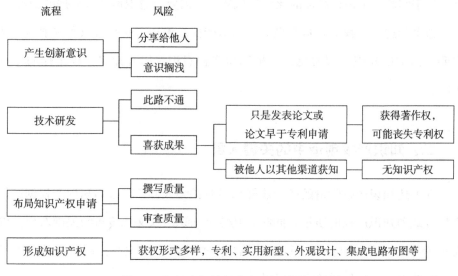

图 4-3　知识产权的创造流程与风险示意图

在产生创新意识后，是立刻进行技术开发还是进行充分调查研究后着手，是分享泄漏给他人还是在获得成果前做好保密工作，或者直接缺乏研究动力将意识搁浅，每一个选择都可能导致丧失知识产权的风险。着手研发，是对创新意识的实践与检验，需要不断进行意识的纠正，可能面临难以实现或失败的场景，这也是创造过程中常见结果与无可避免的代价。而在得到成果后，选择发表论文进行学术共享进而获得著作权、申请专利等其他知识产权，或者直接作为商业秘密还是其他公开渠道分享，论文与专利申请先后顺序如何选择，都直接影响到权利的产生和权利的范围。

进一步，在申请专利和确权的过程中，专利撰写质量、审查质量，以及代理人水平均影响最终是否能够获权以及专利质量。作为知识产权全链条的第一环节，提高创造质量，做好源头保护是实现全链条保护的基础。在众多知识产权种类中，除了选择适合自身的类型予以保护，还涉及同一类型或不同类型之间的知识产权布局，从而创造出系列知识产权。这使得相关领域的调研至关重要。而审批过程中对相关申请文件的要求，也为研发提出了更高的要求，尤其是依赖于实验效果进行验证的化学领域研发，需要有意识地进行数据的积累。

整个创造的过程需要具有良好的知识产权意识和专业的知识产权素养。其需要大力推广知识产权文化，培植知识产权意识，提升知识产权工作的专业水准。

二、知识产权创造中的关键人群

在上述知识产权创造的四个步骤均具有关键人群，其影响知识产权创造的产生方式和知识产权的质量。同时，其也是知识产权文化传播的关键对象，以需求为导向，有针对性地进行文化输出，既能解决知识产权创造中的痛点难点，也能提高文化传播效率和成果。

（一）创新意识产生步骤中的关键人群

创新意识产生步骤的关键人群最为广泛，其覆盖在任何时间、空间范围内有可能从事知识创造的人群。正在从事研究的创新主体、处于成长时期的青少年，乃至暂时无法预知是否具有创造需求的社会公众，都应具有一定的知识产权意识。虽然对于特定的成果，其可能仅源于个别人或者个别团队的创造意识，但是，创造灵感的积累并非仅依靠个人而完成。每个人每时每刻都会产生众多意识，或者从身边的人和事、所见所闻中得到启发。

当然，对于科研工作，最主要的人群是科研人员。了解领域最新成果和动态是一名好的科研人员必做的功课，而期刊文献信息和专利文献是最主要的信息来源之一。意识产生后的及时验证是科研工作的重要步骤，是保证创新性的有效手段之一，也是获得高质量知识产权的前提。

在知识产权文化普及中，至少要塑造浅表层的知识产权文化理念。比如，知晓"尊重知识、崇尚创新、诚信守法、公平竞争"的理念，了解知识产权的意义，自觉约束自身不良行为，并在创新过程中能够有意识地创造知识产权。

（二）科技研发步骤中的关键人群

在科技研发步骤中，高校或科研单位、企业等创新主体是关键人群，尤其是直接参与研发的人员。这类人群具备相关领域的研发能力，同时也具备知识产权产业化所需的素质。其掌握关键技术，是创造的核心力量，也是科技成果转化的重要力量，知识产权意识的高低直接决定知识产权形成与否和权利的最终质量。

在该环节中，需考量最终知识产权的种类与布局，应致力于在研发阶段完成知识产权风险规避与布局。同时，好的立项是高质量创新的基础，需要提前进行必要的专利分析和研发路径的选择，提高创新能力和知识产权意识。在研发全流程中，均应基于知识产权布局进行有效的过程管理，这是优质知识产权产生的保障。

在知识产权文化传播中，该类人群至少要达到专业水准，知晓知识产权的类别、规则。而如果不能保证科研人员的认知水平能够满足科研需求，则配备专业知识产权从业人员是一种可行之举，但是，其应参与到研发过程中来，而非仅在结果产生后的申请文件撰写环节发挥作用。

（三）布局知识产权申请步骤中的关键人群

正如前文所述，在技术研发过程中，甚至项目伊始就应该进行知识产权布局的考量，并为申请文件的构建打下基础。而在研发后的申请环节，即布局具体落地的环节，其关系着最终知识产权体系产生和保护效果的有力程度。

申请文件是在后审查和修改的依据，对于最终确权质量的重要性不言而喻。申请文件的撰写通常由参与研发的相关技术人员或者知识产权从业者如专利代理师进行。通常情况下，专利技术人员的优势在于对技术内容非常了解，明确技术的发明点，能够精准定位研发成果的创造性贡献。但是，对于专利文件的撰写技巧和撰写逻辑相对欠缺。与之对应的，好的专利代理师能够形成高质量的知识产权申请文件，构建出体系性好、层次性强的知识产权保护范围，并为观点提供有力支撑。相比而言，其对技术的了解较差。因此，本环节比较好的模式是，研发的相关技术人员与知识产权从业者相互配合，共同打造兼顾技术和法律的申请文件，为其后的授权环节提供基础。

其次，对于申请策略和布局，需要对本领域和本行业具有精准的了解。有目的地进行专利布局，如技术上下游布局，国内外专利布局，标准必要专利布局，等等，可以提高企业优势和国际化竞争力。通过实施专利布局，可以有效克服专利申请的盲目性和零散性。由被动地"为专利而申请专利"转变为主动以发展需求为中心而有目标、有规划地申请专利，能够有效提升专利保护的效能以及后续转化运用的价值。

在本环节，需要培养专业化人才，知识产权文化传播中更加注重知识的专业性，需要掌握技术知识以及法律知识，同时对审查事务具有一定的了解。提高对申请文件的重视，以期在申请环节解决审批环节可能存在的问题，并为"三性"等审查提供相关依据。要提高相关人员对行业发展的前瞻性，并了解企业发展规划，以能够更好地进行知识产权布局。

（四）形成知识产权步骤中的关键人群

在我国，知识产权的最终获得大多需要进行审批或登记。其关键人群是知识产权审批人员和负责处理审批环节相关事务的知识产权从业人员。下面仍然以专利为例进行展开。

在审批过程中，审查意见通知书和对审查意见通知书的答复，构建起申请人与审查员的沟通桥梁，对审查质量尤其重要。审查质量及对审查意见通知书的答复质量直接影响专利质量。审查员应客观公正，站位本领域技术人员的视角进行评判。代理师或联系人，应从技术角度和法律角度出发，与审查员进行客观理性的沟通，而并非仅仅盲目追求授权。专利审查同时涉及法律和技术，并需要对世界范围内公开文献进行充分高效的查询获取，因此，审查员的技术理解能力、检索能力和法律适用能力影响审查质量。而这同样也是专利相关从业人员的能力需求。

在本环节的知识产权文化传播中，良好审批文化的培育以及专业化人才的培养尤为重要，对审查质量的监督管理也必不可少。同时，审批职责通常归属于知识产权的管理部门，其负有知识产权文化传播的义务，且基于知识的专业性，相关人员也具有文化传播的天然优势。在知识产权文化传播过程中，审批人员属于重要的传播对象，也是有利的文化传播者。

第四节　知识产权创造阶段的特点

知识产权创造的特点，与知识产权的特点相对应，且基于智力成果的特点和法律特点，具有自身的特性。知识产权文化传播，应适应于知识产权创造阶段的特点，有针对性地开展。

一、创新性

创新性是知识产权的属性之一。科技是第一生产力，创新是驱动发展的第一动力，知识产权自身源于创新成果，对创新成果具有保障和激励作用。保护知识产权就是保护创新。

知识产权较科技具备更多科技含量和知识要素。著作权产生在文化创作领域，与文化创新、文化产业息息相关；专利权产生于技术应用领域，与科技创新科技产业紧密相连；商标权则运作于工商经营领域，涉及商品销售、市场贸易等诸多问题。❶知识产权的创新价值体现在知识产权政策制定与立法活动之中。知识产权法以基于创新所产生的社会关系为主要调整对象，体现了尊重创新、保护私权的主旨。例如，专利权制度保护的是新技术发明的第一次商业应用并获得经济效益，即保护的是"技术商品化"的创新成果；著作权制度保护的是各类作品的第一次出版并获得相关收益，可以将其视为保护的是"作品商品化"的创新结果；商标权制度保护的是以商业标志为载体、以商品声誉为内容的财产利益。商标标志本身可能不具有创新性，但其实际上保护的是这种标志作为商标的第一次运用及第一个获得商标权的主体的利益，以及由此涉及的由于消费者对这种"第一次"的认同所获得的利益。❷

科学技术对经济发展的作用主要是通过技术创新实现的，需要与之相适应的技术性成果和制度性保障，而创新的制度是激励技术创新活动、推动经济增长的关键。在科技创新方面，科技相关的知识产权保护是推动科技发展的直接变量。知识产权的创造与科技创新具有交叉点，知识产权给科技添上了利益的燃料，科技的大量应用及科技在商业竞争中地位的提高，促进了知识产权的产生，这也是知识经济时代的重要特征。利益驱动成为科技进步的主要动力，而知识产权成为其获得利益的法律保障。

在知识产权文化传播中，对于创新的宣传必不可少。而基于创新性的影响，也使其能够借鉴科技普及、创新文化推广中的形式和经验，并在大多数情况下，能够将三者融为一体，打造具有多维度、多角度的文化传播系统。

---

❶ 吴汉东. 知识产权的多元属性及研究范式 [J]. 中国社会科学, 2011（5）: 39-45, 219.

❷ 吴汉东. 知识产权法价值的中国语境解读 [J]. 中国法学, 2013（4）: 15-26.

二、利益平衡性

知识产权具有的排他性，导致知识产权的创造也具有一定的排他性。作为财产权的一种，其关系着创造过程中关联人群的产权利益。而作为一种制度，其关系到公共利益。在法律规制下产生的知识产权，其创造环节也体现着利益平衡性，在保障个人权益的情况下，兼顾社会公平。

知识产权涉及的利益，主要是围绕知识产品的生产、传播和使用而产生的利益。这种利益既涉及知识产权人的私人利益，也涉及国家通过知识产权立法而需要实现的公共利益，特别是知识和信息的传播与使用中涉及的社会公共利益，在国际层面上还涉及本国在知识产权国际秩序中的利益。知识产权法赋予知识产权人的专有权。在知识产权法制框架内，每一个利益主体，包括知识产权人、知识产品的使用者和传播者等，都有权在知识产权的范围内寻求和获得最大化的利益，并且有权在知识产权法的限度内保护自己的正当利益不受侵犯和妨碍。但是，权利的过度私益化则会导致出现垄断、权利滥用等风险。❶

在知识产权创造环节，相关法律法规均基于利益的平衡性考量进行了相关规定。如专利权是《专利法》赋予权利人的私人权利，但是，其是以公开换取保护，要求对技术方案进行充分公开，并设置有保护时间，通过地域性等对权利进行了限制，体现了利益的平衡。而为了防止知识产权限制社会和科技的发展，影响公众利益，《专利法》第七十五条规定了不视为侵犯专利权的情形。同样，为维护社会公共利益，避免因所有权过度使用带来的弊端，《著作权法》也通过法定许可、合理使用等规定对权利可能带来极端负面影响的情况予以了限制和排除。

这种平衡性同时影响知识产权文化传播的理想程度，是文化传播中需要考量的因素，避免产生因利益失衡导致的文化传播渠道选择不当或传播对象的

---

❶ 邹彩霞. 后 TRIPs 时代中国知识产权文化的重构 [M]. 北京：法律出版社，2022.

接收障碍。考虑传播对象在文化接受过程中的心理需求，可以从利益性角度出发，阐明利害关系，打造针对性的传播案例。

三、体系性

知识产权具有明确的地域性，知识产权具有不同种类，且技术或知识的发展具有一定的层次性和体系性，为构建知识产权保护体系，在创造环节，需要有意识地根据知识产权体系的形成需求和各类知识产权特点，成体系地开展各项知识产权创造工作。因此，知识产权创造也体现出一定的体系性。

首先，就知识产权种类的多样性而言，针对一项技术，可以分层次、分时间进行合理布局，进行著作权、商业秘密、专利权、商标权的保护。其次，对于相同类型的知识产权，也可以进行基于地域和技术发展需求的保护布局。

以专利为例，其通常情况下在一个地区获得，仅在一个地区生效，且不同国家保护政策、期限、范围不同，这是由其确权条件所决定的。以发明专利为例，尽管不断加强的国际合作推动着各种区域性和国际性专利程序的产生，但各国间专利法仍然存在差异。专利申请保护范围也根据适用的地域有所区别。

专利的申请人可以通过以下几种途径或组合获得授权，保护自己的创新：国家程序、地区程序（例如，非洲知识产权组织、欧亚专利局、欧洲专利局和海湾合作委员会地区的程序）、专利合作条约（PCT）程序等。每个国家和地区都有自己的专利程序，用于鼓励创新，优化创新带来的地区收益。欧洲专利局（EPO）、日本特许厅（JPO）、韩国特许厅（KIPO）、中国国家知识产权局（CNIPA）、美国专利商标局（USPTO）等五大知识产权局（以下简称"五局"）专利制度都是基于先申请原则，并遵循《巴黎公约》，这在很大程度上推动了专利制度在全球范围内使用。为了保护发明成果，申请人通过向当地国家专利机构提交首次专利申请，然后在一年的优先权期限内，再提交后续申请，从而将保护范围扩大至其他国家。通过国家程序提交的申请由该国专利机构处理，而地区申请则是通过集中程序处理，通常只有在授权之后才会进入国家法律保护范围。通过 PCT 途径提交的国际专利申请，在国际阶段首先由指定的专利局处理。在首次申请后约 30 个月内，PCT 国际专利申请进入国家 / 地区阶段，再按照每个指定局的规定进行处理。截至 2021 年年底，全球共有 1640 万件有效专利，其中 91% 在上述五大管辖范围内有效，这体现了五局的重要性。❶

第五节　知识产权创造的影响因素和文化培育

知识产权的创造，其质量与科技创新和权利申请具有重要关联。提高知识产权创造的质量，是我国知识产权事业发展的重要任务之一。要聚焦破解"卡脖子"技术难题，加强关键核心技术专利审查支撑、有效保护、转化运用和综合服务，推进专利链与创新链、产业链、资金链、人才链深度融合，激发全社会创新活力，加快实现高水平科技自立自强。

知识产权创造的影响因素有很多，国家、组织、个人的各项举措均可影响知识产权的质量。在创造环节中，可以有针对性地加强知识产权文化传播，打造良好文化传播生态和知识产权创造环境。国家在推动知识产权创造和文化传播中具有方向主导的作用，政策引领贯穿知识产权全链条的始终。企业高校等创新主体、知识产权服务机构和审批机构、研发工作者等个人，其所涉及的技术创新水平和研发主体科研能力、知识产权的定向培育和知识产权信息利用能力、知识产权从业能力与水平影响智力成果水平和知识产权申请体系的构建；审批机构的审批质量和效率等影响知识产权的权利质量和审批周期。上述内容均是知识产权创造环节的重要影响因素。

---

❶ 见《2022 年世界五大知识产权局统计报告》（中文版）。

一、国家政策引领作用

我国多举措并进建设创新型国家，以政策为引领，激励科技创新，提升知识产权创造质量。

2008 年，我国颁布《国家知识产权战略纲要》，其战略措施首项即为提升知识产权创造能力，要建立以企业为主体、市场为导向、产学研相结合的自主知识产权创造体系；引导企业在研究开发立项及开展经营活动前进行知识产权信息检索；支持企业通过原始创新、集成创新和引进消化吸收再创新，形成自主知识产权，提高把创新成果转变为知识产权的能力；支持企业等市场主体在境外取得知识产权；引导企业改进竞争模式，加强技术创新，提高产品质量和服务质量，支持企业打造知名品牌。

在《2018 年深入实施国家知识产权战略加快建设知识产权强国推进计划》中指出要强化知识产权创造。具体提出如下措施：①加大高价值知识产权培育力度。深入实施专利质量提升工程，大力培育高价值核心专利。突出质量导向，进一步完善专利和商标统计体系，指导和督促地方完善专利支持相关政策，改进专利奖推荐评选工作。加大商标品牌创新创业基地建设力度，推进行业品牌和区域品牌建设，引导商标密集型产业发展，完善商标品牌价值评价机制。推动做好中医药传统知识保护数据库、保护名录、保护制度建设工作，加强古代经典名方类中药制剂知识产权保护，推动中药产业知识产权联盟建设。②提高知识产权审查质量和效率。聚焦国家重点发展产业技术方向，加快新兴领域和业态的专利审查制度建设，进一步提升重点领域和关键环节的专利审查质量，有序推进中国专利质量系统建设。建立《专利审查指南》常态化修订机制，继续完善专利审查质量保障和审查业务指导体系，加强"双监督双评价"质量管理。坚持专利审查周期分类管理，发挥优先审查、巡回审查等多种审查模式效能，制定重点优势产业专利申请集中审查管理办法。提高商标审查能力，将商标注册审查周期从 8 个月压缩到 6 个月。规范全国著作权登记工作，建立全国作品登记信息公示查询系统。

在《2024 年知识产权强国建设推进计划》中指出，①提高知识产权创造质量。持续提升专利商标审查质量和审查效率，扩大加快审查规模，支持战略性新兴产业发展，探索大模型技术在审查工作中的应用。实施产业知识产权强链增效工程，完善知识产权支撑关键核心技术攻关工作体系，深入推进专利导航，支持构建重点领域专利池。加强数字经济核心产业及人工智能等关键数字技术、绿色技术专利统计监测。充分发挥专利在支撑绿色技术和未来产业发展中的重要作用，促进开辟新领域新赛道，打造新质生产力。健全专利商标版权代理质量监测和信用评价机制，出台以质量为导向的代理服务招标指引，推动提升代理机构服务质量和水平，巩固打击非正常专利申请代理和恶意商标申请代理行为治理成果。构建以高价值专利培育为核心的知识产权管理体系。建立重大项目知识产权全过程管理机制，培育一批技术创新程度高、核心竞争力强的高价值专利及专利组合。优化植物新品种权受理审查流程，完善在线申请和审查系统，提高授权效率。推进林草植物新品种测试体系建设，推进完善林草植物新品种复审委员会制度。

上述文件从知识产权的创造的能力、质量、培育、管理、审批等方面均进行了部署，形成了完善的顶层设计进行指引。知识产权文化传播也是在顶层设计的指导下有序开展。知识产权文化传播和知识产权创造行为在政策指引下，有机统一，相辅相成。

二、研发主体的技术创新水平和科研能力

高水平的知识产权创造与科技创新水平和研发主体的科研能力息息相关。科技创新分布在各个领域，做好各领域基础研究，用新技术改造提升传统产

业，加快发展新质生产力，积极培育新兴产业和未来产业，是知识产权创造的重要任务。

（一）关注前沿科技，面向国家发展，适应市场，做好选题

选题，是有目的的形成创造意识的过程。好的选题可以实现高效的知识产权创新和转化，应着眼于未来发展进行布局。

以专利为例，在绿色低碳技术方面，2016—2022 年，我国申请人提交的首次申请并公开的绿色低碳专利数量达到 39.8 万件，占全球比重 58.2%，我国已成为全球绿色低碳技术创新的重要带动力量（图 4-4）。

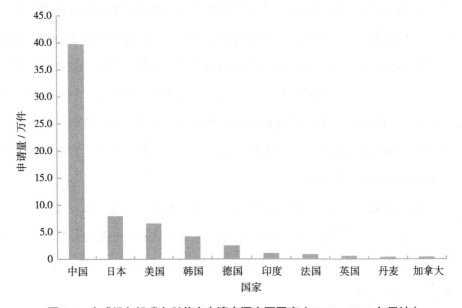

图 4-4　全球绿色低碳专利首次申请来源主要国家（2016—2022 年累计）

在数字经济核心产业方面，截至 2022 年底，我国数字经济核心产业发明专利有效量达到 160.0 万件（图 4-5），占我国发明专利有效总量的 38.0%，同比增长 20.3%。在"五局"与世界知识产权组织（WIPO）联合编制的《2022 年世界五大知识产权局统计报告》（中文版）中指出，2022 年，在由欧洲专利

局（EPO）、日本特许厅（JPO）、韩国特许厅（KIPO）、中国国家知识产权局（CNIPA）、美国专利商标局（USPTO）等五大知识产权局细分技术领域中，以下五个技术领域在所有知识产权局中的占比均处于领先位置：①电机、电气装置、电能；②计算机技术；③测量；④医学技术以及⑤运输。从上述数据可以看出，以上述领域为代表的技术内容为世界范围内的主要研究方向，以及科技发展的关键领域。

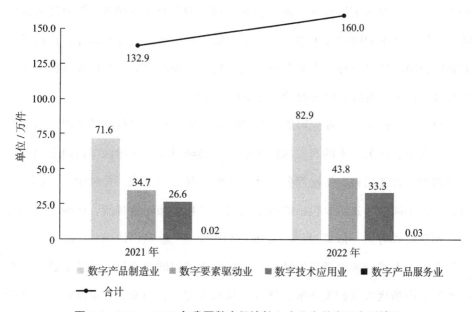

图 4-5　2021—2022 年我国数字经济核心产业有效发明专利情况

当然，各行各业均有其重要性，因地制宜发展新质生产力尤为重要，传统产业的升级和研究也是强国建设的重要支撑，应予以高度的重视。

（二）提高研究起点，做好调查研究，选好技术路线

研发主体科研能力与研发人员的能力水平关系密切，可加强研发人员培训，进行充分的知识和经验的积累，进行高质量人才储备。研发能力与研发设备的先进性等也具有一定关系，因此，研发经费的投入是保障科技创新的经济

因素。好的研发环境和人才，能够提供高的研发起点。

进一步，仅单项的创新而言，科技创新水平与研究路线制定和科研起点密切相关。科研项目在立项阶段应进行专利信息、文献情报分析，确定研究技术路线，提高科研项目立项起点。对科研项目知识产权需求，应进行知识产权风险评估，确定知识产权目标。研发进行中及时追踪专利信息、文献情报，适时调整研究方向和技术路线；及时建立、保持和维护科研过程中的知识产权记录文件。并及时以运用为导向，做好专利布局、商业秘密保护等。[1] 通过文献调研了解研发技术的国内外工作进展，了解目前已经达到的技术指标，该技术相关研发使用的技术原理、实验方案、工艺路线。通过文献了解比较各种方法的技术特征，为开展技术研发的设计方案提供思路。

对于实用性强，产业化可能性高的技术研发，还需进行市场调研、竞争对手厂家调研、相关技术的研发机构调研。市场调研主要是指该项目研发的技术在消费者、货架销售、运输等各个环节中的市场行为方式，并对相关数据进行分析。市场调研对象主要包括终端消费者、常规货架销售场所、运输工具和方式、销售模式等。一般通过问卷（纸质和网络）、座谈、访谈、产品展会、计算机模拟等方式开展市场调研活动。市场调研的目的是通过了解技术特征、产品形态、市场规模及相关政策法规等，从而确定销售对象，并根据销售对象的需要制定出所要研发技术的基本特征，初步确定技术指标。技术特征主要是了解市场对该技术产品需求的技术指标，从技术产品的使用要求、使用场景、使用方式、使用范围等不同角度确定技术指标范围，分析客户群体对应的技术指标特征要求。产品形态主要是了解同类技术产品从出厂到终端消费者的全部环节，从终端消费者、运输、销售等环节分析产品外形、包装、支撑附件及货架匹配等相关信息。市场规模主要是通过监测一定范围内的销售数量了解该技术

---

[1] 中国知识产权研究会.高级经济实务：知识产权 [M].4 版.北京：中国人事出版社，2024.

产品在市场上所面对的销售群体，结合该类群体在社会中的发展变化，分析该类产品在市场上的增长态势、成长空间和可能实现的销售范围。相关政策法规主要是了解该类产品涉及的国家各项法规政策，如原料、生产、产品形态、检测、包装等相关的规章制度。❶

而对于以知识产权尤其是专利为目标的研发，需要进行技术路线的选择。通常情况下，在文献调研中，寻求研究问题解决办法是研发工作常见手段之一。但在以市场产业化和知识产权创造为目标的研发中，要注意做好知识产权侵权风险规避，在面对专利文献所公开的技术方案时，可以以其为基础进行具有创造性的改进式研究，或者更新思路，避开相关技术特征。

对于知识产权，尤其是以专利权的取得为目标，相关文献的研究至关重要，其贯穿研发过程始终。这也体现出知识产权文化传播贯穿创造环节始终的重要性，要充分运用专利文献等科技信息，了解专利申请和授权等相关法律规定，在研发过程中及时进行布局和风险规避。

三、科技信息运用和知识产权布局

每一个行业，基于其科技发展速度和水平，具有不同的更新迭代速度。对于化工、医药等产业，其研发周期长，投入成本高。而对于光电、通信等领域，其发展迅猛，科技更新速度也非常快。充分进行调研尤其是利用好科技信息对创新水平和程度进行衡量，将其贯穿于知识产权创造的全过程，并根据各个行业专利技术更新换代的特点，做好知识产权布局，是知识产权创造的重要环节。

知识产权布局，从种类上讲，包括专利、商标等多种知识产权的部署；从地域上讲，包括国内布局和海外布局。其中，专利布局相对复杂，涉及的技术层次更多，下面以专利布局为例，对知识产权布局进行展示。

---

❶ 肖克峰.科技成果转化理论与实务 [M].北京：知识产权出版社，2021.

（一）专利布局的概念

专利布局是指，为获得某种竞争性优势的战略目标，在专利技术领域、申请地域、申请时间、申请类型和申请数量等方面进行有针对性、策略性和前瞻性的专利创造和部署行为。

从专利布局的实际操作来说，完整的专利布局操作一般包括三个阶段的操作任务：准备阶段、实施阶段和优化调整阶段。这三个阶段的目的、任务和重点均不相同，各有侧重。从流程上看，专利布局一般包括布局环境分析、布局定位分析、布局规划部署、操作策略制定与实施、优化调整五个步骤。

通常情况下，技术的专利布局应当有核心专利和外围专利，兼顾专利布局的深度和广度；并需要同时考虑国内外市场，及早开展海外专利布局。只有全方位保护下，才能够将专利技术转化和运用中的风险降到最低，进而打造高含金量的专利体系。而为了避免侵权风险，并确保技术的创新性，应在技术研发之初就进行充分的技术调研。并应及时开展专利导航、专利布局、专利分析等相关工作，且覆盖国内外技术范围。

（二）专利布局的定位和核心步骤

专利布局要提前做好定位。可以基于以下几个方面进行展开：①以保护核心技术研发成果为目标的专利布局。核心技术属于战略资源，拥有这类专利在未来市场竞争中不仅可以有更多的话语权，巩固市场竞争优势，同时还可能获得市场利益再分配的权利；②以对抗竞争对手为目标的专利布局。专利布局是能够有效对抗竞争对手的手段之一。企业可以从竞争对手（产品、市场、专利等）的角度出发开展专利布局，获取竞争对手所需专利作为自身筹码，以实现推动竞争对手主动和谈以及阻止竞争对手进入市场等目的；③以获得市场准入或参与行业竞争为目标的专利布局。在很多技术融合性强、发展速度快的领域，专利数量非常多。企业通过专利布局获得行业内一定数量的专利（尤其是核心专利），增强自身专利实力，借此作为获得市场准入、安全经营或参与行业竞争的基本要素。此外，企业若能够对核心技术开展专利布局，并将其纳入技术标准中使之成为标准必要专利，将对企业海外经营具有非常重要的战略价值和意义。

专利布局的核心步骤主要包括：①围绕企业经营战略目标，确定专利布局目标和侧重点；②研判外部环境和内部条件，综合研判形势，明确所需的合理专利数量和分布目标；③制定专利布局规划；④依据专利布局规划，有策略地获取所需专利。其中，对于专利布局的目标和侧重点的选择，可以重点考量在企业经营中需要专利布局的方面，和/或能够通过专利布局来解决的重点问题，进而确立目标和途径。当企业需要保护核心技术研发成果时，专利布局应在构建严密专利网，由此提高行业跟随者尤其是竞争对手的规避设计难度和研发成本，为产品提供保障；当企业需要对抗或牵制竞争对手时，专利布局应侧重围绕核心竞争产品、核心竞争领域或核心竞争对手等，在相关区域布设有针对性的专利，形成对竞争对手具有对抗作用或牵制作用的专利筹码；当企业需要获得市场准入或参与行业竞争时，专利布局应侧重围绕市场准入或行业竞争的关键领域（如标准中的必要专利等）掌握行业核心专利，并将其纳入通用技术标准。

以上布局需要考虑的几个方面以及核心步骤，对国内专利布局和海外专利布局均适用，在进行具体布局时，需要关注的重点根据情况不同会有所变动。同时，上述内容也是在面向研发主体的文化传播中需要考量的因素。知识产权制度作为促进经济发展的重要制度，其文化传播需要考虑经济特性。科研人员不能"两耳不闻窗外事"，需要同时对企业和社会的发展进行关注。而对于科研院所，在学术文化发展中，也应对技术的落地进行关注。

（三）海外专利布局

《知识产权强国建设发展报告（2023 年）》指出，2022 年，我国企业在"一带一路"共建国家专利申请公开量和授权量分别为 11603 件和 5518 件，同比分别增长 16.4% 和 17.1%。累计提出制定并发布国际标准化组织（ISO）和国际电工委员会（IEC）国际标准数量比上年增长 19.7%。开展海外知识产权布局，强化知识产权源头保护，是防范海外知识产权风险的有效手段。为相关产品进入海外市场保驾护航，帮助维护、巩固和提升产品的品牌价值、市场地位和竞争优势等，可以帮助企业积累知识产权筹码。在专利布局中，可以引导我国创新主体合理利用世界知识产权组织（WIPO）全球服务体系等渠道，提高海外知识产权布局效率。

专利国际条约主要有 PCT、《海牙协定》等，PCT 涉及我国的发明、实用新型；《海牙协定》涉及外观设计，二者可以进行相关专利的申请。其中，PCT 宗旨是：通过简化专利国际申请的手续和程序，加快技术信息的传递和利用，强化对发明创造的法律保护，促进各缔约方的科技进步和经济发展。该公约规定：①统一申请，提交一份申请，就可以在其他的缔约方国内取得与在受理局申请专利相同的效力。②两个阶段，即国际阶段和国内阶段，国际阶段处理专利申请的受理、公布、检索和初步审查；国内阶段处理专利申请的实质审查和授权，即由指定国专利局依照本国法律对该申请进行审批。《海牙协定》的宗旨是：规定一件工业品外观设计在数个国家受到保护的必要手续，避免各国专利局保存和登记注册程序的重复，同时可以减轻申请人费用开支的负担。申请人如果要在缔约方国内获得工业品外观设计的保护，只须在世界知识产权组织国际局进行一次保存即可。该国际保存与分别在各个指定国提出保存具有同等效力。❶

---

❶ 中国知识产权研究会 . 高级经济实务（知识产权）[M]. 4 版 . 北京：中国人事出版社，2024.

在专利布局中，其定位分析和核心步骤如前所述。在此，主要针对核心步骤中制定专利布局规划和有策略地获取所需专利进行展开。

在制定专利布局规划时，需对时机、地域、类型进行考量。首先，要选择合适的申请及进入时机。领先者为了避免先进技术过早公开导致泄密，可以采取暂缓申请或早申请晚公开的策略，同时应密切关注竞争对手的研究步伐，以及目标国家及世界大环境下该技术的专利申请节奏。技术追随者或者需要尽快使用专利权的企业可以采取及早申请策略。其次，要选择合适的进入地域。专利布局通常应偏重对企业利润贡献度大、市场成长好、知识产权竞争激烈的地域，例如企业自身产品的现有市场和潜在市场、被业界普遍看好的新兴市场、对企业技术和产品有特殊需求的市场、重点竞争对手的现有市场和未来目标市场等。最后，还要选择合适的申请和保护类型。专利保护是对创新技术成果最为常见的保护方式，如果创新技术成果容易被竞争对手研发获得，或者可以通过反向工程或其他途径进行破译而获得技术细节，可以选择专利保护的方式；如果创新技术成果在行业内领先，不易被反向工程或仿制，并可预见在较长一段时间内占据行业垄断地位，可以选择通过商业秘密进行保护；如果创新技术成果对自身而言不具有较高价值，但对其他竞争对手可能属于重要技术，并且专利申请及维护费用可能给自身造成一定负担，企业可选择通过防御性公开将该技术主动向公众和社会公开，阻止他人申请相关专利。

在依据专利布局规划获取所需专利时，可以通过多种方式获取专利：①通过专利申请获得专利；②通过专利转让获得他人已有专利；③通过企业并购等方式获得其他企业拥有的专利；④通过技术合作等方式合法使用他人专利；⑤通过产业联盟合法使用专利池中的专利；⑥通过专利许可获得他人专利实施许可。创新主体应根据自身情况，有策略地进行合理选择。

（四）标准必要专利的布局

专利纳入技术标准对于技术发展和转化有积极的促进作用，标准化专利是专利与标准融合的产物之一。随着标准知识产权政策的变化，一些行业或者竞争对手对专利纳入标准持警惕和审慎的态度，不管是走"专利标准化"还是"标准专利化"的路径，都离不开结合标准制定全过程专利布局策略。

标准制定的过程中，通用程序一般包括如下7个：提案、起草、审议、征求意见、采纳、出版、修正，从各个程序工作内容角度出发，将其归纳为标准筹备、标准制定以及标准实施三个阶段，如图4-6所示。

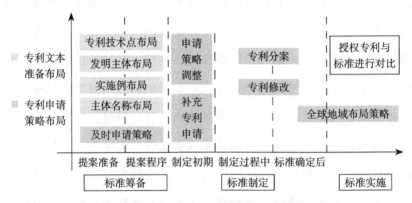

图4-6　围绕标准制定全过程的专利布局策略示意图

然而，将标准和专利分别来看，标准的制定程序间耗时长，不确定因素多。专利本身的周期长，需要技术和法律双重专业背景，影响专利确权的因素多。就面向标准制定专利布局策略而言，在标准制定全过程的不同节点，需要完成不同的专利布局工作，时间上的偏差可能导致技术方案被竞争对手抢先申请等无法挽救的后果。在上述三个阶段，应抓准技术点，积极推标，及时申请专利，在标准修订过程中，跟进标准动态，及时修改专利，以求最终确权专利的保护范围覆盖最终公布实施专利的技术方案。❶

---

❶ 王奎芳，等.面向标准制定全过程的专利布局策略研究[J].中国发明与专利，2024，21（5）：4-12.

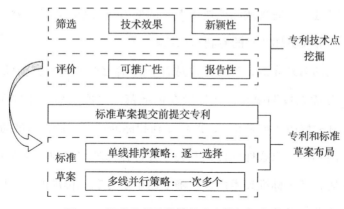

图 4-7　标准筹备阶段的技术点挖掘和布局

具体而言，标准筹备阶段，在产品或技术研发的过程中，挖掘具备实用性、新颖性和创造性的专利技术点是专利布局的一个重要环节。以专利技术点纳入标准草案为其中目标之一的专利技术点布局，交叉了技术标准，难度升级。技术标准要适用于在行业内推广，也就是能够被绝大多数企业实现和应用的技术，在技术的先进性和可推广性上需要折中。根据专利技术点的实际情况，选择单线排序策略或多线并行策略，考虑参与标准制定企业自身的技术实力和优势，择优选择写入标准草案的技术点，以提高标准草案被采纳的可能性。在标准提案人做提案准备的过程中即可以开始专利点挖掘并布局专利申请策略，最迟在提案程序结束前完成专利的挖掘布局并提交专利申请，对提案人最为有利，可防止提案后的竞争对手抢先申请，制定及时申请策略至关重要。

标准制定的过程周期长、技术变化方向难以预测。在标准制定阶段，关键环节是参与标准迭代和谈判过程，应及时跟进标准的方案修改，获取最新信息，采用多种策略修改已进行专利申请的技术方案，使得申请专利和标准之间有很好的对应关系，专利覆盖标准全部的技术手段。该阶段是整个专利布局最重要的一环，也是核心环节。对于所提草案中或草案相关的自有技术未申请专利的情况，可进一步完善或深挖技术点，调整当前的专利申请策略，进一步补充专利申请，形成更加严密的专利布局策略。

对于专利的海外布局，通常可以选择 PCT 途径进入海外其他国家或地区。在时间上，若优先权期限允许，尽量在标准草案批准之后，即进入采纳程序后，进行专利的修改（如补正），提高专利和标准的对应性，再推动 PCT 进入国家阶段，向其他国家或地区提交专利。并可在标准制定的后期或标准文档技术内容确定后，基于标准技术内容，确定已申请专利和标准的对应性之后，选择对应性高的潜在标准必要专利申请多个国家或地区的分案。

在培育标准必要专利布局的过程中，通过专利和标准的对应性分析，可以进一步对专利进行分类。第一类，与标准对应的必要专利，即专利和标准的技术特征——对应，专利的保护范围覆盖标准技术范围。第二类，与标准高度关联的主专利，即专利权利要求技术特征的大部分都与标准的技术特征对应，专利保护范围的大部分和标准技术范围重叠。第三类，与标准普通关联的应用专利，即专利权利要求技术特征的小部分与标准的技术特征对应，专利保护范围的小部分和标准技术范围重叠，专利的技术和标准技术相关，具有应用产品应用潜力。通过对应性分析，不仅可以确定专利相对应标准的必要性，进行有侧重的跟进，还可以挖掘没有被专利覆盖的标准技术点，以此进行扩展研究，进一步细化，作为新的专利布局点，尽早进行专利申请，并作为下一版本标准修改的储备技术提案。

总而言之，以培育标准必要专利为目标的专利布局难度大、过程长、专业性强，应尽早规划、布局和开展申请，实时跟进标准，及时修改专利，争取在最大程度上使专利保护范围覆盖标准技术，提高标准必要专利成功的可能性，为权利争取更大的收益和获取更大的市场竞争优势。

四、知识产权人才及其专业水准

功以才成，业由才广。培养造就大批德才兼备的高素质人才，是国家和民族长远发展大计。党始终重视培养人才、团结人才、引领人才、成就人才，十八大以来，以习近平同志为核心的党中央坚持科技是第一生产力、人才是第一资源、创新是第一动力，全面加强党对人才工作的领导，确立人才引领发展的战略地位，推动新时代人才工作取得历史性成就、发生历史性变革。习近平总书记围绕人才工作发表的一系列重要论述，深刻回答了为什么建设人才强国、什么是人才强国、怎样建设人才强国的重大理论和实践问题，对于全面贯彻新时代人才工作新理念新战略新举措，深入实施人才强国战略，加快建设世界重要人才中心和创新高地，为以中国式现代化全面推进强国建设、民族复兴伟业提供人才支撑、打好人才基础，具有十分重要的意义。❶

在知识产权创造环节，知识产权人才至关重要，其关系着知识产权的质量，同时，也影响知识产权的保护和运用。知识产权的创造应放眼知识产权全链条保护需求，着眼企业、行业发展大局，运用专业知识构建知识产权体系，在确权过程中形成合理的权利范围。培养更多复合型、国际化、高层次的知识产权专业人才，对于有力支持全面创新、大力发展新质生产力和促进高水平对外开放意义重大。知识产权事业的高质量发展节奏，亟须适配交叉学科知识储备深厚、业务实践本领过硬、具有开阔国际视野和处理国际事务能力的综合型人才队伍。❷

截至 2023 年底，知识产权人才规模达 86 万人，全国执业专利代理师数量达 3.4 万人，具有专利代理师资格的人才超过 7.6 万人，企业、高效和科研机

---

❶《习近平关于人才工作论述摘编》出版发行 [EB/OL].（2024-04-21）[2024-07-09]. https://www.gov.cn/yaowen/liebiao/202404/content_6946566.htm.

❷ 赵雯. 学科设置提档升级人才培养提质增效 [EB/OL].（2024-03-13）[2024-07-09]. https://www.cnipa.gov.cn/art/2024/3/13/art_3344_190950.html.

构知识产权人才数量也快速提升。具有专利审查员、商标审查员超过 1.8 万人。自 2020 年全国经济职称系列增设知识产权专业后，全国中级以上知识产权师近 2 万人。根据占比科研人员 4% 的国际惯例测算，我国知识产权人才数量还远远不足，特别是高层次人才缺口较大。❶ 切实培养出一批高层次、复合型、应用型知识产权人才，为知识产权强国建设提供有力人才支撑是知识产权人才工作的不懈追求。

五、审批环节质量和效率

审批作为知识产权制度的一环，审批机构的建设，尤其是审批环节的质量和效率，直接影响知识产权创造的质量。

我国知识产权审查质效不断提升。《知识产权强国建设发展报告（2023年）》指出，我国聚焦高水平科技自立自强，健全以国家战略需求为导向的专利优先审查政策。修改《专利审查指南》和《规范申请专利行为的规定》，正式施行《商标审查审理指南》，发布《关于禁止作为商标使用标志的指引》《关于外观设计国际注册申请的指引》等 6 个专利商标申请、使用指引。完善关于大数据、人工智能、商业方法等新领域新业态专利审查标准。提前完成国务院确定的五年压减周期目标任务，审查效率跻身相同审查制度下的国际前列。专利审查质量用户满意度指数提升至 85.7，发明专利结案准确率、商标注册实质审查合格率均有所提升。截至 2022 年年底，与 31 个国家和地区的专利审查机构建立了专利审查高速路（PPH）合作进一步促进专利审查工作成果国际共享。

在审批中形成的审查文化也是知识产权文化的组成之一。《知识产权强国

---

❶ 我国知识产权人才缺口较大 多所高校申报知识产权硕士学位授权点 [EB/OL].（2024-06-25）[2024-07-09]. https://t.m.china.com.cn/convert/c_1R2CUgDD.html.

建设纲要（2021—2035 年）》指出，要实施一流专利商标审查机构建设工程，建立专利商标审查官制度，优化专利商标审查协作机制，提高审查质量和效率。《"十四五"国家知识产权保护和运用规划》提出"一流专利商标审查机构建设工程"，并从"建设高水平审查员队伍、提高审查智能化便利水平、提升审查质量、提高审查效率"四个维度进行了阐释。《专利和商标审查"十四五"规划》提出，以系统观念打造审查体系完善、审查质量优异、审查效率高效、审查能力突出、创新主体满意的世界一流专利和商标审查机构，推动知识产权事业高质量发展。可见，建成一流专利审查机构已经成为加快建设知识产权强国背景下专利审查工作的必由之路。

　　文化建设是世界一流专利审查机构建设不可或缺的重要组成部分和强力精神支撑。以专利为例，专利审查发挥着向前促进科技创新水平提升、向后促进专利市场价值实现的双向传导作用。其是知识产权保护工作的起点和知识产权制度运行的基础，提升专利审查质量，加强源头保护是实现专利审查工作高质量发展的必然要求。构建优秀专利审查文化有助于打造一流的专利审查队伍、构建一流的专利审查机构。培育和建设优秀专利审查文化在提升专利审查能力、发挥组织效能、指导和引领专利审查工作方面具有十分重要的现实意义。

　　专利审查文化对提高审查质量和效率，提升专利质量具有重要的促进作用。审查文化能够对个人和集体在专利审批工作中产生思想和行为影响的无形推力，将专利审查工作的价值追求、职业道德、社会责任内化于心。审查文化包括与专利审查相关的价值理念、思维模式、行为准则、业务追求以及审查员对所从事的专利审查事业的责任感和使命感。要将文化与审查、文化与创新、文化与发展深度融合，使文化的力量融入审查工作实践。牢固树立审查责任意识，完善审查业务指导体系、质量保障体系、培训体系；重点确保审查结案质量；自觉维护"中国专利"品牌。

（一）强化责任意识

责任意识是专利审查文化建设的重要组成部分。要加强党性教育、宗旨教育、警示教育，培养审查员牢固树立政治意识、大局意识、核心意识、看齐意识，严明政治纪律和政治规矩，坚定理想信念，坚决执行党的基本路线和各项方针政策，把质量意识落实到专利审查和社会服务的各项工作中。紧密围绕专利法的规定，在忠于职守、遵纪守法、廉洁自律等方面开展重点学习与讨论。在具体审查行为规范方面，结合 ISO 质量管理体系推进审查过程的各个具体环节的细化规定，比如对通知书撰写、电话讨论、会晤、外部反馈处理等各环节中审查员的行为做出具体要求，使行为准则与审查员职业道德一起体现外在与内在、具体与原则的有机结合，有效促进依法文明行政。

（二）明确使命担当

当前，创新发展居于国家发展全局的核心位置，专利在经济社会发展中发挥着越来越重要的作用。一件专利申请授权与否，不仅仅关系到发明人的利益，也关系到社会公众的利益，有时甚至关系到一个行业、一个产业乃至于整个国家的经济社会发展。作为国家知识产权事业发展的重要力量，专利审查员应勇于担当时代责任和历史使命，要实现业务能力建设和思想文化建设齐头并进、软实力和硬实力共同提高，积极回应国家和社会的需求，提高认清历史使命的自觉性，抓住知识产权强国建设的重大历史机遇，紧密围绕审查文化建设工作重点，不断提高自身的思想水平、政治觉悟、道德品质和文化素养，不断促进自身全面发展，成为一流人才。把实现个人全面发展和集体、国家社会发展需要统一起来，体现自身的时代责任和使命情怀。这是专利审查工作的必然选择，也是专利审查工作者的重要使命和任务。

通过建设宣传阵地、营造学习氛围等方式，实现文化建设的导向和塑造功能，提升审查员职业素养。推进审查质量文化在审查员中的吸收度，使审查员勇做推动高质量发展、建设现代化经济体系的先行者，把遵守质量管理制度和审查质量文化理念变成自觉行动，营造一种人人互相促进、积极向上的质量文化氛围，主动学习、互帮互助、互融互通，不断改进审查质量，不断追求卓越。

（三）打造高质量审查人才

以卓越的高质量审查工作引导形成高质量审查文化。强化审查国际合作，面向全球推出中文专利检索国际课程。增加审查员国际交流频次，提升国际型审查员占比。构建现有审查人力资源调配制度，结合能力建设体系打造多样性人才，以根据工作需要和人才发展实现人员的内部重组和流动。培养一批具备多类型业务审查经验、具备综合审查能力的全类型审查员，深入参与创新主体知识产权服务，提供个性化咨询服务，为其技术研发和知识产权保护相融相促提供咨询或建议，深度参与"源头保护"助力技术创新。在专利审查机构内部建立高水平研发团队，常态化招揽和培养可衔接业务和技术的复合型人才，为业务模式创新、现有系统升级改造、下一代业务系统规划建设提供基础。在专利审查官制度运行实践的基础上，强化专利审查官制度与职务、职级的有效联动，完善知识产权人才工作链条，强化面向职业的教育，完善面向职业的评价，促进面向职业的发展，推进建设一支政治素质优良、工作作风过硬、专利审查能力精湛的专利审查人才队伍。

（四）高水平融入科技创新链

根据国家、社会、经济、科技发展的不同需要，科学进行评估测算，形成有效稳定的审查政策和灵活多样的审查机制，例如建立交叉领域的融合审查机制等。完善专利审查机构业务和运行管理体系，建设全链条知识产权大数据中心，整合知识产权基础数据，知识产权保护、运营、转移转化等数据融合，实现专利信息互通，助力案件相关信息便捷查阅。组织审查员深入参与各类创新主体研发过程，对企业开展公益专利运营指导，审查员深入参与前沿科学研究，从根本上助推各类创新主体、转移转化水平较低的科研单位改变技术研发模式，助力高水平融入"创新链"。积极与发展规划部门、司法机构和金融机构形成对接机制，深化知识产权在国家经济生活中的宏观价值，加强与国内其他政府部门间的信息共享，通过合作研究，按需提供基于专利大数据分析的产业观察报告等。研究设立知识产权相关发展指标，持续扩大专利竞争红海技术领域范围，挖掘蓝海技术领域发展潜力，为国家发展、科技创新和创新主体发展提供科学可靠的参考，促进专利要素在国内国际双循环市场中的流通。深入参与"一带一路""RCEP"等国际经济合作框架下的知识产权规则更新，在深入调研利益相关国家／地区知识产权保护现状的基础上，开展针对性的国家／地区行动计划，加强国家间审查机构的深度合作，进一步提升国际话语权和影响力。

注重审查质效对重点领域、重点产业的支撑作用。适应我国当前技术发展形势，充分满足产业需求激发创新活力，健全大数据、人工智能、基因技术等新领域新业态知识产权保护制度，聚焦战略性新兴产业领域、"卡脖子"关键核心技术以及重点产业、重点领域等提高审查质量、效率和服务。强调专利审查在促进国家科技、文化、经济和可持续发展上所表现出来的整体质量和水平，以及具有极强的专利制度发展的主导力，对国际知识产权事务的影响力，达到在国际事务中拓展国家利益的目的。专利审查工作与经济社会创新发展更好地有机融合，与国家科技、经济和产业政策紧密衔接，与行政执法和司法裁判等工作协调推进，提高专利审查对科技、文化、经济等发展的贡献率。

第六节 知识产权创造中的文化传播实例

一、依托国民教育体系开展知识产权文化传播

教育是最直接、最全面的知识产权文化普及方式。我国具有完备的国民教育体系，能够系统性培育受教育群体的价值观和人生观，全方面提高人才水平和能力。将知识产权引入国民教育体系，在国民教育中开展知识产权文化传播，是着眼于国家未来发展的重要方式和途径之一。

知识产权教育与知识产权的意识、观念、知识和人才息息相关，是知识产权文化传播的重要阵地。知识产权教育包括知识产权普及教育，知识产权学历教育等。知识产权普及教育包括中小学学生、高等院校学生等的基础性教育，学历教育既包括知识产权本科、硕士研究生、博士研究生等教育。在知识产权教育的发展中，其主体、客体、对象、目标、内容、方法、手段，以及教育模式或者范式都是需要予以考量的因素。知识产权教育受内部要素和外部因素的多重影响，从内部而言，学科建设、专业建设、师资队伍建设等硬件条件建设，知识产权人才培养、科学研究、社会服务、文化传承与创新等软实力的提升，都影响教育的质量与水平；从外部因素而言，国内外知识产权事业发展的制度环境、经济环境等都推动知识产权教育不断调整优化。❶

知识产权普及教育，应注重开展科学教育。其目的不是在简单地传授知识，而是在建立一种知识产权文化，包括思维方式、价值取向等。这需要做到：①有针对性选取知识产权教育的内容，突出普及教育的特点。教育内容不必求全求深，应该站在普及的立场上以普及基本概念、基础知识和培养基本理念为主；为增强教育的效果，知识产权知识的表达应该深入浅出，把干涩的知

---

❶ 王肃．"知识产权学"的学科体系建构 [J].知识产权，2023（1）：18-30.

识生动化、通俗化，甚至可以图文并茂的方式引入典型常见案例，以案说法，以求实效。②不断创新教育方式。运用生动、直观、形象的现代教育手段和形式，开展丰富多彩的宣传教育活动，增强宣传教育的实效性；要特别注意发挥电视、广播、报纸、网络等大众传媒的作用，发挥它们迅速、生动、直观的优势，提高宣传覆盖率和吸引力。③提高地方各级领导对知识产权普及教育工作的重视程度，进一步加强物质保障，根据实际需要，给予必要的人力、财力等条件支持。④知识产权普及教育是一项长期的经常性的工作，应建立起长效机制，为知识产权文化建设打造坚实的基础。❶

（一）知识产权普及教育与文化传播

青少年是国家的未来，也是知识产权创造的人才储备。将青少年作为重点人群，对其进行知识产权意识普及、培育创新文化，是知识产权文化传播的重要任务。我国很早便开始探索将知识产权融入中小学教育培训体系，高度重视在中小学普及知识产权基本知识，通过在中小学校开展知识产权教育，努力探索形成知识产权教育体系、不断培育知识产权校园文化，扩大知识产权文化的影响。通过专项教育、试点学校和示范校建立、举办创新赛事等，培养知识产权意识和创新发展思维。知识产权进中小学，作为我国知识产权文化培育的重要抓手，写入了我国多项知识产权领域多个重要文件。

在 2007 年，中央宣传部、教育部、司法部和全国普法办联合制定了《中小学法制教育指导纲要》，知识产权作为专项教育提及，同时，将知识产权法律普及纳入该纲要的指导范围，也是题中之义。其实施主体为地方各级党委宣传部门，教育、司法行政部门和普法主管机关等。要求加强对中小学法制教育工作的组织协调，推动各项工作落到实处。同时规定了渠道和普法原

---

❶ 杜荣霞，刘冰 . 从群体性侵权透视知识产权文化意识的培植 [J]. 河北法学，2010，28（6）：160-164.

则，即要充分发挥学校课堂教学的主渠道作用，把法制教育与相关学科教育有机融合在一起，并积极与其他各种专项教育相结合，努力形成多角度、宽领域、全方位的法制教育新格局。要根据青少年学生成长的特点和接受能力，贴近实际，贴近生活，贴近学生，增加吸引力和感染力，提高教学的针对性和实效性。在专题教育中指出，采用必要的专题教育形式，增强学生的法律意识和法治观念，提高法制教育的针对性和实效性。要从学生的认知水平、学习兴趣、思想认识、行为表现和社会实际出发，开展灵活多样、富有成效的专题教育，倡导自主探究、合作交流、实践体验的学习方式。法制专题教育要与包含知识产权在内的多种专项教育有机整合，使之融为一体。基于该文件也可看出，知识产权作为一种专项教育，在同时期或者更早时间已经走入了中小学。

2008 年《国家知识产权战略纲要》指出，要制定并实施全国中小学知识产权普及教育计划，将知识产权内容纳入中小学教育课程体系。在 2013 年，《关于加强知识产权文化建设的若干意见》中，明确提出（九）拓宽知识产权文化教育培训渠道，将知识产权有关内容纳入国民教育体系，在中小学法律教育中增加知识产权有关内容。把知识产权文化建设与大中小学生思想道德建设、校园文化建设紧密结合，开展各类主题教育，增强各类学校学生的知识产权意识和创新意识。

2015 年，国家知识产权局、教育部发布《全国中小学知识产权教育试点示范工作方案（试行）》，开展全国中小学知识产权教育试点示范工作，分批次组织全国中小学知识产权教育试点学校、示范学校的申报和认定。方案指出，通过培育一批能带动全国中小学知识产权教育工作的试点、示范学校，让青少年从小形成尊重知识、崇尚创新、保护知识产权的意识，并充分发挥中小学知识产权教育的辐射带动作用，形成"教育一个学生，影响一个家庭，带动整个社会"的局面，增强全社会的知识产权意识，营造"大众创业、万众创新"的良好社会氛围。到 2020 年，在全国建成 100 所知识产权教育工作体系较为完善，知识产权教育工作规范化、制度化，知识产权教育成效明显的"全国知识产权教育示范学校"。

方案制定的试点学校申报条件、示范学校评定条件，具体如下。

（1）试点学校申报条件：①学校所在地政府部门支持知识产权教育工作；②校领导重视以知识产权教育为主要内容的创新教育；③已开展或计划开展知识产权师资队伍的培育工作；④已开设或计划开设知识产权教育课程；⑤积极支持并组织开展普及知识产权知识的体验教育和实践活动；⑥积极开展发明创新、文艺创作等竞赛活动，鼓励和激发中小学生的创新热情；⑦积极组织师生员工参加省内外的青少年发明创新比赛。

（2）示范学校评定条件：①学校所在地政府部门重视知识产权教育工作并有扶持措施；②申报学校为中小学知识产权教育试点学校且试点满 2 年；③知识产权教育工作体系较为完善，知识产权教育工作规范化和制度化；④拥有一支能熟练开展发明创造和知识产权教育工作的专兼职师资队伍；⑤制定较为明确、合理的课程计划，在合适的年级定期进行知识产权教育；⑥利用学校网络、宣传橱窗、墙报、校报等平台，发挥学生团体的积极作用，深入开展知识产权体验教育和实践活动；⑦建立对学生发明创造的激励机制和奖励制度，鼓励和支持学生创新成果获得知识产权保护；⑧积极开展中小学知识产权教育的教学研究工作；⑨知识产权教育成效明显，师生知识产权意识不断增强，学校发明创新活动积极踊跃。

方案中制定了配套扶持措施。

（1）对纳入试点、示范的学校，由国家知识产权局给予适量的引导经费，省知识产权管理部门给予一定配套支持经费，专项用于知识产权教育工作。

（2）对试点、示范学校的授权专利，鼓励地方酌情给予奖励。

（3）对试点、示范学校的发明专利申请依照《发明专利申请优先审查办法》予以优先审查。

（4）对试点、示范学校从事知识产权教育的教师进行相关业务知识培训。

（5）对试点、示范学校提供远程知识产权教育资源。

（6）为各试点、示范学校提供知识产权教育出版物。

（7）充分利用报刊、网络、电视等新闻媒体，对试点、示范学校的先进做法和成功经验进行广泛宣传推广。

（8）适时组织试点、示范学校师生开展国内外知识产权教育交流活动。

截至 2017 年年底，国家层面试点学校达到 112 所，覆盖除西藏外的 30 个省（区、市）。北京、天津、内蒙古、湖北、广西、陕西等 20 个省份共评定省级试点示范学校近千所，在全国起到广泛的辐射带动作用。《全国中小学知识产权教育指南》等文件为中小学开展知识产权教学工作提供了政策支持。上述试点学校申报条件、示范学校评定条件，以及配套制定的扶持措施，给全国中小学和相关管理部门在开展知识产权教育也提供了工作方向的参考。

同时，教育部将知识产权相关内容作为中小学生德育教育的重要内容，在义务教育阶段品德与生活课、品德与社会课、思想品德课等课程标准中加入知识产权教育有关要求，并在 2017 年版普通高中思想政治、信息技术、通用技术等课程标准中进一步加强知识产权教育。通过鼓励学校开展征文活动、演讲比赛，组织社会调查、研学实践等方式，培养中小学生形成知识产权保护意识。2017 年印发的《中小学综合实践活动课程指导纲要》提出，要加强实践体验教育，推荐普通高中开展"关注知识产权保护行"主题活动，引导学生通过亲历感悟、实践体验、行动反思等方式加强知识产权意识的培养。

2018 年，《深入实施国家知识产权战略加快建设知识产权强国推进计划》指出，深入实施知识产权文化建设工程，大力倡导以知识产权文化为重要内容的创新文化，深入开展中小学知识产权教育试点示范工作，广泛开展知识产权普及教育，认真落实"谁执法谁普法"普法责任制，大力开展知识产权法治宣传。

《知识产权强国建设纲要（2021—2035年）》指出，进一步推进中小学知识产权教育，持续提升青少年的知识产权意识。《2023年知识产权强国建设纲要和"十四五"规划实施推进计划》指出要加强新时代高校学生知识产权宣传普及教育，打造精品校园文化项目，开发共建校外优质社会实践体验基地，把知识产权宣传教育有机融入社会实践。继续开展全国大学生版权征文活动。

在基础教育阶段进行知识产权价值观启蒙和创新能力培育，是实现中华民族传统文化现代化转型和提升民族创造力的基础性工程。未来，应继续加大中小学知识产权教育普及力度，引导建立科学规范的中小学知识产权课程体系。在推动大中小学开展知识产权基础性普及教育过程中加强普法宣传。继续开展中小学知识产权教育试点示范工作，持续推进全国中小学知识产权教育，教育引导青少年从小养成尊重和保护知识产权的意识。同时，继续开展各种形式的知识产权进校园活动，鼓励知识产权专家进校园，促进知识产权法治教育与学校创新实践活动相融合，丰富知识产权法治宣传教育内容，有效提升大中小学生的知识产权法治素养，切实提高青少年对知识产权相关法律的理解和运用能力。❶

而除中小学教育外，高等院校中知识产权普及教育工作也非常重要。应有针对性地进行大学生知识产权普及教育。如在艺术和新闻专业加强版权教育，对工科学生普及专利教育，对商科学生普及商标教育等。充分利用高校严谨系统的知识传播体系，全体大学生加强知识产权常识教育。加强国家知识产权培训基地建设。

---

❶ 见《全国知识产权系统法治宣传教育第八个五年实施方案（2021—2025年）》。

（二）知识产权学历教育和文化传播

习近平总书记指出，建设教育强国，龙头是高等教育。要把加快建设中国特色、世界一流的大学和优势学科作为重中之重，大力加强基础学科、新兴学科、交叉学科建设，瞄准世界科技前沿和国家重大战略需求推进科研创新，不断提升原始创新能力和人才培养质量。要建设全民终身学习的学习型社会、学习型大国，促进人人皆学、处处能学、时时可学，不断提高国民受教育程度，全面提升人力资源开发水平，促进人的全面发展。要进一步加强科学教育、工程教育，加强拔尖创新人才自主培养，为解决我国关键核心技术"卡脖子"问题提供人才支撑。要系统分析我国各方面人才发展趋势及缺口状况，根据科学技术发展态势，聚焦国家重大战略需求，动态调整优化高等教育学科设置，有的放矢培养国家战略人才和急需紧缺人才，提升教育对高质量发展的支撑力、贡献力。要统筹职业教育、高等教育、继续教育，推进职普融通、产教融合、科教融汇，源源不断培养高素质技术技能人才、大国工匠、能工巧匠。❶

高校是创新人才培养的摇篮、是知识产权人才培养和知识产权文化培育的重点基地。我国已在全国开设法学类知识产权本科专业的高校，形成了本科阶段"专业、辅修、双学位"三选一、研究生阶段"法律、管理、MBA"三选一的知识产权专业型、复合型人才培养模式。并在此基础上，积极推动知识产权学科建设和专业人才队伍建设，加强国家知识产权培训基地建设。2022 年每万人口设置知识产权本科专业的高校数量以及每万名本科毕业生知识产权专业本科毕业生数量分别比上年增长 4.8%、12.0%。❷

---

❶ 习近平：扎实推动教育强国建设 [EB/OL].（2023-09-15）[2024-07-09]. https：//www.gov.cn/yaowen/
liebiao/202309/content_6904156.htm.

❷ 数据来自《知识产权强国建设发展报告（2023 年）》。

在《2024 年知识产权强国建设推进计划》中指出，通过新增学位授权审核、自主审核、动态调整等方式增列知识产权相关学位授权点，推进知识产权相关学科专业建设。推动建设一批知识产权相关职业教育国家在线精品课程和国家规划教材。教育部根据《学位授予和人才培养学科目录设置与管理办法》有关规定，积极支持高校在一级学科权限内自主设置知识产权相关二级学科点；支持学位授权自主审核单位根据经济社会发展需求，结合自身条件基础，通过自主审核方式设置知识产权相关一级学科。《研究生教育学科专业目录（2022年）》新设知识产权硕士专业学位类别，推动建立知识产权硕士专业学位研究生教育指导委员会。同济大学自主审核设立了知识产权一级交叉学科博士点，并获国务院学位委员会审议批准。2023 年，高校设立近 50 个知识产权相关二级学科点或交叉学科点，累计在百余所高校设置知识产权本科专业，新增 4 个知识产权国家级一流本科专业建设点。在未来，应尽快将知识产权"提档"为一级交叉学科，以服务知识产权创造、运用、保护、管理、服务和国际合作全链条为目标，科学确定一级学科方向和二级学科设置，分层分类制定本硕博不同阶段的核心课程、选修课程与业务实践，允许知识产权专业学位和交叉学科毕业生参加相关职业资格考试，让教育链与核心业务链、创新链、产业链始终密切关联。❶

对于人才学术培养，《知识产权人才"十四五"规划》中，将知识产权人才培养基地建设项目列为重点项目，明确部署知识产权人才产学研培养模式。2020 年 9 月，教育部会同有关部门联合印发《关于加快新时代研究生教育改革发展的意见》，明确提出"强化产教融合育人机制""鼓励各地各培养单位设立'产业（行业）导师'，加强专业学位研究生双导师队伍建设"等重点工作。在

---

❶ 赵雯.学科设置提档升级人才培养提质增效 [EB/OL].（2024-03-13）[2024-07-09]. https：//www.cnipa. gov.cn/art/2024/3/13/art_3344_190950.html.

知识产权产教融合协同育人方面，积极依托行业专家资源，加强课程建设，支持高校与相关企业联合开展研究实践项目，培养行业急需的知识产权高层次人才和解决实际问题的专业人才。❶ 在师资保障方面，要特别重视实务类师资供给。未来，可由国家知识产权局承担起统筹搭建知识产权师资库的工作，选拔理论功底扎实、实践经验丰富，特别是具有国外知识产权领域工作经验的学者专家，以及应对侵权违法、技术壁垒等情形经验丰富的行政司法人员、海外维权律师等，担任专职或兼职教师，切实提高实务教学的实用性与国际化水平；同时，要用活"国际联合培养"模式，支持师资力量和人才队伍在知识产权国际合作中不断开阔视野、锤炼本领。

二、在政府引导下培养专业人才队伍

我国积极发挥政府引导功能，有效构建普及性多维度人才培养体系，在教育系统之外，强化专业性较强的知识产权文化传播，培养专业人才队伍。通过知识产权管理部门定向培训、单位定期培训、科技校企与社会互动教育、自主学习等多种方式开展知识产权文化传播。除了开展国内知识产权培训外，积极参与全球治理，开展知识产权对外培训，知识产权对外培训量（人次）作为参与全球知识产权治理下设二级指标，纳入知识产权强国建设指数，用于反映全国层面知识产权强国建设情况。

在知识产权创造阶段，知识产权文化传播要突出精准性和全面性，以政府为主要组织者和引导者，开展教育系统外的宣传培训工作，提升企业、个人的自主培训动力和加强学习力度。

知识产权管理部门突出宣传知识产权法律法规，加大对创新主体和市场主

---

❶ 国家知识产权局关于政协十三届全国委员会第五次会议第 02573 号（科学技术类 120 号）提案答复的函 [EB/OL].（2022-09-09）[2024-07-09]. https://www.cnipa.gov.cn/art/2022/9/9/art_516_178633.html.

体的知识产权普法力度。知识产权法律法规与高质量发展密切相关，与知识产权创造密切相关。在知识产权文化传播中，应立足新发展阶段、贯彻新发展理念、构建新发展格局的需要，持续深入宣传专利、商标、地理标志、集成电路布图设计等知识产权法律法规，使社会公众树立保护使用、保护创新的理念，促进知识产权强国建设。推动创新主体和市场主体知识产权法治教育。充分利用培训和公益讲座进行法治宣传教育。如，为宣传知识产权文化和知识产权制度、普及专利信息技能，国家知识产权局面向社会开展公益讲座活动；为进一步提高专利申请质量和代理质量，中华全国专利代理师协会向代理机构推荐系列公益讲座；通过现场授课＋网络课堂直播的形式，面向公众开展知识产权文化普及。国家版权局与世界知识产权组织合作举办版权产业国际风险防控培训班等也具有良好传播效果。

知识产权系统工作者立足日常工作，紧密围绕知识产权中心工作，注重发挥宣传教育实效。加强梳理和推广有成效的典型性经验做法，通过接地气、聚人气、有温度的方式开展具有特色的活动，面向社会公众宣传普及知识产权法律法规和基本知识。创新内容、形式和手段，加强涉外知识产权宣传，形成覆盖国内外的全媒体传播格局，打造知识产权宣传品牌，突出宣传中国特色知识产权事业发展取得的历史性成就，讲好中国知识产权故事，进一步树立我国依法严格保护知识产权的良好形象。针对知识产权典型案例和相关社会热点向公众进行及时权威的法律解读，使典型案例依法解决和社会热点及时回应的过程成为全民知识产权普法的公开课。❶

下面以案例简要展示知识产权创造中各步骤的注意要点，以及知识产权文化传播的重要性和文化传播形式。

---

❶ 见《全国知识产权系统法治宣传教育第八个五年实施方案（2021—2025 年）》。

案 例

2017 年，山东理工大学毕玉遂教授团队研发的无氯氟聚氨酯化学发泡剂，以 20 年独占许可（美国和加拿大除外）的方式卖给补天新材料技术有限公司，总价 5.2 亿元，刷新了国内科技成果转化新纪录。

（1）发泡剂是生产聚氨酯泡沫材料的重要原料，在喷涂、冰箱、板材、集装箱、冷库、LNG 贮存等领域都有聚氨酯泡沫材料的身影，此前，聚氨酯发泡剂由欧美国家发明，都是物理发泡剂，均含氯，对臭氧层有破坏作用。从 2003 年开始，毕玉遂教授开始研究无氯和氟的聚氨酯化学发泡剂类似的研究在当时一片空白，没有理论依据，没有可以参考的文献。在研究过程中，毕玉遂以解决实际需求为导向，而不以发表论文为导向，同时由于保密等原因，也无法发表论文，从而也就无法申请到课题经费。开展该研究所需经费主要来自毕玉遂的工资和朋友资助。在这样艰苦的条件下，经过多年的研究，2011 年聚氨酯化学发泡剂终于试验成功。

（2）但是，研究成功后毕玉遂却又面临另一块心病——如何转化这个成果？要想转化先要保护，申请专利保护吗？毕玉遂考虑到："在提交专利申请的时候，需要说出具体的制备方法、基本原理等详细的技术路线和过程，所以一直不敢提交。"因而，毕玉遂一直以技术秘密的形式保护着这项技术。但是技术秘密保护是有风险的！他们获得颠覆性创新成果的消息不胫而走，闻风而动的国外化工巨头频频前来打探消息。毕玉遂还深深地知道："一些大公司仅靠公开的'无氯氟''化学法'等几个字就能获得启示，凭借他们在逆向研发、专利布局等方面的强大优势，不出三年就会破解。"为此，毕玉遂寝食难安。

（3）2016 年 5 月底，国家知识产权局派出了一个微观专利导航团队指导毕玉遂研发团队开展了国内、国际专利的布局、撰写、申请等工作，申请了多件中国专利和 PCT 国际专利，形成了合理的专利布局，使得这项创新成果得到了较强的保护。

成果保护好了，接下来就是如何更好地实现转化。为了促进这个成果高效转化，山东理工大学破例组织了一个谈判组，包括分管科研的副校长，财务处、科技处和法律事务室的相关人员。毕玉遂主要谈技术问题谈判组负责价格、合同等方面的谈判。

最终，在 2017 年，该项技术以 5.2 亿元的价格以独占许可的方式卖给了补天新材料技术有限公司。

这个天价专利转让案例，被认为是中国知识产权保护成功助力科技成果走向市场的典范。目前，学校与补天新材料技术有限公司正全力以赴推进该成果的产业化进程。❶

（1）知识产权创造中的难点与经验：在技术创新方面，不同领域具有不同的发展特点。如化工、医药等领域，其研发周期长投入大，对科研单位要求也比较高。在成果产生之前，对科研人员考验比较大。这要求科研人员和单位充分发扬科学家精神，不断提高自身创新意识，在求知路上不停探索。对于科研经费投入非常大的情况下，可以适当引入企业，进行产学研结合的方式。当然，此种模式也存在科研成果外泄的风险，需要理性考量。

而对于知识产权布局，具有极强的专业性。首先，需要科研人员具有知识产权意识，能够意识到自身成果的重要性以及知识产权价值。其次，需要具有专业的知识产权从业者进行布局，专利技术的研发和保护制订周密的计划，特别是在专利申请的撰写方面，只有高质量的专利申请文件才能切实地实现科技成果的有效保护。这也反映了知识产权人才的重要性。

---

❶ 专利发明签订 5 亿独占许可协议 [EB/OL].（2017-03-26）[2019-05-26]. https：//www.sdut.edu.en/2017/0326/e742a73093/pagem.htm.

（2）打造面向不同主体的知识产权文化传播案例：表 4-1 列举了部分关于该案例的报道、解读和宣传。中央电视台《经济半小时》《对话》等栏目对该案例进行了深度剖析，山东理工大学自身也进行了全方位的自我宣传。中央广播电视总台国际在线，通过对外报道提升了国际影响，并且多本专业书籍将此作为案例，进行分析。除此之外，其他地方管理部门、其他高校等知识产权、科技创新相关宣传平台也纷纷对此进行报道。该事件至今已超过 5 年，但依然可以看到对相关内容的引用。可见属于比较成功的案例。

表 4-1　案例宣传平台列举

平台	隶属单位
中央广播电视总台国际在线	中央广播电视总台
《对话》栏目	中央广播电视总台
《经济半小时》栏目	中央广播电视总台
《人民日报》	人民日报社
中青在线	中国青年报
中国知识产权报公众号	中国知识产权报社
上海知识产权公众号	上海市知识产权局
中国科协之声公众号	北京科学技术协会
中国科讯公众号	中国科学院文献情报中心
山东理工大学官网	山东理工大学
图书《专利技术转化和运用案例分析》	知识产权出版社
图书《科技成果转化理论与实务》	知识产权出版社

从文化传播主体层面而言，其包括政府、企事业单位、主流媒体、自媒体等，从传播载体看，包括网络、书籍，兼顾线上线下；从传播对象看，其面向科研人员、管理人员、企业、青年等；从传播内容看，其宣传创新精神，传播知识产权文化，并就技术研发、专利布局等专业知识予以普及。对于典型案例的挖掘，起到了以点带面的作用，树立了榜样，对创新和知识产权创造知识产权文化传播起到了正向激励和引导作用。

三、全社会合力打造立体文化传播生态

在知识产权文化传播过程中，社会各方力量都是不可或缺的因素。充分发挥各方优势，对创新文化进行宣传、培养知识产权意识，提升知识产权创造能力，集中打造文化传播生态，是知识产权创造中传播的重要方式之一。

在我国教育体系规划中，为使青少年能够健康快乐地成长，针对青少年，尤其是低年级学生，保证了充足的课外时间。这使得除了课堂教育，课外时间的知识产权文化推广与普及工作也显得非常重要。书籍是常见文化传播载体之一，《中小学知识产权教育读本》《我也爱发明》等一系列课外读物，为中小学生学习知识产权基础知识提供丰富选择。《我也爱发明》是知识产权出版社出版的一系列少儿读物。其在形成图书品牌后打造出自己的传播生态。以多种青少年喜闻乐见的形式，面向青少年讲好知识产权故事、传播知识产权文化，取得了良好的社会效益。在图书构思出版中，通过稿件征集等方式进一步提升书籍质量和社会影响。与全国多家地方知识产权局合作，以图书为纽带，以青少年发明创新大赛为桥梁，出版了多本《我也会发明》系列，并开展"我也会发明"知识产权进校园活动，使创新意识和发明创造深入人心。编写了《我也会发明》英文版，入选中宣部组织的"中国书架"项目。该项目是在国际主流书店、机场和国内外国人集中的书店、酒店、旅游景点等涉外机构设立具有统一标识的中国主题外文图书的专架（柜），集中展示销售中国内容的外文图书；已打造成为国家"走出去"战略的新品牌，并入选2019—2020年度国家文化出口重点项目。同时，还制作了动画片《我也会发明：闪电家族》，该动画片荣获国家广播电视总局"2022年度优秀国产电视动画片"荣誉称号，在中央广播电视总台体育青少节目中心（CCTV-14频道）黄金时段播出，深受全国青少年喜爱。

我国举办了丰富的科技创新相关赛事，并积极拓展知识产权网络科普新渠道，以论坛、讲座等形式开展知识产权文化宣传。自2017年起，国家知识产

权局与中国科协、教育部等 9 部门共同举办全国青少年科技创新大赛，通过设立咨询台、举办展览讲座、提供公益服务等多种方式，促进知识产权与赛事活动深度融合，得到参赛师生广泛好评。中国科协积极组织相关学会（协会）、地方科协等通过举办知识产权类讲座论坛、知识产权宣传周等多种方式，营造良好的科技创新环境和科学普及环境。2014 年以来，依托科普信息化建设工程，各方力量共同打造"科普中国"品牌，创作知识产权相关图文、视频科普资源。

通过网络媒介，我国打造了多元化传播矩阵，开展各种形式的文化传播。如国家知识产权局官微等开展典型案例宣传等活动、公众号"IP 创新赢"等定位科普，通过政策解读、专利金奖解读等系列文章开展知识产权文化普及；国家知识产权局开设指南针网站、商务部开设中国知识产权保护网等进行涉外的知识产权文化宣传。如知识产权保护网，开设知识产权国别环境指南专栏，通过生动格式进行宣传和普及，图 4-8 是知识介绍引导的界面，以问题为相关知识介绍的连接指引，清晰明了，为不了解知识产权的利益相关人提供了明确的权利指向性。

图 4-8　知识介绍引导的界面

四、打造与其他文化相融合的文化传播模式

虽然以互联网为媒介开展的文化传播模式逐渐成为大众获取知识的常用手段，线上平台成了各种文化传播纷纷布局的重要领地，但是，以博物馆、展览馆、体验馆、橱窗等为代表的线下文化传播渠道依然具有不可或缺的作用。

任何文化的传播都依靠具体的人际交流和实践活动来实现，展览，尤其是具有互动性的展陈方式，是文化传播的重要手段之一，对展览内涵、素材挖掘、内容表达、展示方式等进行创新设计，可以打造出适合不同文化传播的展览，强化文化的社会传播。我国通过搭建线上线下知识产权体验馆、建设国家地理标志农产品展示体验馆等对知识产权文化传播进行了有效的传播，比如，国家地理标志农产品展示体验馆 1100 余个产品入驻，2023 年第二十届中国国际农产品交易会期间举办地理标志农产品专展等。

专业场馆、展厅能够充分展现知识产权文化，但其同时搭建周期长且耗费一定的人力物力，在地域的传播上扩展性偏弱。对此，基于知识产权创造的创新性及其与科技的密切联系，在创造环节将知识产权文化传播与创新文化、科学文化的传播途径有效融合，利用了现有资源，能够有效提高文化传播效率。

展馆的文化传播中，叙事是展览设计的重要手段之一，其本质上具有说服性。对大多数人而言，科技不是一种直接体验，需要依靠其他途径获取对科技的理解，展览参观即为途径之一，将叙事传播理论运用在科技文化传播语境，将科技或者文化以叙事的手法展开，可以有利于增进观众对科技文化的理解、兴趣与参与度，对此，知识产权文化的传播亦是如此。

在展陈设计方面，2017 年 7 月，广东科学中心引进并对公众开放的安大略科学中心的"创想空间"巡展是一个变创客空间为创客空间展项的典型范例。

不同于动手工坊，开发一个主题展首先要有一条相对明晰的叙事线索。"创想空间"巡展抽取了各类创客空间均致力于培育创新精神这一主旨上的共通之处，以创新为叙事线索，以创新之路上的 5 个关键品质为切入点，设计了心怀梦想、期待意外、协作竞争、不断尝试、展望世界 5 个分展区，并进一步嵌入与各分展区主旨及创客精神相匹配的展品，形成了一个相对完整的创客空间主题展项架构。

表 4-2 "创想空间"临展展项架构表

展区名称	展区介绍	展区展品
心怀梦想	创新的发生往往伴随着热情澎湃的梦想，这时人会被创新的欲望所驱动，执着前行。空气动力学的历史就充满了那些大胆做梦的人，以及他们不懈地对梦想的追求。这个主题下的展项突出了创意如何生根发芽，强烈的动机如何成为创新的驱动力	纸飞机、展翅飞翔
期待意外	科学就是不断质疑。意想不到的答案往往不被人们认识到其价值。敏锐的观察和全新的视角，可以让人们看到平日里看不到的东西	材料游乐场、磁流体体验、互动投影
协作竞争	同事或竞争对手可以刺激我们成就更多我们单独一人无法想象的创造。同辈之间的互动和压力可以使我们走向往往忽略的道路。如此影响我们的创新能力	声音面板、变脸、泄密之心
不断尝试	创新既不快，又不简单。经验和坚持不懈才能成就创新。你需要机会创造、测试、修改、再测试，甚至从头再来。在下面这些体验中，耐心和观察是摸清材料和各种材料特质的关键	动力雕塑、齿轮树、定格动画、创造新事物、摩擦区
展望世界	无论我们住在严寒的北极，还是茂密的雨林，都要依靠创新的过程来制造创新产品，在各种各样的环境下生存。全世界人类对食物、住所和水的共同需求展示了创新的多元性	语音合成、世界各地的创新、3D 的演变、每日一问

同类型的创客空间临展 / 巡展还包括美国圣路易斯科学中心的创客空间加拿大蒙特利尔科学中心 Fabic 创造力工厂、新加坡科学中心"发明在你"的临展等。新加坡科学中心"发明在你"临展同样在科学中心展项叙事的框架探索科学中心创客空间的可能及可行模式。

表 4-3　"发明在你"临展展项架构表

展区名称	展区介绍
发明无所不在	序厅呈现的发明创意在我们的生命中无所不在。热忱拥抱创意的奥妙，也深入探讨一些促使人们积极创造新发明的推动力。与此同时，不忘深思在发明的过程中所得到的宝贵启发，并直视创意的源泉
伟大的思想家	开放式的展品呈现了各种结合创意想象的解决方案，欢迎您一起来实践发挥丰富的想象力。您不妨也参观思想家的工作室，并享受"发明"的乐趣
精彩的发明家	让伟大的发明家的教育故事与经验启动您的发明细胞。飞行及摄影是其中两个备受瞩目的故事，反映发明不是任何人的独角戏，人人参与，改进新创意
思考	我们的发明会对社会带来什么影响？我们是否已离不开身边的各种科技设备？机器人在未来将扮演什么样的角色，是人类的奴隶还是朋友？激发深入探讨各种与社会相关的课题，思索社会的发展进度和发明对社会带来的种种影响
带我飞翔	"带我飞翔"叙述人类渴望飞翔的故事。与我们一起观赏这段特别为赞颂勇于追求梦想的先辈而拍摄的影片，并从中学习他们成功助力人类翱翔万里的伟大精神

同时，广东科学中心还构建了"技术与创新"展馆，展示了科技对人类生活的改变，以及为促成这种改变我们可以采取的行动，即发明、创造和创新，并以创客空间的形式组织了发明、创造和创新实践部分的展示内容。●

在展项完成后，其意义只能留给观众解读，产生并存在于其与观众的互动中。这要求展项设计者到观众中去、聆听观众的声音，以观众为核心，准确把握核心观众画像，增强展项叙事性，培育深度参与的理想群众。

作为受委托的专利审批机构之一，国家知识产权局专利局专利审查协作北京中心，也依托自身专业，策划了创新文化展等多种文化传播模式，对知识产权文化进行有效传播。创新文化展，主要对不同领域代表性技术进行了脉络梳理，通过浅显易懂的语言，向公众和内部员工普及知识产权文化。展示了专利在技术发展中的重要作用，内容涵盖了化学、机械、电学等多个细分领域。下面以石墨烯材料为例，对展览内容和展架设计进行介绍。

● 张娜，等.科技馆场域中的科技文化构建与传播 [M]. 广州：华南理工大学出版社，2020.

案　例

展架设计如图 4-9 所示。

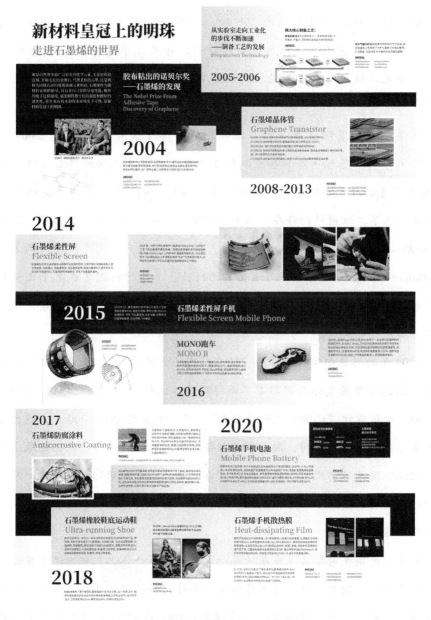

图 4-9　石墨烯技术展示设计图

作为一种科技材料，石墨烯是与普通大众认知程度不高材料，设计内容上，以贴近生活的示例和语言进行展开，不失专业性，同时又增加了与大众的亲和力，提高了文化传播效果。其具体介绍如下：

有一种材料，强度是钢的 200 倍，却可以随意弯折，电子迁移率是硅的 100 倍，是目前已知导热率最高的材料，并且几乎透明，不足 1g 就可以铺满一个足球场，这么神奇的材料就是石墨烯，让我带领大家走进石墨烯的世界。

简单地说石墨烯就是一种二维碳材料，厚度仅有一个原子。2004 年曼切斯特大学的安德烈·海姆和康斯坦丁·诺沃肖洛夫成功制得石墨烯，并于 2010 年获得诺贝尔物理学奖，震惊全球。石墨烯如此引人瞩目，是因为石墨烯首次证实了二维材料的存在。在石墨烯发现之前，现实存在的只有一维材料（如碳纳米管）和三维材料。二维材料，是指电子仅可在两个维度的纳米尺度（1~100nm）上自由运动（平面运动）的材料。二维材料因其载流子迁移和热量扩散都被限制在二维平面内，使得这种材料展现出许多奇特的性质，很可能掀起一场产业革命。

2004 年的诺贝尔奖被戏称为"胶布粘出的诺贝尔奖"，顾名思义，石墨烯最早是通过胶带反复粘贴剥离石墨而得到的，这种制备方法效率低，成本高，石墨烯一度被称作"比黄金还贵的黑金"，售价曾高达每克 5000 元，这大大影响了石墨烯的产业化应用，因此新的制备方法也应运而生了。氧化还原法和化学气相沉积法是目前比较主流的两种制备方法。随着批量化生产以及大尺寸等难题的逐步突破，石墨烯的产业化应用步伐正在加快，也越来越多地出现在我们日常生活中。

晶体管是集成电路技术发展的基础，现代硅半导体工艺极力追求更低的功耗、更高的集成密度和更高的工作频率，而硅材料较低的迁移率和光刻尺寸将很快成为大规模集成电路发展的重大障碍。2008 年 IBM 公司就开始了对石墨烯晶体管的研发，到 2013 年石墨烯晶体管的截止频率已经达到了 400GHz。石墨烯在晶体管上的应用为大规模集成电路的研发奠定了基础。

石墨烯在应用于透明电极方面展示出优越的性质，特别是其机械柔性好，可用于制备柔性器件。2014 年剑桥大学率先制备出石墨烯柔性屏。2015 年重庆墨希科技有限公司发布了全球首款石墨烯柔性屏手机，机身超薄，仅 6mm，可以弯曲成手表一样戴在手腕，使用时可拉直使用，外形炫酷，采用柔性石墨烯触摸屏，反应灵敏。

石墨烯强度大、密度低，其复合材料在提高力学性能的同时还可以减重，2016 年，英国 Briggs 汽车公司推出的 MONO 跑车和 2018 年 Inov-8 公司推出的 G 系列跑鞋都是利用了石墨烯的上述性能。

石墨烯能够增强涂层的附着力、耐冲击等力学性能和对介质的屏蔽阻隔性能，尤其是能够显著提高热带海洋大气环境中服役涂层的抗腐蚀介质（水、氯离子、氧气等）的渗透能力，在大幅降低涂膜厚度的同时，提高涂层的防腐寿命。在我国舟山 380 米的世界最高输电塔穿的就是石墨烯外衣，盐雾寿命超过 9000 小时。

华为和小米最近两年推出的新款手机也运用了石墨烯技术。首先是石墨烯电池，可实现高效导电，减少电池内阻，提升电池快充性能。采用石墨烯电池的小米 10 至尊纪念版手机 5 分钟充电 41%，23 分钟即可充至 100%。另外，随着手机运行速度的提升，散热也是手机重要的性能参数之一，石墨烯是已知导热率最高的材料，华为的 Mate 20X，Mate 30、P30、P40 均采用了石墨烯散热膜，保证了 CPU 的工作温度及性能。

在当前新一轮产业升级和科技革命大背景下，新材料产业必将成为未来高新技术产业发展的基石和先导，对全球经济、科技、环境等各个领域发展产生深刻影响。越来越多的新材料应用出现在日常生活中，相信在不久的将来石墨烯不仅可以改变人们的生活方式，甚至可以开启新的一场产业革命。

小　结

　　《知识产权强国建设发展报告（2023）》指出，当前，我国知识产权法律制度尚不能完全满足全面创新需要，需聚焦高水平科技自立自强和关键核心技术攻关进一步完善。知识产权保护对象和保护范围有待进一步探索扩大，保护标准有待进一步明晰。我国在芯片、人工智能、大数据、生物技术等基础性、战略性领域以及高端制造等领域高质量知识产权产出不足，知识产权强国建设仍然面临着知识产权布局与产业结构调整不匹配等问题。上述不足均与知识产权创造环节息息相关，同时，也是创造环节知识产权文化传播需要突破的重要任务。

　　未来，应持续以问题为导向，以服务发展为目标，厚植知识产权文化，激励创新发展。聚焦关键技术领域，开展专利布局等相关专业知识的普及。围绕支持全面创新，加快完善知识产权法律体系、管理体制和政策体系，针对关键人群开展有效知识产权法律知识普及和职业技能培训。不断强化知识产权教育工作，进行知识产权人才储备，为未来发展打下坚实基础，是创造环节知识产权文化传播的可行之策。

第五章 面向知识产权转化运用的
文化传播实践经验

　　知识产权是公民、法人或其他组织在科学技术和文学艺术等领域内，基于脑力劳动创造完成的智力成果所依法享有的专有权利。知识产权作为一种重要的法律制度和经济资源，对于激励创新、保护创作者权益、促进经济发展具有重要意义。从法律角度来说，它是权利人对科技、文化、艺术创造等智力成果拥有的一项法权；从经济角度来说，它可以算是一种无形的、可进行权利转移和交易的资产；从市场角度来说，则是一个强有力的价值体现和竞争手段。因此，知识产权的价值并非仅仅体现在其法律、智慧和技术属性上，更在于其能够通过转化运用，将知识成果转化为实际生产力，从而推动整个社会技术创新、经济发展和文化进步。与之相呼应的，知识产权文化作为法治文化的重要组成部分，对于提高全民知识产权意识，营造尊重劳动、尊重知识、尊重人才、尊重创造的社会氛围具有不可替代的作用。知识产权文化是知识时代产生发展的一种新型的、先进的文化形态，是人类在知识产权相关活动中积累下来并不断创新的相关法律制度，以及产生的对于知识产权的认知、态度、价值观、信念感和行为模式的有机整体，它代表的是社会和公众对知识价值的认可和对知识分享的需求，是一种将精神现象与物质成果相结合的文化形式。如果说精神要素是知识产权文化的灵魂，那么物质要素则是推动知识产权文化普及和传播的动力。知识产权文化物质要素的本质，就是将无形的知识文化财产，转化为有形的价值利益。知识产权一头连着创新，一头连着市场，是科技创新与经济高质量发展的纽带与桥梁，所以，知识产权文化也可以说是一种建立在市场经济基础上的文化。知识产权文化的建设既需要培育社会公众对于知识产权保护的意识，唤起公众对知识产权成果的尊重和保护，又需要建立健全的知识产权制度来给予支撑。然而，要保障知识产权文化传播和发展的持续性，推动知识产权文化层次高级化的递进，则需要在建立和培育文化的过程中，不断积极、主动地推进知识产权的实践和运用转化。知识产权实践运用发展的过程，就是知识产权文化发展的过程。随着知识产权实践和运用不断深化推进，知识产权文化就不断深入和更新，而随着知识产权文化的不断更新发展，又能够反过来推动知识产权的持续创新和进步。

在经历了多年的快速发展，我国已经成为知识产权大国，当前的知识产权总量已跃居世界前列。就拿专利来说，国家知识产权局数据报告显示，我国2023年全年共授权发明专利92.1万件、实用新型专利209.0万件、外观设计专利63.8万件。通过PCT、海牙、马德里体系分别提交专利、外观设计申请7.4万件、1166件（前11个月），稳居世界前列。❶根据《2023年中国专利调查报告》统计，我国2023年的发明专利产业化率为39.6%，实用新型专利产业化率为57.1%，外观设计专利产业化率为66.0%。2023年，我国发明专利许可率为7.4%，发明专利转让率为9.1%。2019—2023年，我国国内有效专利实施率在55.4%~61.1%之间波动，2023年为60.1%。❷由此可见，虽然现在我国的专利申请量、授权量能够达到世界前列，但仍有近一半的专利无法得到转化和运用，都在"沉睡"。这些数据表明，我国知识产权转化运用效率并不高，这也是我国当前创新发展的最大瓶颈。而高质量的知识产权只有通过转化实施，取得了可观的经济效益和社会效益，才能成为名副其实的高价值知识产权。知

---

❶ 国家知识产权局.国家知识产权局局长申长雨在2024年全国知识产权局局长会议上的工作报告（摘编）[EB/OL].（2024-01-05）[2024-06-05]. https：//www.cnipa.gov.cn/art/2024/1/5/art_53_189550.html.

❷ 国家知识产权局.2023年中国专利调查报告[EB/OL].（2024-04-15）[2024-06-06]. https：//www.cnipa.gov.cn/art/2024/4/15/art_88_191587.html.

识产权如果不被转化和运用，可能只是一种零资产甚至负资产。当前我国正在从知识产权引进大国向知识产权创造大国转变，知识产权工作正在从追求数量向提高质量转变，知识产权转化运用是推动科技创新成果向现实生产力转化的关键环节。注重知识产权和创新成果的价值化、商品化、产业化、经济化，让"知产"变成"资产"，让无形的智慧转化为有形的价值，让发明者、社会工作者都能够感受到知识产权带来的权利和获益，才能在一定程度上克服我国知识产权文化观念积淀的不足，在公众中树立全面而理性的创造欲、权利观和保护观，激励和促进整个社会对于知识和文化的尊重，为创新型国家的建设注入知识产权的活力和动力，达到提升国家核心竞争力的目的。

2015 年 12 月 18 日，国务院下发了《关于新形势下加快知识产权强国建设的若干意见》，明确指出知识产权对我国经济增长和社会发展的贡献度不及美国、日本、欧洲等知识产权强国和地区。加强知识产权运用作为重要的着力点，是加快知识产权强国建设的当务之急。可见，国家层面已经将知识产权技术转化和运用作为知识产权强国建设的一个重要方面。随后，《促进科技成果转化法》的修改、《著作权法》的第三次修改、《专利法》的第四次修改等，都是知识产权技术转化和运用的法制建设和体系建设方面取得的丰硕成果。2021年，中共中央、国务院印发的《知识产权强国建设纲要（2021—2035 年）》中指出，要建设激励创新发展的知识产权市场运行机制，统筹推进知识产权强国建设，要全面提升知识产权创造、运用、保护、管理和服务水平。同时还提出了要通过塑造知识产权文化理念、构建知识产权文化传播矩阵、营造知识产权人才发展环境以及创建知识产权理念人文社会环境，来建设促进知识产权高质量发展。依据制定的规划，同年国务院印发《"十四五"国家知识产权保护和运用规划》，明确了知识产权强国建设的目标、任务、举措和实施蓝图，其中提出到 2025 年，"知识产权转移转化体制机制更加完善，知识产权归属制度更加健全，知识产权流转更加顺畅，知识产权转化效益显著提高，知识产权市场价值进一步凸显"的整体目标，为新发展阶段开展知识产权转化运用工作提供了方向指引。

本章节聚焦知识产权的转化运用，总结知识产权转化运用的概念和特点，并具体以专利为例，通过分析专利的转化运用在知识产权保护体系中的定位和作用，总结专利转化运用过程中的方式方法，以及在知识产权转化运用中对于文化传播的需求和目前存在的问题，力求寻找知识产权文化培育和传播对于专利转化运用促进的方法和途径。

第一节　知识产权转化运用的概念

知识产权，是指权利人依法对其权利客体的某种方式的利用所享有的一种排他性的权利，所谓的知识产权的权利客体，就是人们在实践中所创造出的智力成果和科学技术，例如专利权的客体是创新的技术方案，著作权的客体是创造的作品，商标权的客体是设计绘制的创意图示和标语。但无论是技术方案还是图画、作品，均是人类的智力研究和科技创新的成果。

一、科技成果转化与知识产权转移、转化的关系

《中华人民共和国促进科技成果转化法》第 2 条规定："本法所称科技成果，是指通过科学研究与技术开发所产生的具有实用价值的成果。""本法所称科技成果转化，是指为提高生产力水平而对科技成果所进行的后续试验、开发、应用、推广直至形成新技术、新工艺、新材料、新产品，发展新产业等活动。"第 16 条规定："科技成果持有者可以采用下列方式进行科技成果转化：（一）自行投资实施转化；（二）向他人转让该科技成果；（三）许可他人使用该科技成果；（四）以该科技成果作为合作条件，与他人共同实施转化；（五）以该科技

成果作价投资，折算股份或者出资比例；（六）其他协商确定的方式。"可见，《促进科技成果转化法》的第 2 条和第 16 条分别从内涵和实现方式两方面对"科技成果"及其"转化"进行了诠释，该法所称的"科技成果"就是在科学研究或技术开发中产生的、具有实际应用价值，能够在科学研究和生产生活中被直接利用的劳动成果，而对其的"转化"则可涉及后续推广、应用、产业化、商品化等一系列过程。

虽然《促进科技成果转化法》中对"科技成果"的定义更倾向于专利、技术秘密等偏向于自然科学技术的创新成果，但是从其定义广泛上升角度也可以理解，这些科技成果均属于智力成果范围，而所谓的"转化"即为将智力成果进行后续的实验、开发、应用等产品、商业、价值化的过程。另外还可以理解为在这一系列的相关活动过程中，除了涵盖智力成果知识产权的产品化、商品化和产业化，其中的开发、推广等后续过程同时还可以涉及知识产权所有权和使用权等权利的变动，也就是我们常说的"转移"。

知识产权的"转移"一般是指将某项权利或某种技术从一方转移到另一方，其包括技术知识本身的转移或扩散，也包括与技术知识有关的权利的转移，如专利权的许可或转让、技术秘密的转让或许可等将知识产权的所有权或使用权由出让方转移给受让方的过程。知识产权权利的转移，在一定程度上能够将知识产权作为资产交易的媒介，也能促进知识产权的推广、应用，以及实际产业成果的转化，达到公共利益的最大化。

虽然从中文语义层面上理解，"转化"一般可包括科技成果或知识产权的拥有者自己使用之意，"转移"则不包括"自己使用"这种形式，然而，在实践操作层面，有相当一部分的科技成果转化往往需要伴随知识产权的转移，而绝大部分知识产权转移的目的也是科技成果的转化。因此，"科技成果转化""知识产权转移"或"知识产权转化"等概念都具有大致相同且可并行的内容，还常被并称为"知识产权的转移转化"。

2008 年国务院印发的《国家知识产权战略纲要》（以下简称《战略纲要》）还提出了一个与"转移""转化"极为相似的概念，即"知识产权运用"。《战略纲要》在"鼓励知识产权转化运用"部分列举了其所采取的战略措施包括：

（1）引导支持创新要素向企业集聚，促进高等学校、科研院所的创新成果向企业转移，推动企业知识产权的应用和产业化，缩短产业化周期。深入开展各类知识产权试点、示范工作，全面提升知识产权运用能力和应对知识产权竞争的能力。

（2）鼓励和支持市场主体健全技术资料与商业秘密管理制度，建立知识产权价值评估、统计和财务核算制度，制订知识产权信息检索和重大事项预警等制度，完善对外合作知识产权管理制度。

（3）鼓励市场主体依法应对涉及知识产权的侵权行为和法律诉讼，提高应对知识产权纠纷的能力。由此可见，《战略纲要》中明确了科研创新成果的转移，能推动知识产权的应用和产业化，且其都属于知识产权转化运用的范围。

综上所述，在我国，"知识产权运用"与"知识产权转移、转化""科技成果转化"等概念有很多本质内容存在重叠和相同之处。由于本章的主要目的是概括讨论广义知识产权上的转化、转移、运用的方式方法及其与知识产权文化传播之间的关系，故本章将使用最大范围的知识产权转化运用概念，并将科技成果的转化、知识产权的转化、知识产权的转移等作为一个有机的整体作为研究基础，统称为对知识产权的转化运用。也就是说，从广义上理解，知识产权转化运用就是将创新的技术和发明或科技成果，如专利、商标、著作权等，转变为具有经济价值的产品或服务，从而获得其经济效益，实现其商业价值和社会价值；知识产权转化运用是将知识产权从理论到实践、从创造到应用，将知识创新成果转变为可供投资、发展和商业化的可用资源的过程，可包括知识产权的开发、保护、运营、维权等。

二、知识产权转化运用的作用和必要性

与知识产权文化的推广传播一样，知识产权转化运用需要人为地参与和推进。并不能完全依靠拥有科学技术成果、发明技术方案的所有权的权利人自己实现其价值，而是要通过权利人的使用、运营、交易、收益等具体权能之转换来实现。

知识产权作为一种无形资产，只有通过转化运用，才能将其包含的技术创新、设计创意等转化为具有市场竞争力的产品或服务，从而实现其价值。充分利用知识产权并将其进行转化运用，将知识产权之标的通过特定的形式传播开来，才能够使得其为公众所知、所用，并在为人所用的过程中得到相应的经济对价。这不但满足了社会对创新、先进的知识产品的需求，也促使知识产权向社会价值和经济价值的转换。而且知识产权转化运用是推动经济发展的重要手段，通过知识产权的商业化运作，可以为企业带来直接的经济效益，同时也有助于提升企业的核心竞争力和市场占有率，带动相关产业的发展，形成产业链和产业集群，促进社会经济的发展。知识产权的转化运用还能维系创造者、传播者与社会大众利益平衡的关系，知识产权的支配权反映知识产权在其所有权人手中的状况，这不仅包括权利人的利用，也包括社会大众合法、合理的利用。

任何权利的保护都不是绝对的，在保护专有权利的同时，知识产品能否充分地被社会大众合法、合理地运用，也涉及知识产品及其所附有的文化的传播和生命力。知识产权的作品、产品、理念只有通过转化和运用，才能使得创造者享有其发明创造成果的所有权，传播者享有传播劳动过程中应有的权利，社会大众享有因知识产品利用而得到的使用获益，各自以动态的运转来实现利益平衡。知识产权的创造和发明目的就在于服务社会、促进社会整体的科学文化知识进步，在于同时使得创作者、传播者和使用者都能得到相应的回报。因

此，知识产权转化运用表面上体现出权利人与知识产权产品之间的关系，而实质上反映了权利人与社会大众之间的利益平衡。而且，对于知识产权保护有时效性要求（如发明专利的保护期为 20 年、实用新型专利的保护期为 10 年），还有对于知识产权保护的对价性要求（如专利维持费、商标注册费等维持该权利有效性的费用支出）。这些特殊的要求，也是督促知识产权在其权利有效性时期内进行转化运用的推动力。在有效的时间内快速、积极、充分地实现知识产权的社会价值和经济价值，是当今市场经济社会对知识产权制度的一个新要求。

知识产权转化运用是推动科技创新和经济发展的关键环节，通过知识产权的转化运用，可以实现科技成果的商业化、产业化，通过将创新成果转化为具有经济价值的产品和服务，从而实现知识作为资产、财产权的价值。具体从企业来说，知识产权的转化运用可以排除竞争对手的模仿和复制，提高产品在相关市场中的份额。例如，通过转化专利技术和产品能够利用其独特性和创新性吸引消费者，使企业的产品或服务在市场上独树一帜，吸引更多消费者，从而提高市场份额，在市场中获得更大的竞争优势，增强企业的市场竞争力。知识产权所附有的资产属性，可以增加企业的无形资产价值，尤其是技术含量高的专利和信誉良好的商标，其蕴含的市场价值巨大。这些无形资产不仅可以提升企业的整体价值，还有助于企业在市场竞争中占据有利地位，知识产权的商业化运用可以直接带来经济收益。企业还可以依托知识产权作为资产的价值进行融资与资本运作，作为企业融资的重要工具。例如通过专利技术的许可或转让，企业可以获得技术转让费用或版权使用费；通过知识产权质押融资，企业可以获得一定金额的贷款，用于扩大生产、研发新产品或进行市场推广。这种融资方式不仅可以缓解企业的资金压力，同时还能促进知识产权的市场化进程。拥有知识产权的产品往往能够卖出更高的价格，进一步提高企业的盈利能力。对于投资者和潜在的商业合作伙伴来说，企业拥有强大的知识产权组合是一个积极的信号，表明该企业具有技术创新能力和市场竞争力，这也有助于企业吸引更多的投资和合作伙伴，与其他企业建立有利的合作关系。此外，知识产权的拥有量是企业创新能力的重要体现，丰富的知识产权储备能够证明企业在技术研发和产品创新方面的实力，从而赢得客户的信任，树立起良好的品牌形象。知识产权的转化运用不仅是对外展示企业实力的一种方式，也是对内部研发团队的一种激励。看到自己的研发成果被成功转化并为企业带来价值，可以激发团队成员的创新热情和归属感。在市场竞争日益激烈的环境下，拥有核心知识产权的企业能够更好地抵御市场风险。即使市场环境发生变化，企业也可以依靠其独特的技术或创意来保持或提升市场地位。在享受政策优惠与支持方面，拥有知识产权的企业在申报高新技术企业、创新基金等各类科技计划和项目时具有更大的优势。一旦获得认定，企业可以享受财政支持、税收减免等优惠政策，进一步降低运营成本，提升市场竞争力。

对于国家而言，强化知识产权的转化运用有利于促进整个社会对于发明创造的理解和尊重，以科技创新发展、自主研发能力来提升国际竞争力，实现从"中国制造"到"中国创造"的转型。知识产权转化运用有助于优化资源配置、提高创新效率、降低创新风险，能带动相关产业的发展，创造更多就业机会，从而推动国家经济社会持续健康发展。

综上，知识产权的转化运用是推动社会创新和经济发展的重要环节，知识产权的转化运用对于保护产品、融资、增加企业无形资产、提升企业创新能力与品牌形象，对于国家的创新发展和经济转型升级以及推动经济高质量发展等方面都具有重要作用，具有十分重要的战略意义。当今世界，知识产权的申请量、授权量已不再是衡量一个国家知识产权制度或者科技发达程度的唯一标志，知识产权的转化实施和运用率，才是更深层次反映知识产权制度对社会发展影响的一个量值标准。因此，企业应加强对知识产权的开发、保护、运营和维权等方面的管理，以提高经济效益和国际竞争力。同时，国家应加大对知识产权的保护力度，完善相关政策和法规体系，为知识产权的转化运用提供有力保障。只有全面提升知识产权的转化运用水平，才能实现创新驱动发展的战略目标，为全球经济贡献更多的中国智慧和中国力量。

第二节　知识产权转化运用环节涉及的主体和客体

知识产权转化运用是一个复杂的过程，主体和客体是两个核心概念，该环节涉及的主体和客体分别代表着转化运用的执行实施者和被转化运用的知识承担载体。其中主体是执行转化的实体，而客体则是被转化运用的对象。了解知识产权转化运用的主体与客体，对于优化转化过程、提升转化效率具有指导作用。

一、转化运用环节的主体和客体

知识产权转化运用的主体一般包括：

（1）国内外企业。企业是知识产权转化运用的主要主体，可以说是转化的核心角色和主要推动者与执行者。企业通常通过自主技术创新、专利申请与保护、高新技术引进、国内外合作研发等方式形成自主知识产权，并将其转化为具有市场竞争力的现实产品或服务，通过产品开发、市场推广等手段实现知识产权的商业化运用，提升企业的市场竞争力。同时，国内企业还可与国外企业合作，通过技术传播与创新、经济回报与资源优化、市场扩张与战略布局等方式，推动全球技术进步和创新，实现企业的持续发展。在转化过程中，企业需要投入大量的人力、物力和财力进行研发和市场推广，同时也需要承担一定的市场风险和技术风险。然而，一旦转化成功，企业将获得丰厚的经济回报，并提升市场竞争力。

（2）高校和科研机构。高校和科研机构拥有丰富的科研资源和人才优势，是科技成果转化的主要供给主体，通过科研活动产生大量创新成果，是知识产权的创新源泉。其中许多成果具有潜在的市场价值，但是由于高校和科研机构在市场推广和商业化运作方面存在短板，因此通常需要与企业等市场主体进行合作，通过与企业合作、技术转移等方式，将科研成果转化为现实生产力，共同推动知识产权的转化运用。

（3）政府。政府在知识产权转化运用中扮演着重要角色，政府通过制定相关政策，引导和支持知识产权的转化运用；还可提供资金支持、搭建各类型交流平台，如科研项目资助、科技成果转化基金、技术转让交流会等，促进知识产权的转化。在市场需求引导与创造、人才培养与引进方面也可发挥重要作用。另外在法治保障方面，政府还可以通过加强知识产权保护力度，严厉打击侵犯知识产权的行为，维护市场秩序和公平竞争环境；完善知识产权法律法规体系，提供知识产权的保护和维权机制，保护科技成果的创新成果和利益，为科技成果转化营造良好的外部环境。

（4）第三方技术服务机构和中介机构。第三方机构在知识产权转化运用中提供技术评估、市场调研、法律咨询等专业服务，帮助知识产权持有者更好地进行转化运用。这些机构能够为企业提供专业的技术评估服务，帮助企业了解自身技术的市场价值、潜在风险以及转化可行性。同时，它们还能为企业提供技术咨询服务，帮助企业制定合理的技术转化策略。服务和中介机构还可以通过建立技术转移平台，为企业与高校、科研机构等创新主体之间搭建桥梁，这些平台可以提供技术供需信息发布、技术交易撮合、技术融资等服务，加速技术成果的商业化进程。另外，中介机构还能够协助企业开展市场推广和宣传工作，提高技术成果的知名度和影响力。通过组织技术展览、论坛、研讨会等活动，吸引潜在投资者的关注，为技术转化提供更多机会。

（5）其他组织和个人。除了上述主体外，还有一些行业协会、非营利组织及个人发明者等也在知识产权转化运用中发挥着重要作用。他们通过各种方式参与知识产权的创造、保护和转化运用。

具有非物质性、信息性、独特性和创新性是知识产权客体主要具备的特点。知识产权客体是一种非物质形态的资产，需要通过特定的载体进行表达和实现。而且知识产权客体本质上是信息，具有传播、复制和共享等特点。知识产权转化运用的客体一般包括：

（1）专利技术。专利技术是知识产权转化运用的重要客体之一，发明专利保护产品、方法或者其改进所提出的新的技术方案；实用新型专利保护产品的形状、构造或者其结合所提出的适于实用的新的技术方案；外观设计专利保护对产品的形状、图案或者其结合，以及色彩与形状、图案的结合所作出的富有美感并适于工业应用的新设计。这些专利技术可以通过技术转让、产品开发、生产制造等方式进行转化运用，而且专利技术通常具有新颖性、创造性和实用性等特点，可以通过转化为产品、工艺或服务等方式，实现商业价值。在转化过程中，需要关注专利技术的可行性、市场潜力和风险控制等方面。

（2）商标和著作权。商标和著作权也是知识产权转化运用的重要客体。商标信息虽然不属于技术信息，但是其作为企业的品牌标识，具有识别商品或服务来源的作用，在知识产权成果转化中经常也会涉及商标权的问题，可以通过品牌推广和市场营销等方式实现商业价值。著作权则主要保护文学、艺术和科学作品等创作成果，可以通过版权许可、转让等方式实现商业价值。

（3）商业秘密。商业秘密是企业在经营过程中形成的未公开的重要信息，是不为公众所知、能为权利人带来经济利益、具有实用性并经权利人采取保密措施的技术信息和经营信息，如客户名单、供应商信息、生产工艺等。商业秘密的转化运用主要体现在企业内部的技术研发和经营管理中，通过保护商业秘密来维护企业的竞争优势。商业秘密的转化运用主要通过企业内部管理和保密措施来实现，防止泄露和侵权。

（4）地理标志。地理标志是现代知识产权制度的重要组成部分，是 TRIPs 协议明确列出的知识产权保护对象。《商标法》第 16 条对地理标志的定义是："标示某商品来源于某地区，并且该商品的特定质量、信誉或者其他特征主要由该地区的自然因素或者人文因素所决定的标志"。地理标志与农林牧副渔等产业有着天然的联系，在相关的科技成果转化中也会涉及地理标志的问题，分析地理标志信息也对科技成果转化具有重要意义。地理标志商品可以通过产品开发、技术提炼、品牌推广等方式进行转化运用，提升产品的知名度和市场竞争力。

（5）集成电路布图设计。集成电路布图设计是附着于各种载体上的元件和连接这些元件的连线的有关布局设计。这种设计可以通过技术转让、产品开发等方式进行转化运用，在电子信息产业中发挥重要作用。

（6）植物新品种。植物新品种是指经过人工培育的或者对发现的野生植物加以开发，具备新颖性、特异性、一致性和稳定性并有适当命名的植物品种。对经初步审查合格的品种权申请，审批机关予以公告；对经实质审查符合规定的品种权申请，审批机关应当作出授予品种权的决定，颁发品种权证书，并予以登记和公告。公众可以查询植物新品种申请和品种权的相关信息，植物新品种可以通过种植、销售等方式进行转化运用，推动农业产业的发展。

在知识产权转化运用的过程中，要将主体与客体相结合，主体需要优质的知识产权作为转化对象，而客体也需要主体的参与才能实现其价值。①二者相互依存，共同推动知识产权的商业化进程。在转化运用过程中，通过主体驱动客体转化，如企业、高校和科研机构等主体通过研发创新、市场推广等手段，将专利技术、商标和著作权等客体转化为具有市场竞争力的产品或服务。主体还会不断对客体进行改进和优化，以适应市场需求和提高竞争力。同时，客体也会引导主体行为，客体的创新特性、市场潜力和风险等因素会影响主体的转化决策，比如专利技术的可行性和技术潜力会影响企业的研发投入和市场推广策略。客体的创新性和实用性也会吸引更多的主体参与转化，形成良性互动的发展态势。②主体通过投入资金、技术、人力等资源，将知识产权转化为具有市场竞争力的产品或服务，如政府可通过制定政策和提供资金支持等方式，引导和支持主体进行知识产权的转化运用。同时，市场需求、竞争态势等因素也会影响主体的转化行为，在这个过程中，主体和客体共同构成了价值创造的链条。

因此，知识产权转化运用的主体与客体是相互影响、相互作用的，需要主体和客体的共同参与和协作，将它们紧密结合，有助于优化转化过程、提升转化效率，进而推动经济发展和技术创新知识产权转化运用。企业应发挥主体作用，积极投入研发创新和市场推广；高校和科研机构应加强与企业的合作，共同推动知识产权的转化运用；政府应发挥引导和支持作用，为知识产权的转化运用提供良好的环境和条件。同时还需要关注知识产权转化运用的客体的进步和发展，如专利技术的更新迭代，商标和著作权的文化指引、市场趋势等，以实现知识产权的最大商业价值。

二、对知识产权成果的自我利用和他人利用

从对知识产权成果利用的角度出发，可以将知识产权的利用划分为权利主体自我实施利用与社会公众利用。通过这两个视角，可以从权利人到社会公众，从智力成果收益到大众普及获益，从自我创新保护到尊重他人成果，从科研技术思维到文化接纳意识等方面，对知识产权利用的权益维度上进行综合考量分析。因为从知识产权文化和制度的设立本质上来说，权利人对其权利的确认和授予并非为了获权而获权，权利人也不会仅仅满足于形式上拥有某项权利，而是抱着能将该权利为他人所用且为自己谋利的期待而去创造、去获取。

因此，对于知识产权权利的静态支配之确认，以及动态流转之利用，构成了对于知识产权之权利转化运用本质需求的两步。

知识产权的自我实施利用主要指的是知识产权的权利持有者，如发明家、艺术家、作家等，依法行使其所享有的专利权、商标权、著作权等专有权利，通过对其智力劳动成果进行商业化运营，从而获取经济利益的行为。知识产权的自我实施利用是创新和技术进步的重要驱动力，它激励创造者进行持续的创作和研究。这种行为体现了知识产权的专有性和排他性，同时还具有经济获益性和时间有限性。

而社会大众对知识产权的使用主要体现在对知识产权产品的消费和使用上，包括使用受版权保护的作品、购买和使用受专利保护的产品、识别和使用受商标保护的品牌等。社会大众的使用是知识产权价值实现的重要途径，同时也是促进知识传播和文化交流的重要手段。社会大众对知识产权的使用具有广泛性和普遍性，随着科技的进步和文化产业的发展，知识产权和文化已经渗透到社会生活的各个方面。社会大众在日常生活中会接触到各种类型的知识产权，如观看电影、听音乐、阅读书籍等，这些活动都涉及知识产权的使用和利用。因此，知识产权产品一般都具有广泛的受众群体，涵盖了不同年龄、职业、文化背景的人群。

社会大众在使用知识产权产品时，都应遵守相关法律法规，尊重知识产权的持有者。近年来，我国社会大众对知识产权的尊重和保护意识逐渐增强，在多数情况下，人们会遵守知识产权法律法规，不随意侵犯他人的知识产权，这种法律意识和道德观念是知识产权得到有效保护的重要基础。但在某些情况下，受经济利益的驱动，个别人可能会选择盗版或非法复制等侵犯知识产权的行为，这种行为在一定程度上影响了知识产权的正常使用和利用。特别是随着数字化时代的到来，知识产权的使用、利用和保护面临新的挑战。数字技术的普及使得知识产权的复制和传播变得更加容易，这也增加了知识产权被非法利用的风险。这些特殊的利用特点，体现了在不断加强知识产权转化运用的同时，仍要加强和提高知识产权法律及知识产权文化传播广泛度的必要性，社会大众需要加强对知识产权的保护意识，要逐渐认识、重视知识产权的价值。要达到能够使得整个社会，创作者和发明者开始积极申请和保护自己的知识产权，而大众消费者也愿意为正版产品付费，以支持创作者和发明者的创新活动的良性循环。

知识产权的自我实施利用与社会大众使用之间是相辅相成的，知识产权的自我实施利用和社会大众使用之间存在利益平衡的问题，需要达到一种利益平衡的状态。知识产权的持有者需要保护其合法权益，以确保其投入的成本得到回报；而社会大众则希望在使用知识产权时能够享有更多的自由和便利。

社会大众对知识产权的使用也具有一些特殊性，比如在著作权领域存在的"合理使用"制度。"合理使用"是《著作权法》中的一项重要制度，著作权合理使用制度是指在特定条件下，法律允许他人自由使用享有著作权的作品，而不必征得权利人的许可，也不需要支付报酬的合法行为。这一制度是重要的著作权限制机制，旨在平衡著作权人的权益和公众利益，促进知识的传播和社会的发展。《著作权法》第 24 条中列举了十三种合理使用的情形，并规定在符合这些情形的情况下，可以不经著作权人许可，不向其支付报酬，但应当指明作者姓名或者名称、作品名称，并且不得影响该作品的正常使用，也不得不合理地损害著作权人的合法权益。著作权合理使用是著作权限制制度的一种，其目的就是在于防止著作权人权利的滥用，损害他人的学习、欣赏、创作的自由，妨碍社会科学文化技术的进步。因为创作活动是一个持续的过程，需要建立在前人智慧的基础之上，没有前人作品的启示和借鉴，创作就如无源之水、无土之木。"合理使用"制度设置，是通过对知识产权的限制而实现促进文化传播和实现人类文明共享之目的。但是"合理"与否，应综合三个方面加以衡量：一是知识及其富含的文化传播的客观必要性，是否以营利为目的，合理使用通常要求使用行为不具有直接的商业目的或营利意图。二是对知识产权人商业利益实现的影响，如果使用行为对原作的市场潜力没有造成显著损害，或者这种损害被限制在一定范围内，那么该行为更可能被视为合理使用。反之，如果对原作市场造成较大冲击，则可能不被视为合理使用。三是社会大众分享社会文明进步成果的利益平衡，如果使用是出于教育、研究、评论、新闻报道等非商业性目的，那么更有可能被视为合理使用。因此，在知识产权的保护和利用之间需要找到一个平衡点，以确保双方的利益都能得到合理的保护。也就是说，知识产权的自我实施利用和社会大众使用，既要保护知识产权持有者的合法权益，又要保障社会大众对知识产权的合法使用和创新推动。

知识产权的自我实施利用和社会大众使用可以相互促进，知识产权的自我实施利用可以激励创新和技术进步，为社会大众提供更多优质的知识产权产品；而社会大众对知识产权的使用和创新又可以推动促进知识产权的广泛传播和应用普及，为知识产权的进一步创新和发展提供了基础，促进科技进步和文化繁荣。最关键的一点是，在知识产权的自我实施利用和社会大众使用过程中，都需要在法律框架内进行，需要遵守相关法律法规。知识产权的持有者应尊重社会大众对知识产权的合法使用；而社会大众在使用知识产权产品时也应遵守相关法律法规，尊重知识产权的持有者。法律为知识产权的保护和利用提供了明确的规则和标准，同时也为双方之间的纠纷提供了解决机制。因此，加强知识产权法律制度的建设和完善，以及知识产权文化的广泛宣传和传播，对于促进知识产权的自我实施利用和社会大众使用的平衡、协调、互促互进具有重要意义。

第三节　知识产权转化运用的特点

根据知识产权本身的特点总结知识产权转化运用的特点如下。

（1）知识产权作为一种无形资产，其转化运用的首要特点就是它的无形性。与有形资产相比，知识产权不像有形资产那样可以触摸和直观衡量，人们对知识产权的价值感知缺少直观性。正是由于缺乏物理形态，知识产权的价值往往需要通过专业评估来确定，而其特有的无形性使得对知识产权的价值评估变得复杂，需要采取特殊的技术和方法，如技术分析、风险评估和市场预测，来合理评估和实现其价值，增加了知识产权转化的复杂性和不确定性，评估过程富有挑战性。就像一项专利的价值会取决于其技术的创新性、市场对这类产品或服务的需求程度、经济整体环境导向和行业竞争状况等多个因素，需要分析历年行业报告中的技术发展脉络和数据走向支持，才能得到较为准确和客观的评估结果。

（2）知识产权涉及多个领域，如专利、商标、著作权等，每项权利都有其专门的保护对象和含义，每个领域都有其独特的法律规定和操作流程，转化运用的过程是一个高度专业化的过程，进行知识产权转化运用需要具备丰富的专业知识和实践经验。此外，随着科技的不断发展，知识产权涉及的技术领域也在不断扩大和深化，这要求从业者必须不断更新自己的知识体系，以适应新的技术和市场环境，还需要组建专业化的团队进行协作和配合，以确保转化运用的顺利进行。知识产权转化运用具有多元化的转化方式，包括转让、入股、融资、产学研合作等。这些转化方式各有优缺点，根据不同的知识产权类型和市场需求，需要根据具体情况选择采取不同的转化方式。同时，随着市场环境的变化和技术进步的不断推进，新的转化方式也在不断涌现，为知识产权转化运用提供了更多的可能性。知识产权转化运用是一个长期且复杂的过程，从技术研发到市场推广，需要经过多个阶段和环节的努力。每个阶段都需要投入大量的人力、物力和财力资源，并需要解决各种技术、市场和管理方面的问题。转化运用还会面临多重风险，包括市场风险、技术风险和法律风险。

（3）知识产权还具有专有性，即除了权利人同意或法律另有规定外，任何人不得使用或侵犯。这一特点保护了知识产权持有者的合法权益，但同时也增加了转化的难度，因为需要确保在转化过程中不侵犯他人的知识产权。

（4）知识产权还具有地域性特点，即在不同地区或国家可能需要不同的法律程序和保护措施。这要求在知识产权转化过程中须充分考虑地域因素，确保其在不同地区都能得到有效保护。

（5）由于知识产权本身的复杂性和专业性，以及市场信息的不断变化，使得知识产权人和潜在投资者或合作伙伴之间在信息不对称方面存在较大的差异，这种信息不对称可能会影响双方的决策和合作效果。因此，在知识产权转化运用过程中，需要建立有效的信息沟通和披露机制，以降低信息不对称带来的风险。不过最吸引人的，还是知识产权转化运用所具备的高风险和高回报并存的特点，一方面，由于技术创新和市场竞争的不确定性，知识产权转化运用面临着巨大的市场风险。如果转化失败，可能会导致巨大的经济损失。另一方面，如果知识产权成功转化为具有市场竞争力的产品或服务，将可能带来巨大的经济回报。这种高风险与高回报并存的特点使得知识产权转化运用具有极大的挑战性和吸引力。

随着全球化的不断深入和科技发展的日新月异，知识产权转化运用的国际化趋势越来越明显。许多国家和地区都在加强知识产权保护力度，推动知识产权的国际交流与合作。这为知识产权转化运用提供了更广阔的市场空间和更多的合作机会。同时，国际化也带来了更多的挑战和竞争，需要不断提高自身的创新能力和市场竞争力才能立于不败之地。总的来说，知识产权转化运用要求企业或个人在转化过程中具备长远的战略眼光和足够的耐心,不能急于求成。同时要确保有可持续的资金和人力资源支持。只有这样,才能确保知识产权转化的顺利进行并最终实现商业价值。

以下以专利为例,进一步说明知识产权在转化运用中的具体方式方法。专利作为知识产权的重要组成部分,日益成为一个国家发展的战略性资源和国际竞争力的核心要素。在专利制度发展初期,不论是专利权人还是社会公众,并未充分意识到专利技术转化和运用的问题。但是纵观当今社会科技和经济发展,专利技术已成为创新主体之间竞争的重要武器,哪些专利技术应当给予转化,需要转化的专利技术该如何转化,均属于创新主体的战略决策范畴,实施专利战略已成为加速培育和发展国家核心竞争力的重要举措。专利制度是一项激励创新和保护创新的基础性制度,其依托市场经济下的社会及法律环境。从专利制度的发展历史来看,其本质上就是为了推动发明创造的应用,促进国家科学技术进步和经济社会发展,本身就是专利技术转化运用的核心精髓。近年来,党中央、国务院高度重视专利的转化运用工作。2023年10月,国务院办公厅印发《专利转化运用专项行动方案(2023—2025年)》,对我国大力推动专利产业化,加快创新成果向现实生产力转化作出专项部署。为了贯彻该行动方案,2024年年初,国家知识产权局与教育部、科技部、工业和信息化部、农业农村部、国家卫生健康委、国务院国资委、中国科学院联合印发《高校和科研机构存量专利盘活工作方案》,对梳理盘活高校和科研机构存量专利工作进行了全面部署,力求实现盘点筛选全覆盖、入库评价全覆盖、推广对接全覆盖,加大了高校和科研机构专利转化工作的广度、深度和力度,对于聚焦推动专利产业化、更好服务实体经济发展,具有重要的现实意义。随后,国家知识产权局与工业和信息化部、中国人民银行、国家金融监督管理总局、中国证监会联合还印发了《专利产业化促进中小企业成长计划实施方案》,聚焦以专利产业化促进中小企业成长,加快推动专利技术转化为现实生产力，切实将专利制度功能转化为创新发展强大动能。

专利转化运用是一个将专利成果从理论或实验室阶段推向实际应用和市场的过程，其主要的推进模式有两种：一是专利权人发起主导的专利转移转化，以权利人为主动力，寻求专利许可、合作入股或融资质押等；二是以技术需求为导向的技术路线推动转移转化模式，即从技术需求出发，技术需求方通过参加专利技术交易会、搜索专利交易平台，发起寻求专利转移转化合作项目。不论哪种模式，其过程均涉及多个环节，包括专利的筛选、评估、转化方式的选择、合同的签署、实施以及后续的监督和收益分配等。

专利转化运用是连接科技创新与经济发展的桥梁。通过转化运用，专利成果得以在实际生产、生活中发挥作用，从而推动产业升级、经济发展和社会进步。这一过程不仅有助于实现专利的经济价值，还能进一步激发科研人员的创新热情，促进更多的科技创新成果涌现。

专利转化运用也是一个复杂的过程，涉及多个主体和环节。首先，需要从大量的专利中筛选出具有转化潜力的专利，这需要对专利的技术创新性、市场需求、商业化潜力等进行全面评估。其次，需要选择合适的转化方式，如技术转让、许可、产学研合作等，并根据转化方式和市场情况确定合适的转化对象。最后，还需要签署正式的合同，明确双方的权利和义务，并实施转化计划。这一过程中，需要专利持有人、转化对象、中介机构等多个主体的参与和协作。专利转化运用还具有强烈的市场导向性，转化的成功与否，很大程度上取决于专利成果是否符合市场需求。因此，在专利转化运用过程中，需要对市场进行深入的研究和分析，了解市场需求和趋势，以便选择合适的转化方式和对象，同时还需要关注市场动态，及时调整转化策略，以适应市场的变化。

专利转化运用过程中也会存在多种风险，比如技术风险，因为尽管专利在申请过程中已经经过了审查，但其在实际应用中的效果仍存在一定的不确定性；还有市场风险也是不可忽视的，市场需求的变化、竞争态势的演变等都可能对转化效果产生影响。此外，还会存在如专利侵权、合同纠纷等法律风险。总之，在专利转化运用之前以及整个过程中，对各种风险的充分评估和管理都需要贯穿其中。

专利转化运用的方式多种多样，包括自行实施、合作生产、专利转让、专利许可等。每种转化方式都有其独特的优点和适用条件。例如，自行实施可以充分掌握专利技术的核心，但可能需要较大的资金投入和风险管理能力；合作生产则可以分担风险和成本，但需要与合作伙伴进行有效的沟通和协调；专利转让和许可则可以快速实现经济收益，但可能需要对专利技术的市场价值和法律保护进行充分的评估和管理。因此，在选择转化方式时，需要根据专利技术的特性、市场需求、自身实力等因素进行综合考虑。总体来说，正如图5-1中的理念示意，专利转化运用的特点就在于要突出专利产业化导向和服务实体经济，相对于其他知识产权种类来说，专利转化运用的着力点和落脚点都放在服务实体经济上，要突出目标导向和效益导向，突出专利制度供给和技术供给的双重作用，以全链条服务为理念，促进专利链与创新链、产业链、资金链、人才链深度融合，推动融通发展。要加速知识、技术、资金、人才等要素向企业聚集，推进重点产业知识产权强链增效，培育高价值专利组合，建设运行重点产业专利池，激发各类主体创新活力和转化动力。同时要发挥我国超大规模市场优势，为新技术应用和新业态发展提供丰沃土壤。通过统筹兼顾和分类施策，统筹协调专利创造和运用、创新投入和产出、产业发展和安全三个方面重大关系，强化部门协作和中央与地方协同，提出有针对性的措施，努力提升专利综合转化运用效益。

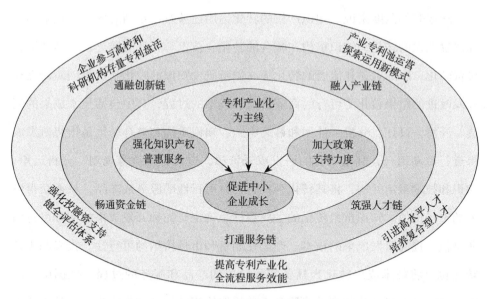

图 5-1　以全链条服务为理念示意图

第四节　知识产权转化运用的方式

知识产权的转化运用是指在产业技术创新、转移和扩散过程中，作为知识产权权利人的所有者或依法有权处分的组织和个人应用知识产权，谋求或取得相应的竞争优势或收益的过程，知识产权转化运用的方式方法多种多样，总的来说，它包括知识产权权利人自我直接利用和他人间接利用的方式。直接利用主要是知识产权权利人积极直接实施知识产权，自主研发生产或创办企业，还包括权利人自行维护自身利益，禁止他人侵权使用、保持合法垄断地位，获得最大化利润的过程。他人间接利用主要包括知识产权技术许可、技术合作、技术转让、技术孵化转移，以及建立投资基金、信托、拍卖、融资、质押、商业特许经营、捐赠、强制执行等等，其中技术许可和转让是知识产权最主要、最基本的利用方式。

从运营的角度来说，知识产权的转化运用还涉及一系列的形式，包括创新和研发知识的转化、知识重构和整合的转化、技术和服务的转化、产品经济和投资转化、国际贸易和流通的转化等。创新研发知识的转化是指将创新研究和开发改进的结果转化为可行的商业价值和技术的过程，其中包括技术成果的创造、开发、设计、分析、计划和最终实施。知识重构和整合转化是指将研发成果进行重新组合，利用现有的研发成果资源，进行合理统筹规划、分析运用、知识和技术重组并构，将其转化为具有更具可行性的服务或产品，从而获得更大的市场价值。知识重组转化的主要目标是确定研究和开发成果的实际可行商业价值，提高研发成果的技术、产业化制备和市场接纳的可行性。技术和服务转化也是将技术成果转化为具备实际价值的产品和服务的过程，根据市场需求，确定利益最大化的产品或服务，并采取恰当的运营和推广措施，从而获得匹配的经济效益。经济和投资转化则是指对研发成果进行投资，助力一些启动资金不足但具备潜力和优势的知识产权，将其转化成可行的商业价值的过程。投资转化的主要目标是促进研发成果的落地实施，将其转化为可行性商业价值的服务或产品，从而获得更大的市场价值。国际贸易转化主要是通过前期调研、分析、评估，聚焦国外急需的潜力产品，将研发成果转化为相应的服务或产品，并利用国际贸易等渠道将其出口到其他国家的过程。具体来说，各种方法的运作方式和特点如图 5-2 所示。

随着知识经济和知识全球化的深入发展，近年来发展较快的转化概念和方式，就是将知识产权作为一项资产来进行运作和经营，将"知识产权"转化为"知识资产"或"知识财产"，知识产权资产价值的形成与转化都是建立在知识产权基础之上的。[1]

---

[1] 邓文. 知识产权资产价值转化研究 [M]. 北京：知识产权出版社，2019.

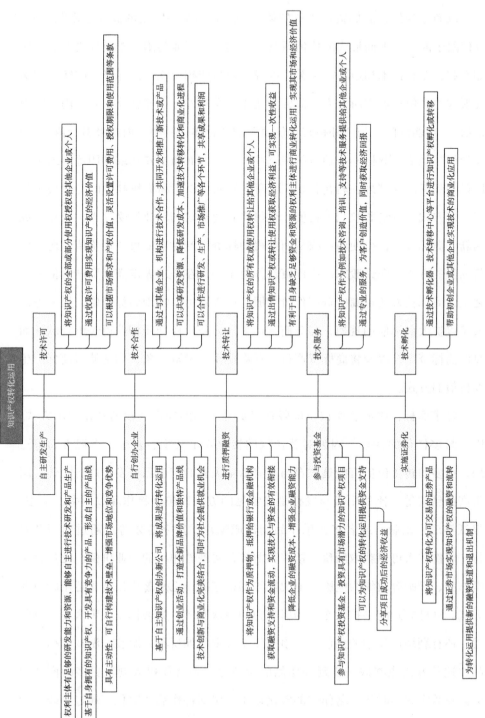

图 5-2 知识产权转化运用主要方式

　　以商标为例，商标资产价值的体现一定是与某一特定的商标紧密联系的，其依附于商标之上而形成的价值或利益，同时还可能与附着于商标之上的，例如专利、专有技术和市场需求关注度等专业财产相关联。商标资产的转化和实现形式主义包括资产所有人对商标的使用以及对外许可或转让，是"内在吸引价值""功能价值"与"外在转化价值"的结合体。其中"内在吸引价值""功能价值"是基于商标本身独特的美感和吸引力，而通过转化或利用等形式则可以赋予商标产生"外在转化价值"。商标权人可以将商标权利中的专有使用权以一定方式许可给非权利人行使，也可将其商标权利转让给受让人，受让人成为新的商标权人，行使商标权从而使得商标资产产生新的可变现价值。还有作价入股的方式，允许股东以商标资产作价出资，在合理界定商标资产价值基础之上，商标权人通过商标资产作价入股。一方面可以实现商标价值，另一方面又可以扩大商标使用规模，提高商标信誉。另外，权利质押获得经济贷款从而盘活商标资产，以及将商标资产进行证券化作为融资对象，均是使得商标产生新价值的方式。

　　除了商标，诸如著作权也即版权等更为无形的知识产权的转化运用方式，则更具多样化的特点，因为对著作权的转化除了文字、音乐、影视方面等运用，更多的转化价值可能是来自与其有依附关系的衍生品开发、广告宣传、附带产品销售等。比如出版与发行是最常见的方式，包括将作品以图书、杂志、报纸等形式出版，或者将音乐作品制作成唱片、数字音乐等。通过出版和发行，著作权人可以获取版税、销售收益等，实现著作权的商业价值。比如将文学作品、漫画等改编为电影、电视剧等影视作品，也是著作权转化运用的重要方式。这种方式能够扩大作品的影响力和观众群体，为著作权人带来更多的收益。还有利用作品中的角色、故事等元素开发例如玩具、服装、游戏等衍生产品，这种方式能够进一步延伸作品的价值链，为著作权人创造更多的商业机会。在数字媒体时代，著作权的转化运用还包括将作品数字化，通过在线平台如电子书、网络音乐、视频等进行传播和销售。这种方式能够迅速扩大作品的受众范围，提高作品的知名度和商业价值。再就是通过授权与合作的转化方式，著作权人可以通过授权他人使用自己的作品，或者与他人合作开发新产品或服务，共同分享商业利益。例如，授权玩具制造商生产作品中的角色玩具，或者与游戏开发商合作开发以作品为背景的游戏等。随着知识付费和在线教育的兴起，著作权人可以将自己的作品或知识以付费课程、讲座等形式进行在线销售。这种方式能够为著作权人带来稳定的收益，并扩大作品的影响力和传播范围。值得注意的是，在对著作权转化运用之前，要先考量该著作权的独创性，考量著作权中其独创性和公有领域的内容文化的占有比例。著作权资产的形成源于作品，只有符合作品构成要件的文化内容才能形成有价值的版权资产。而《著作权法》并不保护抽象的思维，也是需要以文字、音乐、美术等各种有形形式的对思想的外在表达后，通过一定的语言、艺术或科学符号形式表达出来，能够使得社会公众加以阅读、欣赏或感知的外在表达，才可能具有转化的价值。

专利作为一项重要的知识产权，专利技术转化运用的模式和手段非常丰富，包括技术许可、技术转让、自主创业、知识产权质押与融资、合作开发，等等。对于专利转化运用来说，其转化运用的核心主体必然是专利权人，专利权人拥有专利技术的所有权，有权决定专利的转化方式和合作对象，专利权人可以是个人、企业、高校和科研机构等。企业是专利转化运用的核心主体，作为科技创新和产业创新的重要力量，企业不仅是专利产出和转化的主体，更是专利产业化实施的关键环节，他们通过研发、引进、消化、吸收和创新专利技术，推动产业的发展和升级。高校与科研机构在专利转化运用中也扮演着重要角色，他们拥有丰富的研究资源和人才优势，是进行基础研究的重要力量，这些基础研究为后续的专利产出和转化提供理论支撑。高校与科研机构通过科研活动产生大量的专利成果，这些成果具有很高的科技含量和创新性。除此以外，转化运用主体还可以是技术转移机构，这些机构专门负责技术的推广和转移，协助专利权人寻找潜在的合作伙伴，促进专利技术的商业化应用。政府部门也可作为运用主体，政府部门通过制定政策、提供资金支持等方式推动专利技术的转化运用。科研机构则可能作为技术的研发方，与产业界合作，将科研成果转化为实际产品。专利转化运用的客体主要就是专利技术，包括发明专利，实用新型专利以及外观设计专利等。

为贯彻落实《行动方案》工作部署，大力推动专利产业化，促进创新成果向现实生产力转化，加快专利价值实现，各省市结合本地实际情况，制定了一系列工作措施和执行办法，在推进知识产权转化运用方面采取了多种优秀的、特色的方法和措施，形成了一批知识产权建设试点经验和典型案例，发挥了示范作用，也形成了一些专利转化运用的经验与做法。部分省市和企业的经验做法总结如图 5-3、表 5-1 所示。

（1）针对高校和科研机构院所职务科技成果属于国有资产，发明人在转化成果时容易受到质疑和影响，从而"不敢转"的问题，有些省份探索以事前产权激励为核心的职务科技成果权属改革，赋予科研人员一定比例的职务科技成果所有权，按照"协议＋评估"形式，将事后科技成果转化收益的奖励，前置为事前知识产权所有权激励，以"先确权，后转化"的激励形式，调动科研人员积极性。还有针对高校知识产权转移转化效率不高的问题，建立"前期专利分级匹配、中期搭建交易平台、后期提供科技金融服务"全链条的高校知识产权运营模式，助推高校知识产权转化。

（2）针对专利核心技术推广应用力度不够，价值不易被挖掘的问题，通过探索建立关键核心技术知识产权品牌建设模式，以关键核心技术专利群推动转化运用进程。通过构建覆盖区域重点产业的专利的导航服务体系，针对专利分析、评议、导航、预警工作多头管理、重复投入等问题，探索建立区域重点产业专利导航多元化服务体系，帮助转化主体找准技术创新突破口。

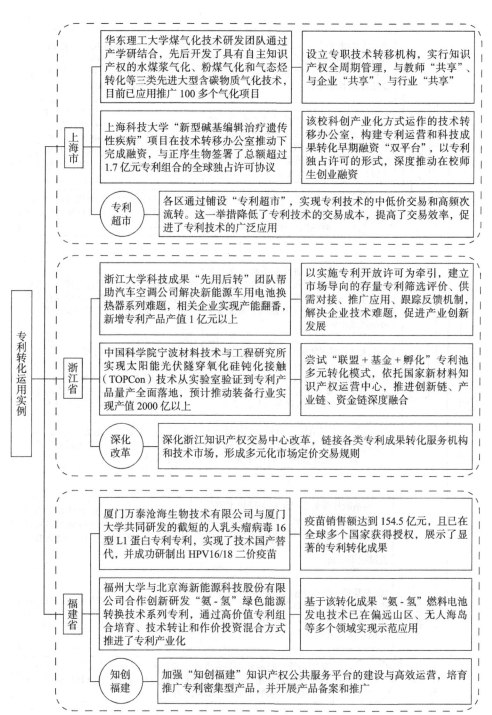

图 5-3　各省市专利转化运用方式方法

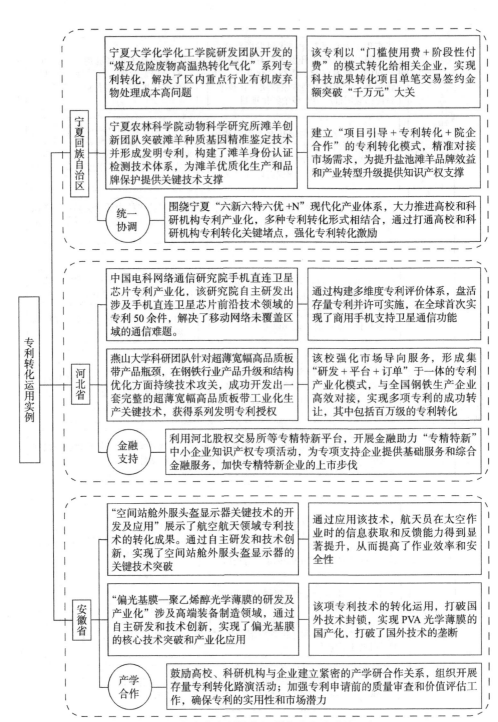

图 5-3　各省市专利转化运用方式方法（续一）

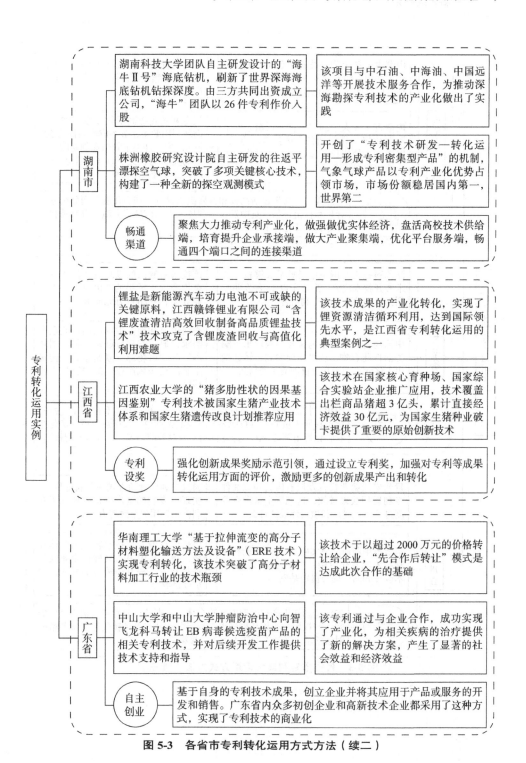

图 5-3　各省市专利转化运用方式方法（续二）

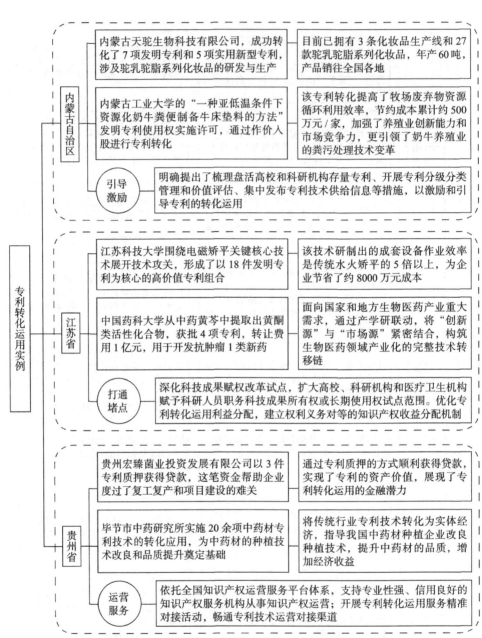

图 5-3 各省市专利转化运用方式方法（续三）

表 5-1　国家知识产权局专利产业化十大典型案例

技术名称	专利权人	特点	效果
超大直径竖井掘进机	中国铁建重工集团股份有限公司	突破核心技术，铸就国之重器	通过构建高价值专利培育和运营机制，成功打造了专利密集型产品，填补了国内外相关领域的技术空白。该专利技术产品广泛应用于交通、市政、国防工程，销售额超过 80 亿元
在体实时脑成像微型双光子显微镜	北京大学	以专利许可实现前沿技术产业化，为脑科学研究提供新范式	将学术研究成果通过专利许可的方式转化为具有市场价值的产品或服务，为脑科学研究提供了新的研究方法和工具
海洋水下采油树系统	威飞海洋装备制造有限公司	中小企业以技术优势融入产业链，新增产值超 3 亿元	筛选培育"金种子"专利，该技术改变了渤海油气田的开发模式，缩短了建设时间并降低了成本。公司通过该项目和技术经验，成功获取了国家相关科研项目课题，新增产值超过 3 亿元
电涡流阻尼新技术	湖南大学	培育国际领先高价值专利组合，大幅提升专利市场价值	通过全面梳理相关技术的存量专利，筛选出关键核心专利进行分析与导航，最终实现了技术的成功转化和产业化
手机直连卫星芯片技术	中国电科网络通信研究院	盘活筛选高价值专利实施产业化，在全球首次实现商用手机支持卫星通信功能	致力于解决重大国防和民用产业需求，持续攻关关键技术。该院成功研发出手机直连卫星芯片等专利技术，为全球首次实现商用手机支持卫星通信功能作出了重要贡献，推动了行业的创新发展
超导量子计算机	本源量子计算科技（合肥）股份有限公司	高价值专利组合质押融资，化解科技型中小企业融资难题	利用高价值专利组合进行质押融资，获得了银行贷款支持。通过专利的金融价值转化，得以加速其研发进程和市场拓展
高端精准医疗手术机器人	上海交通大学	赋权改革支持教师创业，推动高端精准医疗手术机器人产业化运用	研发出具有完全自主知识产权的单孔腔镜手术机器人。这一技术填补了国内空白，并有望在国际市场上占据重要地位
核能应用	清华大学	产学研深度融合，加速能源绿色化转型	通过产学研深度融合，成功推动了能源绿色化转型。基于专利技术的新型锂离子电池隔膜材料实现了产业化应用，提高了电池性能，降低了生产成本，为新能源汽车等行业的快速发展提供了有力支持

续表

技术名称	专利权人	特点	效果
液流电池	中国科学院大连化学物理研究所	围绕核心技术开展专利战略布局,引领全球液流电池产业化发展	拥有核心技术和多项专利,围绕核心技术开展了全面的专利战略布局,保护自身技术成果,通过技术转让和合作开发等方式推动了液流电池的产业化发展。其专利技术已被广泛应用于国内外多个储能项目,为全球能源结构的优化和可持续发展作出了重要贡献
风电机组	金风科技股份有限公司	攻克风电机组大型化技术难题,以专利许可推动行业技术迭代升级	通过持续的技术研发和创新,成功攻克了风电机组大型化的技术难题,并申请了多项专利技术。该公司通过专利许可的方式,将先进技术分享给行业内的其他企业,推动了整个风电行业的技术迭代升级

资料来源:国家知识产权局.专利产业化十大典型案例揭晓[EB/OL].(2024-04-24)[2024-04-24]. https://www.cnipa.gov.cn/art/2024/4/24/art_3380_191863.html.

(3)针对科技投入产出效率低、专利"大而不强,多而不优"等问题,探索建设高价值专利培育中心,开展高价值专利培育。注重培育优势创新载体,用好高端研发资源和服务机构的服务资源,建立完善的组织管理体系、加快专利信息传播利用、提升专利申请质量。❶

第五节　知识产权转化运用的影响因素

知识产权转化运用是一个复杂的过程,涉及多个环节和主体,其间会受多种因素影响,而且不同类型知识产权的转化运用各有特点。例如,对著作权的利用和转化,著作是一种偏向文化和理念传播的智力成果,因而首先应当考虑的是市场需求与受众群体,市场需求是著作权转化运用的重要驱动力,只有符合市场需求、符合消费者三观、能够满足消费者内心期待的作品才有可能实现

---

❶ 尹锋林.科研能力转化、科技成果转化与知识产权运用[M].北京:知识产权出版社,2020.

成功的转化。不同的受众群体对作品的需求和偏好也有所不同。因此，在著作权转化运用过程中，需要明确目标受众群体，并有针对性地制定转化策略。但是对于商标这种与市场直接相关联的知识产权类型来说，商标自身价值与市场认知就是影响其转化运用的更关键因素，商标的内在价值是指商标的知名度、独特性、与商品或服务的关联度等。一个具有广泛知名度和独特性的商标更容易被市场接受，从而具有更高的转化价值。市场对商标的认知度也是影响其转化运用的重要因素，如果商标在市场上具有较高的认知度和美誉度，那么其转化运用的效果往往会更好。

因而对于不同的知识产权类型，其转化运用的影响因素也各有不同。本节主要聚焦专利的转化运用，探讨专利转化运用过程中的各类影响因素。

专利作为一种重要的知识产权种类，对于科技创新企业和科研机构来说既是竞争优势又是生命火线。科学、合理的专利转化运用有利于企业、科研机构的高效运营。专利与其他知识产权不同的关键点在于，专利是一种与科学技术密不可分的资产权利，专利之所以能够形成价值并实现价值转化，都源于专利技术本身，而专利技术价值本身受各项法律因素与各种法律状态的影响，同时还需参考经济形势、市场需求等影响因素。

一、影响专利转化运用的法律因素

在实际的操作过程中，专利的转化运用受到多种因素的影响，其中法律因素尤为关键，也是转化运用初始评估时需要考虑的首要因素。专利如果要进行有效的转化运用，首先需要完善专利法律法规，这是保障专利顺利有效转化运用的基础。总的来说，影响专利转化运用的法律因素就是知识产权法律体系完善程度。专利申请和获权过程中，法律对于专利的保护力度、专利归属、转让方式、专利定价评估，以及对侵权行为的处罚力度等细节问题的明确规定，会直接影响专利所有人对成果转化的热情。完善的法律法规能够明确专利权人的权利和义务，规范专利的申请、审查、授权、实施等各个环节，为专利的转化运用提供有力的法律支撑。如果法律法规存在漏洞或不足，可能会导致专利权益受到侵害，进而影响专利的转化运用。专利保护力度的强弱是影响专利转化运用积极性的作用与反作用力，如果专利保护力度不足，侵权行为频发，那么专利权人的合法权益将无法得到有效保障，进而会降低其进行专利转化运用的积极性；相反，如果专利保护力度过强，可能会限制技术的传播广泛性和应用普及面，也不利于专利的转化运用；这是一个需要平衡且不断在动态摸索的过程，如专利质押法律制度。专利质押允许企业或个人将其专利权作为担保物，从金融机构或其他债权人处获得资金支持。这为专利的商业化提供了资金保障，使得原本可能因资金不足而难以实施的技术创新得以转化为实际产品或服务；还能够引导社会资本流向具有创新潜力和市场前景的专利项目。专利质押法律制度在实施的同时要求质押的专利权必须合法有效，并具有较强的营利能力和良好的发展前景，这有助于增强企业和个人对知识产权保护的重视程度，提高整个社会的知识产权保护意识。通过专利质押，债权人在享有专利权的同时，也承担了保护专利权的责任，有助于加强对侵权行为的打击力度，维护正常的市场秩序和公平竞争环境。可见，专利质押作为融资手段之一，其法律制度的完善程度将直接影响专利转化的资金获取。但如若专利质押法律制度不完善，将制约专利转化实施效用的发挥。还有专利侵权赔偿制度，该制度在确保专利权人对其发明或创造的独占权利得到保护，防止他人未经授权使用或销售专利技术方面起着至关重要的作用。如果法律对于专利侵权赔偿数额计算方法不严谨、不确定，或者计算方式单一，赔偿制度不够严谨和完善，都会增加专利权人转化实施的法律风险，影响转化实施的积极性。另外还有专利权的稳定程度、被侵权风险的大小、实际保护年限以及专利权权利的边界等因素，专利权授权保护范围的稳定程度是指专利是否有诉讼历史，是否涉及过无效宣告程序或侵权诉讼纠纷等。因此，良好的司法环境对于保护科技创新成果、遏制侵权行为至关重要，法律环境的改善可以提高科技创新者的权益保障，激发创新热情，进而促进科技成果的转化。

与此同时，知识产权文化的传播也在这一过程中发挥着不可忽视的作用。这主要是体现在提高发明者、专利权所有者以及转化运用实施者对专利权利认知和意识方面。众所周知，专利转化运用的启动和推进过程，与其专利权属关系和状态是密不可分的，专利转化运用及其价值的形成体现，都需要围绕专利权而实现。在专利的转化运用初始，对其进行价值评估时，就必须关注专利权的类型、法律状态及转化风险。这种法律状态及其附带的风险主要体现为专利权属上的争议，就拿最容易产生矛盾和冲突的专利权权属关系来说，专利权的归属是属于发明者个人还是属于单位集体，这是有关"职务发明"的界定。

我国《专利法》第 6 条规定："执行本单位任务或者主要是利用本单位的物质技术条件所完成的发明创造为职务发明创造。"为进一步明确"职务发明"的具体情形，在《专利法实施细则》第 13 条中也对其进行了内涵上的限定，并将其归纳为两种情形：第一种为"执行本单位的任务所完成的职务发明创造"主要包括了："（一）在本职工作中作出的发明创造；（二）履行本单位交付的本职工作之外的任务所作出的发明创造；（三）退休、调离原单位后或者劳动、人事关系终止后 1 年内作出的，与其在原单位承担的本职工作或者原单位分配的任务有关的发明创造。"从而赋予了"职务发明"较为明确的内涵。第二种为"主要是利用本单位的物质条件完成的发明创造"这里的物质技术条件所"指本单位的资金、设备、零部件、原材料或者不对外公开的技术信息和资料等"。为了解决现实生活中基于人才流动导致的职务发明的认定纠纷，《专利法实施细则》将"临时工作单位"也纳入了《专利法》第 6 条中所称的"本单位"的概念内涵中。"职务发明"与"非职务发明"两者的区别主要体现在发明创造的权利归属上，对于非职务发明，有且仅有发明创造的发明人或者设计人才能作为专利申请人，专利申请获批后专利权人即可对其发明创造享有占有、使用、收益、处分的独占权以及排除其他任何人，从而支配该专利的禁止权。在职务发明创造中，虽然自然人是完成发明创造的主体，但是为发明创造申请成为专利的专利申请权却是归于单位的，而作为发明者的自然人对于完成的发明创造不享有支配权与排除他人使用的禁止权。也就是说，企业的科技人员虽然是科技成果的创造者，但由于科技人员的职能分工，其可能仅是科技成果转化的参与者，而非科技成果转化的主导者或组织者。《专利法》第16条中规定："被授予专利权的单位应当对职务发明创造的发明人或者设计人给予奖励，发明创造专利实施后，根据其推广应用的范围和取得的经济效益，对发明人或者设计人给予合理的报酬。"因而可以认为，职务发明中的发明人在专利申请权归于单位之后，便仅剩下获得单位奖励与报酬的可能性，但奖励的具体形式与报酬的合理程度在《专利法》中并没有作出明确的规定。因此在专利等科技成果的知识产权归属、转移转化形式与程序方面，相关法律法规和政策规定存在僵化性、缺乏灵活性时，就会导致专利的实践转化中产生矛盾和问题。

很多时候，职工对于职务发明的界定和认定范围不了解，是直接影响企业对于专利申请及技术转化的关键因素。此时，在企业内部对职务发明概念普及等知识产权文化传播，则可起着间接但重要的作用。通过知识产权文化的广泛传播，可以提升员工对知识产权的认知和保护意识，这有助于员工在工作中更加明确地理解什么是职务发明创造，以及其与个人发明创造的区别，使得企业技术人员在研发初始就能知晓发明成果的专利申请和归属权方，有心理预期后能更积极主动地投身于技术研发过程中。知识产权文化的传播还可以促使企业员工在工作过程中遵守相关的知识产权法律法规，规范自身的研发和创新行为，有助于减少因误解或无知而导致的知识产权纠纷。当员工充分了解知识产权及其文化的重要性后，他们更有可能主动、合理地将工作中的发明创造申报为职务发明，并积极寻求企业的支持和保护，这有助于企业建立和完善自身的知识产权体系。知识产权文化的传播可以营造一个尊重创新、保护创新的环境，激发员工的创新热情和创造力。在这样的环境中，员工更愿意投身于研发工作，从而为企业创造更多的职务发明创造。可见，虽然知识产权文化传播不直接参与职务发明创造的认定过程，但它通过提升员工的知识产权意识、规范行为、促进合理申报与保护以及营造良好的创新环境等方式，间接地支持了职务发明创造的认定和保护工作。同样，企业如果能够注重知识产权文化理念的传播和深入推广，也能够促进企业对于科研人员心理和心态的关注，提前明确保障科技研发人员的奖励和激励措施，制定富有操作性的奖励标准规章制度，充分考虑研发、转化、推广、销售等多个方面的激励机制，积极打造科研能力和思想过硬的科技成果转化队伍。

二、影响专利转化运用的技术因素

影响转化运用的技术因素，主要是指专利的成熟度、实用度、先进性、创新性、替代性、垄断性等等。任何技术都必然有一个发展成熟的过程，技术成熟度是技术相对于某个具体系统或项目而言所处的发展状态，它反映的是技术对于预期目标的满足程度，技术成熟度高的专利更容易被市场接受和应用，从而提高专利转化率。有些发明与现有技术相比，在本领域技术人员看来产生了"质"的变化，具有新的性能，或者产生了"量"的变化，超出了人们预期的想象，这种"质"与"量"的变化，对所属技术领域一般专业人员来说，应当是事先无法预料或推理出来的，而这种"质"与"量"的变化程度反映的就是专利创造程度。一项专利权，只有达到了创造性的要求，才具有推动技术发展的作用，专利的创造程度高，代表专利权凝聚的智力成果更为先进。如果一项专利技术在其所处的技术领域较为成熟，一定程度上反映出该项专利技术在竞争市场中的运用已经达到较为普遍的程度，市场中的同类替代技术较多，以至于其产生超额利润的能力下降。相反，如果一项专利技术处于新生的技术领域，通常意味着市场发育并不完善，市场中存在的同类替代可能性较小，其产生超额利润的能力更强，专利技术所累积的专利资产价值也会更高。专利技术完成发明创造和开发后，其被交易的可能性通常也会对专利的转化运用产生影响。因此技术的复杂性也是影响转化效能的关键因素，因为技术发明的复杂性通常决定了其转化的难易程度。具有一定原创性的技术发明往往是复杂技术系统的进化或创立，具有整体性、自组织性、自适应性等特点，这意味着将技术发明转化为实际生产力需要克服的技术难题更多，转化过程更加复杂。

技术风险大小也是非常重要的一个影响因素，专利技术发明过程也是一个充满风险并规避风险的过程，技术发明家不仅最后发明了技术，也同时在这个过程中"发明"了各种风险性因素。对专利技术风险大小进行价值评价时，如果认定该专利技术对社会公众的公共利益带来的威胁程度达到目前社会无法容忍的高度，即使该专利技术创造性程度极高，能够给社会公众带来的相应的利益福祉，也无法在市场上推广运用。如果技术成果过于理论化或专业化，缺乏实际应用价值，也将难以吸引投资者和企业的关注，转化难度将大大增加。因此，在研发阶段就需要考虑技术成果的应用性和市场前景，确保技术成果具有实用价值和市场需求。对于无法在市场上推广运用的专利技术，很难评价其存在多大的资产价值。这个过程主要需要考虑技术进化与市场需求的匹配，技术的发展和进化可能快于市场的接受速度，或者技术成果可能与当前市场需求不匹配。

同样，技术传播的过程同样也涉及知识产权文化的传播和应用。诸如科技研讨会、技术展销会等知识产权文化传播和宣传活动，有助于人们更好地理解和认知专利技术的重要性、应用前景以及潜在价值。通过普及科学专业技术知识，可以促使技术人员更加深入地研究和开发技术，从而加速科学技术转化运用。还能够促进技术交流与合作，通过各种传播和宣传方式，推动不同领域、不同行业之间的技术交流与合作。当企业和个人对知识产权有更深的认识时，他们更愿意分享自己的技术成果，寻求与其他创新者的合作，共同推动专利技术的转化和应用。通过对知识产权的深入了解，企业和个人能够更准确地评估专利技术的市场价值和商业化前景，从而更有针对性地进行技术转化工作，这不仅可以节省时间和资源成本，还能提高技术转化的成功率和效益。

三、影响专利转化运用的经济和市场因素

价值的实现必须在市场中进行，依附于专利权而形成的专利资产，其价值评价当然也受到市场机制和价值规律的制约和影响。转化运用的成本投入、盈利回报等经济因素，以及市场需求的大小和增长趋势，将直接影响专利技术的商业化前景。如果一项专利技术能够满足当前或未来的市场需求，且前期投入成本可控，那么其转化的可能性就大大增加。专利技术的转化和商业化往往需要大量的资金投入，包括研发、原型制造、市场推广等费用，专利技术的转化成本包括研发成本、生产成本、市场推广成本等，这些成本的高低会直接影响到技术的市场竞争力。同时，企业对专利转化后的收益预期也是重要的决策因素，如果预期收益无法覆盖成本或实现盈利，那么企业可能会放弃转化。因此，良好的投资环境和充足的资金支持是推动专利转化的关键，投资者对于专利技术的信心和投资意愿也会影响到资金的筹集和专利的转化进度。事实上，一项专利技术所负载商品的市场需求、市场容量和供求关系直接制约了该商品的市场价格。市场需求大的专利技术，其专利资产价值一般较高，但同时也要考虑市场的供应状况。另外，市场竞争的激烈程度会影响专利技术的市场份额和盈利能力，在竞争激烈的市场中，即使技术先进，也可能因为市场推广难度大而难以转化。替代品的威胁、消费者对新技术或产品的接受程度和购买意

愿，都是重要的考量因素，如果市场上存在性能相近但成本更低的替代品，那么专利技术的商业化前景可能会受到影响，换言之，即使面临巨大的市场需求，但是专利技术很容易被同类市场技术所替代，市场的供应很容易达到饱和的状态，也会制约专利资产的价值评价。同样，了解消费者的偏好和行为模式对于制定有效的市场策略至关重要。

经济周期的变化会影响市场需求和企业的投资意愿，在经济繁荣时期，市场需求旺盛，企业投资意愿强烈，有利于专利技术的转化；反之亦然。而且宏观经济是个体经济的总和，产业的投资价值必然在宏观经济的总体中反映出来。宏观经济政策包括财政政策、货币政策、收入政策、产业政策、消费政策等，这些政策的改变必将直观地影响价格，专利资产价值自然也不例外。政策环境也会对专利转化产生影响，如政府对于科技创新和知识产权的保护政策、税收优惠政策等都会影响到企业和个人对于专利转化的积极性和投入程度。就像国家出台政策支持石墨烯行业的发展，鼓励科研机构和企业联合创建石墨烯产业技术联盟，并给予一定的经济补贴。这一产业政策的出台吸引了大量资金、技术、人才涌入这一新兴产业，产生了一大批与石墨烯相关的高价值专利，并且与石墨烯相关的专利资产价值亦取得增长。

在转化运用过程中，知识产权文化传播不仅对企业有重要意义，也对消费者产生深远影响。通过普及知识产权知识，消费者能够更加明智地选择产品，识别正版与盗版，从而支持正版市场和创新活动。这种消费者意识的提高，有助于维护一个公平竞争的市场环境，促进高质量产品的流通。还有助于加强产业链各环节之间的协同创新，当企业意识到知识产权的重要性并加强保护时，它们更倾向于与上下游企业展开合作，共同研发新技术和产品。这种协同创新模式能够加速整个产业链的升级和转型，提高整体竞争力。一个尊重和保护知识产权的环境能够吸引更多的外部投资。投资者在评估投资环境时，通常会考虑当地对知识产权的保护力度。因此，通过知识产权文化传播，提升全社会对知识产权的尊重和保护意识，有助于打造一个更加吸引投资的商业环境。随着知识产权文化传播的深入，社会对知识产权的认知和保护需求会不断增加，这将推动政府和相关机构进一步完善知识产权法律法规，以适应新的市场需求和社会环境。完善的法律法规将进一步规范市场秩序，保障创新者的合法权益。伴随着科学技术和市场经济全球化的深入发展，国际竞争日益激烈。知识产权文化传播还能够提升企业和国家在国际市场上的知识产权意识和保护能力，进而增强国际竞争力。通过加强知识产权保护和运用，企业能够更好地应对国际市场的挑战，拓展海外市场，提升国家的整体经济实力。

第六节　知识产权转化运用中的文化传播

知识产权转化运用和知识产权文化建设是相辅相成的，一方面，知识产权转化运用的成功实践能够提升人们对知识产权价值的认识，进而推动知识产权文化的发展；另一方面，深厚的知识产权文化底蕴又能为知识产权转化运用提供更好的环境和支持。两者有着致力于推动科技创新、文化传承和经济发展的共同目标。知识产权转化运用通过实现科学技术、智力成果的商业化应用，直接推动相关产业的发展；而知识产权文化则通过提高全民知识产权意识和营造创新氛围，为科技创新和经济发展提供精神动力和文化支撑。

一、文化传播在知识产权转化运用中存在的作用

文化传播通过广泛宣传和推广知识产权的相关知识，能够提高公众对知识产权的认知和保护意识。例如，通过宣传活动向群众发放知识产权法律宣传册，解答群众疑惑，普及知识产权的意义和侵犯知识产权行为的后果，从而营造尊重和保护知识产权的社会氛围。这种氛围的形成，有助于推动知识产权的

转化运用，因为只有当人们意识到知识产权的重要性时，才会更加积极地参与到知识产权的创造、保护和运用中来。文化传播还可以利用各种媒介和渠道，如网络、媒体等，将知识产权的成果和创新点传播给更广泛的人群，这不仅可以增加知识产权的曝光度，提升其社会影响力，还能吸引更多的潜在合作伙伴和投资者。通过文化传播，知识产权持有者可以与相关领域的专家、企业及投资者建立联系，促成技术合作与商业合作，进而推动知识产权的商业化运用。文化传播能够为不同地域、文化背景的人们提供一个交流的平台，促进了知识产权领域的国际交流与合作。通过这种交流，可以引进国外先进的技术和管理经验，推动我国知识产权的转化运用水平提升。同时，也有助于我国的知识产权成果走向世界，参与国际竞争与合作。通过文化传播对知识产权优势和特点的展示，可以激发潜在用户的兴趣和需求，为知识产权创造更大的市场需求。此外，文化传播还可以帮助公众了解知识产权的应用领域和市场前景，从而引导资本流向具有创新潜力和市场前景的知识产权项目，推动知识产权的产业化发展。

具体以专利转化运用为例，文化传播在其中起到了不可忽视的作用：

（1）提升社会公众对专利价值的认同。专利是一项与技术直接挂钩的知识产权，专利的转化运用首先依赖于对技术和知识的有效传播。技术知识传播是联系知识生产与应用的中间环节，它帮助在知识提供者和知识需要者之间建立联系。在专利的转化运用中，文化传播通过传递专利技术的信息、价值和潜力，促进潜在应用者对技术的理解和接受。文化传播还能够增强公众对专利技术的认知和尊重，提升全社会对知识产权价值的认同，公众和企业对专利的认知和重视程度也会得到提升。这种提升能够使专利持有人或发明人的创新成果得到更多的关注和认可，进而增加专利的市场需求。当市场对某一专利的技术或产品有更深入的了解时，其商业价值自然也会随之提升。这反过来还有助于激发发明创新者的创造热情，通过传播创新成果和成功案例，鼓励更多的人投入技术创新和创造中，为专利的转化运用提供源源不断的创新动力，推动创新成果的涌现。而且知识产权文化传播不仅限于专业领域，而是面向更广泛的受众。这有助于发现专利技术的潜在应用领域，拓展其市场范围。例如，某些专利技术可能在初始阶段仅被应用于特定行业，但通过知识产权文化的传播，其他行业也可能发现该技术的应用价值，从而推动专利技术的跨界融合和创新应用。

（2）扩大专利的社会和市场影响力。文化传播能够拓宽专利技术及其产品的传播渠道，扩大其影响力。通过媒体、网络等渠道，可以将专利信息迅速传递给广大受众，提高相应技术的知名度和大众的关注度。这有助于吸引更多的投资者、企业等市场主体参与到专利技术的转化运用中来。通过传播，潜在的用户或企业可能会发现某项专利技术与他们的需求相匹配，进而产生购买或合作意向。在推动专利技术的市场需求方面，文化传播能够扩大专利技术的市场影响力，提高公众对技术的认知和接受度。通过向公众传递技术的优势、应用前景和市场需求等信息，激发市场对技术的需求，为专利技术的转化运用创造市场需求。当专利通过知识产权文化传播得到更广泛的认知和认可时，专利持有人在商业谈判中的地位也会相应提升。他们的专利技术或产品将更具吸引力，从而在谈判中获得更多的主动权和话语权。这有助于专利持有人争取到更优惠的合作条件或更高的技术转让费用，进一步扩大其市场影响力。知识产权文化传播通常还包括对知识产权法律和政策的宣传和教育，这有助于提高公众和企业对专利保护的认识和重视程度，加强专利的保护力度。同时，通过传播维权案例和成功经验，还能够增强专利持有人的维权意识，使其在面临侵权行为时能够及时采取措施保护自己的合法权益，这种保护力度的提升和维权意识的增强有助于维护专利的商业价值和社会认可度。

（3）优化专利技术的转化环境。知识产权文化传播有助于优化专利技术的转化环境，包括政策环境、市场环境、法律环境等。通过加强知识产权文化传播，可以推动政府出台更加有利于专利技术转化的政策。例如，政府可以设立专项资金扶持专利成果的转化，加大对专利项目实施转化的税收扶持力度，这些政策措施可以为专利技术的转化提供资金支持和税收优惠，降低转化成本，提高转化的成功率。而通过传播相关政策法规、市场动态、法律案例等信息，又可以帮助企业和个人更好地了解专利技术的转化运用的法律、政策环境，降低转化的风险。通过广泛宣传知识产权文化，可以让更多的人了解到知识产权的重要性，明白侵犯知识产权的严重后果。这种意识的提升有助于减少盗版、仿冒等侵权行为，为专利技术的转化提供法律保障。

（4）促进国际合作与交流。文化传播还能够促进知识产权的国际合作与交流，推动专利技术的国际转移和转化。通过展示本国知识产权成果，学习借鉴国外先进经验和技术，促进知识产权的国际交流和合作。通过国际文化交流活动、展览展示等知识产权文化交流活动，不同国家和地区的科研人员、企业和政府机构可以更加深入地了解彼此的专利技术和发展状况，从而寻求更多的合作机会。这种交流与合作不仅能够推动专利技术的全球传播与应用，了解国际市场的需求和趋势，还能够提升专利在国际市场上的影响力，为专利技术的国际转化运用提供有力支持。通过与国际接轨，引进先进的专利技术和管理经验，推动我国专利技术的快速发展和转化应用。同时也可以将我国的专利技术推向国际市场，扩大其应用范围和影响力。尤其是一些传统技术和传统行业，例如我国的中药专利技术，知识产权文化传播有助于推动中药专利的商业化应用，还能够增强社会各界尤其是国际环境对中药专利的关注和认可，进而吸引更多的资金和资源投入中药专利的转化运用中。这将有助于提高中药专利的转化效率，推动中药科技成果的产业化，为中药产业的发展注入新的活力。还有助于减少中药专利在运用过程中的风险和障碍，为中药专利的转化运用提供更加良好的外部环境。同时，这也有助于提升中药产业的整体形象和竞争力，进一步推动中药走向国际市场。

总体来说，知识产权转化运用中文化传播的存在和作用至关重要。通过提升公众对知识产权的认知、促进技术创新和创造、推动专利技术的市场需求以及优化专利技术的转化环境等方面发挥积极作用。因此，在推动知识产权转化运用的过程中，应充分重视和发挥文化传播的作用。

二、知识产权转化运用中文化传播的局限性

在知识产权转化运用的过程中，文化传播扮演着不可或缺的角色，但同时也存在一定的局限性。

（一）传播效率与覆盖面的不平衡性

知识产权文化传播在不同地区、不同领域之间存在不平衡性。在一些地区或领域，知识产权文化的普及程度较低，导致公众对知识产权的认知和尊重不足，影响了知识产权的转化运用。因而在某些相对落后的地区，需要加强知识产权文化的普及和教育，提高公众对诸如专利技术、商标权利、著作版权及其相关法律的认知和尊重程度。另外，尽管有多种渠道和形式进行知识产权文化的传播，但传播效率并不总是理想的。传统的传播方式如报纸、杂志、广播电视等，虽然覆盖面广，但更新速度慢，难以迅速捕捉和传播最新的知识产权信息。而手机、网络等新媒体的出现虽然极大地提升了文化传播的效率，具有快速、便捷的传播特点，人们可以随时随地通过互联网、社交媒体等平台获取文化信息。然而在媒体环境下，信息的爆炸式增长导致人们面临大量的信息选择。这种信息过载使得筛选和辨别信息的真实性和可靠性变得困难，进而影响知识产权文化的有效传播。例如，一些有价值的知识产权文化内容或者运用转化的专利技术可能因为其他信息的过载而被忽视或淹没。而且新媒体的传播内容和范围十分依赖受众的网络使用习惯和偏好，还会受限于受众的年龄和文化程度，其覆盖面和影响力也存在一定的局限性。

（二）知识产权文化传播的滞后性

知识产权文化传播往往滞后于技术创新和市场需求的变化。随着技术的不断进步和市场的不断发展，新的知识产权成果不断涌现，但相应的文化传播和普及却往往滞后于这些变化。这有可能导致公众对新技术的认知不足，影响新技术的推广和应用。例如，已成功进行转化运用的手术机器人，虽然其在技术方面已非常先进和实用，但是对于让机器人来给自己做手术，很多人还是会对如此先进的技术成熟度和成功率产生怀疑，持有观望态度而不敢直接尝试。另外，知识产权领域的知识和信息也是在不断更新中，但文化传播中的内容往往不能及时反映这些变化。就像随着不断发展的科学技术，新的知识产权法律法规、政策指导以及国际条约也会不断涌现，然而这些新内容在文化传播中往往得不到及时的体现。而且目前的知识产权文化传播内容多集中在基础知识和概念的普及上，缺乏对知识产权领域前沿问题、热点话题以及深度分析的探讨。这种滞后性导致公众对知识产权的认知停留在表面，难以深入了解其背后的复杂性和发展趋势。在知识产权文化传播中，案例的分享和学习是非常重要的环节。如果传播中使用的案例过于陈旧，缺乏时效性和针对性，尤其是那些涉及新技术、新业态的案例，在文化传播中鲜有提及，则会限制了公众对知识产权现实应用和发展动态的了解。因此，知识产权文化传播的过程中需要增强实时更新，及时向公众传达技术的发展脉络和先进技术研究进展，实时反映技术创新与政策变化，以及相关技术领域运用实施的必要性。

（三）传播信息的真实性与准确性

知识产权文化传播中，传播信息的真实性与准确性至关重要，而且也是传播过程中非常重要的挑战之一，因为在信息传播过程中，由于信息源的多样性和复杂性，以及传播过程中的信息失真和误解，可能导致知识产权信息的真实性和准确性受到挑战。这可能会影响公众对知识产权的认知和态度，进而影响到专利技术的转化运用。因此在传播知识产权文化时，对引用或解释的相关法律法规的解读必须准确，不能误导公众。所传播的数据和信息必须真实可靠，包括专利申请数量、授权率、转化率等基于官方或权威数据来源。为了增强传播效果而使用的案例，则必须都是真实发生的，不能虚构或夸大。而且在传播过程中，应避免使用可能导致误解或误导的陈述，确保公众对知识产权有正确、全面的了解。

（四）文化差异与接受度的差异

知识产权文化传播涉及多个领域和多个方面，包括法律、经济、文化等多个方面，这些方面相互交织、相互影响，使得知识产权文化传播具有复杂性。而且不同地区、不同文化背景的人们对知识产权文化的认知和理解可能存在差异。就比如在一些文化中，分享和共享技术知识被视为一种美德，而在其他文化中，则更强调对研究成果的私有性和保护。这种价值观念的不同会影响人们对知识产权的态度和行为。还可能导致对同一项专利技术的接受度和应用价值产生不同的评价，从而影响到专利技术的转化运用。例如，某些地区可能更加注重技术的实用性和经济效益，认为能够被方便广泛使用才是最有必要进行转化的专利技术，而忽视了技术本身的前沿发展创新性，以及对创新技术的知识产权保护。而另一些地区则可能更加关注技术的先进和创新，过于关注对专利的保护，而忽视了转化运用的可操作性和技术的市场应用前景。因此，在传播过程中需要考虑不同受众的需求和背景，采用多种传播方式和手段，以确保知识产权文化的有效传播；要考虑传统文化与价值观的冲突，平衡公众和知识产权权利人之间的利益；同时还需要加强跨学科的研究和合作，共同推动知识产权文化的传播和发展。

（五）法律与制度环境的限制

知识产权制度在保护知识和科研产品的生产方面发挥了重要作用，但对于不同的文化类型，法律保护制度可能并不完善。这可能导致某些特定文化表达形式得不到充分的法律保护，从而限制了其传播。例如，在全球化背景下，一些国家可能通过知识产权制度实现文化垄断，这对遭受垄断的国家而言，其文化发展将面临严重困境。有些国家利用知识产权制度进行文化传播，但实际上可能造成了对本土文化的利用和占用，这不仅伤害了文化的传统性，也破坏了文化的独特性，对文化传承和发展构成障碍。尤其是发展中国家在知识产权保护和文化传播方面可能面临更多挑战，由于历史背景、法律传承和本土文化的差异，知识产权法律制度可能带来实施效益不完善的风险。

（六）资源投入与回报的不确定性

在知识产权文化传播过程中，投入的资源往往难以准确量化。人力资源的投入，包括创意、策划、执行等人员的智力和创意贡献，这些无形资产的价值不易衡量。同时，财务资源和物质资源的投入也可能因项目复杂性和执行过程中的变数而难以精确计算。由于知识产权文化传播的效果难以预先准确评估，因此回报预期往往不明确。投入的资源可能无法获得预期的回报，甚至可能面临血本无归的风险。这种不确定性可能导致投资者或相关机构对知识产权文化传播项目的谨慎态度，进而限制资源的投入，从而会直接影响投资者的决策。在面对高风险和低回报预期的情况下，投资者可能会选择减少或避免对知识产权文化传播项目的投资。这可能导致一些有潜力的项目因缺乏资金支持而无法实施，从而限制了知识产权文化的传播，进一步影响知识产权文化传播的效果和效率。而且知识产权文化传播往往需要长期的投入和耕耘，但短期内可能难以看到明显的回报。这种长期投入与短期回报之间的矛盾会加剧资源投入与回报的不确定性，使得一些机构或个人难以持续投入资源支持知识产权文化的传播。

要克服文化传播中的局限性，就需要在全社会范围内提高对知识产权文化传播的重视程度，建立知识产权文化传播的长效机制。包括设立专门的宣传机构或平台，成立专门的知识产权文化传播中心或类似机构，策划、组织和实施各项知识产权文化传播活动；或者建立在线平台，定期发布知识产权相关的新闻、案例、法律解读等内容，以便公众随时随地获取信息；还要持续推进和关注对于知识产权文化的教育培训和普及，将知识产权教育纳入学校课程体系，从小培养学生的知识产权意识和尊重创新的观念；针对从事知识产权相关工作的人员，如律师、代理人、企业管理者等，提供定期的职业培训，提高他们的专业素养；定期组织专家深入社区、学校、企业进行知识产权宣讲，解答公众疑问；重视加强政府各部门之间的协调与合作，确保知识产权文化传播政策的连贯性和执行力度；与企业、媒体、非政府组织等建立合作关系，共同推进知识产权文化的普及和传播；定期对知识产权文化传播活动的效果进行评估，以便及时调整策略和方法；建立舆情监测系统，实时跟踪和分析公众对知识产权的态度和看法，为文化传播提供数据支持。通过建立这样的长效机制，可以确保知识产权文化传播的持续性、系统性和有效性，从而提高全社会对知识产权的尊重和保护意识。

第七节　知识产权转化运用中的文化传播实例

一、企业文化与知识产权文化的结合

企业是知识产权转化运用极其重要的主体，它们是市场经济中的创新实践者，直接面对市场需求和竞争压力，因此有强大的动力去创新并保护其创新成果。从企业角度来看，同类企业之间一般都会存在竞争关系，在商业模式的经营中，知识产权已经成了多数企业的重要竞争核心力量。每个企业所具有的企业文化、知识产权战略文化不同，也代表着企业对价值文化认同的不同。有的企业在创业价值观上可能趋于保守，有的企业却会更倾向于激进尝试；有的企业重视知识产权文化建设，当作关键性战略经营，有的企业可能只是将知识产权经营作为暂时性的需要；而且同类企业在发展过程中也会因为技术发展、市场转型的需求不同而知识产权战略随之发生改变。但是不论企业文化价值观是如何，每个企业的成功都离不开创新，有技术的更新创新、也有市场开拓方法和管理模式的创新，这些过程技术知识和成果的运用管理都会贯穿于内。尤其是当知识产权建设已然上升到国家发展战略时，知识产权文化和战略的建设已经是各个企业发展建设中不可忽视的一环，知识产权不仅仅是一条生硬的法律条约、规则制度，更是一种伴随企业文化的精神纽带。

企业的在市场环境下的商业竞争模式不可避免，而建立企业在这方面的竞争优势，一定需要用到知识产权文化的核心理念建设，也即"尊重知识、崇尚创新、诚信守法、公平竞争"。企业价值观与企业发展理念建设，为的是使员工感同身受拥有一种使命感、责任感，而企业的知识产权文化建设，则能够促进员工有一种竞争意识、提升员工的敬业感和成就感。因此，从企业的整体价值方面考虑，成功企业文化的建设应当是一个将企业思想、文化、意识、知识产权管理和经营体制融合下的知识产权战略文化建设。制定符合企业发展的知识产权文化建设和知识产权管理模式，使企业在市场竞争中赢得更多的市场占有机会，争取更多投资优势，增加竞争筹码。

同样，知识产权文化传播与企业的知识产权转化运用是互惠互促互利共生的，将知识产权文化传播贯穿于知识产权转化运用全流程中是最理想的双向奔赴方式。对于企业来说，要有效实施企业自身的知识产权转化运用，首先需要建立和完善企业内部的知识产权文化。而且知识产权文化的建设不应该仅仅是口号或抽象的概念，应该是深入到企业的日常运营和员工行为中。在员工入职时，企业就应该对其进行知识产权和相关法律法规的培训，向员工传达介绍本企业的知识产权文化和战略规划，比如目前已有的获权专利数量和类型情况、在研的技术方向和进度、未来的技术发展倾向，以及其他相关竞争企业所拥有的专利情况和技术脉络等情况。确保员工全面了解自己企业的知识产权文化建设目标和方向，同时还要明确知道何为合法使用他人知识产权，何为侵权行为，如何避免在研发或市场开拓过程中与其他企业产生知识产权纠纷等问题。在日常的工作和管理中，企业也要随时向员工强调遵守知识产权法律法规的重要性，时刻保持对知识产权尊重的意识。在企业发展过程中，时刻重视员工创新能力的培养，通过实践来培养和弘扬知识产权文化。比如在企业内部建立可以分享员工自己创新想法和成果的交流平台，通过这种亲民的分析和交流方式，不仅可以为员工提供展示自己才华的机会，还可以促进研发团队和员工个人之间的交流和合作，从不同的角度为企业的进步发展开拓方法和思路。通过分享和讨论，员工可以相互启发、不断创新，形成积极向上、勇于创新的工作氛围；企业与员工之间也可以建立更为互信互助的文化氛围和信任关系，企业为员工个人职业发展提供平台和机会，员工为企业进步贡献思想和力量。通过这种深入人心的知识产权文化，不仅能够保护自身的创新成果，还能激发员工的创新活力，提高公司的核心竞争力。

对于专利的转化运用，企业应当建立一系列适合自身情况和发展前景的专利转化运用服务链条，包括技术研发、专利撰写和申请，相关的法律服务、信息服务、咨询服务和运营服务渠道等。建立或寻找合适的能够支持研发技术成果到专利的申请注册、授权、确权、维权的服务链，包括高价值专利布局，再到运营管理和争议解决等全过程的需求，还能够促进专利后续的许可转让和交易流转，为专利的高效转化提供有力支撑。企业可以根据自身情况和市场需求，灵活采用多种专利转化运用方式，如技术许可、技术合作、自主研发生产、技术转让、企业再创办等，这些方式可以有效地将专利技术转化为实际生产力，实现技术创新与商业化的结合。另外，企业还应当加强专利转化运用的组织保障，确保各项工作有序进行，要加大投入保障，包括资金、人力等资源，以支持专利的转化运用工作；利用大数据、云计算、区块链、人工智能等现代信息和数字技术来拓展服务模式、细化服务分工；还可以引导建立多元化投入机制，带动社会资本投向专利转化运用领域。而在此过程中，企业还应当在各个环节注重知识产权文化的传播和宣传，基于企业自身文化特点，结合环境条件和发展需要，进行针对性规划和具体设计，以形成独特的企业知识产权文化。建立企业知识产权文化内部和外部传播体系，对内传播可以通过员工培训、建立内部刊物、企业网站等方式，培育员工的知识产权文化素养，使其深入理解和认同企业文化和知识产权文化，从而增强企业的凝聚力和向心力；对外传播则可通过广告、公关活动、社交媒体等途径，提升企业的知名度和美誉度；还可以打造有自身特色的专利技术运用转化服务平台，以建立广泛的业务合作关系。

总之，知识产权作为科技成果向现实生产力转化的重要桥梁和纽带，必将为我国创新型国家建设宏伟目标的实现奠定坚实的创新力基础和法治保障基础。各企业单位、创新科研机构应当重视知识产权为自身带来的经济利益，既要促进企业自主创新和形成自主知识产权，充分发挥知识产权的优势，又要推动企业强化知识产权保护及运营意识，从提升竞争优势角度对知识产权进行有计划地组织、协调、保护；既要发挥技术创新的作用，形成完整的专利资产管理与专利资本运营链，又要实现品牌的效应，构建系统化的品牌运营策略；既要形成立体化的版权侵权救济体系，又要统筹好企业商业秘密的保护和利用工作，形成良好的企业知识产权布局。如图 5-4 所示，企业对知识产权的转化运用及其管理，实际上就是对附着于各类知识产权之上所形成的知识产权资产的转化运用。要充分发挥文化传播对推动转化的作用力，深厚的知识产权文化能够推动专利的转化运用。当企业和员工都充分认识到知识产权的价值时，就会更加积极地寻求将专利技术转化为实际产品的途径，从而实现科技成果的商业化。成功的专利转化案例又能反过来彰显知识产权文化的价值。当员工看到专利技术能够带来实实在在的经济效益和社会效益时，就会更加认同和尊重知识产权文化。

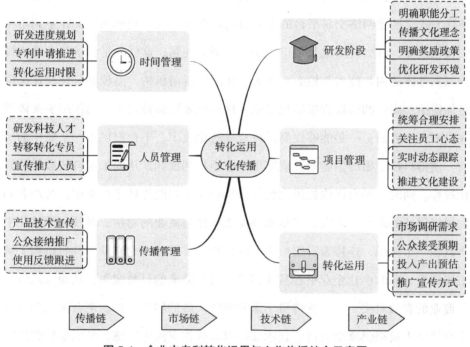

图 5-4　企业中专利转化运用与文化传播结合示意图

二、多媒体转化运用运营平台与知识产权文化传播的结合

知识产权尤其是专利权对社会公众来说向来都是一项专业性强、法律性强、理论性强的"概念权利"，科学技术难懂、法律理论体系庞杂，涉及运用领域广泛，这也是使得其转化运用率不高的原因。但是随着现在以互联网为代表的新媒体技术时代的到来，新媒体技术逐渐替代传统的纸质媒介、广播电视

而席卷文化传播领域，成为社交联络、工作沟通、信息获取和文化传播的主要方式和阵地，已然成为当今媒介生态环境下新的传播语境。对于知识产权文化传播来说，全媒体时代的到来也为知识产权文化传播、专利的转化运用提供了更多的渠道和机遇。

搭建专利转化运用、科技成果转移转化交易网络平台，就是促进专利转化运用与推动科技创新、经济发展和文化传播运营体系建设体系深度融合的一种绝佳方式。搭建网络交易平台的主要目的就在于加快科技成果从实验室到市场的转化速度，解决科研成果与市场需求脱节的问题，这样的平台不仅有助于提升国家整体的创新能力与核心竞争力，还能为科研机构、高校和科技企业提供更加便捷、高效的科技成果转化渠道。科技成果转移转化平台的作用主要体现在以下几个方面：一是能够提高科技成果转化效率。平台提供了一个集中的场所，使得科技成果的供需双方能够更快速地找到彼此，从而加速科技成果的转化过程。同时，平台还能提供大数据分析和人工智能等技术的应用，为产业的发展提供新的思路和方向。二是能够促进科技与商业的对接。科技成果转化平台就像一个桥梁，连接着科研机构、高校和科技企业。它有助于科研机构了解市场需求，同时也让企业更容易找到符合自身需求的科技成果，从而实现科技与商业的有效对接。三是支持科学家和研究人员的转化工作。平台可以为科学家和研究人员提供资金支持、技术支持以及合作交流等资源，帮助他们将研究成果转化为实际应用。这不仅提高了科技成果的商业价值，也促进了科技产业的发展。四是推动科研成果的公开与共享。通过平台，科研成果可以得到更广泛的传播和共享，这有助于推动科学研究的进步，并提高科研成果的商业化应用效率。五是能够提高政府监管和管理能力。科技成果转化平台可以提高政府对科技成果转化的监管和管理能力，有助于规范市场秩序，确保转化的公正性和透明度。

这类转移转化交易平台一般都会具备技术信息展示、交易撮合、价值评估、法律咨询等功能，界面架构上包括前端用户界面、后端管理系统以及数据安全与隐私保护机制。平台首先会建立一个完善的线上交易系统，通常包括科技成果的发布、查询、评估以及交易撮合等功能。除了线上交易系统，平台还会提供负责技术咨询评估、合同草拟审核以及法律法规支持等服务的线下服务机构，以协助双方解决交易中的问题，确保交易的顺利进行。并通过定期举办线上线下交流活动，促进买家和卖家之间的沟通和合作；通过积极整合科研机构、高校以及企业的科技成果资源，形成一个丰富的科技成果库；同时通过多种渠道发布科技成果信息，吸引更多的买家和投资者。这样可以形成一种多方互动和双向选择的关系，一边提供更多的选择给技术需求方，一边促进研发方科技成果的展示和流通。为了吸引更多的用户，有些平台还会进行广泛的推广营销活动，包括利用社交媒体、行业展会等途径进行推广，以及与科研院所、企业建立合作关系，共同推广科技成果交易平台。还会随时对用户行为和数据进行分析，以提取用户偏好和行为规律，从而优化平台功能和服务。

目前我国很多省市都已建立自己的科技成果转移转化交易平台，在促进科技创新和产业转化中扮演着重要角色。在此以广东省科技成果转移转化交易平台"华转网"进行举例介绍：

"华转网"（https：//www.sctcc.cn/）是由广东省科学技术厅、广州市科学技术局、广州南沙区管委会联合支持共建的项目，是在国家大力推动科技创新和技术转移的背景下应运而生的。2019 年，广东省科技创新管理模式，依托第三方平台华南技术转移中心在全国首创"科技服务电商"模式，旨在解决科技服务供需双方信息不对称、交易成本高的问题，通过搭建一个线上平台，实现科技资源的优化配置和高效利用，打造粤港澳大湾区乃至全球技术转移和科技成果转化的高端枢纽性平台。华转网通过把科技创新券搭载到其科技服务商城中，一方面使得创新券的申领使用更为便捷，另一方面让企业享受到研究开发、检验检测、大型科学仪器设备共享等"一站式"科技服务,购买科技服务像在京东、淘宝上购买商品一样方便,实现了企业在线购买科技服务功能。当服务机构入库后,在开设店铺中发布服务产品、价格等商品信息,企业根据所需下单选购后进行支付。科技创新券申领、使用可参照"现金券"方式,在下单支付环节直接抵扣,所抵扣金额由服务机构与平台进行兑付提现,实现"实时申领、按需使用、及时兑付"。入驻该网的服务机构须按照市场价格,为中小企业提供一定折扣率。通过省市联动政策,企业可获得最高50%抵扣,进一步降低了中小企业的科技创新成本,推动了科技成果的转化和应用。自运营以来,华转网通过发放科技创新券,吸引了数百家服务机构入驻华转网,上线科技服务产品数千件,覆盖了多个科技领域。已为近千家科技型中小企业和创业者提供了优质科技服务,并促进企业与服务机构签署了数亿元的服务合同。❶华转网还成功搭建了企业科技特派员官方平台,成为全国首个企业科技特派员线上精准对接服务平台。近年来,华转网不断拓展其服务领域和影响力,如通过建设分中心"线上科技服务大厅"对接不同地区的科技成果项目、企业创新需求等科技创新资源。

如今的华转网颇受欢迎,打开华转网,点开"广东创新券"一栏,页面赫然显示出"机构入库""企业认证""前往商场""孵化器登记""我要开店""我要兑付"六大栏目。网站还设有服务双创九大功能平台,分别是高校科研机构成果托管平台、华转IP运营平台、科研仪器设备共享平台、华转孵化器运营赋能平台、8分钟路演平台、华转科技服务平台、知识产权价值认定分析平台、科研众包悬赏平台、国际技术转移平台。在首页上,还可以通过研究开发、检验检测、仪器共享、科技成果、孵化育成、专利发明、科研专家、投资人和投资机构等多种渠道进行检索和交叉检索,十分精准方便。

---

❶ 广东创新券首创电商模式买科技服务和网购一样方便 [EB/OL].(2019-08-28)[2024-06-27]. https://www.chinanews.com.cn/cj/2019/08-28/8939623.shtml.

华转网作为一个科技服务电商平台，其建设的成功与知识产权文化的有效传播之间存在着紧密的关系。平台通过提供知识产权服务、保护知识产权、推动知识产权转化与运用以及营造尊重知识产权的氛围等多种方式，有力地推动了知识产权文化的传播和普及。首先，华转网通过线上平台提供科技服务，涉及大量的知识产权交易与运用，这自然要求参与的平台用户具备一定的知识产权意识，了解并尊重知识产权的重要性。而且华转网在运营过程中，始终将知识产权的保护和尊重放在首位，不断强调知识产权的保护和尊重，要求入驻的服务机构必须遵守知识产权相关法律法规，确保所提供的科技服务不侵犯他人的知识产权，并通过实际交易和服务案例，潜移默化地提升用户的知识产权意识，这不仅体现在平台的各项规定中，也贯穿于每一笔交易和服务之中。其次，华转网不仅提供科技服务，也涉及知识产权的申请、保护、管理等各类知识产权服务，这一服务旨在帮助用户了解并确定其知识产权的价值，为知识产权的交易和转化提供重要参考。为企业和个人提供了便利的知识产权服务渠道，有助于知识产权文化的传播和普及。华转网作为一个科技服务电商平台，实际上也促进了知识产权的交易，通过平台，持有知识产权的机构或个人能够更容易地找到潜在的买家或合作伙伴，从而推动知识产权的流转和应用。最后，华转网致力于推动科技成果的转化和应用，其中包括了大量的知识产权转化。通过平台的桥梁作用，更多的知识产权得以从实验室走向市场，实现了其商业价值。这种转化过程不仅促进了科技创新和产业发展，也让更多的人看到了知识产权的实际价值和作用，从而更加认同和尊重知识产权。网站平台上分享的成功知识产权交易和转化案例，展示了知识产权的商业价值的同时，也向用户普及了知识产权的重要性和保护知识产权的必要性，这些实际案例成为知识产权文化传播的生动教材。华转网作为一个具有一定社会影响力的平台，其规范运营和对知识产权的尊重态度，无疑会对全社会产生示范效应。作为一个公开、透明的交易平台，通过其规范的运营和严格的管理，营造了一个尊重知识产权的良好氛围。在这种氛围中，用户能够深刻感受到知识产权的重要性，并自觉遵守知识产权相关法律法规，共同维护一个公平、有序的市场环境。

三、传统文化与先进技术的结合

"信息无障碍"——专利免费开放许可，让有温度的专利服务社会。

尊老爱幼、爱护残障人士是中华民族的传统美德，以新质生产力推进信息无障碍、消除"数字鸿沟"，力求在全社会能够实现"信息无障碍"，也是我国发展新质生产力的目标之一。"无障碍"在传统观念中，更多地代表着为残疾人等行动不便者提供的物理性设施，例如盲道、轮椅滑坡以及相关辅具等。随着移动互联网时代的到来，"信息无障碍"建设关系到残疾人等困难群体能否共享经济社会发展的成果。"信息无障碍"的理念是面向所有人的，不局限于某一特定群体，旨在确保每个人都能根据自身的条件和需求，无障碍地获取和利用信息；每个人都应有同等的机会和权利去平等、方便、无障碍地获取和利用信息，不受任何形式的歧视或限制。为了实现信息无障碍，需要在电子和信息技术以及网络环境方面进行无障碍设计和优化，这包括电子和信息技术相关软硬件的无障碍设计，辅助产品和技术的应用，以及网络内容的无障碍呈现等。信息无障碍是社会包容性的一个重要体现，它不仅仅关乎个体的信息获取需求，更体现了社会对于不同群体，特别是残障人士和老年人的关怀与支持，是一种人文文化和观念的传播和体现。

为帮助老年人、残障人士消除智能技术的使用障碍，推进信息无障碍技术的发展，在工业和信息化部的指导下，中国信息通信研究院联合阿里巴巴、蚂蚁集团、快手、饿了么、腾讯、哔哩哔哩、360 等七家互联网企业，宣布成立"信息无障碍技术和知识产权开放工作组"。该工作组的重心就是围绕老年人、残疾人等群体在使用智能产品时，产生的痛点、难点、堵点等问题，进行前瞻性技术研究。上述代表签署了《信息无障碍技术与知识产权开放联合声明》，将28件涉及"适老、助残"的专利免费开放，适老化方面主要涉及远程协助、声纹注册、网络直播交互等；无障碍化方面主要涉及视障、听障用户的在线行为识别及优化、在线操作过程中的隐私保护等。该声明的签署，让信息技术的知识产权文化发展既有速度，又有温度。

"信息无障碍技术和知识产权开放工作组"首批免费开放的专利有28件，开放专利最多的三家企业是阿里巴巴集团（11件）、蚂蚁集团（9件）和快手集团（4件）。这28件专利涉及手势操作、眼动追踪、语音交互、视频播放等技术，在适老、助残方面具备丰富的应用场景。例如，"一种信息播放方法、装置、电子设备以及存储介质"专利，让用户在无障碍模式下点击控件等页面元素，可播放隐藏信息，优化视障人群体验。又如，"带残障骑士认证沟通图形用户界面显示屏幕面板"专利，用于辅助听障骑手沟通的电子沟通卡，其对应的功能在线上可以为饿了么平台超过3000名听障骑手服务，让他们及时接听来电。

阿里巴巴知识产权高级专家王冀是"资源共享播放方法及装置"专利的发明人之一，他表示，基于该项专利，子女可为老人远程点播视频。一些老人对视频网站不熟悉，也不会输字搜索片名。视频网站采用这项专利后，子女可远程发起播放请求，父母只要点击确认，子女就能代为选片。亲友之间还可以异地同时观看同一部影视剧，"云同步"看片聊剧。阿里巴巴用户体验设计高级专家舒舟是"根据滚屏速度调大字号"专利的发明人之一，他表示，不同用户群体有不同的体验要求，年轻用户能在快速滚动的屏幕中一目十行，而老年用户则更习惯缓慢滚屏和尽可能大的字体。于是，他和团队摸索出一套根据滚屏速度自动调大字号的解决方案。这两项专利都是信息无障碍技术，通过信息化手段弥补身体机能、所处环境等差异，使无论是年轻人还是老年人，无论是健全人还是残疾人，都能平等、方便、安全地获取、交互、使用信息。● 而哔哩哔哩免费开放许可的"信息无障碍"专利与视频弹幕有关，一般情况下，弹幕通常以文字形式在视频中呈现，然而盲人等视障人士无法看到弹幕文字，也就无法参与视频交互。针对这一人群，哔哩哔哩开发了让弹幕文字可以自动转换为弹幕音频的专利技术，从而让视障人士可以基于听觉获取弹幕信息，参与互动。

2022 年，上海技术交易所 9 月 21 日官方公告信息显示，饿了么与石头科技已完成 5 项"信息无障碍"相关专利开放许可交易，并出具交易鉴证。这是国内首批具有公益性质的免费开放许可专利完成交易，同时也是京沪跨区域联动推进专利开放许可交易全流程落地，为开放许可试点工作提供了全新案例。据悉，此次完成开放许可交易的饿了么专利主要服务于视障群体及老年人，都较为实用。比如其中"一种页面元素展示方法、装置、电子设备及存储介质开放许可"专利可以简化界面的显示信息，从而帮助用户节约终端电量以及信息处理时间。因为在读屏模式下，视障用户不需要 App 显示高清晰度的图片。而"长辈模式分享方法、装置及电子设备"，则可在响应接收到长辈模式分享对象的触发，跳转到长辈模式相关页面，开启长辈模式，从而使得显示字体大小大于等于预设字体大小，显示内容为预设的长辈感兴趣的内容，显示组件为预设的长辈感兴趣的组件，显示颜色为预设的适于长辈观看颜色。针对性强，操作方便，为老年人提供了方便。公告显示相关开放许可交易价格均为零元。

由此可见，"信息无障碍技术和知识产权开放工作组"通过开放许可的专利转化运用方式，不仅推动了信息无障碍技术的发展，也为知识产权文化传播创造了更加便利的条件，为知识产权文化传播提供了更广阔的平台和渠道。工作组通过开发和推广无障碍技术，为包括老年人和残障人士在内的广大用户提

● "信息无障碍技术和知识产权开放工作组"成立 [EB/OL]. （2021-11-09）[2024-06-26]. http：//www.xinhuanet.com/tech/20211109/666102120a5c4f349c42ef0da94460ac/c.html.

供了无障碍获取信息的渠道，这种无障碍的渠道不仅方便了这些用户群体的日常生活，也让他们能够更容易地接触到关于知识产权的信息和文化，从而促进了知识产权文化的传播。工作组首批免费开放了 28 件涉及"适老、助残"专利，这些专利的免费开放和共享降低了技术门槛，使得更多的企业、研究机构和个人能够利用这些技术进行二次开发和创新。这种开放和共享的做法本身就是对知识产权文化传播的一种促进，因为它鼓励了技术的交流与创新，同时也宣传了尊重和保护知识产权的重要性。

另外，通过工作组的成立和专利的开放，使得社会对知识产权的关注度得到了提升，这种关注不仅体现在对无障碍技术的认可和支持上，也体现在对知识产权保护和创新的重视上。随着社会对知识产权的关注度提高，知识产权文化的传播也自然得到了加强。随着工作组计划定期举办的信息无障碍技术和知识产权交流会，这样的交流平台为业内人士提供了分享经验、探讨问题和合作创新的机会。通过这些交流活动，知识产权文化得以在专业人士之间深入传播，同时也能够激发更多人对知识产权的兴趣和关注。工作组成员包括了多家知名科技企业，这些机构的影响力有助于将知识产权文化传播到更广泛的受众群体中，通过他们的合作和宣传，更多的人将了解到知识产权的重要性，以及保护知识产权对于技术创新和文化发展的意义。另外，知识产权文化传播也反过来推动了信息无障碍技术和知识产权开放工作组的发展，随着人们对知识产权认识的加深，他们对于保护创新成果、推动技术发展的需求也更加强烈。这促使信息无障碍技术和知识产权开放工作组不断优化和完善自身的工作机制，以更好地满足社会的需求。

小　结

知识产权转化运用与知识产权文化传播两者相辅相成，共同推动着知识产权领域的发展。知识产权转化运用将科技成果、创意设计等知识产权转化为具有实际经济价值的产品或服务的过程中，不仅促进了科技创新和产业发展，同时也为知识产权文化传播提供了丰富的素材和案例。当一项创新技术或设计成功转化为市场欢迎的产品或服务时，其背后的知识产权故事和成功经验就会引起广泛关注。这些成功案例通过媒体报道、行业交流等方式迅速传播，不仅可以提升公众对知识产权的认知，还可以激发更多人投身于创新和创造的热情。在转化运用过程中，企业需要与消费者、合作伙伴等各方进行沟通，解释和宣传其产品或服务中的知识产权价值，这种沟通不仅有助于提升公众对知识产权的理解和尊重，还能促进企业之间及企业与消费者之间的信任和合作。另外，知识产权转化运用促进了知识产权法律制度的完善和传播，随着转化运用的不断深入，涉及知识产权的纠纷和争议也逐渐增多。这促使社会各界更加关注知识产权法律制度的建设和完善，而在处理这些纠纷和争议的同时，知识产权法律制度也得到了广泛的传播和普及。

反之亦然，知识产权文化传播也是提高公众知识产权意识、营造良好创新环境的重要途径，它对知识产权转化运用也起到了积极的促进作用。首先，知识产权文化传播为知识产权转化运用提供了良好的社会氛围，通过广泛的宣传和教育活动，公众对知识产权的认知和尊重程度不断提高，这为企业进行知识产权转化运用提供了更加有利的外部环境。在这种氛围下，企业更加注重自主创新和知识产权保护，从而推动了知识产权转化运用的深入发展。其次，知识产权文化传播促进了创新资源的集聚和整合，在知识产权文化传播的过程中，各类创新主体如企业、高校、科研机构等得以更加紧密地联系在一起，这种联系不仅有助于创新资源的共享和整合，还能促进企业之间的合作与交流，共同推动知识产权的转化运用。最后，知识产权文化传播提升了知识产权转化运用的效率和质量，通过传播和教育活动，公众对知识产权的价值和意义有了更深入的理解，促使企业在进行知识产权转化运用时更加注重策略规划和市场调研，以提高转化运用的成功率和效益。同时，消费者也更加注重选择具有自主知识产权的产品或服务，从而推动了知识产权转化运用的市场需求和发展空间。

　　综上所述，知识产权转化运用与知识产权文化传播之间的互动关系形成了一个良性循环：知识产权转化运用的成功推动了知识产权文化传播的深入进行；而广泛的知识产权文化传播又为企业进行知识产权转化运用提供了更好的外部环境和资源支持。正如图 5-5 所示，这种良性循环不仅有助于提升整个社会的创新能力和竞争力，还能推动经济社会的持续健康发展。在未来的发展中，我们应该进一步加强两者的结合与互动，通过完善相关政策法规、加强宣传教育工作、搭建交流合作平台等措施来推动两者的深度融合发展。这将有助于提升我国的创新能力和竞争力，为经济社会的持续健康发展注入新的动力。

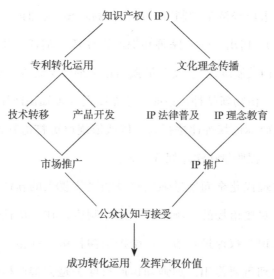

图 5-5　专利转化运用与文化理念传播关系示意图

第六章　面向知识产权保护的
文化传播实践经验

　　党的十八大以来，党中央、国务院把知识产权保护工作摆在更加突出的位置。习近平总书记在主持第十九届中央政治局第二十五次集体学习时强调，要综合运用法律、行政、经济、技术、社会治理等多种手段，从审查授权、行政执法、司法保护、仲裁调解、行业自律、公民诚信等环节完善保护体系，加强协同配合，构建大保护工作格局。党的二十大报告强调，加强知识产权法治保障，形成支持全面创新的基础制度；完善产权保护、市场准入、公平竞争、社会信用等市场经济基础制度，优化营商环境。《知识产权强国建设纲要（2021—2035年）》指出，建立完善知识产权仲裁、调解、公证、鉴定和维权援助体系，加强相关制度建设。《质量强国建设纲要》要求，加强专利、商标、版权、地理标志、植物新品种、集成电路布图设计等知识产权保护；依法严厉打击品牌仿冒、商标侵权等违法行为；依法依规严厉打击制售假冒伪劣商品、侵犯知识产权、工程质量违法违规等行为。

　　在以中国式现代化全面推进强国建设和民族复兴的新征程上，知识产权作为连接创新、对接市场的一项重要基础性制度，在经济社会发展中的作用进一步凸显。知识产权保护环节，在维护法律权威、社会公正、营造良好营商环境等方面起到重要作用，加强知识产权保护是完善产权保护制度最重要的内容，也是提高中国经济竞争力最大的激励。基于法律的特点，法律的运用和个案的判定过程自身就能起到对社会的教育和引导作用，知识产权保护行为的实施过程亦即文化的传播过程。而提高知识产权文化传播成效也为知识产权保护提供了社会基础，是提升社会认同的重要保障，同时能够充分反馈保护的实际成效。

第一节　知识产权保护的概念

党的十八届四中全会明确，全面推进依法治国的总目标是建设中国特色社会主义法治体系、建设社会主义法治国家。知识产权是法律赋予权利人的财产权，依法进行知识产权保护、建立完善的法制体系和保护体系、加强知识产权文化建设和传播，是全面推进依法治国，建设法治国家和法治政府的必然要求。

知识产权保护工作的开展要深入贯彻习近平法治思想"十一个坚持"的核心要义。习近平法治思想是马克思法治理论中国化的最新成果，深刻回答了新时代为什么实行全面依法治国、怎样实行全面依法治国等一系列重大问题，为全面依法治国提供了根本遵循和行动指南。其核心要义是"十一个坚持"。即，坚持党对全面依法治国的领导；坚持以人民为中心；坚持中国特色社会主义法治道路；坚持依宪治国、依宪执政；坚持在法治轨道上推进国家治理体系和治理能力现代化；坚持建设中国特色社会主义法治体系；坚持依法治国、依法执政、依法行政共同推进，法治国家、法治政府、法治社会一体建设；坚持全面推进科学立法、严格执法、公正司法、全民守法；坚持统筹推进国内法治和涉外法治；坚持建设德才兼备的高素质法治工作队伍；坚持抓住领导干部这个"关键少数"。

在知识产权保护环节，我们要在习近平法治思想的指引下开展知识产权文化的传播，加强法治理论研究和宣传，总结我国法治体系建设和法治实践的经验，阐发我国优秀传统法治文化，讲好中国法治故事，提升我国法治体系和法治理论的国际影响力和话语权。把习近平法治思想落实到各法学学科的教材编写和教学工作中，推动习近平法治思想进教材、进课堂、进头脑，努力培养造就更多具有坚定理想信念、强烈家国情怀、扎实法学根底的法治人才。把推进全民守法作为基础工程，全面落实"谁执法谁普法"普法责任制。各级领导干部带头尊法学法守法用法，引导广大群众形成自觉守法、遇事找法、解决问题靠法的良好风气。

一、知识产权保护"双轨制"

知识产权保护"双轨制"是指，知识产权行政保护与司法保护并行的保护模式。在司法保护方面，各个国家或地区具有相对一致的执法机关和管理范畴。但在行政保护方面，仅有部分国家予以实施，并且各国或地区具有不同规定，执法机关和职责也各不相同。

（一）我国知识产权"双轨制"体制机制

我国实行知识产权保护"双轨制"。知识产权行政保护是我国知识产权保护的显著特色，是"司法主导、行政并行"的知识产权保护体系的重要内容。我国现行的知识产权法律、法规，大多数规定了知识产权行政管理机构，为了保证知识产权权利人依法享有的各项权利，法律赋予各行政管理机构享有一定的行政管理权，并有权对侵犯知识产权等行为做出一定的处罚，从而保证知识产权法律在实际生活中得到贯彻和执行。即我国法律、法规赋予了知识产权行政管理部门知识产权行政保护职能。除行政管理机构外，海关等部门等也参与了知识产权行政管理。而对于司法保护，其通过知识产权刑事、民事或行政案件的司法审判及相应手段，用国家强制力实现对知识产权权利人合法利益的保护。

《知识产权强国建设纲要（2021—2035年）》中明确提出建设支撑国际一流营商环境的知识产权保护体系，具体包括：

"健全公正高效、管辖科学、权界清晰、系统完备的司法保护体制。实施高水平知识产权审判机构建设工程，加强审判基础、体制机制和智慧法院建设。健全知识产权审判组织，优化审判机构布局，完善上诉审理机制，深入推进知识产权民事、刑事、行政案件'三合一'审判机制改革，构建案件审理专门化、管辖集中化和程序集约化的审判体系。加强知识产权法官的专业化培养和职业化选拔，加强技术调查官队伍建设，确保案件审判质效。积极推进跨区域知识产权远程诉讼平台建设。统一知识产权司法裁判标准和法律适用，完善裁判规则。加大刑事打击力度，完善知识产权犯罪侦查工作制度。修改完善知识产权相关司法解释，配套制定侵犯知识产权犯罪案件立案追诉标准。加强知识产权案件检察监督机制建设，加强量刑建议指导和抗诉指导。"

"健全便捷高效、严格公正、公开透明的行政保护体系。依法科学配置和行使有关行政部门的调查权、处罚权和强制权。建立统一协调的执法标准、证据规则和案例指导制度。大力提升行政执法人员专业化、职业化水平，探索建立行政保护技术调查官制度。建设知识产权行政执法监管平台，提升执法监管现代化、智能化水平。建立完善知识产权侵权纠纷检验鉴定工作体系。发挥专利侵权纠纷行政裁决制度作用，加大行政裁决执行力度。探索依当事人申请的知识产权纠纷行政调解协议司法确认制度。完善跨区域、跨部门执法保护协作机制。建立对外贸易知识产权保护调查机制和自由贸易试验区知识产权保护专门机制。强化知识产权海关保护，推进国际知识产权执法合作。"

"健全统一领导、衔接顺畅、快速高效的协同保护格局。坚持党中央集中统一领导，实现政府履职尽责、执法部门严格监管、司法机关公正司法、市场主体规范管理、行业组织自律自治、社会公众诚信守法的知识产权协同保护。实施知识产权保护体系建设工程。明晰行政机关与司法机关的职责权限和管辖范围，健全知识产权行政保护与司法保护衔接机制，形成保护合力。建立完善知识产权仲裁、调解、公证、鉴定和维权援助体系，加强相关制度建设。健全知识产权信用监管体系，加强知识产权信用监管机制和平台建设，依法依规对知识产权领域严重失信行为实施惩戒。完善著作权集体管理制度，加强对著作权集体管理组织的支持和监管。实施地理标志保护工程。建设知识产权保护中心网络和海外知识产权纠纷应对指导中心网络。建立健全海外知识产权预警和维权援助信息平台。"

2024 年，国家知识产权局联合中央宣传部（国家版权局）、最高人民法院、最高人民检察院、公安部、司法部、商务部、海关总署、市场监管总局制定并发布了《知识产权保护体系建设工程实施方案》，该方案对建设大保护工作格局，深化各部门知识产权保护工作中的合作，共同推动知识产权严保护、大保护、快保护、同保护作出了相关部署。

（二）国际知识产权保护体制机制

从国际角度而言，《与贸易有关的知识产权协议》（TRIPs 协议），第 41 条第 4 款规定诉讼当事方应有机会要求司法机关对最终行政裁定进行审查；协议第三部分"知识产权的实施"详细规定了侵犯知识产权的司法保护程序，第 49 条规定了行政保护的程序要求。其间接承认了知识产权行政保护的合法性并确立了司法终局的原则，确认了知识产权保护的"双轨制"。但在行政保护方面，各国具有不同规定，执法机关和职责也各不相同。对于行政保护，美国、英国、德国、法国、日本、韩国等国家的海关和警察部门直接参与知识产权执法活动，负责打击侵犯专利权和商标权的行为。[1]

在海外开展知识产权保护，除了寻求司法救济，也可在具有行政保护制度的国家寻求行政救济。美国知识产权行政执法措施主要集中在边境执法、保护进口贸易中的知识产权，其中就包括近年来中国企业常遇到的"337 调查"。

---

[1] 胡开忠 . 新时代知识产权行政保护的理论深化与制度完善 [J]. 佛山科学技术学院学报（社会科学版），2024，42（3）：5-20.

美国行政执法涉及主要部门包括美国国际贸易委员会（ITC）及美国国土安全部下设的海关与边境保护局（CBP）和移民与海关执法局（ICE）。美国国际贸易委员会（ITC）是美国国内一个独立的、准司法联邦机构，拥有对与贸易有关事务的广泛调查权。其职能主要包括：以知识产权为基础的进口调查，并采取制裁措施；产业及经济分析；反倾销和反补贴调查中的国内产业损害调查；保障措施调查；贸易信息服务；贸易政策支持；维护美国海关税则。ITC 有权主动或根据原告申请对进口贸易中侵犯知识产权的行为进行调查并作出决定，比如侵犯专利、注册商标／普通法商标、注册版权、注册掩膜作品（集成电路布图设计）、商业秘密、商业外观、仿冒、虚假宣传或者其他不正当竞争行为等，一般被称为"337 调查"。美国海关与边境保护局是美国的边境执法机构，对进口贸易中的知识产权侵权行为有权采取禁止入境、扣留、扣押、没收和罚款等法定的执法措施。美国移民与海关执法局内设的国土安全调查司负责对货物的跨境非法流动进行刑事调查，包括违反知识产权法律的货物。设立的国家知识产权协调中心，与国内外知识产权调查机构合作，高效快速地处理知识产权违法犯罪案件。通过知识产权违法犯罪举报系统，任何人都可以向该中心举报知识产权违法犯罪行为，该中心在收到举报后将迅速审查处理，发给 HSI 或合作的其他知识产权调查机构。

英国主要开展边境执法。边境部队负责保护英国免受边境安全威胁，其中包括知识产权犯罪。边境部队负责在边境干预和处理涉嫌侵犯知识产权的材料，英国知识产权局与其密切合作，在该领域收集证据并采取行动。意大利主要开展行政（反假冒）执法。假冒包括未经授权侵犯所有知识产权（版权、商标、专利、外观设计、地理标志、原产地名称）的行为，负责知识产权执法的行政机关主要有财政警察、通信管理局、海关等。拉脱维亚、新西兰主要开展海关保护。拉脱维亚国家税务局下设海关办公室，负责开展知识产权的海关执法保护工作。新西兰海关负责采取边境保护措施，阻止盗版和假冒产品进入新西兰，版权所有人、注册商标的所有人和注册被许可人，均可向海关提交书面知识产权通知，请求海关监控、扣留盗版作品或带有侵权标志的产品。❶

二、我国知识产权行政保护

《知识产权强国建设纲要（2021—2035年）》指出，要健全便捷高效、严格公正、公开透明的行政保护体系，知识产权行政保护以加快实现知识产权强国为目标。国家知识产权管理部门致力于为社会提供便捷、高效、低成本的维权渠道，规范行政保护程序流程，加强侵权案件调查取证，实现快速审查、快速确权快速维权的联动机制，遏制群体侵权重复侵权行为。

对于知识产权行政保护的内涵，胡开忠认为，知识产权行政保护有狭义和广义之分。狭义的知识产权行政保护是指在知识产权侵权发生后知识产权行政管理部门实施的行政执法，目的是为知识产权人提供行政救济；广义的知识产权行政保护除行政执法外，还包括知识产权行政管理部门实施的行政管理、行政调解等活动❷，该定义将行政管理、行政调解放在了同一位置。邓建志等认为，知识产权行政保护是相关国家行政管理机关在遵循法定程序和运用法定行政手段的前提下，依法处理各种知识产权纠纷、维护知识产权秩序和提高知识产权社会保护意识，从而有利于知识产权制度扬长避短的一种保护方式。具体来说，知识产权行政保护至少包括如下内容：知识产权行政授权、行政确权、行政处理（包括行政调解、行政裁决、行政复议、行政仲裁等）、行政查处（包括行政处罚、行政强制等）、行政救济、行政处分、行政法制监督、行政服务等等❸，该列举涵盖了行政授权、服务等，属于广义上的具体列举。

---

❶ 中国保护知识产权网.海外维权[EB/OL].[2024-07-09]. http://ipr.mofcom.gov.cn/hwwq_2/zhinan.html.

❷ 胡开忠.新时代知识产权行政保护的理论深化与制度完善[J].佛山科学技术学院学报（社会科学版），2024，42（3）：5-20.

❸ 邓建志，单晓光.我国知识产权行政保护的涵义[J].知识产权，2007（1）：62-67.

无论知识产权行政保护内容如何分类，其权利皆基于法律的授权，受法律约束，并指向具体的行政行为。通过对申请文件进行审批而授予知识产权的行为，决定审批后是否能获得相关知识产权，属于知识产权创造的一个步骤，归属于知识产权创造相关章节；同理，行政服务与知识产权服务环节密切联系，归属于知识产权服务相关章节。因此，并不在本章节作为知识产权行政保护内容予以探讨。

本章基于《专利法》《商标法》等的相关规定，对应于司法审判涉及的行政纠纷类型，将专利、商标等的复审无效程序作为知识产权行政保护的内容予以考量。具体理由如下：

根据《专利法》第41条的规定，专利申请人对驳回申请的决定不服的，可以请求复审，专利申请人对复审决定不服的，可以向人民法院起诉。根据《专利法》第45和46条的规定，任何单位和个人均可以请求国务院专利行政部门宣告专利权无效，对宣告专利权无效或者部分无效的决定不服的，可以向人民法院起诉。

对于复审程序，其是因申请人对驳回决定不服而启动的救济程序，同时也是专利审批程序的延续。复审决定分为下列三种类型：复审请求不成立，驳回复审请求；复审请求成立，撤销驳回决定；专利申请文件经复审请求人修改，克服了驳回决定所指出的缺陷，在修改文本的基础上撤销驳回决定。而无效宣告程序是专利公告授权后依当事人请求启动、通常为双方当事人参加的程序，无效决定类型包括宣告专利权无效或者维持专利权有效，其中宣告专利权无效又分为宣告专利权全部无效和部分无效两种情况，宣告无效的专利权视为自始即不存在。

复审和无效程序，是为保护专利申请人合法权益以及社会公众利益而设置的。基于对复审和无效决定不服提请的司法诉讼，是司法民事诉讼中行政纠纷案件的类型之一，分别为专利授权行政案件和专利确权行政案件。可见上述行为，分别对应于行政保护行为当中的专利授权和专利确权，均为知识产权行政保护内容。与专利相似，商标、集成电路布图设计、植物新品种也存在复审和无效程序，属于行政保护内容之一。

除了上述复审和无效程序涉及的行政授权和确权外，对专利、商标、著作权、商业秘密等侵权或假冒行为是主要知识产权纠纷的来源。对于知识产权保护所涉及的违法行为，主要包括侵犯专利权、假冒专利等行为；侵犯商标权行为；侵犯著作权行为；侵犯商业秘密行为。对上述行为，行政部门采取的行为主要包括行政裁决、行政调解、行政查处等。行政裁决，是指行政机关根据当事人申请，根据法律法规授权，居中对与行政管理活动密切相关的民事纠纷进行裁处的行为。行政调解是指在行政机关的主持下，以当事人双方自愿为基础，以法律、法规及政策为依据，通过对争议双方的说服与劝导，促使双方当事人互让互谅，平等协商，达成协议，以解决有关争议的活动。

三、我国知识产权司法保护

知识产权的司法保护是国家司法机关遵循司法程序，通过司法途径开展知识产权保护工作。由享有知识产权的权利人或国家公诉人向法院对侵权人提起民事诉讼、刑事诉讼，追究侵权人的刑事、民事法律责任，以及对不服知识产权行政机关处理的当事人提起的行政诉讼，进行行政执法的司法审查，使各方当事人的合法利益都得到切实的保护。人民法院作为国家审判机关，依法开展司法审判工作；人民检察院作为国家的法律监督机关，在司法保护中依法行使监督职责，对刑事案件提起公诉，纠正有关机关的违法活动，对案件提起上诉和抗诉。

知识产权司法诉讼的纠纷中，民事一审案件主要包括商标、著作权、专利、技术合同及竞争类案件等，其中，著作权类案件数量众多；行政一审案件包括专利案件、商标案件、著作权案件等，其中商标类案件数量最多。最高人民法院知识产权法庭主要审理全国范围内的专利等技术类知识产权上诉案件和垄断上诉案件。最高人民法院知识产权法庭受理的二审实体案件中，主要涉及专利权纠纷，计算机软件纠纷、专利申请权及专利权权属纠纷、植物新品种权纠纷、集成电路布图设计纠纷、技术秘密纠纷等；二审行政纠纷主要涉及专利的复审行政纠纷、无效行政纠纷，植物新品种行政纠纷、集成电路布图设计行政纠纷，垄断行政纠纷、行政裁决纠纷。二审结案方式包括维持原审裁判、撤诉、调解、发回重审、改判方式。

在知识产权保护中，行政保护和司法保护衔接非常重要，国家不断构建完善的保护体系并出台相关政策，如国家药监局、市场监管总局、公安部、最高人民法院、最高人民检察院联合印发《药品行政执法与刑事司法衔接工作办法》，对药品行刑衔接工作加强规范和指导，强化大案要案多部门联合查处。

第二节　知识产权保护环节涉及的主客体

知识产权保护贯穿于知识产权全链条，维护知识产权全生命周期的各项合法权益和社会公众利益。涉及的主体为开展和进行保护行为的组织，如开展行政保护行为的知识产权管理部门，进行司法保护的司法审判机构等，该环节涉及的客体主要是各类知识产权及相关权利。知识产权类型以相关权利内容已经在前述章节进行了讨论，在此不作赘述。下面将主要围绕知识产权保护的主体展开分析。

一、行政保护主体

行政保护的主体分属于不同机构，处理其相应领域的事务，即行政保护主体并不统一，呈现是多元化的。国家知识产权局负责保护知识产权，拟订严格保护商标、专利、原产地地理标志、集成电路布图设计等知识产权制度并组织实施；组织起草相关法律法规草案，拟定部门规章，并监督实施；研究鼓励新领域、新业态、新模式创新的知识产权保护、管理和服务政策；研究提出知识产权保护体系建设方案并组织实施，推动建设知识产权保护体系；负责指导商标、专利执法工作，指导地方知识产权争议处理、维权援助和纠纷调处。国家市场监督管理总局负责组织和指导市场监管综合执法工作、反垄断统一执法、监督管理市场秩序，组织指导查处价格收费违法违规，不正当竞争，违法直销、传销，侵犯商标专利知识产权和制售假冒伪劣行为；负责监督管理市场秩序。依法监督管理市场交易、网络商品交易及有关服务的行为。组织指导查处价格收费违法违规、不正当竞争、违法直销、传销、侵犯商标专利知识产权和制售假冒伪劣行为。商标、专利等领域执法职责继续由市场监管综合执法队伍承担，相关执法工作接受国家知识产权局专业指导。国家版权局的职责涉及版权方面行政保护，国家版权局可以查处在全国有重大影响的违法行为，以及认为应当由其查处的其他违法行为。

地方著作权行政管理部门负责查处本辖区发生的违法行为。根据行政保护制度，在侵权行为损害公共利益的情况下，经权利人投诉或者知情人举报，或者经行政机关自行立案调查，行政机关将依法追究侵权人的行政责任，受理著作权行政投诉的机关为各级著作权行政管理部门；商务部负责贸易相关知识产权工作；国家林业和草原局、农业农村部在植物新品种保护等业务领域进行相应的知识产权保护工作。海关总署负责海关监管工作，包括依法执行进出口贸易管理政策，负责知识产权海关保护工作、海关标志标识管理。

二 . 司法保护主体

（一）知识产权司法保护专业化审判体制机制

2014 年起，我国先后于北京、上海、广州、海南设立知识产权法院；2018年起，于天津、长沙、西安等相继成立知识产权法庭，2019 年成立最高人民法院知识产权法庭。以最高人民法院知识产权审判业务部门为牵引、4 个知识产权法院为示范、27 个地方法院知识产权法庭为重点、各级法院知识产权审判业务部门为支撑的专业化审判体系基本形成，国家层面知识产权案件上诉审理机制运行取得积极成效。全国具有知识产权民事案件管辖权的基层人民法院达558 家，知识产权案件"三合一"审判机制改革深入推进，充分发挥知识产权专门化审判体系在统一裁判标准、优化科技创新法治环境、服务知识产权强国建设等方面的积极作用。❶

著作权、商标、专利等主要类型知识产权的级别管辖如下：对于著作权民事纠纷和商标民事纠纷的一审案件，原则上由中级以上人民法院管辖，对于著作权，各高级人民法院根据本辖区的实际情况，可以报请最高人民法院批准，由若干基层人民法院管辖；对于商标，各高级人民法院根据本辖区的实际情况，经最高人民法院批准，可以在较大城市确定 1~2 个基层人民法院受理；而对于专利民事纠纷一审案件，由特定的中级人民法院管辖，包括知识产权法院、省级人民政府所在地中级人民法院（或其内设的知识产权法庭）、最高人民法院确定的较大城市的中级人民法院（或其内设的知识产权法庭），但例外情况可由高级人民法院管辖；对于植物新品种相关案件，由知识产权法院，各省、自治区、人民政府所在地和最高人民法院指定的中级人民法院作为第一审人民法院审理，当事人对植物新品种纠纷案件第一审判决、裁定不服，提起上

---

❶ 最高人民法院知识产权审判庭 . 中国法院知识产权司法保护状况（2023 年）[M]. 北京：人民法院出
版社，2024.

诉的，由最高人民法院审理（高级经济师实务）。表 6-1 和表 6-2 分别列举了我国专利纠纷和植物新品种纠纷第一审案件管辖权法院 / 法庭。❶

表 6-1 具有专利纠纷第一审案件管辖权法院 / 法庭

最高人民法院知识产权法庭		
北京市	北京市高级人民法院	北京知识产权法院
天津市	天津市高级人民法院	天津知识产权法庭 *
河北省	河北省高级人民法院	石家庄市中级人民法院
山西省	山西省高级人民法院	太原市中级人民法院
内蒙古自治区	内蒙古自治区高级人民法院	呼和浩特市中级人民法院、包头市中级人民法院
辽宁省	辽宁省高级人民法院	大连市中级人民法院、沈阳知识产权法庭 *
吉林省	吉林省高级人民法院	长春知识产权法庭 *
黑龙江省	黑龙江省高级人民法院	哈尔滨市中级人民法院、齐齐哈尔市中级人民法院
上海市	上海市高级人民法院	上海知识产权法院
江苏省	江苏省高级人民法院	南京知识产权法庭 *、苏州知识产权法庭 *、徐州知识产权法庭 *、无锡知识产权法庭 *
浙江省	浙江省高级人民法院	杭州知识产权法庭 *、宁波知识产权法庭 *、温州知识产权法庭 *
安徽省	安徽省高级人民法院	合肥知识产权法庭 *
福建省	福建省高级人民法院	福州知识产权法庭 *、厦门知识产权法庭 *、泉州知识产权法庭 *
江西省	江西省高级人民法院	南昌知识产权法庭 *、景德镇知识产权法庭 *
山东省	山东省高级人民法院	济南知识产权法庭 *、青岛知识产权法庭 *
河南省	河南省高级人民法院	郑州知识产权法庭 *
湖北省	湖北省高级人民法院	武汉知识产权法庭 *
湖南省	湖南省高级人民法院	长沙知识产权法庭 *
广东省	广东省高级人民法院	广州知识产权法院、深圳知识产权法庭 *
广西壮族自治区	广西壮族自治区高级人民法院	南宁市中级人民法院、柳州市中级人民法院

---

❶ 管辖分布 [EB/OL]. [2024-07-09]. 最高人民法院知识产权法庭官网，https：//ipc.court.gov.cn/zh-cn/news/more-2-27.html.

最高人民法院知识产权法庭		
海南省	海南省高级人民法院	海南省自由贸易港知识产权法院
重庆市	重庆市高级人民法院	重庆知识产权法庭*
四川省	四川省高级人民法院	成都知识产权法庭*
贵州省	贵州省高级人民法院	贵阳市中级人民法院、遵义市中级人民法院
云南省	云南省高级人民法院	昆明市中级人民法院
西藏自治区	西藏自治区高级人民法院	拉萨市中级人民法院
陕西省	陕西省高级人民法院	西安知识产权法庭*
甘肃省	甘肃省高级人民法院	兰州知识产权法庭*
青海省	青海省高级人民法院	西宁市中级人民法院
宁夏回族自治区	宁夏回族自治区高级人民法院	银川市中级人民法院
新疆维吾尔自治区	新疆维吾尔自治区高级人民法院	乌鲁木齐知识产权法庭*
	新疆维吾尔自治区高级人民法院生产建设兵团分院	新疆生产建设兵团农八师中级人民法院、新疆生产建设兵团农十二师中级人民法院

*：中级人民法院的内设机构，有权跨行政区域审理专利等技术类案件。

表6-2　植物新品种纠纷第一审知识产权民事案件

省份	管辖法院
北京市	北京知识产权法院统一管辖发生在北京市辖区的第一审民事案件
天津市	天津知识产权法庭统一管辖发生在天津市辖区的第一审民事案件
河北省	石家庄市中级人民法院统一管辖发生在河北省内的第一审民事案件
山西省	太原市中级人民法院统一管辖发生在山西省内的第一审民事案件
内蒙古自治区	呼和浩特市中级人民法院统一管辖发生在内蒙古自治区辖区内的第一审民事案件
辽宁省	1. 沈阳市中级人民法院管辖发生在沈阳市、抚顺市、本溪市、锦州市、阜新市、铁岭市、朝阳市、葫芦岛市辖区内的第一审民事案件； 2. 大连市中级人民法院管辖发生在大连市、鞍山市、丹东市、营口市、辽阳市、盘锦市辖区内的第一审民事案件
吉林省	长春知识产权法庭统一管辖发生在吉林省内的第一审民事案件
黑龙江省	哈尔滨市中级人民法院统一管辖发生在黑龙江省内的第一审民事案件

管辖法院	案件
上海市	上海知识产权法院统一管辖发生在上海市辖区的第一审民事案件
江苏省	1. 南京知识产权法庭管辖发生在南京市、镇江市、扬州市、泰州市、盐城市、淮安市、宿迁市、徐州市、连云港市辖区的第一审民事案件 2. 苏州知识产权法庭管辖发生在苏州市、无锡市、常州市、南通市辖区的第一审民事案件
浙江省	1. 杭州知识产权法庭管辖发生在杭州市、嘉兴市、湖州市、金华市、衢州市、丽水市辖区的第一审民事案件 2. 宁波知识产权法庭管辖发生在宁波市、温州市、绍兴市、台州市、舟山市辖区的第一审民事案件
安徽省	合肥知识产权法庭统一管辖发生在安徽省内的第一审民事案件
福建省	1. 福州知识产权法庭管辖发生在福建省福州市、南平市、宁德市、莆田市、三明市和平潭综合实验区辖区内统一管辖发生在福建省内的第一审民事案件 2. 厦门知识产权法庭域管辖发生在福建省厦门市、泉州市、漳州市、龙岩市辖区的第一审民事案件
江西省	南昌知识产权法庭统一管辖发生在江西省内的第一审民事案件
山东省	1. 济南知识产权法庭管辖发生在济南市、淄博市、枣庄市、济宁市、泰安市、莱芜市①、滨州市、德州市、聊城市、临沂市、菏泽市辖区的第一审民事案件 2. 青岛知识产权法庭管辖发生在青岛市、东营市、烟台市、潍坊市、威海市、日照市辖区的第一审民事案件
河南省	郑州知识产权法庭统一管辖发生在河南省内的第一审民事案件
湖北省	武汉知识产权审判庭统一管辖发生在湖北省内的第一审民事案件
湖南省	长沙知识产权法庭统一管辖发生在湖南省内的第一审民事案件
广东省	1. 广州知识产权法院管辖发生在广东省内（深圳市除外）的第一审民事案件 2. 深圳知识产权法庭管辖发生在深圳市辖区的第一审民事案件
广西壮族自治区	南宁市中级人民法院统一管辖发生在广西壮族自治区辖区内的第一审民事案件
海南省	海口市中级人民法院统一管辖发生在海南省内的第一审民事案件
重庆市	1. 重庆市第一中级人民法院管辖发生在重庆市第一中级人民法院、第三中级人民法院、第四中级人民法院辖区内的第一审民事案件 2. 重庆市第五中级人民法院管辖发生在重庆市第二中级人民法院、第五中级人民法院辖区内的第一审民事案件
四川省	成都知识产权审判庭统一管辖发生在四川省内的第一审民事案件

续表

管辖法院	案件
贵州省	贵阳市中级人民法院统一管辖发生在贵州省内的第一审民事案件
云南省	昆明市中级人民法院统一管辖发生在云南省内的第一审民事案件
西藏自治区	拉萨市中级人民法院统一管辖发生在西藏自治区辖区内的第一审民事案件
陕西省	西安知识产权法庭统一管辖发生在陕西省内的第一审民事案件
甘肃省	兰州知识产权法庭统一管辖发生在甘肃省内的第一审民事案件
青海省	西宁市中级人民法院统一管辖发生在青海省内的第一审民事案件
宁夏回族自治区	银川市中级人民法院统一管辖发生在宁夏回族自治区辖区内的第一审民事案件
新疆维吾尔自治区	1. 乌鲁木齐知识产权法庭统一管辖发生在新疆维吾尔自治区辖区内的第一审民事案件 2. 新疆生产建设兵团农八师中级人民法院统一管辖发生在新疆生产建设兵团农八师、农四师、农五师、农七师、农十师辖区内的第一审民事案件 3. 新疆生产建设兵团农十二师中级人民法院统一管辖发生在新疆生产建设兵团农十二师、农一师、农二师、农三师、农六师、农十三师、农十四师、建工师辖区内以及发生在乌鲁木齐市市城区范围内的符合《关于新疆生产建设兵团人民法院案件管辖权问题的若干规定》的第一审民事案件

资料来源：植物新品种纠纷第一审知识产权民事案件管辖法院及联系方式 [EB/OL]. [2024-09-24]. 最高人民法院知识产权法庭，https：//ipc.court.gov.cn/zh-cn/news/more-2-28.htm.

注：① 莱芜市已于 2019 年撤销建制，分为莱芜区（原莱城区）和钢城区（原钢城区）划归济南市。

（二）知识产权司法保护检察监督机制

2020 年年底，最高人民检察院组建知识产权检察办公（以下简称"知产办"），综合履行知识产权刑事、民事、行政、公益诉讼检察职能，即"四大检察"职能，着力加强知识产权综合司法保护。同年，在北京、天津、上海、江苏、浙江、福建、重庆、四川、海南 9 个省（市）开展知识产权检察职能集中统一履行试点，在全国推进知识产权检察综合履职，试点检察院整合知识产权检察职能，组建内部综合办案组织，专门从事知识产权检察工作。截至 2023 年年底，全国各省级检察院均已设立知识产权检察部门，部分办案数量较多的地市和基层检察院，也设立了知识产权检察部门或办案组织，通过专业化办案组织建设，配备知识产权检察人才，夯实履职基础，提升知识产权检察综合履职专业化水平。另外，最高人民检查院还建立了知识产权基层办案联系点制度，在全国检察机关设立 80 个基层办案联系点，以点带面加强指导。制定管理办法，畅通上下沟通交流渠道，提高知识产权检察办案质效。每年组织多期知识产权检察综合履职专题培训班，编发《知识产权检察工作情况》，交流各地经验做法。

同时，检察机关不断完善体制机制建设。与国家知识产权局共同发布《关于强化知识产权协同保护的意见》《关于加强知识产权鉴定工作衔接的意见》，深化执法司法协作、完善鉴定工作；会同农业农村部等部门出台《关于保护种业知识产权打击假冒伪劣套牌侵权营造种业振兴良好环境的指导意见》，加强种业安全保护，助力乡村振兴战略实施；印发《全国检察机关开展依法惩治知识产权恶意诉讼专项监督工作实施方案》，加大对知识产权恶意诉讼惩治力度；《检察机关案件质量主要评价指标》增设"知识产权检察综合履职适用率"评价指标，持续深化知识产权检察综合履职；制发《人民检察院开展侵犯知识产权刑事案件权利人诉讼权利义务告知工作方案》，进一步加强对知识产权权利人合法权益的保护；制定《人民检察院办理知识产权案件工作指引》，为高质效检察办案提供具体指引；出台《关于全面加强新时代知识产权检察工作的意见》，明确知识产权检察工作的指导思想、基本原则、目标任务和具体举措。

第三节　知识产权保护的现状和方式

一、知识产权保护现状

（一）行政保护相关数据

我国知识产权行政保护体系不断健全，完善了专利侵权纠纷行政裁决机制，加强了执法专业指导，强化了知识产权行政保护专业技术支撑。《二〇二三年中国知识产权保护状况》指出，2022 年，我国查办专利商标等领域违法案件 4.4 万件，处理专利侵权纠纷行政案件 5.8 万件，查办侵权盗版案件 3378 件，扣留进出口侵权嫌疑货物 6.1 万批次。知识产权协同保护格局不断完善，截至 2022 年年底，已建设 97 家国家级知识产权保护中心和快速维权中心。

2023 年，中国各级行政部门立足打通法治政府建设"最后一公里"的工作核心，不断完善行政执法机制，提升行政执法效能，上下联动、同向发力加强知识产权保护，营造良好营商环境。

（1）强化专利行政保护。2023 年，全国各级市场监管部门共查处专利违法案件 0.46 万件，案值 900 余万元，罚没金额 1500 余万元依法向司法机关移送涉嫌犯罪案件 3 件。全国各级知识产权管理部门共办理专利侵权纠纷行政案件 6.80 万件，同比增长 18.8%。国家知识产权局审结第二批 10 件重大专利侵权纠纷行政裁决案件；受理药品专利侵权纠纷早期解决机制行政裁决案件 62 件，审结 65 件。

（2）强化商标行政保护。2023 年，全国各级市场监管部门共查处商标违法案件 3.94 万件，案值 7.90 亿元，罚没金额 6.26 亿元。其中，商标侵权假冒案件 3.51 万件，案值 7.3 亿元。依法向司法机关移送涉嫌犯罪案件 1330 件。打击假冒知名品牌及"傍名人""搭便车"行为被纳入民生领域案件查办"铁拳"行动，执法的系统性和专业性进一步提高。开展侵权假冒伪劣商品全国统一销毁行动。

（3）强化版权行政保护。开展"青少年版权保护季"行动、打击院线电影盗录传播专项工作、打击网络侵权盗版"剑网 2023"专项行动等，重点整治危害青少年权益的侵权盗版行为、院线电影盗录传播行为、热映影视剧非法复制传播行为，以及文博文创、体育赛事电子商务、知识分享、新闻资讯聚合等重点领域侵权盗版行为。2023 年，全国各级版权执法部门共检查实体市场相关单位 72 万家次，查办侵权盗版案件 4745 件，移送司法机关 231 件、涉案金额达26.64 亿元，关闭侵权盗版网站 2390 个，删除侵权盗版链接 244 万余条。有关部门联合挂牌督办 150 件版权重点案件。国家版权局会同最高人民检察院、公安部、文化和旅游部等相关部门挂牌督办版权重点案件 150 起。

（4）强化地理标志和特殊标志、植物新品种行政保护，并加大科技型企业、民营企业、外资企业等各类企业商业秘密保护力度。围绕高新技术、制造业等重点行业，关注涉密区域管理和信息传输等重点环节，查处不正当手段获取、侵犯商业秘密行为。并针对标准版权、网络市场等进行监管等开展专项活动。2023 年，全国各级市场监管部门共查处各类不正当竞争案件 12496 件。聚焦种业知识产权保护，持续开展全国种业监管执法年活动，紧盯主要品种、关键区域、重点市场，严查无证生产、未审先推、假冒伪劣、套牌侵权等违法行为。

（5）强化海关行政保护。开展全国海关知识产权保护"龙腾行动"加强对重点渠道、重点行业、重点商品进出口贸易监控和侵权查处继续保持打击进出口侵权货物高压态势。开展寄递渠道知识产权保护"蓝网行动 2023"，加大对"化整为零""蚂蚁搬家"式侵权行为打击力度，共查扣寄递渠道进出口侵权嫌疑货物 5.84 万批次、703.88 万件。2023 年，全国海关共查扣进出口侵权嫌疑货物 6.21 万批次、8288.94 万件强化反不正当竞争行政保护。

（二）最高人民法院知识产权案件重要数据

最高人民法院知识产权法庭是最高人民法院派出的常设审判机构，设在北京市，主要审理全国范围内的专利等技术类知识产权上诉案件和垄断上诉案件。法庭是为进一步统一知识产权案件裁判标准，依法平等保护各类市场主体合法权益，加大知识产权司法保护力度，优化科技创新法治环境，加快实施创新驱动发展战略，建立国家层面知识产权案件上诉审理机制而成立的司法审判机构。

《最高人民法院知识产权法庭年度报告（2023）》指出，2019—2023 年，最高人民法院知识产权法庭共受理技术类知识产权和垄断案件 18 924 件，审结 15 710 件，年度新收和审结呈现逐年增长趋势；受理民事二审实体案件 11 657 件，审结 9506 件；受理行政二审实体案件 4365 件，审结 3373 件。其中，涉外、涉港澳台案件占全部案件 10.2%（涉外案件 8.87%、涉港澳台案件 1.35%）；审结涉外、涉港澳台案件占全部审结案件的 9.1%。其中新收案件主要类型及涉外、涉港澳台案件情况如图 6-1、图 6-2 所示。

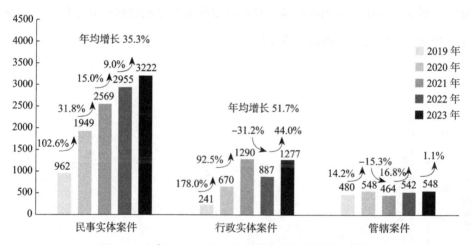

图 6-1　法庭 2019—2023 年新收案件主要类型态势图

图 6-2　法庭 2019—2023 年受理涉外、涉港澳台案件图

如图 6-3 所示，民事二审实体案件中，侵害发明、实用新型专利权纠纷 6654 件，计算机软件纠纷 2447 件，专利申请权及专利权权属纠纷 981 件，植物新品种权纠纷 440 件，集成电路布图设计纠纷 16 件，技术秘密纠纷 326 件，技术类知识产权合同等其他纠纷 689 件，垄断纠纷 104 件。行政二审实体案件中，发明专利申请驳回复审行政纠纷 1291 件，发明专利权无效行政纠纷 1137 件，实用新型专利申请驳回复审行政纠纷 136 件，实用新型专利权无效行政纠纷 977 件，外观设计专利申请驳回复审行政纠纷 12 件，外观设计专利权无效行政纠纷 390 件，植物新品种行政纠纷 7 件，集成电路布图设计行政纠纷 2 件，垄断行政纠纷 45 件，行政裁决等纠纷 368 件。另有 2 件垄断行政纠纷管辖权异议上诉案。其中，专利申请驳回复审行政纠纷为专利授权行政案件，专利权无效行政纠纷即为专利确权行政案件。

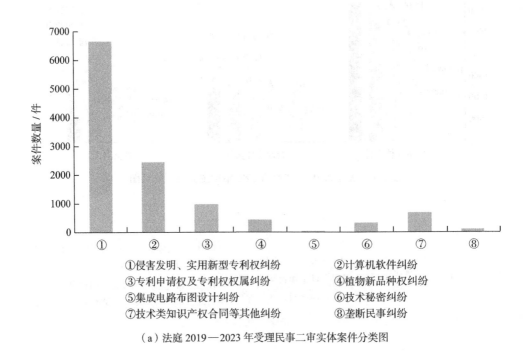

（a）法庭 2019—2023 年受理民事二审实体案件分类图

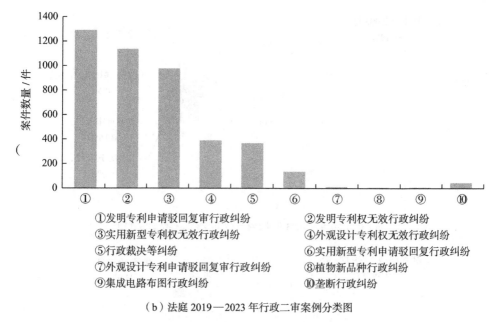

①发明专利申请驳回复审行政纠纷　②发明专利权无效行政纠纷
③实用新型专利权无效行政纠纷　④外观设计专利权无效行政纠纷
⑤行政裁决等纠纷　⑥实用新型专利申请驳回复审行政纠纷
⑦外观设计专利申请驳回复审行政纠纷　⑧植物新品种行政纠纷
⑨集成电路布图行政纠纷　⑩垄断行政纠纷

（b）法庭 2019—2023 年行政二审案例分类图

图 6-3　法庭 2019—2023 年民事和行政二审案件分类图

　　如图 6-4 所示，法庭审结的行政二审实体案件中，维持原判 2903 件占 86.1%；改判 241 件占 7.1%，共计结案 3373 件。民事二审实体案件中，维持原审裁判方式结案 3956 件，占 41.6%；以撤诉方式结案 2454 件，占 25.8%；以调解方式结案 1063 件，占 11.2%；以发回重审方式结案 117 件，占 1.2%；以改判方式结案 1860 件，占 19.6%（扣除因权利效力变化、批量维权案件统一裁判标准等原因导致改判的案件后，改判率为 11.0%）；以其他方式结案 56 件，占 0.6%。法庭案件多来自经济相对发达地区，案件来源前五位地区分别是北京市、广东省、浙江省、江苏省、山东省。法庭案件来源前五位一审法院分别是北京知识产权法院、广州知识产权法院、深圳市中级人民法院、上海知识产权法院、杭州市中级人民法院。

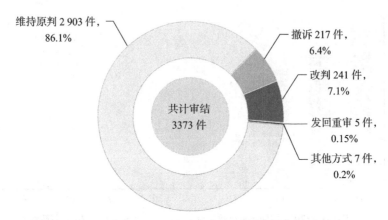

（a）法庭 2019—2023 年审结行政二审实体案件结案方式图

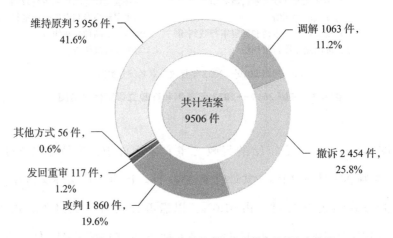

（b）法庭 2019—2023 年审结民事二审实体案件结案方式图

图 6-4　法庭 2019—2023 年审结民事、行政二审实体案件结案方式图

就 2023 年而言，侵权案件持续增长，涉及发明专利、实用新型专利、植物新品种、技术秘密、计算机软件的侵权纠纷均逐年递增，重点领域的创新活跃度稳步提升，司法保障力度持续增强。行政案件大幅上升，授权确权案件一审办案效率有明显提升，同时两审程序衔接得到进一步优化。涉战略性新兴产业案件持续增长，新收涉新一代信息技术、生物技术、新能源、新材料、高端装备、新能源汽车、绿色环保等战略性新兴产业案件占全部新收案件的 31.3%，法庭案件比例进一步提升。其中，涉新一代信息技术、生物技术、高端装备的案件明显增多。

而 2023 年全国法院新收一审、二审、申请再审等各类知识产权案件 544 126 件。全国法院新收知识产权民事一审案件 462 176 件，其中，商标案件 131 429 件，同比上升 16.85%；著作权案件 251 687 件，同比下降 1.57%；技术合同案件 6 492 件，同比上升 53.19%；竞争类案件 10 230 件，同比上升 8.97%；其他案件 17 627 件，同比下降 0.51%。全国法院新收知识产权民事二审案件 37 214 件，审结 38 713 件，同比分别下降 24.79% 和 20.37%。全国法院新收知识产权行政一审案件 20 583 件。其中，专利案件 1 990 件，同比上升 5.85%；商标案件 18 558 件，同比下降 0.97%；著作权案件 11 件，比 2022 年减少 1 件；其他案件 24 件，同比上升 166.67%。全国法院新收知识产权行政二审案件 10 053 件，其中，维持原判 7 477 件，改判 1 551 件，发回重审 1 件，撤诉 208 件，驳回起诉 3 件，其他 19 件。❶

2024 年上半年，受理知识产权一审案件 24.1 万件，同比增长 1.17%。其中，刑事案件 4 273 件，同比增长 44.02%；民事案件 22.6 万件，同比增长 0.81%；行政案件 1.1 万件，同比下降 2.94%。坚持依法能动履职，越来越多的知识产权纠纷通过调解等方式实质化解，多元纠纷解决机制日趋完善，知识产权民事一审案件调解撤诉率 74.45%，同比上升 4.84 个百分点。❷

（三）最高人民检察院知识产权案件数据

2020 年年底，最高人民检察院组建了知识产权检察办公室，对知识产权工作重视程度再上新高度。近年来，全国各级检察机关充分履行各项知识产权检察

---

❶ 见《中国法院知识产权司法保护状况（2023 年）》。

❷ 最高人民法院公布 2024 年上半年司法审判工作主要数据 [EB/OB]（2024-07-19）[2024-07-20]. 最高人民法院知识产权法庭官网，https://ipc.court.gov.cn/zh-cn/news/view-3244.html.

职能，把"高质效办好每一个案件"作为新时代新征程检察履职办案的基本价值追求，知识产权刑事检察办案质效持续提升，民事行政检察监督力度不断加大，公益诉讼检察工作稳步推进。2024 年知识产权宣传周期间，最高人民检察院发布《知识产权检察工作白皮书（2021—2023 年）》，以翔实的数据展示了 2021—2023 年的知识产权检察工作成果。以下对其中四个方面的数据进行简要介绍。

1. 知识产权刑事检察工作

2021—2023 年，全国检察机关受理审查起诉侵犯知识产权犯罪由 2.2 万人增长到 3.07 万人。此外，知识产权民事行政诉讼监督案件数量逐年大幅上升，2021 年同比增加 3.1 倍，2022 年同比增加 72.2%，2023 年又同比增加 1.7 倍，达到 2508 件。2023 年，民事生效裁判监督案件中，提出抗诉和制发再审检察建议 726 件，同比增加 8.1 倍。图 6-5 展示了 2019—2023 年受理审查起诉侵犯知识产权犯罪案件情况。近年来侵犯知识产权犯罪案件数量呈上升趋势，检察机关打击力度持续加大。❶

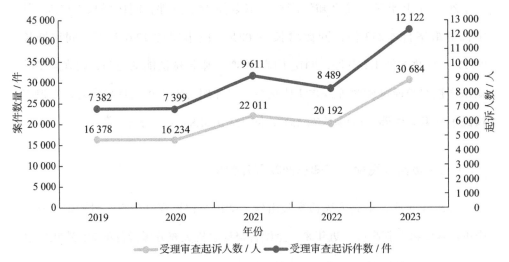

图 6-5　2019—2023 年受理审查起诉侵犯知识产权犯罪案件情况

---

❶ 张羽.最高检首次向社会发布知识产权检察工作白皮书 [EB/OL].（2024-04-26）[2024-09-10]. 中华人民共和国最高人民检察院网站，https://www.spp.gov.cn/zdgz/202404/t20240426_652939.shtml

知识产权犯罪案件以侵犯商标权类犯罪为主，侵犯著作权类犯罪和侵犯商业秘密犯罪数量增加明显。2021—2023 年，共受理审查起诉假冒注册商标罪 9557 件 23 687 人，销售假冒注册商标的商品罪 13 517 件 30 644 人，非法制造、销售非法制造的注册商标标识罪 1 858 件 4 981 人，侵犯著作权罪 1 835 件 4 729 人，销售侵权复制品罪 150 件 368 人，假冒专利罪 6 件 13 人，侵犯商业秘密罪 335 件 862 人。侵犯商标权类犯罪案件数和人数均占比近九成，但 2023 年侵犯著作权类犯罪、侵犯商业秘密犯罪人数同比分别上升 1.4 倍、96.6%，增幅明显高于整体侵犯知识产权犯罪案件。图 6-6 展示了 2021—2023 年中，受理审查起诉侵犯商标权类、侵犯著作权类、假冒专利、侵犯商业秘密犯罪的具体情况。

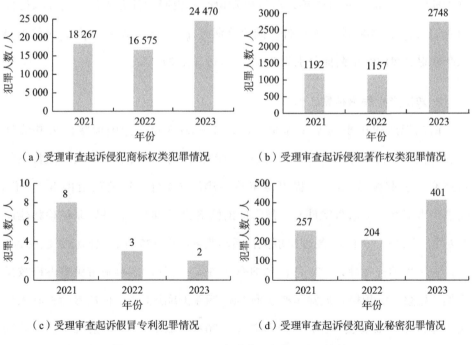

图 6-6　2021—2023 分别受理审查四种犯罪情况

从地区分布看，东部沿海等经济发达地区办理的侵犯知识产权犯罪案件数量较多，与经济社会发展水平呈现一定程度的正相关性。2023 年，受理审查起诉侵犯知识产权犯罪人数较多的地区是：广东 3589 人、浙江 3417 人、山东 2600 人、上海 2362 人、安徽 2233 人、江苏 1985 人，六省份合占 52.8%。

2021—2023 年，开展监督立案分别为 330 件、365 件、1155 件，同比分别上升 37.5%、10.6%、2.2 倍；开展监督撤案分别为 241 件、330 件、401 件，公安机关撤案分别为 231 件、322 件、413 件（含积存），监督撤案率分别为 95.9%、97.6%、100%。建议行政机关移送刑事犯罪线索分别为 280 件 306 人、401 件 431 人、484 件 558 人，件数同比分别上升 22.8%、43.2%、20.7%。

检察机关积极落实侦查监督与协作配合机制，推动构建以证据为中心的刑事指控体系。2021—2023 年，对侵犯知识产权犯罪案件介入侦查引导取证分别为 1150 件、1484 件、3008 件，同比分别上升 1.2 倍、29%、1 倍；对侵犯知识产权犯罪案件纠正漏捕分别为 241 人、119 人、212 人。

2. 知识产权民事检察工作

据知识产权民事检察工作统计，2021—2023 年，全国检察机关共受理知识产权民事检察案件 3465 件。其中，受理知识产权民事生效裁判监督案件 2136 件，提起抗诉 55 件，提出再审检察建议 761 件，法院裁定再审 718 件；受理民事审判活动监督案件 950 件，提出检察建议 784 件，法院采纳检察建议 777 件，采纳率 99.1%；受理民事执行活动监督案件 379 件，提出检察建议 283 件，法院采纳检察建议 276 件，采纳率 97.5%。另外，刑事附带民事诉讼数量增加。检察机关积极开展知识产权刑事附带民事诉讼工作，依法保障权利人合法权益，降低维权成本，提高维权效率。2021—2023 年，检察机关起诉的侵犯知识产权犯罪案件中，权利人提起附带民事诉讼分别为 9 件、27 件、636 件，2023 年同比上升 22.6 倍。

3. 知识产权行政检察工作

据知识产权行政检察工作统计,2021—2023 年,全国检察机关共受理知识产权行政检察案件 524 件。其中,受理知识产权行政生效裁判监督案件 380 件,占比 72.5%;受理行政审判活动监督案件 23 件,占比 4.4%;受理行政执行活动监督案件 121 件,占比 23.1%。案件类型和地区分布相对集中。2023 年,商标类案件占比 85.5%;专利类案件占比 13.2%;其他类案件占比 1.3%。从地域分布看,北京占比 82.9%,这与全国范围内商标和专利的授权确权行政诉讼案件由北京法院专属管辖有关。

2021—2023 年受理知识产权行政检察案件分别为 105 件、204 件、215 件,提出抗诉和再审检察建议等监督意见分别为 5 件、60 件、58 件,行政检察监督力度持续加大。如最高人民检查院向最高人民法院提出抗诉的"蒙娜丽莎"商标争议行政纠纷诉讼监督案、"妈咪鸡蛋仔"商标申请驳回复审行政纠纷诉讼监督案、"力人及图"商标权撤销复审行政纠纷诉讼监督案,法院均已再审改判,有效促进司法裁判标准统一;"蒙娜丽莎"商标争议行政纠纷诉讼监督案为最高人民检察院知识产权办公室成立以来首例提起抗诉并成功改判的知识产权行政诉讼监督案件。上海、浙江等地检察机关着力加强行政非诉执行监督,确保依法及时惩处侵权违法行为。

行刑反向衔接工作扎实稳步推进。各地检察机关落实最高人民检察院印发的《关于推进行刑双向衔接和行政违法行为监督构建检察监督与行政执法衔接制度的意见》等文件要求,强化行刑反向衔接,对于决定不起诉的刑事案件,认为需要给予行政处罚的,提出检察意见,移送行政主管机关处理。2023 年,检察机关对侵犯知识产权犯罪案件作出不起诉决定后,向行政机关提出检察意见建议行政处罚人数占不起诉人数的 55.9%;提出检察意见后,行政机关已作出行政处罚人数占提出检察意见的 74.4%。

4.知识产权公益诉讼检察工作

据知识产权公益诉讼检察工作统计，2023 年，全国检察机关共受理知识产权领域公益诉讼线索 950 件，立案 873 件，其中行政公益诉讼占比 74.8%，民事公益诉讼占比 25.2%。从地域分布看，受理案件线索较多的省份有陕西、江西、山东、贵州、内蒙古、河北，六省份共占 51.8%。从履职方式看，监督履职手段多样，检察机关决定支持起诉民事公益诉讼 14 件，提起民事公益诉讼 73 件，制发行政公益诉讼检察建议 530 件。反垄断和反不正当竞争公益诉讼不断加强，受理案件线索 44 件，立案 33 件。惩罚性赔偿制度有效落实，提出惩罚性赔偿诉讼请求 25 件，占提起民事公益诉讼案件总数 34.2%，诉讼请求均获得法院支持。

二、主要知识产权纠纷类型

对于知识产权保护案件，从纠纷种类看，包括授权或确权类案件，权利归属纠纷，侵权行为，假冒行为；从知识产权的类型看，主要集中在专利、商标和著作权，部分涉及商业秘密。其中，授权和确权案件主要涉及专利和商标，指向涉案申请是否能够或者应该获得相应的权利；权利归属通常是指申请权或专利 / 商标权归谁所有。主要纠纷类型，除了企业间的利益关系外，也反映出了社会公众知识产权文化传播的薄弱环节，是知识产权文化传播需要重点普及和针对的内容。

1.专利类案件

专利类案件，主要包括专利纠纷和假冒专利、专利标识使用不规范等。其中专利纠纷包括权属纠纷、侵权纠纷等。专利纠纷是指在涉及专利的各种民事法律关系中，各方当事人对于权利和义务的分配发生分歧后所产生的纠纷。专利权属纠纷是指双方或多方当事人之间就专利申请权和专利权的归属问题产生争议进而引起的纠纷。

（1）专利侵权。专利侵权行为，是指在专利权有效期限内，行为人未经专利权人许可又无法律依据，以生产经营为目的实施他人专利的行为。因专利侵权行为而引起的纠纷为专利侵权纠纷。有下列情形之一的，属于在全国有重大影响的专利侵权纠纷：①涉及重大公共利益的；②对行业发展有重大影响的；③跨省、自治区、直辖市区域的重大案件；④国务院专利行政部门认为可能有重大影响的其他情形。侵犯专利权的行为包括相同侵权行为和等同侵权行为。❶

不视为侵犯专利权的行为包括：①专利产品或者依照专利方法直接获得的产品，由专利权人或者经其许可的单位、个人售出后，使用、许诺销售、销售、进口该产品的；②在专利申请日前已经制造相同产品、使用相同方法或者已经作好制造、使用的必要准备，并且仅在原有范围内继续制造、使用的；③临时通过中国领陆、领水、领空的外国运输工具，依照其所属国同中国签订的协议或者共同参加的国际条约，或者依照互惠原则，为运输工具自身需要而在其装置和设备中使用有关专利的；④专为科学研究和实验而使用有关专利的；⑤为提供行政审批所需要的信息，制造、使用、进口专利药品或者专利医疗器械的，以及专门为其制造、进口专利药品或者专利医疗器械的。

（2）假冒专利或专利标识标注不规范。假冒专利行为，是指以非专利产品（方法）冒充、假冒专利产品（方法）的行为。假冒专利的行为包括：①在未被授予专利权的产品或者其包装上标注专利标识，专利权被宣告无效后或者终止后继续在产品或者其包装上标注专利标识，或者未经许可在产品或者产品包装上标注他人的专利号；②销售第①项所述产品；③在产品说明书等材料中将未被授予专利权的技术或者设计称为专利技术或者专利设计，将专利申请称为

---

❶ 见《专利侵权纠纷行政裁决办案指南》。

专利，或者未经许可使用他人的专利号，使公众将所涉及的技术或者设计误认为是专利技术或者专利设计；④伪造或者变造专利证书、专利文件或者专利申请文件；⑤其他使公众混淆，将未被授予专利权的技术或者设计误认为是专利技术或者专利设计的行为。

其中，专利权终止前依法在专利产品、依照专利方法直接获得的产品或者其包装上标注专利标识，在专利权终止后许诺销售、销售该产品的，不属于假冒专利行为。销售不知道是假冒专利的产品，并且能够证明该产品合法来源的，由县级以上负责专利执法的部门责令停止销售。

专利标识标注不规范行为，是指行为人没有按照《专利标识标注办法》的规定正确标注专利标识的行为。其中，专利标识，是指与专利权有关的文字、数字或者图形等表明专利身份的标记，如专利号、专利权类别、与专利权有关的宣传用语等。专利标识标注，是指在专利产品、产品包装、产品说明书等载体上标注专利标识的行为。专利权被授予前，有关专利申请的文字、数字、图形等标记统一称为专利申请标记。❶

2. 商标类案件

商标类案件，涉及授权和确权纠纷，权属纠纷，以及侵权行为等。对于侵权行为，根据《商标法》的规定，有下列行为之一的，均属侵犯注册商标专用权：①未经商标注册人的许可，在同一种商品上使用与其注册商标相同的商标的；②未经商标注册人的许可，在同一种商品上使用与其注册商标近似的商标，或者在类似商品上使用与其注册商标相同或者近似的商标，容易导致混淆的；③销售侵犯注册商标专用权的商品的；④伪造、擅自制造他人注册商标标识或者销售伪造、擅自制造的注册商标标识的；⑤未经商标注册人同意，更换其注册商标并将该更换商标的商品又投入市场的；⑥故意为侵犯他人商标专用

---

❶ 见《查处假冒专利行为和办理专利标识标注不规范案件指南》。

权行为提供便利条件，帮助他人实施侵犯商标专用权行为的；⑦给他人的注册商标专用权造成其他损害的。

3. 著作权类案件

著作权类案件，主要涉及权属纠纷以及侵权行为等。对于侵权行为，根据《著作权法》第53条的规定："有下列侵权行为的，应当根据情况，承担本法第五十二条规定的民事责任；侵权行为同时损害公共利益的，由主管著作权的部门责令停止侵权行为，予以警告，没收违法所得，没收、无害化销毁处理侵权复制品以及主要用于制作侵权复制品的材料、工具、设备等，违法经营额五万元以上的，可以并处违法经营额一倍以上五倍以下的罚款；没有违法经营额、违法经营额难以计算或者不足五万元的，可以并处二十五万元以下的罚款；构成犯罪的，依法追究刑事责任：（一）未经著作权人许可，复制、发行、表演、放映、广播、汇编、通过信息网络向公众传播其作品的，本法另有规定的除外；（二）出版他人享有专有出版权的图书的；（三）未经表演者许可，复制、发行录有其表演的录音录像制品，或者通过信息网络向公众传播其表演的，本法另有规定的除外；（四）未经录音录像制作者许可，复制、发行、通过信息网络向公众传播其制作的录音录像制品的，本法另有规定的除外；（五）未经许可，播放、复制或者通过信息网络向公众传播广播、电视的，本法另有规定的除外；（六）未经著作权人或者与著作权有关的权利人许可，故意避开或者破坏技术措施的，故意制造、进口或者向他人提供主要用于避开、破坏技术措施的装置或者部件的，或者故意为他人避开或者破坏技术措施提供技术服务的，法律、行政法规另有规定的除外；（七）未经著作权人或者与著作权有关的权利人许可，故意删除或者改变作品、版式设计、表演、录音录像制品或者广播、电视上的权利管理信息的，知道或者应当知道作品、版式设计、表演、录音录像制品或者广播、电视上的权利管理信息未经许可被删除或者改变，仍然向公众提供的，法律、行政法规另有规定的除外；（八）制作、出售假冒他人署名的作品的。"

著作权侵权中的"避风港"原则，在一定情况下可进行侵权豁免。该原则实现促进网络服务高质量、多元化发展与保护著作权人权利之间的平衡，在保护知识产权的同时，也对知识产权文化传播的平台予以了保护，对文化传播起到了积极的促进作用。"避风港"原则又称为"通知－删除"规则，是指当网络服务提供者在不明知且不应知存在著作权侵权行为的情况下，只要能在收到合格的侵权通知后及时删除侵权内容，即可免除赔偿责任。"避风港"原则属于免责条款，而不是归责条款；对于不满足"避风港"原则适用条件的网络服务提供者，仍需结合侵权责任成立的要件来判定其是否构成侵权。根据《信息网络传播权保护条例》，满足相关条件的网络服务提供者适用"避风港"原则，无须承担赔偿责任。[1]

4. 商业秘密类案件

商业秘密类案件，主要涉及侵权行为。根据《中华人民共和国反不正当竞争法》第9条的规定，"经营者不得实施下列侵犯商业秘密的行为：①以盗窃、贿赂、欺诈、胁迫、电子侵入或者其他不正当手段获取权利人的商业秘密；②披露、使用或者允许他人使用以前项手段获取的权利人的商业秘密；③违反保密义务或者违反权利人有关保守商业秘密的要求，披露、使用或者允许他人使用其所掌握的商业秘密；④教唆、引诱、帮助他人违反保密义务或者违反权利人有关保守商业秘密的要求，获取、披露、使用或者允许他人使用权利人的商业秘密。经营者以外的其他自然人、法人和非法人组织实施前款所列违法行为的，视为侵犯商业秘密。第三人明知或者应知商业秘密权利人的员工、前员工或者其他单位、个人实施本条第一款所列违法行为，仍获取、披露、使用或者

---

[1] 中国知识产权研究会. 高级经济实务：知识产权 [M]. 4版. 北京：中国人事出版社，2024.

允许他人使用该商业秘密的，视为侵犯商业秘密。本法所称的商业秘密，是指不为公众所知悉、具有商业价值并经权利人采取相应保密措施的技术信息、经营信息等商业信息。"

侵犯商业秘密行为是指行为人违反法律规定，以不正当手段侵犯他人的商业秘密，给商业秘密权利人造成损失的行为。行为主体是侵犯商业秘密的行为人，包括经营者和非经营者；客体是指权利人对其商业秘密所享有的财产利益以及与此相关的商业自由和诚实竞争者的利益；主观心理状态体现为故意或者过失；客观表现是指行为人违反法律规定，以不正当手段侵犯他人商业秘密的行为。

三、行政保护

行政保护主要包括行政裁决、行政调解、行政查处，另外，还可进行行政处罚等。对于不同的案件类型，采用的行政保护方式不同。对于不同的知识产权种类，采取的手段和执法部门有所差异，但有一定共通之处，如对侵权纠纷主要进行行政裁决，对于假冒等行为进行行政查处等。另外，对于专利、商标等，还包括进行行政授权和行政确权的复审和无效行为。对此，在前文已经进行提及，不再赘述。下面以专利为例，对行政裁决、行政调解、行政查处相关内容进行介绍。

（一）行政裁决

发生专利侵权纠纷后，当事人可以自行协商解决；不愿协商或者协商不成的，专利权人或者利害关系人可以向人民法院起诉，也可以请求管理专利工作的部门处理。除当事人达成调解协议并撤回处理请求的以外，管理专利工作的部门应当作出专利侵权纠纷行政裁决，认定侵权行为是否成立；认定侵权行为成立的，可以责令侵权人立即停止侵权行为。专利侵权纠纷行政裁决具有效率高、成本低、专业性强、程序简便的特点，有利于促成专利侵权纠纷的快速解决，发挥化解民事纠纷的"分流阀"作用。

国家知识产权局负责全国专利侵权纠纷行政裁决工作的指导、管理和监督。对于有重大影响的专利侵权纠纷案件，国家知识产权局在必要时可以组织有关管理专利工作的部门处理。对于跨省、自治区、直辖市的重大专利侵权纠纷案件，国家知识产权局在必要时可以协调处理。省、自治区管理专利工作的部门负责本行政区域内专利侵权纠纷行政裁决工作的指导、管理和监督，负责处理本行政区域内重大、复杂、有较大影响的专利侵权纠纷案件。对于跨市（地、州、盟）的重大专利侵权纠纷案件，省、自治区管理专利工作的部门在必要时可以协调处理。直辖市管理专利工作的部门负责处理本行政区域内的专利侵权纠纷案件。设区的市（地、州、盟）级管理专利工作的部门负责处理除前述规定以外的专利侵权纠纷案件。根据地方性法规规定，不设区的市、县（市、区、旗）管理专利工作的部门有权办理本行政区域内的专利侵权纠纷案件。

（二）行政调解

管理专利工作的部门在对专利侵权纠纷行政作出裁决的过程中，可以进行调解，对侵犯专利权的赔偿数额纠纷也可以应当事人的请求进行调解。专利纠纷调解主要是指除专利侵权纠纷以外的其他专利纠纷调解。

专利纠纷行政调解是指管理专利工作的部门对于涉及专利且不属于专利侵权纠纷的争议，在各方当事人自愿的基础上，以《专利法》及相关法律、法规为依据，以当事人自愿为原则，通过对当事人的说服和疏导，促使当事人平等协商，互谅互让，达成调解协议，以快速解决纠纷的行为。专利纠纷行政调解是在管理专利工作的部门主持下、对当事人之间的专利民事纠纷作出的行政调解，不是行政裁决。

专利纠纷行政调解协议达成后应由当事人自愿自觉履行。调解不成或者达成调解协议后又反悔的，有关当事人可以依照《民事诉讼法》的规定，以对方当事人为被告向人民法院提起民事诉讼。在开展专利纠纷行政调解协议司法确认的区域，调解协议达成后，双方当事人可以向有管辖权的人民法院申请司法确认。经司法确认的有效的调解协议，当事人一方不履行协议的，另一方可以申请人民法院强制执行。管理专利工作的部门依申请可以调解的专利纠纷的类型主要包括专利申请权归属纠纷，专利权归属纠纷，发明人、设计人资格纠纷，奖酬纠纷，发明专利临时保护期使用费纠纷，侵犯专利权的赔偿数额纠纷及其他纠纷等。

（三）行政查处

查处假冒专利行为，是指专利执法部门依据《专利法》的规定，对假冒专利行为依职权开展行政检查，并根据情形给予行政处罚的行为。查处专利标识标注不规范行为，是指专利执法部门依据《专利标识标注办法》的规定，对专利标识标注不规范行为依职权开展行政检查，并对不规范的标注行为责令改正的行为。

《专利法》第 69 条规定："负责专利执法的部门根据已经取得的证据，对涉嫌假冒专利行为进行查处时，有权采取下列措施：（一）询问有关当事人，调查与涉嫌违法行为有关的情况；（二）对当事人涉嫌违法行为的场所实施现场检查；（三）查阅、复制与涉嫌违法行为有关的合同、发票、账簿以及其他有关资料；（四）检查与涉嫌违法行为有关的产品；（五）对有证据证明是假冒专利的产品，可以查封或者扣押。管理专利工作的部门应专利权人或者利害关系人的请求处理专利侵权纠纷时，可以采取前款第（一）项、第（二）项、第（四）项所列措施。"

（四）行政调解与行政裁决的区别

虽然行政调解与行政裁决两种行政行为的对象都是专利纠纷，但二者存在以下区别。①性质不同。处理专利侵权纠纷行为属行政裁决，当事人双方不服行政裁决结果，可以向人民法院提起行政诉讼；调解专利纠纷行为属行政调解，不能申请行政复议，也不能提起诉讼。②处理对象不同。处理专利侵权纠纷的对象是专利侵权民事纠纷；调解专利纠纷的对象包括专利申请权和专利权归属纠纷，发明人、设计人资格纠纷、职务发明创造的发明人、设计人的奖励和报酬纠纷、在发明专利申请公布后专利权授予前使用发明而未支付适当费用的纠纷以及其他专利纠纷。③程序不同。处理专利侵权纠纷程序依请求启动后，请求人可以撤销申请，被请求人不能撤销；调解专利纠纷依申请启动后，任何一方拒绝调解或无法达成调解协议，调解即可终止。④处理结果效力不同。专利侵权纠纷行政裁决具有强制性，当事人不服专利侵权纠纷处理决定，可以向人民法院提起诉讼，期满不起诉又不履行的，管理专利工作的部门可以申请人民法院强制执行；专利纠纷调解的结果不具强制性，当事人不履行调解协议的，可以通过其他途径解决纠纷。专利纠纷调解行为属行政调解，不能申请行政复议，也不能提起诉讼。

（五）假冒专利查处、专利侵权处理、专利调解的立案区别

假冒专利是管理专利工作的部门主动查处，案件来源有举报、投诉；发现；移送、交办。即使案件来源为举报投诉，是否立案完全由管理专利工作的部门决定，不需要举报人和投诉人同意，也不需要通知举报人和投诉人。

处理专利侵权案件是依据当事人的请求立案，当事人的请求只要符合条件，管理专利工作的部门就应当立案，并且立案后应当通知请求人，同时将请求书及其附件的副本送达被请求人。

调解专利纠纷案件是依当事人请求，由管理专利工作的部门受理后通知另一方当事人进行调解，调解立案的前提条件是双方当事人都同意参加调解，一方当事人提出调解请求并不能立案，只能先行受理，在另一方当事人同意调解后，管理专利工作的部门才能正式立案。[1]

四、司法保护

（一）民事诉讼保护

知识产权是一种私权，可以说，民事诉讼保护对知识产权的保护更为直接，具有维护权利状态和对权利人所受损害给予补偿的作用。一般来说，民法对所有权的保护是通过赋予权利人以确认所有权、排除妨害、恢复原状返还原物、赔偿损失等请求权的方式来实现的，这是物权之诉和债权之诉的保护方法。在知识产权侵权的民事救济措施中，则主要采取请求停止侵害和请求赔偿损失的方法。请求停止侵害是一种物权之诉，既包括请求除去已经发生的侵害，也包括请求除去可能出现的侵害。由于权利客体的非物质性特征，知识产权主体并不能援用恢复原状、返还原物的传统民事救济方法，停止侵害只是排除对权利人行使专有权利的妨碍，而不可能是制止对知识产品的物理侵害。请求赔偿损失是一种债权之诉，其填补损害的方式是金钱赔偿。侵犯知识产权的损害赔偿数额主要有两种计算方式：一是按侵权人在侵权期间因侵权行为所得的利益计算，二是按权利人在被侵权期间因被侵权行为所受到的损失计算。在这两种计算方式中，权利人为制止侵权行为而支付的合理开支也可包含在内。权利人的实际损失和侵权人的非法所得不能确定的，则可以适用法定赔偿的有关规定，即由法官根据侵权行为的社会影响、侵权手段和情节、

---

[1] 参见《查处假冒专利行为和办理专利标识标注不规范案件指南》《专利纠纷行政调解办案指南》。

侵权时间和范围，以及侵权人的主观过错程度，判决侵权人给予权利人一定的经济赔偿。❶

（二）刑事诉讼保护

针对一些严重的侵犯知识产权的行为，许多国家的相关立法都规定了刑事诉讼程序及刑事制裁措施，《刑法》以及知识产权相关的部门法等规定了刑事责任。《刑法》规定了侵犯著作权罪、假冒专利权罪、侵犯商业秘密罪等罪名，规定了有期徒刑、拘役、罚金等各种刑事处罚。我国《商标法》明确规定了依法追究刑事责任的类型，包括：①未经商标注册人许可，在同一种商品上使用与其注册商标相同的商标，构成犯罪的；②伪造、擅自制造他人注册商标标识或者销售伪造、擅自制造的注册商标标识，构成犯罪的；③销售明知是假冒注册商标的商品，构成犯罪的。《著作权法》也在侵权行为中规定构成犯罪的，依法追究刑事责任。《专利法》规定了假冒专利构成犯罪的，依法追究刑事责任等。在知识产权犯罪案件中，以侵犯商标权类犯罪为主，侵犯著作权类犯罪、侵犯商业秘密犯罪数量也相对较多。

（三）行政诉讼保护

在我国知识产权保护"双轨制"中，司法机关对最终行政裁定进行审查，其是知识产权保护的重要组成部分。不论是在知识产权申请纠纷、效力纠纷、权属纠纷还是侵权纠纷中，行政机关执法过程中的程序上或实体上的错误，均将影响到权利人的合法权益。知识产权行政纠纷案件是法院依法审理不服知识产权行政机关处理的当事人提起的行政诉讼，进行行政执法的司法审查，使各方当事人的合法利益都得到切实的保护。专利申请驳回复审行政纠纷、专利权

---

❶ 中国知识产权研究会. 高级经济实务：知识产权 [M]. 4 版. 北京：中国人事出版社，2024.

无效行政纠纷是最高人民法院知识产权法庭行政纠纷中常见案件类型,上述案件的审理直接突出了司法保护在激励科技创新方面的重要作用。

五、多元化纠纷解决机制

《关于全面推进依法治国若干重大问题的决定》提出:"健全社会矛盾纠纷预防化解机制,完善调解、仲裁、行政裁决、行政复议、诉讼等有机衔接、相互协调的多元化纠纷解决机制。"《知识产权强国建设纲要(2021—2035 年)》提出建立完善知识产权仲裁、调解、公正、鉴定和维权管理体系。《"十四五"国家知识产权保护和运用规划》提出培育和发展知识产权调解组织、仲裁机构、公证机构。

知识产权领域发生的纠纷往往与产权化的创新成果利益分配有关,具备通过调解实现化解纠纷、合理分配利益、维护市场秩序、实现社会和谐的条件。在知识产权领域把非诉讼纠纷解决机制挺在前面的重要意义,通过知识产权纠纷调解、仲裁等机制,积极构建知识产权纠纷多元化解决机制,从源头上预防和减少知识产权矛盾纠纷、公正高效化解人民内部矛盾,更好地维护创新秩序和社会和谐。非诉纠纷解决机制(Alternative Dispute Resolution,ADR),也称为"替代性争议解决机制",即替代性纠纷解决方法,包括任何主审法官宣判以外的程序和方法。

(一)知识产权纠纷调解工作

随着知识产权领域纠纷日益增多,知识产权民事案件数量逐年增长,司法审判、知识产权行政机关面临案多人少,知识产权纠纷需要更多化解渠道。调解作为完善纠纷多元化解机制的重要内容,为促进维护社会和谐稳定发挥重要作用。2021 年,国家知识产权局、司法部联合印发《关于加强知识产权纠纷调解工作的意见》，意见明确知识产权纠纷调解工作的主要目标是，在充分考虑各地区实际需求、重点区域建设以及行业领域发展的前提下，到 2025 年，知识产权纠纷调解工作基本覆盖知识产权纠纷易发多发的重点区域和行业领域，建立组织健全、制度完善、规范高效的知识产权纠纷调解工作体系，形成人民调解、行政调解、行业性专业性调解、司法调解优势互补、有机衔接、协调联动的大调解工作格局。

知识产权纠纷调解能够有效融入知识产权保护体系建设中，对于各个环节出现的知识产权矛盾纠纷都可通过知识产权调解方式予以化解。在诉调对接方面，自 2020 年以来，国家知识产权局与最高人民法院积极推进知识产权纠纷在线诉调对接工作，各级知识产权管理部门加强与人民法院衔接联动，建立完善知识产权纠纷在线诉调对接机制，大量使知识产权纠纷调解组织、调解员入驻人民法院调解平台，调解在化解知识产权领域矛盾纠纷中的关键作用进一步显现。

我国行政部门和司法部门协同推动在有条件的地区和行业设立知识产权纠纷调解组织。截至 2023 年年底，全国知识产权系统指导管理的调解组织达 1944 家，知识产权领域"总对总"在线诉调对接工作实现 31 个省（区市）全覆盖，通过在线诉调对接平台受理案件超过 10 万件。国家知识产权局已经在全国布局建设了 57 家知识产权保护中心，下一步还将加大工作力度，完善布局。部分保护中心已经设立了知识产权纠纷人民调解委员会，开展调解服务，为权利人维权提供便利。在知识产权保护中心运行过程中，通过设立知识产权纠纷人民调解委员会、调解室，或者建立联合园区、协会等建立行业性调解组织，建立便捷高效低成本的维权渠道，将有助于解决知识产权保护体系中面临的链条不健全、衔接不通畅、协同保护不力等问题。并可结合地域经济特点，结合不同产业、领域、区域的需求，在互联网、展会、进出口、物流、专业市场、产业园区等关键领域率先取得突破。调解工作对于实现知识产权保护中心的"一站式"服务起到了重要支撑作用。

开展调解工作，主要从四个方面推进：

一是以机制建设凝聚工作合力。加强部门协同和央地配合力度，深入贯彻落实国家知识产权局、司法部联合印发的《关于加强知识产权纠纷调解工作的意见》，大力推动知识产权纠纷在线诉调对接机制建设。推动各级知识产权行政管理部门加大投入，加强与同级司法行政机关、人民法院等不断推动知识产权纠纷调解工作机制的建立和完善，加强协调联动，形成工作合力。

二是以能力建设夯实工作基础。研究制定专利侵权纠纷调解工作规范、商标侵权纠纷调解工作规范等。科学制定知识产权纠纷调解员等级评定办法，引导更多优秀知识产权律师、专利代理师、高校专家学者、知识产权管理人员等参与调解工作。指导各类知识产权纠纷调解组织通过设置选聘条件、加强技能培训、加大工作经验交流等方式，不断提高调解能力。推动调解工作向企业园区、重点行业、展会、专业市场等领域延伸，提供优质服务。

三是以源头治理引领纠纷化解。推动各类纠纷调解组织在加强纠纷化解的同时，注重对纠纷发生的原因梳理，帮助纠纷双方建立从源头上防范纠纷发生的制度机制，加强在调解过程中的知识产权法律知识普及和知识产权保护意识的提高，促进纠纷各方正确运用知识产权制度维护自身合法权益，把知识产权保护的具体规定落实到企业经营过程中，从根本上减少纠纷的发生，做到纠纷化解和源头治理并重。

四是以新技术运用促进便民利民。积极应对严格防范疫情条件下工作新形势，充分发挥线上平台作用，集聚调解资源，将知识产权相关平台与司法审判机关调解平台进行有效对接，推动线上调解制度机制完善，创新服务举措，持续做到数据共享、资源共用，让调解工作更具可及性、便利性和吸引力。❶

---

❶ 加强知识产权领域纠纷调解工作 [EB/OB]（2022-05-26）[2024-07-20]. http://www.legaldaily.com.cn/sylm/content/2022-05-26/content_8724140.html.

（二）知识产权仲裁机制

知识产权仲裁机制，是知识产权多元化纠纷解决机制的一种，有利于发挥仲裁解决国际商事争议的优势，是服务知识产权争议、解决市场需求的重要举措。仲裁以其高效性、专业性、中立性、保密性、程序灵活、裁决可跨境执行等优势，受到越来越多跨国企业的关注。大力推进知识产权领域交流与合作，着力研究知识产权争议解决制度，为中外当事人提供优质仲裁服务，为全面提升我国知识产权综合实力、更好激发全社会创新活力、推进知识产权强国建设作出新的更大贡献。

2018 年，国家知识产权局印发《关于开展知识产权仲裁调解机构能力建设工作的通知》，其中指出，越来越多的仲裁调解机构面向市场开展知识产权仲裁调解业务，国内外创新主体对通过仲裁调解方式解决知识产权纠纷的需求日趋旺盛，但知识产权仲裁调解服务还存在工作运行机制不够高效顺畅、相关机构业务重点不够突出、能力有待提升等问题。根据通知，遴选一批机构，重点支持其加强能力建设和提高化解知识产权纠纷的水平，进而提升仲裁调解工作的社会认知度和认可度，强化知识产权保护体系建设。我国开展多项工作，健全知识产权仲裁案件处理机制。2021 年，《知识产权强国建设纲要（2021 — 2035 年）》指出要建立完善知识产权仲裁体系，《"十四五"国家知识产权保护和运用规划》指出培育和发展知识产权仲裁机构。截至 2023 年，部分仲裁机构设立知识产权仲裁院和调解中心，如中国专利保护协会知识产权纠纷人民调解中心、上海知识产权仲裁院、广州知识产权仲裁院等。同时，仲裁机构还不断提升知识产权仲裁服务专业化水平，不断拓宽仲裁员选聘渠道，选聘一批具有知识产权专长及实践经验的国内外仲裁员，加强人才保障。❶ 各仲裁组织通过案例、报告等开展知识产权文化传播，如 2024 年厦门仲裁委员会发布知识

---

❶ 见《知识产权强国建设发展报告（2023 年）》。

产权典型案例等。知识产权仲裁与调解、诉讼、衔接机制不断健全，多元解纷机制作用充分发挥。

2022 年，中国国际经济贸易仲裁委员会（简称"中国贸仲委"）知识产权仲裁中心成立，其成立有助于进一步完善我国知识产权争端解决制度，提升企业知识产权保护力度，参与国际知识产权保护规则制定，促进知识产权领域更高水平对外开放和更高质量发展。知识产权仲裁中心与成立于 2018 年的贸仲调解中心相互协同，形成了调解与仲裁并重，知识产权纠纷化解与争议解决一体两翼、互为补充、协调并进的运行机制。

2019 年世界知识产权组织仲裁与调解上海中心成立，在中国境内为涉外知识产权争议提供调解和仲裁服务，其职能包括案件受理、听证、调解、开庭审理、裁决等。世界知识产权组织仲裁与调解中心，其是一个中立的、国际性的和非营利的争议解决机构，为商事主体提供调解、仲裁、快速仲裁和专家裁决等经济高效的替代性争议解决服务，有效地解决跨境知识产权和技术争议。此外，还同其他国际组织、行业协会、商会等利益攸关方合作，为信息和通信技术（ICT）、研发和技术转让、版权及内容等领域，提供量身定制的替代性争议解决服务。

六、海外知识产权保护及维权援助

随着全球知识经济和贸易全球化的深度发展，知识产权逐渐成为开展国际竞争最重要的工具。以知识产权为核心要素的全球经济、贸易、科技和卫生竞争日趋激烈化，知识产权国际保护和知识产权全球治理面临着新一轮调整。国际知识产权纠纷正日益成为企业间乃至国家之间展开创新竞争和创新规则竞争的主要战场。在我国企业加快"走出去"步伐的背景下，加强海外知识产权保护，对我国企业开展海外贸易、参与全球经济发展进程至关重要。海外知识产权保护可以为企业的产品进入海外市场保驾护航，提高企业对供应链风险的应对和控制能力，增加企业抗衡或制约竞争对手的砝码，帮助企业维护、巩固和提升产品的市场地位与竞争优势，成为国际贸易规则的受益者。

知识产权文化的传播对于"走出去"的企业尤为重要。其应涉及包括知识产权保护类型、法律法规、管理体系等的海外国家的知识产权制度规则，并应普及涉外知识产权纠纷主要类型和纠纷应对措施。同时，我国海外知识产权保护政策以及维权援助机制也应予以普及。

我国不断加强知识产权海外保护政策。《知识产权强国建设纲要（2021—2035年）》明确要求，建设知识产权涉外风险防控体系，建设海外知识产权纠纷应对指导中心网络，建立健全海外知识产权预警和维权援助信息平台。《"十四五"国家知识产权保护和运用规划》提出，建立国际知识产权风险预警和应急机制，建设知识产权涉外风险防控体系。《关于进一步加强知识产权维权援助工作的指导意见》指出，要加强海外知识产权纠纷应对指导，加强国家海外知识产权纠纷应对指导中心建设，强化海外知识产权纠纷预警防范，推动海外信息服务平台建设，提升企业海外知识产权风险防控意识和纠纷应对能力，不断完善海外维权援助服务。

（一）海外知识产权纠纷类型

海外知识产权纠纷类型主要包括海外知识产权诉讼、贸易调查、海外展会知识产权纠纷、海关扣押等、商标抢注或侵权，以及包括跨国并购、跨国采购等经营活动中产生的知识产权纠纷等其他类型纠纷，前三者主要涉及发明、实用新型、外观设计等专利权（各国分类不同，在此以我国的法律规定为准）。

1. 诉讼和贸易调查

海外知识产权侵权诉讼可以分为多种类型：以引发诉讼的主体不同，可以分为竞争对手型诉讼、非专利实施主体（以下简称"NPE"）型诉讼和合作方（客户、采购方）型诉讼；以诉讼目的的不同，可以分为市场阻止型诉讼和许可收益型诉讼。目前，我国企业在海外面临的知识产权诉讼，以引发诉讼的主体来看，主要为竞争对手型诉讼；以诉讼目的来看，主要为市场阻止型诉讼。许可收益型诉讼（包括 NPE 型诉讼）也时有发生。市场阻止型诉讼一般由行业竞争对手发起，其提出诉讼的主要目的是提升行业壁垒，提高其他企业进入市场的成本，阻止新进入市场的企业发展。诉讼的主要诉求包括：①提出巨额侵权赔偿，给竞争对手施加压力；②在多国或同一国家的多地法院起诉，利用高额的诉讼费和律师费迫使中小型企业不战而退；③和解结案，迫使竞争对手接受各种苛刻的条件；④若未能达到阻止竞争对手的目的，转而迫使竞争对手缴纳高额的许可费，从而提高竞争对手产品成本。许可收益型诉讼一般由行业的技术主导者或者 NPE 发起，其提出诉讼的主要目的是通过诉讼获取许可收益。恶意诉讼在跨境电商平台经营企业多发。

贸易调查主要是指各国贸易管理部门针对贸易活动中的知识产权问题开展的行政调查。其中，具有代表性的贸易调查为美国的"337 调查"，"337 调查"的内容可参见在第六章第一节的介绍。

2. 展会知识产权纠纷

我国企业赴海外参展是面向全球宣传产品，走向世界的重要途径之一。由于参加展会属于许诺销售行为，因此国内企业赴海外参展，特别是赴欧美地区参展，同样存在着专利风险。参展产品一般会融合先进的研发成果，因其外形、结构引发的专利侵权纠纷在展会中发生的比例较高，专利权人可以通过向当地法院申请或者通过大会组织者对涉嫌侵权的产品进行扣押和没收等。大部分的展会查抄都因专利而起，并且已经由简单的外观设计、实用新型专利侵权纠纷发展成为复杂的、不易判断的发明专利侵权纠纷。在参展方涉嫌侵犯他人知识产权的情况下，管理机构一般不会给参展方以解释的时间，而是直接撤展。参展方还将面临当地繁杂的诉讼程序，这不仅会给其造成直接经济损失，也会对其声誉带来不利影响。

3. 海关扣押

知识产权权利人发现侵权货物即将进出口的，可以向货物进出境地海关提出扣留涉嫌侵权货物的申请。被扣留的涉嫌侵权货物，经海关调查后认定侵犯知识产权的，由海关予以没收。各个国家和地区对海关扣押的规定不同。欧盟对于进口产品的知识产权保护是强制的，而对出口产品的知识产权保护则是可选择的，保护方式是申请制。美国只对进口的侵权货物采取边境保护措施，保护方式是备案制。我国企业产品对外出口因涉嫌侵犯知识产权被当地海关扣押的事件也屡有发生。

4. 抢注商标或侵害权益

当前阶段，我国企业在海外遭遇的商标权益被侵害情形主要包括：企业商标（或品牌、字号等）在海外被抢注以及企业商标（或品牌、字号等）在海外被侵权使用。在海外抢注我国企业商标（或品牌、字号等）的主体通常较为集中，主要包括：①企业的海外经销商；②职业抢注人。企业商标在海外被侵权主要包含两种情况：①被仿冒为同品牌产品；②被仿冒为类似品牌产品。❶

（二）我国海外知识产权保护政策

政府组织开展海外知识产权纠纷应对指导工作往往能够投入小资源助力企业解决大问题，是支持企业海外发展采用的主要措施之一。我国不断加大对企业海外知识产权保护的政策支持，加强知识产权海外纠纷应对机制建设。通过加强海外知识产权信息服务平台建设、开展海外知识产权纠纷应对指导、构建海外知识产权纠纷协调解决机制等途径给予支持。国家知识产权局于 2020 年

---

❶ 中国知识产权研究会.高级经济实务：知识产权 [M].4 版.北京：中国人事出版社，2024.

印发了《关于进一步加强知识产权维权援助工作的指导意见》，2023 年发布了《知识产权维权援助工作指引》，为海外知识产权保护工作提供了良好的政策指引。

2019 年 7 月，国家知识产权局联合中国国际贸易促进委员会共同设立海外知识产权纠纷应对指导中心，聚焦海外知识产权纠纷应对中存在的难点和痛点，构建国家层面海外知识产权信息收集和发布渠道，建立企业海外知识产权纠纷指导与协调机制，提高企业"走出去"过程中的知识产权风险防控意识和纠纷应对能力。在地方布局建设 43 家海外知识产权纠纷应对指导地方分中心和两个海外分中心。同时，我国发布重点国家知识产权保护国别指南、商标维权指南、跨境电商知识产权保护指南等，知识产权相关信息服务平台持续更新海外知识产权信息，不断充实数据库，提供免费在线咨询，为企业提供知识产权海外风险预警和维权信息服务。开展外资企业调研，详细了解企业在知识产权保护领域关注，回应企业诉求。

海外知识产权信息服务平台"智南针网"（https：//www.worldip.cn）平台提供 189 个国家（地区）海外知识产权法律法规及国际条约 1339 部，近 100 例知识产权典型案例，40 多个国家（地区）知识产权实务指引，为我国企业了解国际规则、获取海外资讯、提升海外知识产权保护意识和能力提供支撑。中国知识产权保护网设置海外维权专栏，发布知识产权国别环境指南（http：//ipr.mofcom.gov.cn/hwwq_2/zhinan.html）。

根据国家知识产权局发布的《2023 年知识产权维权援助工作进展报告》显示，2023 年，我国知识产权维权援助工作重点更加聚焦，瞄准中小微企业与"走出去"企业等重点对象，围绕展会、电子商务等重点领域，主动对接，积极施策。加快建设社会共治维权援助模式，有序推动高等院校、社会组织等社会力量参与维权援助工作。进一步完善海外维权援助服务体系，加强海外风险预警与纠纷应对指导体系建设，促进海外信息共享与交流，涉外知识产权保护水平和能力稳步提升。

截至 2023 年底，我国海外维权援助取得新进展，加强海外知识产权信息供给服务，不断提升海外知识产权纠纷应对指导能力，编写多份涉及维权与保护的指南。国家海外知识产权纠纷应对指导中心及地方分中心累计向企业提供海外纠纷应对指导 600 余起，提供咨询服务 1400 余次，帮助企业挽回经济损失 68.9 亿元。全国共 28 个省（自治区、直辖市）海外知识产权维权援助工作持续深化。19 个省（自治区、直辖市）新建海外知识产权纠纷应对指导中心，制定工作指导意见、跨区域合作协议等文件，优化海外知识产权纠纷应对指导体系和工作机制。14 个省（自治区、直辖市）构建人才培养宣传培训、信息支撑为一体的海外维权援助服务模式，加强海外维权援助资源与信息共享，强化工作部署、深化对企服务，护航企业"走出去"。上海接收国家海外知识产权纠纷应对指导中心和外地分中心移送的案件 49 起，通过"快响应、快处理、快沟通、快调解"的"四快"保护机制，加速推进调解进度，有效减少企业诉累，提升海外维权援助工作社会满意度。黑龙江举办多期海外知识产权纠纷应对培训，发布海外国家知识产权法律法规、典型案例、风险预警等信息，为涉外企业"出海"保驾护航。吉林知识产权保护中心与中国国际贸易促进委员会吉林省委员会、延边东北亚知识产权运营中心等机构分别签订《海外知识产权协同保护框架合作协议》《海外知识产权维权援助合作协议》等协定，助力吉林企业提升知识产权领域国际合作与竞争能力。

在知识产权海外保护中，相关部门将持续完善知识产权维权援助工作体系，紧紧围绕创新发展需求，推动工作体系向基层延伸，不断夯实工作基础，加强能力建设，提升服务质量和效率，切实增强维权援助精准性、便捷性、可及性，为高质量创新和经济平稳健康发展提供有力支撑。❶

---

❶ 知识产权维权援助工作取得积极进展持续织密织实全国"一张网"[EB/OL].（2023-05-31）[2024-07-09]. https://www.cnipa.gov.cn/art/2023/5/31/art_53_185485.html.

第四节　知识产权保护的特点

一、总体特点

知识产权为法律赋予的权利，知识产权保护要依法开展，必然具有法律属性。法律具有如下六大特征，即规范性，调整人的行为，具有普遍约束力；国家意志性，是由国家制定或认可的具有特定形式的社会规范；普遍性，具有普遍有效性、普遍对待性、普遍意志性，是主权范围内人人有效，法律面前人人平等，内容与人类的普遍要求相一致；权利义务性，通过以设定权利义务为内容的行为模式来指引人的行为，权利可以放弃，义务必须履行；国家强制性和程序性，是以国家强制力为后盾，通过法律程序保证实现；可诉性，其核心在于救济，通过法律程序救济权利人被侵害的权利。

法律具有规范作用和社会作用。其规范作用具体体现在，指引作用、评价作用、预测作用、强制作用、教育作用，教育作用以法的实施为前提，简单地说，就是发生一个案件之后，使得不特定的多数人受到教育，从而在面对同样的情景时，能够做出合乎法律要求的行为，法的社会作用体现在维护社会秩序、维持社会治安等。社会通过法律机构、法律规范、法律权威建立秩序；法律限制人的自由，但法不禁止即自由，同时法律保护正义、人权。

在知识产权保护中，依法保护合法权利，同时禁止权利滥用保护公共利益。

二、行政保护特点

（一）保护全面、专业性强

我国知识产权行政保护已经形成了较为完整的保护体系，覆盖了知识产权事前、事中和事后保护，例如事前行政指导的方式，能够有效提升企业的知识产权保护意识。在传统的著作权、专利权、商标权方面，及新兴的反不正当竞争、互联网著作权保护等都有相关制度。同时，在采取的措施和具体的执法过程中，各部门形成了联合执法网络，对权利的保护更加全面、精准，执法措施更加高效。在处理专业性强的知识产权纠纷中，知识产权行政管理部门具有优势，如知识产权局、版权局、海关等部门能够在专业领域掌握发展的最新趋势，其具有的知识和专业技能可以有效处理知识产权纠纷，高效应对新业态中知识产权面临的新问题。❶而如专利行政管理部门等，集行政查处、行政调解、行政裁决职能于一身，不仅可以为企业提供灵活的纠纷处理方案，还可以更好地协调执法与司法的内部资源，提高裁决的执行力。

（二）形式灵活、高效便捷

"程序简便，立案迅速，查处速度快，办案效率高"是知识产权行政保护的优点。知识产权人的维权成本较低。在知识产权侵权发生后，知识产权人可以向知识产权行政管理部门投诉，知识产权行政管理部门立案后进行调查并收集、调取有关证据。如果认为知识产权侵权成立，知识产权行政管理部门将做出行政处罚。相比司法保护，其程序要简单，效率高且可节约维权成本。同时，行政执法具有主动性，可依权利人申请也可依职权主动执法，形式灵活。我国知识产权案件多、影响广，全部通过司法途径解决是困难的，能及时处理案件，减轻司法机关的压力。❷

---

❶ 薛孟超. 知识产权行政保护和司法保护"双轨制"的协调 [D]. 长春：吉林大学，2018.

❷ 发挥知识产权行政保护优势 [EB/OL]. （2022-04-28）[2020-07-03]. 法治网，http：//www.legaldaily.
com.cn/commentary/content/2022-04-28/content_8710143.htm.

三、司法保护特点

相对于行政保护而言，知识产权司法保护具有效力终极性、公平优先性等优点。

（一）效力终极性

司法是社会公平正义的最后一道防线，也是解决知识产权问题的终极手段，具有强有力的法律效力。对于知识产权这类智力型权利，在司法程序中进行细致、全面的审查，通过双方的举证和法院的评判，能够作出较为公正的审判结果，司法保护的终极性能从根本上解决知识产权缺乏保护的问题。司法保护通过刑事救济、民事救济、行政纠纷救济多重法律手段来保护知识产权。

（二）公平优先性

司法具有中立的特点，具有公平性，这是司法保护的最大优势之一，将司法保护用于知识产权保护之核心，能够最大限度保护知识产权，对侵权人以打击，维护公平正义。司法保护是一种应请求的被动保护，遵循"不告不理"的原则。我国采取两审终审制、并具有司法监督程序，全面保证了司法的公平正义。对于民事司法保护，其由民事纠纷、行政纠纷的相关当事人提起诉讼，检察机关可以启动监督程序；对于刑事诉讼，由检察机关提起诉讼。❶

---

❶ 毛昊，陈大鹏，尹志锋.中国专利保护"双轨制"路径完善的理论分析与实证检验 [J].中国软科学，2019（9）：1-17.

第五节　知识产权保护的影响因素

一、加强并完善知识产权顶层设计

（一）加强保护体系建设

顶层设计是知识产权保护的重要影响因素。我国致力于建设高水平知识产权审判机构，完善专门化审判体系，加强知识产权案件检察监督机制建设；完善知识产权行政执法机制，加大行政执法力度；强化知识产权行政执法专业指导和行政裁决；构建有机衔接、协同高效的知识产权执法司法体系。

首先，不断加强司法保护。深入推进知识产权民事、刑事、行政案件"三合一"审判机制改革，深化国家层面上诉审理机制，加强知识产权法院、知识产权法庭建设，打造国际知识产权诉讼优选地。全面实施知识产权侵权惩罚性赔偿制度，完善侵权损害赔偿的证据规则、数额计算等裁判标准。完善知识产权检察机制，深入推进知识产权检察综合履职。加大知识产权民事行政诉讼监督力度，持续推进惩治恶意诉讼工作，稳步探索知识产权检察公益诉讼。优化知识产权犯罪侦查工作制度。制定办理侵犯知识产权刑事案件适用法律若干问题的司法解释。

第二，不断加强行政执法。完善知识产权行政执法机制，持续开展专项行动。深入推进知识产权行政执法，严厉打击侵权假冒违法行为。制定实施全国知识产权行政保护工作方案。研究制定著作权行政执法指导意见，加强重大案件督办。加强软件正版化工作监管，推动重要行业和重点领域软件正版化工作制度化、规范化。严厉打击进出口知识产权侵权违法活动。加强知识产权行政执法记录仪、移动服务系统等设备装备配备。加快培养知识产权行政执法人

才，提高专业化水平。探索建立专家意见书制度。完善知识产权专业人才支撑
体系。强化知识产权行政执法专业指导，制定行政执法指导手册，完善案例指
导制度，建立国家、省、市、县执法指导工作体系。制定驰名商标认定审查规
程，建立驰名商标认定工作协调机制。

第三，不断加强行政裁决。强化专利、著作权行政裁决规范化建设。建
立专利侵权纠纷行政裁决分层分级处理机制，建立简易程序、繁简分流和快速
处理机制，设立重大专利侵权纠纷行政裁决绿色通道。完善药品专利纠纷早期
解决机制、集成电路布图设计行政裁决审理机制。探索在经济特区、国家级新
区、自由贸易试验区开展版权侵权纠纷行政裁决。推进行政裁决部门联动，推
动对故意侵犯、重复侵犯专利权，拒不履行生效行政裁决等行为依法引入行政
处罚、联合惩戒、信用监管等措施。统一专利侵权纠纷行政裁决场所、设备和
着装规范要求。加快推进行政裁决队伍专业化、职业化建设，规范人员上岗资
格管理，建立标准化培训体系。❶

（二）知识产权保护体系建设工程实施方案

《知识产权保护体系建设工程实施方案》（以下简称《方案》）是新时代推
动知识产权保护体系建设的"施工图"，主要从知识产权保护全链条、全过程、
全要素出发，系统解决知识产权保护体系"谁来建"和"怎么建"的问题，是
加强知识产权全链条保护的具体行动。

《方案》提出"一个建设思路"和"两个阶段性目标"。"一个建设思路"
是指，以习近平新时代中国特色社会主义思想为指导，深入贯彻党的二十大和
二十届二中全会精神，将习近平总书记对知识产权保护工作的重要指示精神全
面落实到知识产权保护体系建设中去，创新保护制度、保护手段和保护模式，

---

❶ 见《二〇二三年中国知识产权保护状况》。

提高知识产权保护专业化、现代化、智能化水平。"两个阶段性目标"是指，一是到 2027 年，知识产权保护体系和保护能力现代化建设迈出坚实性步伐，知识产权法律法规更加全面系统，"严保护"的政策和标准更加健全，行政执法和司法保护更加严格，授权确权更加优质高效，快速协同保护更加顺畅，知识产权领域国家安全治理基础进一步巩固，社会共治合力进一步增强，保护能力显著提升。覆盖"国家、省、市、县"四级的知识产权保护网络更加完善，知识产权保护基础进一步夯实，"大保护"工作格局全面形成。二是到 2035 年，知识产权保护体系和保护能力现代化基本实现。第一个阶段性目标，主要是立足当前知识产权保护的重点难点问题，确定的近期主攻方向。第二个阶段性目标，主要是对标 2035 年知识产权强国建设的具体任务，提出的远景工作展望。

《方案》围绕工作目标提出七方面建设任务。主要包括：一是在知识产权保护政策和标准方面，提出要完善保护政策制度，健全保护标准规范。二是在执法司法方面，提出要加强司法保护、行政执法和行政裁决，构建有机衔接、协同高效的知识产权执法司法体系。三是在授权确权方面，提出要提高授权确权质量和效率，促进专利商标代理行业健康发展。四是在保护管理方面，提出要完善保护管理体制机制，建设快保护机构，优化快速协同保护机制。五是在社会共治方面，提出要完善多元化纠纷解决机制，加强知识产权诚信体系建设，提升企事业单位知识产权保护和管理能力，营造尊重和保护知识产权的良好氛围。六是在知识产权领域国家安全治理体系建设方面，提出要完善知识产权安全相关政策法规，健全知识产权安全治理工作机制，提升知识产权领域风险防控能力。七是在能力支撑方面，提出要加大人才培养、培训和使用力度，推进知识产权鉴定和技术调查，强化知识产权保护信息支撑，构建专业化、信息化、智能化的知识产权保护能力支撑体系。这七个方面的任务有机衔接、系统集成，既贴近当前发展实际，又满足未来一段时期发展需要。

为保障各项任务顺利实施，《方案》提出了一系列组织实施工作要求。一是加强组织领导。提出加强党对知识产权保护工作的领导，把党的领导贯穿知识产权保护体系建设全过程。各地区、各有关部门要把知识产权保护体系建设纳入重要议事日程，按照职责分工和建设任务，认真抓好落实。二是加强法治保障。提出推进知识产权领域有关法律法规的制修订工作，加强法治保障。三是加强条件保障。提出充分发挥财政资金对知识产权保护体系建设的引导作用。加强知识产权保护相关人才培养和干部队伍建设。四是加强跟踪问效。提出将知识产权保护体系建设工程实施情况纳入知识产权保护工作检查考核和营商环境评价，推动各项任务落到实处。❶

二、人才队伍与能力建设

人才队伍建设是做好知识产权保护工作的保障。在知识产权保护方面，截至 2023 年底，我国行政管理和执法人才数量超 3 万人，已建成的知识产权保护中心人才数量超 2200 人，助力知识产权保护水平稳步提升。

我国不断加强知识产权保护人才能力建设。知识产权强国建设纲要实施以来，知识产权管理部门每年举办全国专利侵权纠纷行政裁决培训班和知识产权保护能力提升培训班，累计培训 7000 余人次；编撰专利、商标等执法保护培训教材，开发知识产权执法保护线上课程，建设全国知识产权行政保护技术调查官信息库，遴选确定首批 4 家知识产权鉴定推荐机构。规范预审业务上岗培训，严格上岗考核相关要求和证书发放流程。❷"十四五"以来累计举办各类知识产权培训班 250 余期，培训人数超 5.7 万人次。

---

❶ 九部门联合印发《知识产权保护体系建设工程实施方案》（2024-05-28）[2024-07-09]. http：//ipr. mofcom.gov.cn/article/gnxw/zfbm/zy/bw/202405/1986004.html.

❷ 知识产权分项规划实施中期评估报告摘编 [EB/OL]．（2023-10-31）[2024-07-09].https：//www.cnipa. gov.cn/art/2023/10/31/art_3374_191549.html.

健全完善以国家知识产权专家咨询委员会为引领，以国家知识产权局知识产权发展研究中心、中国知识产权研究会为两翼，各领域特色智库为支撑，各方面知识产权研究机构共同参与的知识产权智库体系。专家咨询委员会自2010年成立以来，委员结构不断优化，专家建言等工作机制不断健全。委员主动参与知识产权重要文件制定、重大课题研究、国际国内会议论坛活动，接受媒体采访发表意见建议，为知识产权强国建设提供了重要的智力保障。支持和鼓励地方智库建设方面，目前全国各地共有各类知识产权研究机构近200家，构建了相互联系、多方合作的全国知识产权研究网络，形成了一支约6000人的知识产权研究队伍，为地方政府科学决策提供支撑。"十四五"以来，委员们累计参加各类知识产权工作700余项，涉及委员近1200人次，在知识产权法治保障、转化运用、公共服务、国际合作、人才培养、文化传播等方面建言献策，全方位支撑了知识产权"创造、运用、保护、管理、服务"全链条工作。海外知识产权纠纷应对指导专家库为企业提供专业高效的海外维权指导服务，累计指导企业海外维权1600余次。知识产权业务教育培训的主要载体，大力开展知识产权专门人才培养。

最高人民法院大力推进队伍正规化、专业化、职业化、国际化建设，一体融合推进政治素质、业务素质、职业道德素质建设，切实提高履职能力水平。常态化开展网络培训和各类讲座或培训。深入实施"知产英才"计划，有效保障法庭办案人力资源需要，为全国法院培养储备更多专业审判人才。最高人民检察院举办全国检察机关知识产权检察综合履职专题研修班及多期知识产权检察综合履职培训，推动执法司法标准统一，提升业务能力。公安部采取视频教学、案例指导、大讲堂、培训班等多种形式，着力培养专业化、复合型知识产权刑事执法人才。农业农村部举办品种保护理论和测试技术类线上线下培训班，提升人员种业知识产权保护能力。海关总署举办知识产权海关保护网络培训班，提升相关执法人员知识产权保护能力。国家林业和草原局举办全国林草新品种及知识产权保护与管理培训班，增强相关人员林草新品种知识产权保护意识，提高行政执法能力。

培养和吸纳具有专业技术知识的人才参与执法审判工作是提升知识产权保护的重要举措。对于技术类的知识产权案件，及时进行技术事实查明是知识产权保护的关键环节，对于专利、技术秘密等案件而言查明技术事实尤为重要。我国通过多年探索，设立技术调查官制度，在人民法院、人民检察院、地方知识产权局等引进司法保护和行政保护技术调查官，涵盖各类技术领域，并积极探索在商标行政保护领域中引入技术调查官制度。

第六节　知识产权保护中的文化传播

在知识产权保护环节，我国持续讲好知识产权故事，厚植知识产权文化理念，实现知识产权宣传培训多样化活动引领、全媒体宣传报道积极跟进、社会公众广泛关注参与的传播效果。

一、国内知识产权文化宣传普及

（一）抓时机、多渠道加强知识产权宣传报道

我国积极开展知识产权文化宣传，抓时机、多渠道加强知识产权宣传报道。每年举办全国知识产权宣传周活动，全国上下形式多样地开展知识产权文化传播，展现良好态势。围绕国家知识产权保护示范区建设、中国－中亚知识产权合作论坛、中国国际专利技术与产品交易会、中国国际版权博览会、中国网络版权保护与发展大会等重要活动做好宣传报道；围绕法条修改、政策实施等重大主题在国务院新闻办公室举办新闻发布会。通过拍摄普法宣传片、书籍赠阅、发布典型案例等多种形式，开展知识产权法治文化宣传。《人民日

报》、新华社、央视《新闻联播》栏目等频繁关注知识产权相关重大活动、重点工作，进行突出报道，形成权威媒体持续热议知识产权的生动局面。充分利用推特海外社交媒介，以及世界知识产权组织版权保护优秀案例示范点调研项目民间文艺版权保护与促进试点项目等机制和平台，持续加强中国知识产权保护信息海外传播力度，讲好中国知识产权保护故事。在线上线下传播渠道、传统媒体和新媒体传播渠道等，通过全国法治动漫微视频作品展播、金鸡电影论坛·知识产权保护论坛等丰富多样的活动形式，传播知识产权理念、传递知识产权保护声音、营造浓厚的知识产权文化氛围。

（二）发布知识产权保护系列报告和指南

多年来，各知识产权保护相关部门发布多项系列报告，通报每年知识产权保护情况，供公众了解，门类繁多，数据齐全，并对相关保护特点予以梳理，其是在保护环节知识产权文化传播的重要手段。年度报告涉及《中国知识产权保护状况》《知识产权领域营商环境改革发展报告》《中国法院知识产权司法保护状况》《全国知识产权检察工作情况》《中国海关知识产权保护状况》《中国林业和草原知识产权年度报告》《农业植物新品种保护公报》《法官专利案件管理国际指南》等。同时，针对各项专项工作，及时发布各工作报告，如《中国打击侵权假冒工作年度报告》等。

《中国知识产权保护状况》是我国知识产权保护的白皮书，其于1994年国务院新闻办公室首次发表，并于此后每年定期发布。该书通过大量事实，详细阐述了中国保护知识产权的基本立场和态度，系统介绍了中国知识产权立法和执法的现状，以及中国积极承担保护知识产权的国际义务等方面的情况。每年定期向社会公布的《中国法院知识产权司法保护状况》，是最高人民法院知识产权审判工作的重要载体和社会公众了解知识产权审判发展动态的重要渠道，直观地反映出司法审判机关根据我国经济社会文化发展新要求和人民群众对于知识产权司法保护的新期待，在不断发挥知识产权司法审判职能作用、依法公正高效审理案件、切实有效回应社会司法需求、不断提升知识产权司法的权威性和公信力方面的有力作为。

（三）发布各类知识产权保护相关案例

习近平总书记在谈论司法工作时多次提到了案例（裁判）法治的重要性。以案例来认识、推动、评判法治，成为习近平法治思想最直接、最生动的表达。一个案例胜过一沓文件，强调的是案例的积极价值，是司法裁判的奋斗目标。"100-1=0"，强调的是错案的消极影响，是对司法裁判的严格要求。努力让人民群众在每一个司法案件中感受到公平正义，是案例的根本目标和终极评价标准，与前两个认知相互贯通，相互统一。案例是法治从理想到现实的临门一脚和最后环节，优秀的司法判决是司法经验和智慧的结晶，既阐明了事理，释明了法理，也讲明了情理。类似案例可使当事人提前预测诉讼风险，形成理性判断，有利于预防和减少纠纷发生。案例法治宣传和教育的重要资源。❶在知识产权保护中，以案释法，是知识产权文化传播的重要途径和手段之一。

多年来，我国充分发挥案例的指引和警示作用，树立典型，传播经验。发布知识产权强国建设典型案例，知识产权行政保护典型案例，专利复审无效十大案件，商标异议、评审典型案例，中国法院十大知识产权案件和50件典型知识产权案例，人民法院种业知识产权司法保护典型案例，人民法院反垄断和反不正当竞争典型案例，知识产权检察综合保护主题指导性案例，检察机关知识产权保护典型案例，检察机关依法惩治侵犯著作权犯罪典型案例，全国打击侵权盗版十大案件，公安机关加强知识产权刑事保护支持全面创新

---

❶ 习近平法治思想中的案例法治观 [EB/OL].（2021-03-03）[2024-07-05]. https//www.chinacourt.org/article/detail/2021/03/id/5828874.shtml.

10 起典型案例，农业植物新品种保护十大典型案例，中国海关知识产权保护典型案例，市场监管总局公布知识产权执法典型案例等等。同时发布知识产权纠纷多元调解典型经验做法和案例，最高人民法院反垄断典型案例等专项工作相关案例等。

二、国际知识产权文化传播

中国作为知识产权国际规则的坚定维护者、重要参与者和积极建设者，持续深化与世界知识产权组织等国际组织以及各国、各地区知识产权机构的交流合作，坚持开放包容、平衡普惠原则，深度参与全球知识产权治理，倡导共同加强知识产权保护，让创新创造更好惠及各国人民。开展多边、双边合作，共建"一带一路"国家和地区的知识产权交流合作。在国际事务的参与中，不断传播知识产权文化，展示中国知识产权保护工作成就和态度。

参与知识产权相关条约协定制定、承办国际会议、论坛，在国内外举办各类研讨会、推介会、交流会、产业界对话会、知识产权制度宣讲会等。开设各类合作培训，与美国、欧盟、日本、韩国等国家和地区知识产权机构开展业务交流，与多国国家开展审查员交流，举办面向东盟国家的地理标志和中医药保护培训班、面向拉美地区的知识产权培训班、海湾阿拉伯国家合作委员会专利审查培训班等，为共建"一带一路"国家知识产权官员提供培训。指导同济大学和中南财经政法大学录取来自共建"一带一路"国家的学员参与"一带一路"硕士学位教育项目。开展司法合作与联合执法行动，上海、福建、广东、海南四地高级人民法院与世界知识产权组织仲裁与调解中心建立合作关系，签订交流合作协议，开展诉调对接。海关总署与欧盟、俄罗斯、日本、韩国等国家和地区海关持线开展数据交换、案件信息共享、立法及执法实践交流；参与世界海关组织开展的打击非法、假冒和不符合标准药品及医疗物资进出口的

"阻止"国际联合执法行动，重点打击进出口侵权假冒药品、医疗器械和消费品违法行为。

同时，我国也不断开展各种类型的知识产权文化宣传活动，以多元化的传播方式，努力构建中国知识产权话语和叙事体系，打造有影响力的产品。如制作的短视频《中国知识产权保护怎么样？外国青年这样说》立足外宣，从外国青年的视角出发，客观展现出中国政府在知识产权保护、营造良好营商环境和支持青年创新等方面所作出的努力，对于宣传我国知识产权事业发展起到了积极的正向引导作用。对内构建知识产权文化传播体系、对外提升国际舆论引导力和传播话语权。

第七节　知识产权保护中的文化传播实例

一、知识产权行政管理部门知识产权文化传播实例

知识产权行政管理部门通过多手段多渠道开展知识产权文化传播。本节选择知识产权保护社会满意度调查、《中国知识产权保护状况》白皮书、指导案例和典型案例发布为例进行展示。白皮书自上而下展示了我国知识产权保护状况，满意度调查报告自下而上实际反映我国知识产权保护成效，相关案例使抽象的法律具体地呈现在社会大众面前，发挥了重要的引导和解释作用。

我国自 2012 年起连续开展知识产权保护社会满意度调查，形成并发布调查报告。2022 年的调查问卷相关评价指标体系包括 5 项一级指标、11 项二级指标和 31 项三级指标，调查群体覆盖知识产权权利人，专业人士和社会公众等社会各界主体，覆盖 31 个省（自治区、直辖市，不含港澳台地区）。调查有效样本量超过 1.39 万个。一级指标包括法律政策、执法保护、机制建设、意识培养、保护效果；一级指标细分后的二级指标包括法律与政策完备程度、法律

与政策有效程度、行政保护质量效率、司法保护质量效率、行政与司法衔接情况、维权援助机制完善程度、知识产权保护服务支撑机制完善程度、海外维权服务机制完善程度、非讼纠纷解决机制建设情况、宣传教育培训、保护效果。其中，宣传教育培训下的三级指标进一步细分为知识产权宣传情况、知识产权教育情况、知识产权培训开展情况，保护效果下的三级指标进一步细分为侵权现象严重程度、侵权损害赔偿足额性、获取维权救济的便捷性。知识产权宣传情况反映各类人士对知识产权宣传方式、频次、内容情况的感受；知识产权教育情况反映各类人士对知识产权教育方式、内容、效果情况的感受。基于科学指标及其权重的设计，并通过科学的问卷调研方式，反映了我国国内对知识产权保护和文化传播的情况。

1994 年，我国首期发布《中国知识产权保护状况》白皮书，其后定期发布。在发布伊始，我国便为了增强全社会的知识产权法律意识，提高知识产权保护水平，号召对白皮书展开学习。使白皮书结合相关的法律、法规，进一步广泛深入地开展知识产权保护的宣传教育，普及知识产权知识，加强经济、科技及文化艺术界知识产权领域专业人员的培训，尤其是要加强对上述各界有关领导的培训，增强他们的知识产权意识。为配合开展知识产权宣传教育工作，发表《中国知识产权保护状况》白皮书 5 种外文版，并出版中文版在国内市场公开发行。中文版除收入白皮书正文外，还附有商标法、专利法、著作权法、反不正当竞争法、技术合同法、科学技术进步法、民法等，以及有关决定或行政法规、规章。❶

同时，为提升法律的理解与运用，发挥指导案例、典型案例等的引导和解

---

❶ 关于结合学习《中国知识产权保护状况》白皮书加强保护知识产权宣传教育工作的通知；公布日期：1994 年 7 月 4 日。国务院新闻办公室、国家科委、对外贸易经济合作部、国家工商行政管理局、国家版权局、中国专利局关于结合学习《中国知识产权保护状况》白皮书加强保护知识产权宣传教育工作的通知 [EB/OL]. (1994-07-04) [2024-07-09]. https：//www.pkulaw.com/apps/fulltext/chl/bce0a0842137934dbdfb.

释作用，我国发布了多批行政保护相关案例，以及专项行政执法相关案例。国家知识产权局于 2020 年、2022 年、2023 年总计发布三批 11 个知识产权行政保护指导案例（表 6-3），于 2022 年、2023 年发布两批知识产权强国建设典型案例，并于每年发布专利复审无效十大案件，商标异议、评审典型案例，发布知识产权行政保护典型案例等各类典型案例，各省市也发布多批典型案例。同时，对于相关案例，进行充分的宣传，通过公众号等进行内容解读，起到了良好的知识产权文化传播作用。其中，行政保护指导案例，公开了案例名称、关键词、案件要点、基本案情、处理决定、指导意义等几个部分，能够使公众和相关执法人员充分了解知识产权行政保护的具体内容，并学习相关法律知识，提高知识产权保护意识，充分发挥了案例的指导作用。

表 6-3　第 1~3 批知识产权行政保护指导案例汇总表

序号	案件要点
1	将他人注册商标作为广告搜索关键词使用，搜索结果页中显示他人注册商标的行为，构成商标的使用
2	销售商与供货商存在股东交叉任职重大关联关系，且供货商曾向商标主管机关申请注册与商标权利人注册商标近似的商标，被依法驳回。因此，可以推定销售商主观上存在明知、应知的情形，构成商标侵权行为，不能免除侵权责任
3	在包工包料承揽工程中，承揽人购买使用侵犯他人注册商标专用权商品的行为，构成销售侵权商品行为
4	"临时保护期"为发明专利申请的公开日至授权日。其中对于分案申请的公开日判断，以其母案、分案申请中较早的公开日为准
5	确定集成电路布图设计专有权的保护范围，首先应当确定布图设计专有权的客观载体，然后根据客观载体载明的布图设计，结合当事人的主张，确定具体案件中的保护范围是布图设计的全部还是其中具有独创性的部分。登记时提交的布图设计的复制件或图样是确定布图设计专有权的载体；对于登记时已经投入商业利用的布图设计，登记时提交的集成电路样品可以作为确定布图设计专有权的参考
6	对于行为人侵犯他人专利权，在行政裁决或者司法裁判生效后未停止侵权行为，就同一专利权持续或者再次实施侵权行为的，可以依据地方性法规直接认定为重复侵权行为并给予行政处罚

序号	案件要点
7	回收旧啤酒瓶再利用，灌装与商标权利人相同或类似的商品并重新投入市场进行销售，但未对啤酒瓶上他人注册商标的浮雕文字进行有效遮挡，容易导致混淆的，属于给他人的注册商标专用权造成其他损害的商标侵权行为
8	管理专利工作的部门在处理专利侵权纠纷过程中，主持调解并促成双方当事人达成调解协议后，通过司法确认获得强制执行力，强化了行政保护和司法保护的有机衔接
9	在行政裁决案件审理过程中，国务院专利行政部门在作出宣告涉案专利权无效的决定后，管理专利工作的部门可以裁定驳回行政裁决请求。如果当事人对宣告专利权无效的决定不服提起行政诉讼，在人民法院作出撤销该决定的判决生效后，权利人可以重新提起行政裁决请求
10	在查处侵犯注册商标专用权纠纷案件中，认定侵权行为成立的，负责商标执法的部门可以对商标侵权纠纷以及相关赔偿数额进行调解，并将调解协议及其履行情况作为"主动消除或者减轻违法行为危害后果"的考量因素，依法予以从轻或者减轻处罚
11	市场主办方作为市场管理者，发现商户销售侵权商品的，应采取必要措施予以制止。市场主办方在经过多次告知后未采取必要措施，客观上未能积极履行管理职责，主观上具有放任售假行为发生的故意，实际上为销售侵权商品提供了经营场所这一便利条件，属于侵权行为

二、司法机关知识产权文化传播实例

法院不断加大法治宣传，加强典型案例对外宣介，讲好中国审判故事，传播中国法治声音。作为最高人民法院的专门负责知识产权审判的机构，知识产权法庭开设法庭中英文网站、法庭官微，官微设置"知竞审判理念""新案速递""每周一案""五年百案"等专栏，充分发挥典型案例社会价值导向和行为规则引领作用。做好"全国知识产权宣传周""中国公平竞争政策宣传周""全国粮食安全宣传周"等相关工作，进行"'4·26'集中开庭周"系列新闻报道，以生动鲜活的案例、通俗易懂的文风取得良好宣传效果，获得中央宣传部新闻局高度评价。法庭法官参编世界知识产权组织《法官专利案件管理国际指南》入选"中国法治国际传播 2023 年十大典型案例",截至 2023 年,该活动开展四年,法庭工作第三次入选,如表 6-4。❶

表 6-4　最高法知产法庭获"中国法治国际传播十大典型案例"

序号	奖项	获奖案例
1	2023 年"中国法治国际传播十大典型案例"	最高人民法院知识产权法庭法官参与编写 WIPO《法官专利案件管理国际指南》
2	2022 年"中国法治国际传播十大典型案例"	最高人民法院知识产权法庭裁判案例被联合国贸易和发展会议和南方中心"知识产权与公共卫生案例数据库"(英文)收录并发布
3	2020 年"中国法治国际传播十大典型案例"	最高人民法院知识产权法庭发布 2019 年年度报告中英文版

同时,司法机关积极服务对外开放,开展国际合作交流。2023 年,世界知识产权组织总干事邓鸿森高度关注法庭典型案例的国际传播,认为最高人民法院知识产权法庭"在激励保障技术创新、维护市场公平竞争、推动国际合作交流方面,取得的成绩令人印象深刻,为中国知识产权保护事业注入了新的活力"。最高人民法院与欧盟 IPKey 中国项目联合在苏州举办中欧知识产权司法论坛,就反垄断和专利案件相关前沿热点问题展开研讨;出席世界知识产权组织"2023 年知识产权法官论坛"和法官顾问委员会会议、国际植物新品种保护联盟座谈会等活动。

最高人民法院自 2007 年起,评选并公布"知识产权司法保护十大案件",自 2009 年起开始在十大案件之外同时公布五十个典型案例。同时,最高人民法院还在发布的多批指导案例中,涵盖了知识产权指导案例,多次发布了不同专题或专

---

❶ 最高法知产法庭法官参与编写 WIPO《法官专利案件管理国际指南》入选 2023 年"中国法治国际传播十大典型案例"[EB/OL].(2023-11-20)[2024-07-09]. https://ipc.court.gov.cn/zh-cn/news/view-2638.html.;最高法知产法庭案例入选 2022 年"中国法治国际传播十大典型案例"[EB/OL].(2022-11-21)[2024-07-09]. https://enipc.court.gov.cn/zh-cn/news/view-2181.html.

项的典型案例。通过案例的评选与公布，最高人民法院积极发挥案例示范效应和指导作用，有力地展示了中国法院知识产权司法保护工作的成绩和力度，为全国法院正确和统一使用法律提供了指引，为当事人提供了可资借鉴的维权范本，同时也提升了社会公众知识产权保护意识，促进塑造了知识产权法治文化。

2023 年，最高人民法院发布知识产权指导案例、反垄断典型案例，最高人民法院知产法庭成立五周年十大影响力案件以及 100 件典型案例等。下面汇总并展示了最高人民法院知产法庭成立五周年十大影响力案件（表 6-5）、100 件典型案例（表 6-6）及反垄断典型案例（表 6-7）。❶

表 6-5　最高人民法院知产法庭成立五周年十大影响力案件

序号	案例	判决书号
1	"蜜胺"发明专利及技术秘密侵权案：四川金某化工公司、北京烨某科技公司与山东华某化工公司等侵害发明专利权纠纷及侵害技术秘密纠纷（2020）最高法知民终 1559 号	（2022）最高法知民终 541 号民事判决书
2	"金粳 818"水稻植物新品种侵权案：江苏省金某种业公司与江苏亲某农业公司侵害植物新品种权纠纷	（2021）最高法知民终 816 号民事判决书
3	涉"汽车雨刮器"发明专利侵权案：法国瓦某清洗系统公司与厦门卢某汽车配件公司等侵害发明专利权纠纷	（2019）最高法知民终 2 号民事判决书
4	涉"中药发药机"发明专利确权案：四川新某药业公司与国家知识产权局、广东一某制药公司发明专利权无效行政纠纷	（2021）最高法知行终 93 号行政判决书
5	中国首例药品专利链接诉讼案：日本某株式会社与温州某药业公司确认是否落入专利权保护范围纠纷	（2022）最高法知民终 905 号民事判决书
6	"香兰素"技术秘密侵权案：嘉兴市中某化工公司、上海欣某新技术公司与宁波王某科技公司等侵害技术秘密纠纷	（2020）最高法知民终 1667 号民事判决书
7	"橡胶防老剂"技术秘密侵权案：圣某化学科技公司与陈某刚、运城晋某化学科技公司侵害技术秘密纠纷	（2022）最高法知民终 816 号民事判决书

---

❶ 最高人民法院发布知产法庭成立五周年十大影响力案件和 100 件典型案例 [EB/OL].（2024-02-22）[2024-07-09].https：//www.chinacourt.org/article/detail/2024/02/id/7811924.shtml；最高人民法院发布近期人民法院反垄断典型案例 [EB/OL].（2024-06-25）[2024-07-09]. https：//ipc.court.gov.cn/zh-cn/news/view-3111.html.

续表

序号	案例	判决书号
8	"卡波"技术秘密侵权案：广州天某高新材料公司、九江天某高新材料公司与安徽纽某精细化工公司等侵害技术秘密纠纷	（2019）最高法知民终562号民事判决书
9	"砖瓦协会"横向垄断协议案：张某勋与某市砖瓦协会等垄断纠纷	（2020）最高法知民终1382号民事判决书
10	"无线吸尘器"发明专利侵权案：英国某技术公司与某科技（苏州）公司侵害发明专利权纠纷	（2022）最高法知民终189号民事调解书

表 6-6　最高人民法院知识产权法庭成立五周年 100 件典型案例

	序号	案例	判决书号
一、激励科技创新案例	1	"克氏针折弯装置"发明专利授案案：郑州泽某技术服务公司与国家知识产权局发明专利申请驳回复审行政纠纷	（2022）最高法知行终316号行政判决书
	2	"高压自紧式法兰"发明专利授案案：成都植某机械科技公司与国家知识产权局发明专利申请驳回复审行政纠纷	（2021）最高法知行终440号行政判决书
	3	涉"肿瘤靶向治疗"发明专利授权案：江苏靶某生物医药研究所公司、常州南某高新技术研究院与国家知识产权局发明专利申请驳回复审行政纠纷	（2020）最高法知行终35号行政判决书
	4	涉"绿脓杆菌"发明专利确权案：戴某良与国家知识产权局、北京万某生物制药公司发明专利权无效行政纠纷	（2019）最高法知行终16号行政判决书
	5	"妇科中药栓剂"发明专利确权案：贵州双某制药公司与国家知识产权局、贵州长某药业公司发明专利权无效行政纠纷	（2021）最高法知行终593号行政判决书
	6	"石墨放电隙装置"发明专利确权案：深圳市海某电子公司与国家知识产权局、四川中某科技公司发明专利权无效行政纠纷	（2021）最高法知行终1071号行政判决书
	7	"磁共振成像方法"发明专利确权案：西某（深圳）磁共振公司与国家知识产权局、上海联某医疗科技公司发明专利权无效行政纠纷	（2019）最高法知行终61号行政判决书
	8	"替格瑞洛"药品发明专利确权案：阿某（瑞典）公司与国家知识产权局、深圳信某药业公司发明专利权无效行政纠纷	（2019）最高法知行终33号行政判决书
	9	"撬针"实用新型专利确权案：杭州元某医疗器械公司与国家知识产权局、杭州卓某医疗科技公司实用新型专利权无效行政纠纷	（2022）最高法知行终132号行政判决书

	序号	案例	判决书号
一、激励科技创新案例	10	"农麦168"小麦植物新品种授权案：江苏神某种业科技公司与农业农村部植物新品种复审委员会植物新品种申请驳回复审行政纠纷	（2023）最高法知行终95号行政判决书
	11	"彝族医药"发明专利权权属系列案：楚雄彝族自治州某医药研究所与杨某雷专利权权属系列纠纷	（2021）最高法知民终403号等十一案民事判决书
	12	"高分子复合波纹膨胀节"发明专利权权属案：滕州市绿某机械制造公司与李某专利权权属纠纷	（2021）最高法知民终194号民事判决书
	13	涉"气化炉"实用新型专利权权属案：航某化学工程公司与聊城市鲁某化工工程设计公司、鲁某化工集团公司专利权权属纠纷	（2020）最高法知民终1293、1652号民事判决书
	14	"高温微波膨化炉"实用新型专利权权属案：郑州新某科技公司与宋某礼专利权权属纠纷	（2020）最高法知民终1848号民事判决书
	15	"指纹识别芯片技术"专利权权属系列案：敦某科技（深圳）公司与深圳信某科技公司等专利权、专利申请权权属系列纠纷	（2020）最高法知民终1548号等六案民事判决书
	16	"电动车"专利权权属系列案：浙江某控股集团公司等与某科技（上海）公司等专利权、专利申请权权属系列纠纷	（2022）最高法知民终2436号等二十七案民事判决书
	17	"便携可充式喷液瓶"实用新型专利发明人报酬案：曾某福与东莞怡某磁碟公司等职务发明创造发明人、设计人奖励、报酬纠纷	（2019）最高法知民终230号民事判决书
	18	涉"路由器"发明专利侵权案：深圳敦某科技公司与深圳市吉某科技公司等侵害发明专利权纠纷	（2019）最高法知民终147号民事判决书
	19	"伸缩套管锁紧装置"发明专利侵权案：深圳市富某自行车配件公司与上海永某自行车公司、广州晶某贸易公司侵害发明专利权纠纷	（2021）最高法知民终985号民事判决书
	20	"真姬菇菌株"发明专利侵权案：上海丰某生物科技公司与天津绿某农业科技开发公司、天津鸿某农业技术开发公司侵害发明专利权纠纷	（2020）最高法知民终1602号民事判决书
	21	"三红蜜柚"植物新品种侵权案：蔡某光与广州市润某商业公司侵害植物新品种权纠纷	（2019）最高法知民终14号民事判决书

续表

	序号	案例	判决书号
一、激励科技创新案例	22	"锂电池保护芯片"集成电路布图设计侵权案：苏州赛某电子科技公司与深圳裕某科技公司等侵害集成电路布图设计专有权纠纷	（2019）最高法知民终490号民事判决书
	23	"空调专用微处理器控制芯片"开发合同案：深圳市星某光电科技公司与泰某微电子（上海）公司集成电路委托开发合同纠纷	（2020）最高法知民终394号民事判决书
二、加大保护力度案例	24	涉"WAPI"通信方法发明专利侵权案：西安某无线网络通信公司与某电脑贸易（上海）公司、西安市某电器公司侵害发明专利权纠纷	（2022）最高法知民终817号民事判决书
	25	"桥梁伸缩缝装置"标准必要专利侵权案：徐某、宁波路某科技实业集团公司与河北易某橡胶制品公司、河北冀某路桥建设公司侵害发明专利权纠纷	（2020）最高法知民终1696号民事判决书
	26	"左旋奥硝唑"药品发明专利侵权、确权民行交叉案：南京圣某药业公司与湖南华某公司、大连中某药业公司侵害发明专利权纠纷，长沙市华某医药科技公司与国家知识产权局、南京圣某药业公司发明专利权无效行政纠纷	（2020）最高法知民终1156、1158号民事判决书，（2020）最高法知行终476、475号行政判决书
	27	"长碳链二元酸精制工艺"发明专利侵权、确权民行交叉案：上海凯某生物技术公司、凯某（金乡）生物材料公司与山东瀚某生物技术公司等侵害发明专利权纠纷，山东瀚某生物技术公司与国家知识产权局、上海凯某生物技术公司发明专利权无效行政纠纷	（2021）最高法知民终1305号民事判决书、（2020）最高法知行终564号行政判决书
	28	"物流信息跟踪技术"发明专利侵权案：深圳市帝某网络科技公司与深圳市东某网络科技公司侵害发明专利权纠纷	（2020）最高法知民终746号民事判决书
	29	涉"微波炉"发明专利侵权案：广东某微波炉电器制造公司与中山市某电子科技公司侵害发明专利权纠纷	（2022）最高法知民终1584号民事判决书
	30	"循环水处理设备"发明专利财产损害赔偿案：广州德某水产设备科技公司与广州宇某水产科技公司等财产损害赔偿纠纷	（2019）最高法知民终424号民事判决书
	31	"立式二次构造柱泵"实用新型专利侵权案：青岛某某重工公司与青岛晨某机械设备公司侵害实用新型专利权纠纷	（2020）最高法知民终1658号民事判决书
	32	"动态密码USB线材"实用新型专利侵权案：深圳市某智能科技公司与深圳市某电子科技公司、深圳市某物联技术公司侵害实用新型专利权纠纷	（2022）最高法知民终124号民事裁定书

续表

	序号	案例	判决书号
二、加大保护力度案例	33	"结固式锚栓"实用新型专利侵权案：福州百某自动化科技公司与上海点某建筑技术公司、张某彬侵害实用新型专利权纠纷	（2021）最高法知民终1066号民事判决书
	34	"YA8201"玉米植物新品种侵权案：四川雅某科技公司与云南金某种业公司、云南瑞某种业公司侵害植物新品种权纠纷	（2022）最高法知民终783、789号民事判决书
	35	"彩甜糯6号"杂交玉米亲本植物新品种侵权案：荆州市恒某农业科技公司与甘肃金某农业科技公司、郑州市华某种业公司侵害植物新品种权纠纷	（2022）最高法知民终13号民事判决书
	36	"裕丰303"玉米植物新品种侵权案：北京联某种业公司与吴某寿侵害植物新品种权纠纷	（2021）最高法知民终2105号民事判决书
	37	"丹玉405号"玉米植物新品种侵权案：辽宁丹某种业科技公司与凌海市农某种业科技公司、青岛连某农业技术发展公司侵害植物新品种权纠纷	（2022）最高法知民终2907号民事判决书
	38	"登海605"玉米植物新品种侵权案：山东登某种业公司与河南丰某农业科技公司、刘某堂侵害植物新品种权纠纷	（2022）最高法知民终293号民事判决书
	39	"扬辐麦4号"小麦植物新品种侵权案：江苏金某种业公司与扬州今某种业公司等侵害植物新品种权纠纷	（2021）最高法知民终884号民事判决书
	40	"宁麦13"小麦植物新品种侵权案：江苏明某种业科技公司与淮安丰某种业研繁公司侵害植物新品种权纠纷	（2022）最高法知民终1262号民事判决书
	41	"奥黛丽"辣椒植物新品种侵权案：先某种苗（北京）公司与赤峰和某农业高新科技产业开发公司、盘山县古城子镇盛某农资经销店侵害植物新品种权纠纷	（2023）最高法知民终12号民事判决书
	42	"杨氏金红1号"猕猴桃植物新品种侵权案：四川依某猕猴桃种植公司与马边彝族自治县石某猕猴桃专业合作社侵害植物新品种权纠纷	（2022）最高法知民终211号民事判决书
	43	"医用制氧"技术秘密侵权案：陆某琪、邯郸市新某医用氧设备公司与邯郸市瑞某供氧设备公司等侵害技术秘密纠纷	（2023）最高法知民终120号民事判决书
	44	"优选锯"技术秘密侵权案：优某（上海）机械公司与曹某等侵害技术秘密纠纷	（2019）最高法知民终7号民事判决书
	45	涉"开源软件"著作权侵权案：网某科技（苏州）公司与浙江亿某通信科技公司等侵害计算机软件著作权纠纷	（2021）最高法知民终51号民事判决书

	序号	案例	判决书号
三、维护公平竞争案例	46	"驾校联营"横向垄断协议案：台州市吉某机动车驾驶培训公司、台州市承某驾驶员培训公司与台州市东某汽车驾驶学校等十三家驾培单位、台州市浙某驾驶员培训服务公司横向垄断协议纠纷	（2021）最高法知民终1722号民事判决书
	47	"无励磁开关"横向垄断协议案：上海华某电力设备制造公司与武汉泰某变压器开关公司垄断协议纠纷	（2021）最高法知民终1298号民事判决书
	48	"幼儿园"横向垄断协议案：进贤县温圳镇艺某幼儿园与进贤县温圳镇六某幼儿园等横向垄断协议纠纷	（2021）最高法知民终2253号民事判决书
	49	"沙格列汀"药品发明专利侵权案：瑞典某公司与江苏某药业公司侵害发明专利权纠纷	（2021）最高法知民终388号民事裁定书
	50	"工业润滑油"轴辐协议案：呼和浩特市汇某物资公司与壳某（中国）公司横向垄断协议纠纷	（2021）最高法知民终1315号民事判决书
	51	"混凝土企业"横向垄断协议行政处罚案：茂名市电白区建某混凝土公司与广东省市场监督管理局反垄断行政处罚案	（2022）最高法知行终29号行政判决书
	52	"消防检测"横向垄断协议行政处罚案：海南盛某建设公司与海南省市场监督管理局反垄断行政处罚案	（2021）最高法知行终880号行政判决书
	53	"汽车销售"纵向垄断协议后继诉讼案：缪某与上某汽车销售公司、上海逸某汽车销售服务公司纵向垄断协议纠纷	（2020）最高法知民终1137号民事判决书
	54	"给排水"公用企业滥用市场支配地位案：威海某置业公司与威海市某集团公司滥用市场支配地位纠纷	（2022）最高法知民终395号民事判决书
	55	"殡葬服务"公用企业滥用市场支配地位案：泉州鲤城立某殡仪服务公司与泉州市集某殡仪服务公司拒绝交易纠纷	（2021）最高法知民终242号民事判决书
	56	"房产中介"滥用市场支配地位案：王某林与北京某房地产经纪公司、北京某融资担保公司滥用市场支配地位纠纷	（2020）最高法知民终1463号民事判决书
	57	涉"病毒检测试剂"技术秘密侵权案：科某诊断技术（上海）公司与程某卓、成都爱某生物科技公司侵害技术秘密纠纷	（2020）最高法知民终1889号民事判决书
	58	杂交玉米亲本"W68"技术秘密侵权案：河北华某种业公司与武威市博某种业公司侵害技术秘密纠纷	（2022）最高法知民终147号民事判决书
	59	"罩式炉吊具"技术秘密侵权案：大连滨某吊具公司与大连星某机电设备公司、刘某侵害技术秘密纠纷	（2022）最高法知民终719号民事判决书
	60	"油气微生物勘探"技术秘密侵权案：盛某地质微生物技术（北京）公司与英某能源科技（北京）公司等侵害技术秘密纠纷	（2021）最高法知民终1363号民事判决书

	序号	案例	判决书号
三、维护公平竞争案例	61	"电商小程序"源代码技术秘密侵权案：深圳某放网络科技公司与浙江某兴科技公司、浙江某石信息技术公司侵害技术秘密纠纷	（2021）最高法知民终2298号民事判决书
	62	"地测空间管理信息系统"商业秘密侵权案：北京龙某科技公司与北京元某智慧科技公司等侵害商业秘密纠纷	（2020）最高法知民终1472号民事判决书
	63	涉"石化废气无害化处理燃烧器"商业秘密侵权案：洛阳瑞某环境工程公司与洛阳明某石化技术公司等侵害经营秘密、技术秘密纠纷	（2020）最高法知民终726号民事判决书
	64	"锂离子正极材料"不正当竞争案：江苏百某新能源科技公司与江苏翔某新能源科技公司等不正当竞争纠纷	（2021）最高法知民终814号民事判决书
	65	"柴油发动机"技术秘密许可案：江苏某科技产业园控股集团公司与某动力（江苏）投资公司等技术秘密许可使用合同纠纷	（2021）最高法知民终809号民事判决书
	66	"横机设备"技术秘密许可案：宁波慈某公司与宁波必某纺织机械公司技术秘密许可使用合同纠纷	（2019）最高法知民终333号民事裁定书
	67	"平板拖把"实用新型专利侵权纠纷反向行为保全案：慈溪市博某塑料制品公司与永康市联某工贸公司等侵害实用新型专利权纠纷	（2020）最高法知民终993号民事裁定书
	68	"围栏柱"发明专利侵权案：江苏固某围栏系统公司与厦门高某工程技术公司等侵害发明专利权纠纷	（2022）最高法知民终139号民事判决书
	69	"靶式流量计"实用新型专利恶意诉讼案：福建恒某科技公司与泉州日某仪器仪表公司因恶意提起知识产权诉讼损害责任纠纷	（2022）最高法知民终1861号民事判决书
四、服务对外开放案例	70	"电泳漆添加剂"发明专利授权案：德国某涂料公司与国家知识产权局发明专利申请驳回复审行政纠纷	（2021）最高法知行终83号行政判决书
	71	涉"人脸识别"发明专利确权案：北京某科技公司与国家知识产权局、某电脑贸易（上海）公司、某贸易（上海）公司、某贸易（上海）公司南京分公司发明专利权无效行政纠纷	（2021）最高法知行终556、581、738号行政判决书
	72	"计算装置中的活动的卡隐喻"发明专利确权案：某电脑贸易（上海）公司与国家知识产权局、美国某公司发明专利权无效行政纠纷	（2021）最高法知行终1号行政判决书

	序号	案例	判决书号
四、服务对外开放案例	73	涉"多元置信度适配系统"发明专利确权案：美国某公司与国家知识产权局、浙江某网络公司等发明专利权无效行政纠纷	（2021）最高法知行终 119 号行政判决书
	74	"光源装置"发明专利确权案：深圳某科技公司与国家知识产权局、日本某计算机株式会社发明专利权无效行政纠纷	（2020）最高法知行终 155 号行政判决书
	75	"天线装置"发明专利确权案：东莞某公司与国家知识产权局、日本某株式会社发明专利权无效行政纠纷	（2021）最高法知行终 987 号行政判决书
	76	"杀虫剂"发明专利侵权案：某农业新加坡私人公司与新乡市某新材料科技公司等侵害发明专利权纠纷	（2022）最高法知民终 2898 号民事判决书
	77	"带锁髓内钉"发明专利侵权案：瑞士某公司与某医疗科技公司等侵害发明专利权纠纷	（2021）最高法知民终 148 号民事判决书
	78	"无创肝病诊断仪"发明专利侵权案：法国某公司与无锡某医学技术公司、某医院侵害发明专利权纠纷	（2019）最高法知民终 21 号民事判决书
	79	涉"纤维素酶"发明专利侵权案：美国某公司与岳阳某生物科技公司、宜昌某药业公司侵害发明专利权纠纷	（2021）最高法知民终 2480 号民事判决书
	80	"偶氮染料"发明专利侵权案：瑞士某公司与浙江某集团公司等侵害发明专利权纠纷	（2022）最高法知民终 111 号民事判决书
	81	涉"保温杯"发明专利侵权案：某（中国）家庭制品公司与金华某文体用品公司等侵害发明专利权纠纷	（2021）最高法知民终 2301 号民事判决书
	82	"玛巴洛沙韦"药品专利链接案：日本某制药株式会社与某药业公司确认是否落入专利权保护范围纠纷	（2023）最高法知民终 4 号民事判决书
	83	涉"稀土永磁材料专利"滥用市场支配地位案：宁波四磁业公司与日本某金属株式会社滥用市场支配地位系列纠纷	（2021）最高法知民终 1398、1413、1449、1482 号民事判决书
	84	"DAKS 系统"技术秘密侵权案：美国某岩油藏公司、某石油科技（北京）公司与翟某元等侵害技术秘密纠纷	（2022）最高法知民终 901 号民事判决书
	85	涉"热流道喷嘴"商业秘密侵权案：马某模具公司与昆山洛某电子材料公司等侵害商业秘密纠纷	（2022）最高法知民终 26 号民事判决书
	86	"OPPO 与夏普"标准必要专利许可纠纷管辖案：某通信公司、某通信公司深圳分公司与日本夏某株式会社、日本赛某株式会社标准必要专利许可纠纷管辖权异议	（2020）最高法知民辖终 517 号民事裁定书
	87	"OPPO 与 SISVEL"涉标准必要专利滥用市场支配地位纠纷管辖案：某通信公司、某通信公司深圳分公司与西某国际公司、西某香港公司滥用市场支配地位纠纷管辖权异议	（2020）最高法知民辖终 392 号民事裁定书

	序号	案例	判决书号
五、践行能动司法案例	88	"自助创建网站"软件批量维权案：长沙米某信息技术公司与昆山市润某职业培训学校等侵害计算机软件著作权系列纠纷	（2022）最高法知民终2196、2205、2476、2495 号等民事判决书
	89	"自拍杆"实用新型专利批量维权案：深圳源某电子公司与中山品某塑胶制品公司、刘某侵害实用新型专利权纠纷，深圳源某电子公司与贺兰县晨某通讯部侵害实用新型专利权纠纷	（2020）最高法知民终357、376 号民事判决书
	90	涉"Wi-Fi"标准必要专利侵权案：展某通信（上海）公司与翱某科技公司侵害发明专利权纠纷	（2022）最高法知民终2040 号民事裁定书
	91	涉"智能物流机器人"实用新型专利侵权系列案：北京极某科技公司与深圳市海某科技公司、武汉新某物流公司侵害实用新型专利权系列纠纷	（2022）最高法知民终2517 号等民事裁定书
	92	"整体式土工格室"实用新型专利侵权系列案：张某武与仪征市佳某材料公司等侵害实用新型专利权系列纠纷	（2019）最高法知民终447、470 号民事裁定书、（2022）最高法知民终2429 号民事调解书
	93	"医用缝合器械"专利权属案：浙江左某医疗技术公司与万某专利权、专利申请权权属纠纷	（2022）最高法知民终1330 号民事调解书、（2022）最高法知民终2365 号民事裁定书
	94	"氯乙酸生产工艺"技术秘密侵权案：诺某化工（泰兴）公司与山东民某科技公司侵害技术秘密纠纷	（2020）最高法知民终1749 号民事调解书
	95	涉"心电图机"技术秘密侵权案：深圳市理某精密仪器公司与深圳市瑞某科技开发公司等侵害技术秘密纠纷	（2022）最高法知民终2544 号民事调解书
	96	"车载定位终端"技术秘密侵权刑民交叉案：深圳市康某信息技术公司与深圳市格某信息技术公司等侵害技术秘密纠纷	（2021）最高法知民终2249 号民事调解书
	97	"绕线机"实用新型专利侵权司法处罚案：东莞屹某智能装备公司与深圳市新某机电设备公司侵害实用新型专利权纠纷	（2021）最高法知司惩1 号决定书
	98	"眼科医疗设备"实用新型专利侵权司法处罚案：吉林省龙某光学电子仪器公司、费某祥不服罚款决定复议	（2022）最高法知司惩复1 号复议决定书
	99	涉"非正常申请"专利代理合同纠纷违法线索移送案：广州卓某知识产权服务公司与中山市中某知识产权运营公司、北京盛某知识产权代理公司专利代理合同纠纷	（2021）最高法知民终1068 号民事判决书
	100	涉"物联网定位"技术合同纠纷犯罪线索移送案：德国某物联公司与广州某研究院技术合作开发合同纠纷	（2021）最高法知民终1311 号民事判决书

表 6-7　最高人民法院反垄断典型案例

序号	案例及判决书号	
1	"汽车销售"纵向垄断协议后继诉讼案：缪某与上某汽车销售公司、上海逸某汽车销售服务公司纵向垄断协议纠纷	最高人民法院（2020）最高法知民终 1137 号民事判决书
	【典型意义】该案系反垄断执法机构作出行政处罚后，消费者就垄断行为主张损害赔偿的民事诉讼，即反垄断后继诉讼。该案裁判明确了后继诉讼中原告的举证责任，有利于切实减轻原告举证负担，有效强化反垄断民事救济，对于反垄断行政执法和司法衔接机制的落实具有示范意义。	
2	"枸地氯雷他定原料药专利"滥用市场支配地位案：扬某药业集团广州海某药业公司、扬某药业集团公司与合肥医某医药股份公司等滥用市场支配地位纠纷	最高人民法院（2020）最高法知民终 1140 号民事判决书
	【典型意义】本案系我国涉原料药领域首例垄断民事诉讼案件。判决明确了判断中间投入品经营者市场支配地位时对来自下游市场的间接竞争约束的考量、限定交易行为的市场封锁效果与专利权法定排他范围的关系、不公平高价判断的基本思路和具体方法等，对于促进反垄断法的准确适用，有力维护药品市场公平竞争具有积极意义。	
3	"工业润滑油"轴辐协议案：呼和浩特市汇某物资公司与壳某（中国）公司横向垄断协议纠纷	最高人民法院（2021）最高法知民终 1315 号民事判决书
	【典型意义】该案系人民法院审结的首例涉轴辐协议的垄断案件。判决明确了轴辐协议的法律性质、审查认定的考量因素及侵权判定原则，为 2022 年修改后的反垄断法第十九条的适用提供了案例指引，为轴辐协议这种特殊类型垄断协议案件的审理积累了经验。本案裁判有利于规范品牌供应商、平台经营者等经营者与下游经营者之间的交易，维护全国统一大市场下的公平竞争市场环境。	
4	"稀土永磁材料专利"滥用市场支配地位案：宁波某磁业公司与日本某金属株式会社滥用市场支配地位纠纷	最高人民法院（2021）最高法知民终 1482 号民事判决书
	【典型意义】该案是知识产权与反垄断相互交织的典型案件，受到广泛关注。二审判决妥善处理专利权行使与反垄断的关系，通过科学合理界定相关市场，依法改判认定外方权利人拒绝涉案专利许可并不构成垄断行为。该案裁判彰显了中国法院平等保护中外当事人合法权益的司法理念和依法公正裁判涉知识产权滥用的反垄断案件的审理思路，积极回应了国内外业界关切。	
5	"交通信号控制机"横向垄断协议案：安徽科某信息产业公司与安徽中某科技股份公司垄断纠纷	最高人民法院（2024）最高法知民终 455 号民事判决书
	【典型意义】该案明确了具有竞争关系的经营者不得以向对方提供技术或者服务为名，实现将对方排除出市场的限制竞争目的。该案裁判对于有效维护市场竞争、提高企业反垄断合规意识具有积极意义。	

三、检察机关知识产权文化传播实例

各级检察机关持续加强检察宣传，培育社会创新文化，加强知识产权文化的传播。不断适应新时代媒体传播要求，充分运用电视、报刊、网络"两微一端"等多媒体平台，坚持线上线下相结合，落实"谁执法谁普法"普法责任制，构筑检察宣传矩阵，以案释法广泛开展知识产权法治宣传，营造尊重知识产权、保护创新创造的社会氛围。及时总结好的经验做法和典型案事例，培塑知识产权检察品牌，扩大知识产权检察影响力。

最高人民检察院作为"全国知识产权宣传周"活动的组委会成员单位，每年组织全国检察机关深度参与，通过组织新闻发布会、检察开放日、发布典型案例等方式，加强舆论宣传。福建检察机关以真实案例为蓝本，联合推出《第一动力》知识产权检察形象宣传片，被中央政法委网站转发推广。山西、江苏等地检察机关举办检察开放日活动，组织观摩知识产权案件公开庭审、侵权商品集中销毁活动，获得社会广泛关注和好评。安徽检察机关开展检察官以案释法，通过制作微电影、微动漫、微视频等多种方式加强知识产权检察宣传。湖北、北京等地检察机关首创多项工作机制，打造出多个有影响力文化品牌，武汉市江岸区检察院"知岸检行"、北京市海淀区检察院"五的 N 次方"知识产权检察文化品牌分别获评全国检察机关十佳、优秀文化品牌。

同时，检察机关不断加强涉外法治研究，积极参与国际交流合作，提高知识产权国际影响力。高度重视知识产权涉外法治工作，坚持依法平等保护理念，服务保障国家参与世界知识产权组织框架下的全球知识产权治理工作，助力营造市场化法治化国际化营商环境。积极开展知识产权国际交流与务实合作，阐明我国有关知识产权保护的立场，介绍我国知识产权检察保护工作进展和成果，增强国际社会对我国知识产权司法保护的了解和信任。积极参与"IPKey 中国"合作计划，邀请欧盟知识产权检察官代表团等访华交流，联合召开专题研讨会，互学互鉴、凝聚共识。多次派员参加"中国进博会—虹桥国际经济论坛""中欧知识产权刑事保护论坛""中国—东盟博览会打击侵权假冒合作发展论坛"等国际会议，向国际社会充分展示中国在知识产权司法保护方面的努力和成效。最高人民检察院英文网站正式开通上线，进一步加强知识产权检察内容涉外宣传。

2021—2023年，最高人民检察院先后围绕知识产权检察综合保护等主题发布指导性案例2批9件，围绕服务保障创新驱动发展、依法惩治侵犯著作权犯罪等主题发布典型案例6批50件知识产权检察保护典型案例，加强以案释法和案例指导。四川省成都市检察机关推出的知识产权刑事案件"双报制"经验，入选国家知识产权强国建设第一批典型案例；广东省深圳市检察机关以知识产权刑事合规指引推动电子产品翻新产业优化升级的工作经验，入选国家知识产权强国建设第二批典型案例。

四、多元化纠纷解决方式相关知识产权文化传播实例

近年来，各级知识产权管理部门和人民法院深入学习贯彻党的二十大精神，坚持把非诉讼纠纷解决机制挺在前面，取得积极成效。

为总结梳理知识产权纠纷多元调解工作开展情况，提炼知识产权纠纷多元调解经验做法，挖掘一批"总对总"知识产权纠纷调解优秀案例，2023年，国家知识产权局会同最高人民法院组织开展了知识产权纠纷多元调解经验做法和案例征集工作，各地知识产权管理部门在人民法院报送案例基础上评选出首批10个省（市）的10条典型经验做法和10个案例。并号召加强对典型经验做法和案例的宣传推广，发挥典型经验做法和案例引领示范带动作用，不断把知识产权纠纷多元调解工作引向深入，为加快推进知识产权强国建设提供有力支撑。以下展示了评选出的2021—2022年知识产权纠纷多元调解典型经验做法（表6-8）。

表6-8 2021—2022年知识产权纠纷多元调解典型经验做法

报送单位	经验名称	案例名称
河北省 知识产权局	河北省知识产权保护中心调解专利纠纷案件"五步工作法"	河北省知识产权纠纷人民调解委员会调解实用新型专利侵权纠纷案
上海市 知识产权局	上海市探索专业调解"四个一"工作方法,协同打造知识产权"快保护"通道	上海市知识产权民事纠纷专业调解委员会调解外观设计专利侵权纠纷案
江苏省 知识产权局	江苏省盐城市中级人民法院联合市知识产权局探索知识产权纠纷多元解纷"盐城模式"	盐城市中级人民法院委派调解系列商标侵权纠纷案
浙江省 知识产权局	浙江省"三立足三强化"推动知识产权纠纷多元调解工作提质增效	浙江省知识产权人民调解委员会调解外观设计专利侵权纠纷案
山东省 知识产权局	山东省知识产权纠纷人民调解委员会探索形成"制度+机制+人才"三位一体的纠纷调解工作模式	山东省知识产权纠纷人民调解委员会调解商标侵权纠纷案
河南省 知识产权局	河南省加强调解组织建设,强化部门协作配合,推动知识产权纠纷调解工作走深走实	漯河市知识产权纠纷调解委员会调解外观设计专利侵权纠纷案
湖北省 知识产权局	湖北省通过强化制度保障、纳入考核督导、加强案例宣传,形成知识产权纠纷调解工作合力	黄冈市团风县多部门合力调解涉地理标志纠纷案
湖南省 知识产权局	湖南省长沙市建立知识产权纠纷全流程诉调对接工作机制	长沙知识产权保护中心调解外观设计专利侵权纠纷案
广东省 知识产权局	广东省强化知识产权协同保护,持续完善诉调对接机制	深圳市知识产权保护中心人民调解委员会调解标准必要专利侵权纠纷案
陕西省 知识产权局	西安市知识产权保护中心建立线下纠纷线上解的"云调解"模式	西安市知识产权保护中心调解发明专利侵权纠纷案

资料来源:国家知识产权局办公室 最高人民法院办公厅关于发布2021—2022年知识产权纠纷多元调解典型经验做法和案例的通知[EB/OL].(2023-06-05)[2024-07-09]. https://www.cnipa.gov.cn/art/2023/6/5/art_545_185532.html%E6%AC%A1.

全国通过多种方式普及仲裁相关知识。沈阳举办第二届"盛京知产秀杯"青少年知识产权模拟仲裁竞赛。这是全国首届面向中学生的知识产权模拟仲裁竞赛,旨在培养青少年尊重知识、勇于创新的知识产权意识。选手们灵活运用法律知识分析案例,提出解决方案,围绕知识产权争议焦点,展开紧张激烈的模拟仲裁,展现了出色的法律素养和应变能力。深入了解知识产权仲裁法律框架、争议解决机制及其实际应用，在锻炼法律实践能力的同时，提升了逻辑思维能力和团队协作能力。

中国贸仲委知识产权仲裁中心连续两年发布年度报告，即《中国国际知识产权仲裁年度报告（2022）》《中国国际知识产权仲裁年度报告（2023）》，2023年的年度报告由"境内外知识产权仲裁新发展""知识产权纠纷可仲裁性的现状及发展趋势""知识产权仲裁案件概览""重点行业的知识产权仲裁案例分析"和"数字产业的知识产权仲裁案例分析"五章构成，内容全面翔实，极具参考价值。采用理论研究与实证分析相结合的研究方法，梳理了境内外知识产权仲裁理论研究最新成果，汇集了境内外知识产权纠纷典型仲裁案件。设置专章研讨知识产权纠纷可仲裁性问题，梳理了知识产权纠纷可仲裁性在世界各国的现状及发展趋势，总结了各国立法经验和成果，结合我国实践发展现状，为我国破解知识产权争议可仲裁性难题、促进通过仲裁方式解决更多知识产权争议提供参考借鉴。报告精选贸仲典型知识产权仲裁案例，采用一行业／产业一分析的编排体例，2023年版的报告聚焦重点行业和数字产业两个方面，着重研究了信息传输与通信业、制造业、服务业以及科教文卫四个重点行业以及直播业、网游业、短视频三大新兴数字产业，通过归纳行业／产业知识产权纠纷整体情况，增强了报告的可读性与实用性，为相关行业／产业的从业者、投资者提示常见风险，提供实务指南。年度报告立足全球视野，充分梳理国际经验，对于廓清和坚持符合我国国情的知识产权仲裁发展道路、深度参与全球知识产权治理，具有重要意义。❶

---

❶ 贸仲正式发布《中国国际知识产权仲裁年度报告（2023）》[EB/OL].（2024-04-18）[2024-07-20]. https：//www.ccpit.org/a/20240418/20240418s6f6.html.

第七章 面向知识产权管理的
文化传播实践经验

第一节 知识产权管理的范畴

知识产权管理是知识产权战略制定、制度设计、流程监控、运用实施、人员培训、创新整合等一系列管理行为，涉及知识产权的创造、运用和保护等多个方面，充分利用知识产权制度和知识产权资源，通过优化知识产权主体要素间及与外部环境间关系，建立组织核心技术的竞争优势。

从国家宏观政策制度视角来看，知识产权管理主要指有关政府部门为确保知识产权法律和政策的顺利实施，维护知识产权权利人的合法权益而进行的立法、行政执法及司法活动，以及知识产权权利为促使其智力成果发挥最大的经济社会效益而制定各项规章制度和策略的经营管理活动。从创新主体微观视角来看，知识产权管理是为规范知识产权工作，发挥知识产权在运营中的效用，推动自主创新行为，强化其自主知识产权能力，而对知识产权开发、保护、运营进行的有计划地组织、协调、谋划和利用的管理活动。[1]

国家宏观政策制度视角包含中国知识产权工作的方方面面，本章主要从创新主体微观视角出发，研究企业、高校、科研院所的知识产权管理，以及知识产权管理和知识产权文化的关系。

自 2013 年起，国家知识产权局以知识产权标准化工作为手段，推动知识

---

[1] 杨早立，陈伟. 中国知识产权管理系统协同发展研究 [M]. 北京：清华大学出版社，2018：20-22.

产权创造、运用、保护、服务全流程管理与标准体系建设相结合，先后研究制定了《企业知识产权管理规范》《高等学校知识产权管理规范》《科研组织知识产权管理规范》国家标准。

2012年7月15日到7月20日，国家知识产权局专利管理司（现国家知识产权局知识产权运用促进司）召集北京、河北、江苏、浙江、湖南、陕西六个省市的知识产权管理部门和部分专利代理机构以及企业，在北京开展了《企业知识产权管理规范试点工作培训班》。此次会议标志着我国企业的知识产权管理规范工作正式开始。国家标准《企业知识产权管理规范》（GB/T 29490—2013）于2013年颁布实施，是我国首个知识产权管理领域国家标准（已于2024年1月1日废止）。标准颁布以来，得以在大批企业的贯彻实施，累计超过8万家企业通过了知识产权管理体系认证，有力促进了企业知识产权意识和管理水平的提升。

近年来，随着我国经济社会快速发展，知识产权工作和企业发展的环境、形势、特点都发生了较大变化，为更好地满足企业实际需要，国家知识产权局组织中国国际贸易促进委员会、中国标准化研究院等单位启动《企业知识产权管理规范》（GB/T 29490—2013）的修订工作。由国家知识产权局组织起草、国家知识管理标准化技术委员会（SAC/TC 554）归口管理的《企业知识产权合规管理体系要求》（GB/T 29490—2023）于2023年8月6日由国家市场监督管理总局、国家标准化管理委员会发布，并于2024年1月1日正式实施。

相较于上一版《企业知识产权管理规范》（GB/T 29490—2013），此次修订突出了标准的合规属性，为企业建立完善知识产权管理体系、防范知识产权风险、实现知识产权价值提供了参照标准。明确了知识产权合规管理体系相关概念，强化了领导重视、全员参与的基本原则，将知识产权合规要求贯穿于各类型知识产权管理全链条、企业经营管理各环节全周期，并在审核改进中将知识产权合规作为重点关注内容，旨在指导企业加强知识产权合规管理体系建设，助力企业规范知识产权管理、履行知识产权合规义务、防范知识产权风险、维护利益和保障发展。针对前版标准将专利作为主要管理对象的情况。此次修订强化了对知识产权类型的全面覆盖,对专利、商标、版权、地理标志、商业秘密等多种类型知识产权分别提出了获取、维护、运用、保护等管理要求,并在绩效评价中针对不同类型知识产权规定了审核重点。同时,在该规范篇末增加了"附录 A. 商业秘密管理的工具与方法",帮助企业通过建立知识产权管理体系管理好各类型知识产权,为核心业务保驾护航。

国家知识产权局分别联合教育部、中国科学院制定《高等学校知识产权管理规范》和《科研组织知识产权管理规范》国家标准,将知识产权管理融入科研项目的立项审批、项目实施、项目验收、成果转化与推广的全过程,以知识产权促进科技创新和成果转化,提高科技创新活动的效率和效益。2016 年 3 月,全国知识管理标准化技术委员会在北京组织召开了《高等学校知识产权管理规范》国家标准(送审稿)和《科研组织知识产权管理规范》国家标准(送审稿)审查会。《高等学校知识产权管理规范》(GB/T 33251—2016)、《科研组织知识产权管理规范》(GB/T 33250—2016)国家标准于 2016 年 12 月 13 日发布,并于 2017 年 1 月 1 日起实施。

研究制定三项"知识产权管理规范"国家标准的同期,为进一步促进我国知识管理标准化工作规范化发展,在国家知识产权局和国家标准委共同推动下,全国知识管理标准技术委员会于 2014 年 12 月经国家标准委批准成立,由国家知识产权局归口管理,负责制修订知识产权、传统知识、组织知识等领域的国家标准,以及负责国际知识管理标准化对口工作。2017 年 4 月,由我国提出的首个知识产权管理新国际标准提案《创新管理—知识产权管理指南》获得国际标准化组织创新管理标准化技术委员会批准立项。历经几年的起草、制订与审批,2020 年 8 月,由中方专家主导的《创新管理—知识产权管理指南(ISO56005)》启动国际标准发布前的 FDIS 阶段投票,以零反对票获得通过。2020 年 11 月 29 日 ISO56005 正式发布。

以上四项标准文件，响应了创新主体对知识产权管理统一标准的迫切需求，凝聚了国家部委、高校、科研组织和企业的许多专家学者的思考，是我们分析知识产权管理的重要基础。

第二节　知识产权管理环节涉及的主客体

一、主体

（一）组织

高等教育机构兼顾于知识产权的创造和管理，着重于教学和科研成果的知识产权归属明确，以及保护和转化机制的建立。高校需设立专门的知识产权管理机构，负责申请、维护和运营知识产权，并制定激励政策，以促进师生的创造和转化活动。

科研组织专注于知识产权的系统化管理。这包括建立知识产权数据库，记录和管理所有资产，并制定商业化策略，以促进科研成果的经济价值实现。科研组织还需加强与产业界的合作，通过许可或转让等方式，增强科研成果的市场应用。

企业需要建立全面的知识产权管理体系，涵盖识别、获取、维护、运用和保护全过程。企业需制定知识产权战略，纳入整体发展规划，并加强国际布局，以维护全球市场竞争力。

以上三者作为创新主体，也是本章讨论的知识产权管理的最高层级主体——组织。组织在知识产权管理中扮演着核心角色，负责制定和实施知识产权战略，确保与组织的整体目标和长远规划相一致。组织需构建内部知识产权管理架构，明确各部门职责，制定对外策略等。

组织的环境理解是知识产权管理的基础，它要求组织必须全面了解其所处的市场环境、技术发展趋势、竞争对手状况以及法律法规变化等。这一步骤直接影响知识产权策略的制定和实施。组织需要评估市场需求、消费者偏好以及潜在的市场机会，从而确定知识产权的保护重点和优先级；跟踪技术发展的最新趋势，预测未来可能出现的技术革新，为知识产权的前瞻性布局提供依据；了解竞争对手的知识产权状况，包括他们的专利布局、商标使用情况等，以便在市场竞争中占据有利地位；密切关注与知识产权相关的法律法规变化，确保组织的知识产权管理活动符合最新的法律要求。

明确知识产权管理职责是确保有效管理的关键。组织应明确其拥有的所有知识产权，并进行合理分类，以便于管理和保护；应当制定策略和流程，确保知识产权的有效获取和持续维护，包括专利申请、商标注册等；应当探索知识产权的商业潜力，通过许可、转让等方式实现知识产权的经济价值；同时应当评估和管理知识产权相关的法律风险和市场风险，制定应对策略。

组织需要制定多维度目标的知识产权战略，涵盖了保护、运用、发展和国际化等多个方面。第一要确保组织的核心知识产权得到全面保护，避免侵权和泄露风险。第二要通过许可、转让等方式，实现知识产权的经济价值，增强组织的市场竞争力。第三要通过知识产权的持续创新和管理，推动组织的技术进步和产业升级。第四要适应全球化市场的需求，实现知识产权的国际布局和保护。

（二）高层管理者

高层管理者在知识产权管理中处于核心地位，制定知识产权战略、方针政策和程序，负责确立知识产权战略方向，确保与组织目标一致，并管理资源配置和监督评估机制以保障知识产权的有效管理，推动知识产权意识的普及和文化建设，营造尊重知识产权的氛围。

具体来说，校长作为高等学校知识产权管理的最高负责人，其职责包括但不限于制定和推动实施与学校发展相适应的知识产权战略；确保知识产权管理所需的人力、财力和物力资源得到合理分配和使用；审批学校知识产权管理政策，确保其符合国家法律法规和教育目标；在全校范围内推广知识产权文化，提高师生的知识产权意识；监督知识产权管理体系的执行情况，确保其有效性并及时调整改进。

管理委员会在高等学校知识产权管理中承担决策和监督职责：就学校知识产权管理的重大事项进行决策，包括政策制定、资源分配等；定期对知识产权管理体系的执行情况进行监督和评估，确保其达到预期目标；识别和管理学校在知识产权方面可能面临的风险，并制定相应的防控措施；作为学校内部各相关部门之间的协调和沟通桥梁，确保知识产权管理工作的顺利进行。

科研组织、企业的最高管理者扮演着关键角色，是知识产权管理体系中第一责任人，负责确保组织对知识产权的重视和资源的合理分配：确保知识产权战略与组织的总体战略方针相一致，支持组织的长期发展目标；为知识产权管理提供必要的资源，包括人力、财力和物力；推动知识产权意识的普及和文化建设，营造尊重知识产权的氛围；定期审查和更新知识产权政策和程序，确保其适应性和有效性。

科研组织、企业的管理者代表是科研组织最高管理者的直接代表，负责知识产权管理体系的日常运作和持续改进：监督知识产权管理体系的实施，确保其符合国家标准和组织要求；作为内部沟通的桥梁，协调不同部门和团队在知识产权管理方面的工作；组织知识产权的培训和教育活动，提高员工的知识产权意识和能力；定期向最高管理者报告知识产权管理体系的运行情况和改进需求。

（三）中层管理者

中层管理者负责执行和监督知识产权战略，将高层战略转化为具体操作流程，并监督实施情况，还需协调部门间的知识产权管理，确保知识产权管理的有效性，为组织的知识资产提供坚实的保护，同时也为组织的创新发展提供支持。

具体来说，知识产权管理机构在组织中发挥着核心作用，负责拟定具体的工作规划和实施细则。它们需要提出符合组织战略的知识产权政策文件，确保这些政策得到有效执行。管理机构还负责建立和维护知识产权资产清单，对组织拥有的专利、商标、著作权等进行系统管理。审查合同中的知识产权条款也是其职责之一，以防止知识产权的无意识泄露或侵权。

服务支撑机构为知识产权管理提供全方位的服务，包括但不限于法律咨询、市场调研和技术评估。它们开展专利导航，帮助组织识别和规避知识产权风险，同时发掘潜在的商业机会。服务支撑机构还负责建设维护信息管理平台，这个平台能够集成知识产权信息，为决策提供数据支持，提高知识产权管理的效率和效果。

在不同的组织结构中，管理机构和服务支撑机构可能承担相似或特定的知识产权管理职责。它们需要根据组织的规模、行业特点和运营模式，制定相应的知识产权管理策略。这可能包括对知识产权的获取、维护、运用和保护等方面的工作。同时，这些机构还需确保知识产权管理流程与组织的其他业务流程相协调，形成统一高效的管理体系。管理机构和服务支撑机构的职责还可能包括以下几个方面：参与制定和修订知识产权相关的政策和程序，确保与国家法律法规和国际标准保持一致。组织知识产权的申请、注册、维护和续展工作，确保知识产权的有效性和法律保护。监督知识产权的使用和授权，防止侵权行为的发生，同时促进知识产权的合理商业化。开展知识产权的宣传教育和培训，提高组织内部对知识产权重要性的认识。建立知识产权纠纷处理机制，及时应对可能出现的知识产权争议和诉讼。利用信息技术手段，建立知识产权数据库，实现知识产权的信息化管理。

（四）执行层面

执行层面是知识产权创造和运用的基本单元。它们遵循组织政策和流程，记录和管理产生的知识产权，并接受相关培训，提升知识产权意识和能力。

具体来说，研究中心／学院（系）应配备专门的管理人员，这些人员需具备相应的专业知识和技能，以确保知识产权的有效管理。管理人员需拟定和实施知识产权计划，进行日常管理，包括但不限于知识产权的识别、记录、评估和保护策略的制定。管理人员需根据研究中心或学院（系）的研究方向和成果，制定相应的知识产权管理计划，确保研究成果能够得到及时和有效的保护。管理人员负责监督知识产权的申请、注册、维护和保护工作，同时还需要对知识产权的使用情况进行跟踪和管理。

项目组在知识产权管理中具有直接的执行责任。项目组长需根据项目的特点和需求，明确知识产权管理的具体目标，如专利申请的数量和质量目标、知识产权的商业化目标等。项目组长还需负责组织项目组成员参加知识产权相关的培训，提高团队对知识产权重要性的认识和知识产权管理的能力。知识产权专员负责开展专利导航工作，分析项目相关的知识产权状况，为项目的研究方向和策略提供决策支持。同时，知识产权专员还需负责知识产权信息的收集、整理和管理，确保项目组能够及时获取和利用知识产权信息。

技术人员在日常工作中是知识产权的直接创造者和使用者。他们需要依据所在岗位的职责，参与知识产权的获取、维护、运用和保护工作。技术人员需积极参与创新活动，及时记录和报告创新成果，配合知识产权管理人员完成知识产权的申请工作；了解和遵守知识产权的维护规定，如按时缴纳专利年费、更新知识产权记录等；合理利用知识产权，提高工作效率和创新能力，同时避免侵犯他人的知识产权；需遵守知识产权保护的规定，如保密协议、竞业禁止协议等，防止知识产权的泄露和侵权。

知识产权顾问在知识产权管理中提供专业的决策咨询意见。知识产权顾问需参与组织知识产权管理的重大决策过程，提供专业的意见和建议，帮助组织制定合理的知识产权管理策略。知识产权顾问需参与知识产权相关的重大事务讨论，如知识产权的商业化策略、知识产权纠纷处理等，为组织提供专业的法律和策略支持。知识产权顾问也需根据组织的知识产权状况和需求，提供针对性的解决方案，如知识产权风险评估、知识产权保护策略等，帮助组织有效管理和利用知识产权。

二、客体

（一）知识产权

专利权是知识产权家族中的重要组成部分，它保护了发明创造不被他人未经授权使用。发明专利、实用新型专利和外观设计专利，它们分别保护不同的创新成果，并且具有不同的保护期限。专利权不仅是保护创新的手段，也是企业进行技术竞争和市场布局的战略资源。专利管理是企业保护技术创新成果的关键手段，涉及专利的申请、维护、运营和保护等多个方面。企业应根据市场需求和技术发展趋势，制定合理的专利申请策略，确保专利布局与企业战略相匹配。专利的维护需要定期缴纳费用，企业需评估专利的经济价值，决定是否继续维护。专利可以通过许可、转让等方式进行商业化运营，实现知识产权的经济价值。

商标权保护了品牌标识，确保消费者能够识别商品或服务的来源，维护品牌声誉。根据商品或服务的不同，商标分为不同的类别进行注册和保护，企业应全面考虑商标的注册类别和地域范围，确保商标保护的全面性，并通过商标的合理延伸和扩展，增强品牌的市场影响力。商标是企业品牌价值的重要组成部分，通过商标权的管理，定期监控市场，及时发现并处理商标侵权行为，保护品牌权益，企业能够维护和提升品牌影响力。商标的管理和保护有助于消费者在市场上快速识别产品，增加产品的市场竞争力。

著作权保护了文学、艺术和科学作品的原创性表达，包括文字作品、音乐、电影等，保护创作者的合法权益。著作权保护作品的表达形式，不保护作品所表达的思想、概念等。大多数国家的著作权法规定，作品一经创作即自动获得著作权保护，无需注册，而版权登记可以为版权纠纷提供有力证据。著作权管理有助于作品创作者获得经济利益，通过版权许可、转让等方式实现作品的商业价值。组织可以采取技术手段和管理措施，如数字版权管理（DRM），以应对数字化环境下的挑战。

商业秘密管理是保护企业核心竞争力的重要环节，其包括技术秘密和经营秘密，它们不为公众所知悉，能为权利人带来经济利益。商业秘密的保护依赖于权利人采取的合理保密措施，例如，与员工和合作伙伴签订保密协议，明确保密义务和违约责任，建立严格的内部控制机制，防止商业秘密的泄露。商业秘密是企业维持竞争优势的重要资源，如独特的制造工艺、配方等。虽然商业秘密不通过注册获得保护，但一旦被非法获取、披露或使用，权利人可以通过法律途径寻求救济。

（二）知识产权战略

知识产权战略是企业在知识产权管理中的顶层设计，涉及长远规划和具体实施。企业根据自身发展目标和市场环境，制定知识产权战略，如专利布局、品牌建设等。通过知识产权战略实施，企业能够较好地识别和管理知识产权，处理相关的潜在风险，有效的知识产权战略有助于企业构建和维持竞争优势，实现可持续发展。

知识产权战略的制定是一个系统化的过程，需要经过以下几个关键步骤：对内外部环境进行全面分析，包括市场趋势、技术发展、竞争对手状况等；评估组织现有的知识产权资源，包括专利、商标、版权等，并分析其潜在价值；根据环境分析和资源评估的结果，明确知识产权战略的短期和长期目标；制定实现战略目标的具体策略，包括知识产权的获取、维护、运用和保护等；制订详细的行动计划，明确各阶段的任务、责任和时间表。

知识产权战略的实施是一个动态的过程，需要不断地监控、评估和调整。建立知识产权管理的监控机制，实时跟踪战略实施的进展和效果。定期对知识产权战略的实施效果进行评估，包括保护效果、运用效益等。识别和评估知识产权管理过程中可能出现的风险，并制定相应的应对措施。根据评估结果和市场变化，及时调整知识产权战略，确保其始终与组织的发展目标和市场环境相适应。

（三）资源

知识产权管理的成功在很大程度上依赖于专业的人力资源配置，人力资源是知识产权管理的核心要素，涉及专业人才的培养、团队的构建及人才的合理配置。企业需要通过内部培养或外部招聘具备知识产权法律知识、技术背景和管理能力的复合型人才，确保拥有足够的专业人才来支持知识产权的全生命周期管理。应当构建一个跨学科的知识产权管理团队，包括法律顾问、技术专家和市场分析师，以应对知识产权管理的复杂性、促进知识产权的有效管理和运用。还要合理配置人力资源，确保关键岗位有合适的专业人才负责，如专利代理师、商标律师等，以及建立与知识产权管理成效挂钩的绩效激励机制，提高团队的工作积极性和创新能力。

财务资源是知识产权管理的物质基础和重要保障，涉及知识产权的获取、维护和运营等各个环节。企业应制定合理的、详细的年度和长期知识产权管理预算，规划和分配财务资源，包括专利申请费、维护费、诉讼费等，确保知识产权活动的顺利进行。要在知识产权的获取和维护上做出明智的决策，对知识产权相关的投资进行成本效益分析，评估每项知识产权的潜在价值和对企业战略的贡献，确保资源的有效利用。通过多种渠道筹措资金，包括自有资金、政府补贴、风险投资等，以满足知识产权管理的资金需求，也要通过知识产权的许可、转让等转移转化方式实现财务回报，同时评估和管理知识产权带来的财务风险。

良好的基础设施和信息资源是知识产权管理的极大助力。组织应投资相关的硬件设施和软件系统，以提高知识产权管理的效率和质量。实验室、办公设备等硬件设施，为知识产权的创造和保护提供物质基础；开发或引进知识产权管理软件，可以实现知识产权信息的数字化、自动化管理；通过数据库订阅、信息共享等方式，可以获取最新的知识产权信息和市场动态，为决策提供支持。

（四）风险

知识产权领域中的风险管理是确保组织资产安全的重要环节。风险识别与评估是风险管理的首要步骤。识别与知识产权相关的法律风险，如侵权诉讼、专利无效等。评估市场变化对知识产权价值的影响，如技术迭代导致专利价值下降。分析知识产权管理过程中的操作失误，如申请文件错误、维护不当等。定期审查知识产权管理活动，确保符合最新的法律法规变化。建立内部监督机制，确保知识产权管理流程的合规性。通过第三方审计，评估知识产权管理的合规性，发现潜在问题。

有效的风险应对策略能够帮助组织减轻或避免知识产权风险带来的负面影响。制定预防措施，如加强知识产权培训、完善内部流程等，以降低风险发生的概率。对于已识别的风险，应制订缓解计划，如专利组合优化、市场多元化等。建立应急响应机制，一旦风险发生，能够迅速采取措施，减少损失。

第三节　知识产权管理的作用

《创新管理体系指南（ISO 56002：2019）》中指出，创新是非线性的和不断迭代的，包括在创新管理体系中定义的五个相互影响的创新过程：①识别机会；②创建概念；③验证概念；④开发方案；⑤部署方案。

组织应为相应的创新过程配置知识产权管理活动。知识产权管理要求涵盖创新过程全范围，但应根据每个创新过程的具体情况进行量身定制。嵌入式知识产权管理活动提高创新过程的效率、促进积累或获取有价值的无形资产并为创新者提供明确指导。

一、增加识别机会

在创新的初期阶段，企业面临着一项重要的任务，即进行全面的知识产权检索。这一过程不仅涵盖了专利、商标、版权等传统知识产权领域，还应扩展至设计、商业秘密等更为广泛的范畴。通过这一检索，企业能够洞察技术发展趋势，发现市场空白，并挖掘潜在的创新机会。

随着创新机会的识别，企业接下来需要对这些机会进行细致的评估，并根据市场需求、技术可行性、资源可用性及预期的商业价值进行优先级排序。例如，人民网报道指出，互联网侵犯知识产权的案件数量逐年上升，这不仅揭示了著作权、商标权、专利权等领域的创新需求，也表明了大量未被满足的创新机会。

在对创新机会进行识别和排序之后，企业必须进一步评估与之相关的知识产权风险。这涉及对潜在侵权风险、知识产权保护的可行性以及对竞争对手可能产生的影响的全面考量。

二、推动概念创建

在创新过程中，概念形成是一个重要步骤，它涉及将识别到的机会转化为具体的创新想法。知识产权在这一阶段扮演着核心角色，确保概念的独特性和创新性，避免与现有技术重叠。企业需要对现有知识产权进行全面的检索和分析，以确保其创新概念的原创性。

在概念形成阶段，企业还需识别与知识产权相关的潜在机会，这包括分析市场需求、技术趋势及竞争对手的知识产权布局。通过这一分析，企业可以确定概念的商业潜力和创新价值，从而发现新的市场空间。这一过程为企业后续的知识产权申请和保护策略制定提供了重要的依据。

概念选择与知识产权战略紧密相连。企业需要评估不同概念的知识产权潜力，并选择那些与企业整体知识产权战略一致的概念进行深入开发。这不仅涉及对概念的商业价值和市场潜力的评估，还包括对知识产权保护的可行性和成本效益分析。通过确保概念选择与知识产权战略的一致性，企业可以更有效地利用有限的资源，加速创新成果的商业化进程。

三、助力概念验证

在创新概念的验证阶段，企业面临着深入分析和评估概念的挑战，以确保其可行性和市场潜力。这包括技术评估、市场调研和知识产权审查三方面。

技术可行性分析是关键，企业需要评估概念的研发难度、所需资源和预期的技术成果，以确定其创新性和技术优势。同时，市场调研帮助企业了解潜在用户的需求和偏好，评估概念的市场接受度和商业潜力。知识产权审查是必不可少的，企业需确保概念不侵犯现有知识产权，并评估自身概念的可专利性和版权保护范围。

基于概念验证的结果，企业应制定相应的知识产权保护策略，以确保创新成果的合法权益。这包括根据概念的技术特点和市场潜力，制订专利申请计划，确定申请的时机、地域和专利类型。同时，企业还应考虑商标和版权的注册，以保护品牌标识和创意内容。对于尚未公开的创新概念，当与相关人员签订保密协议和非披露协议，防止技术泄露。

在概念验证过程中，风险管理同样重要。企业需要识别与知识产权相关的风险，如侵权风险、技术泄露风险等，并评估这些风险对企业的影响。制定风险预防措施，加强内部知识产权管理、提升员工的知识产权意识。

四、护航方案开发

在护航方案开发的过程中，知识产权不仅是保护创新成果的法律手段，更是企业获取市场竞争优势的关键资源。有效管理知识产权有助于确保研发投入的回报，并防止他人未经授权使用企业的创新成果。

通过专利、商标、版权等形式，企业可以保护自己的技术解决方案、品牌标识和创意内容，避免他人模仿或盗用。这些知识产权的保护措施，不仅保障了创新成果的安全，也为企业在市场上提供了竞争优势，通过独家使用权或授权使用，提高了产品或服务的附加值。

知识产权还可以作为技术合作的桥梁，通过许可协议或技术转移，促进企业间的合作与知识共享。这种合作与交流，有助于企业在关键技术领域形成专利壁垒，保护自身的技术优势，同时也为构建专利组合提供了策略支持。

专利布局是企业开发方案过程中的关键策略，它包括专利的申请、维护和运用。企业应根据技术特点和市场定位，制定专利申请策略，确定申请的时机、地域和类型。构建专利组合，可以在技术领域形成壁垒，保护技术优势。同时，企业需要定期对专利进行维护，包括缴纳年费、应对专利审查等，并合理运用专利，如通过许可或转让实现商业价值。企业需要考虑在海外市场进行知识产权布局，以支持国际业务的扩展。这不仅有助于企业在全球范围内保护其创新成果，也是实现知识产权商业价值最大化的重要途径。

知识产权的商业化是将创新成果转化为经济价值的过程。企业可以通过许可协议，授权其他企业使用自己的知识产权，获得许可费收入。对于某些知识产权，企业可能会选择出售或转让，实现一次性的收益。企业还可以围绕知识产权开发新的商业模式，如基于专利技术的新产品开发或服务模式创新。

五、推进方案部署

在方案部署过程中，知识产权的实施和市场推广是确保创新成果商业成功的关键环节。企业需要采取一系列策略来保护和利用其知识产权，以实现市场优势。这包括制定明确的知识产权实施策略，选择适当的市场推广渠道和方法，以及如何通过知识产权来增强产品或服务的市场吸引力。

在市场推广过程中，企业需要保护知识产权，特别注意避免在推广活动中泄露商业秘密或技术细节。同时，企业可以通过知识产权来提升品牌知名度和市场认可度，例如通过专利展示其技术领先地位，或通过商标注册保护品牌标识。

许可和转让是知识产权商业化的重要途径，企业需要精心管理这些过程，以最大化知识产权的价值。企业应制定详细的许可协议，明确许可的范围、期限、费用和违约责任等条款，以保护自身利益。在决定转让知识产权时，企业需要评估潜在的买家和市场条件，制定合理的转让策略和价格。对于跨国经营的企业，还需要考虑不同国家的知识产权法律和市场环境，制定相应的国际许可与转让策略。

持续监控是确保知识产权保护有效性的重要环节。企业需要建立相应的监控机制，实时跟踪市场动态和潜在的侵权行为。一旦发现侵权行为，企业需要迅速采取行动，包括发出警告信、进行法律咨询或提起诉讼等。企业还需要不断适应知识产权的法律环境变化，及时调整保护策略，确保知识产权的长期有效性。

第四节　知识产权管理的政策指引

本章的着眼点是从企业、高校、科研院所的知识产权管理出发，而非国家宏观政策的"管理"。为促进创新主体的知识产权管理，除了制定知识产权管理的系列标准外，自 2015 年至 2023 年，政府也对应连续出台了一系列政策，扶持了一批知识产权管理体系贯标辅导机构，以强化知识产权管理，促进企业、高校和科研机构的创新能力。这些政策旨在规范知识产权管理流程，提升管理水平，确保知识产权管理的规范化和系统化，推动知识产权管理融入创新的全过程，进而支持国家的创新驱动发展战略。在提升贯标认证服务能力方面，政府加强了对认证机构的业务指导，并推动了高标准认证规则的制定与执行，以提高服务的专业性和效率。对于知识产权贯标认证奖励中的不当行为政府采取了零容忍的态度，确保政策的透明和公正。政策还着重于提升企业的自主性，通过引导企业认识到高质量贯标认证的重要性，鼓励其自主实施相关标准，从而增强市场竞争力。同时，通过优化服务供给，鼓励认证机构提供高标准服务，并接受企业的监督和反馈。为了营造有利于高质量贯标认证的政策环境，政府通过政策调动企业的内生动力，并支持认证机构通过提供高标准服务来赢得市场。通过建设服务载体，如利用学习平台提供权威、公益的线上服务，以满足企业的学习和内在需求。

2015 年 6 月 30 日，国家知识产权局等八部门印发《关于全面推行〈企业知识产权管理规范〉国家标准的指导意见》的通知，指导企业通过策划、实施、检查、改进 4 个环节持续改进知识产权管理体系，规范生产经营全流程，进一步提高知识产权管理水平，提升企业核心竞争力，有效支撑创新驱动发展战略。

2019 年 08 月 30 日，《国家知识产权局办公室关于规范知识产权管理体系贯标认证工作的通知》发布，作出以下部署。

（1）强化知识产权贯标认证政策扶持的精准性。政策扶持应精准定位于提升企业、高校和科研机构的知识产权管理水平，根据创新主体的发展需求，制定实施扶持政策，通过精细化管理激发创新主体积极性，确保政策有效执行。充分利用奖励、资助等激励措施，强化杠杆作用，以提升企业知识产权管理能力为核心，系统性地推动知识产权认证结果与其他政策的协同。扶持对象的确定要基于创新能力和知识产权优势，优先奖励那些管理体系有效运行的单位。鼓励优质认证机构与创新主体对接，并加入高标准认证规则的自愿备案名录，优先对这些机构认证的创新主体给予奖励。认真执行资格审查、信用核查、结果公示等环节，确保奖励政策的透明、公正、准确实施。

（2）加快提升知识产权领域贯标认证服务能力。加强业务指导，国家知识产权局将指导认证机构制定高标准认证规则，明确认证关键点和责任主体。将组织认证机构自愿备案，实行动态管理，并定期发布名录，优先奖励备案机构认证的创新主体。地方需对备案机构进行抽查，及时反馈情况。推动认证行业自律，组建自律组织，建立自律准则和管理规范，设立投诉渠道，实施监管。搭建技术交流平台，提升审核能力。加速认证机构专业能力建设，编制统一培训教材，开展公益性培训服务。引导机构加强能力建设，推行公开承诺和信息公示，完善内部管理，培养专业人才。

（3）统一规范知识产权贯标辅导咨询和培训服务。国家局开发在线知识产权贯标认证课程和 App，免费提供给企业负责人、知识产权管理人员和内审员等。地方应支持事业单位提供知识产权管理体系贯标认证的公益咨询服务。同时鼓励优秀的代理机构提高服务水平，拓宽服务范围，积极进行公益性的贯标认证咨询，聚集更多优质资源为创新主体提供更高质量的服务。

（4）严厉打击知识产权贯标认证奖励套利行为。对串通套利行为"零容忍"，处理各种投诉举报线索，集中查处、连续曝光典型案例，坚决遏制违法违规苗头。依法依规追责公职人员滥用职权、徇私舞弊。贯标认证对象和机构弄虚作假的追回资金，情节恶劣的会同有关部门开展联合惩戒。

2020年10月30日，《国家知识产权局办公室关于进一步提升企业知识产权管理体系贯标认证质量的通知》发布。《国家知识产权局办公室关于规范知识产权管理体系国标认证工作的通知》的着力点在于规范政策，培育贯标机构，提供咨询培训，打击套利行为，是对政府机构提要求，最基本的要做哪些工作。而《国家知识产权局办公室关于进一步提升企业知识产权管理体系贯标认证质量的通知》相对不那么"硬"，从提高认识、优化服务和服务平台等方面提出了如下一些发展目标。

（1）切实提高企业自主开展高质量贯标认证的认识。重点引导创新能力强、知识产权优势明显的创新型企业通过标准实施提高市场竞争能力；加强知识产权贯标认证政策解读和业务宣讲，提高企业标准实施的自觉性和自主性，从"政府推"走向"市场要"；将有效性检验作为企业内审和认证机构外审的重要内容，对贯标前后知识产权质量变化和效益提升情况进行监测评价。

（2）持续优化高标准贯标认证服务供给。将贯标有效性检验作为提升认证服务质量的核心内容；鼓励支持认证机构以在全国知识产权贯标认证学习平台发布高标准认证服务内容；吸引企业自主择优选择，接收企业监督反馈。

（3）积极营造高质量贯标认证政策环境。突出高质量导向，充分调动企业通过实施标准实现创新发展的内生动力；支持认证机构通过升级高标准服务赢得市场，不设置硬性条件政策门槛影响公平竞争。

（4）努力打造高水平贯标认证综合服务载体。发挥学习平台在全国知识产权贯标认证学习交流活动中的主阵地作用，进一步提供权威、公益、便利、开放的线上服务；做好学习平台后台数据统计；跟踪掌握企业学习情况和内在需求，精准提供综合服务。

2021年9月，中共中央、国务院印发了《知识产权强国建设纲要（2021—2035年）》，其中"五、建设激励创新发展的知识产权市场运行机制""（十二）健全运行高效顺畅、价值充分实现的运用机制"中，指出"深入开展知识产权试点示范工作，推动企业、高校、科研机构健全知识产权管理体系，鼓励高校、科研机构建立专业化知识产权转移转化机构"。

2021年10月9日，国务院印发《"十四五"国家知识产权保护和运用规划》，其中"四、提高知识产权转移转化成效，支撑实体经济创新发展""（十）提升知识产权转移转化效益"中，指出"提升创新主体知识产权管理效能。推动创新主体加强知识产权管理标准化体系建设，推动实施创新过程知识产权管理国际标准"。

2021年12月27日，国务院知识产权战略实施工作部际联席会议办公室印发《知识产权强国建设纲要和"十四五"规划实施年度推进计划》，其中"三、完善知识产权市场运行机制""（二）加强知识产权综合运用"中指出"推动企业、高校、科研机构健全知识产权管理体系，推广国际标准化组织创新与知识产权管理体系""加强知识产权管理标准化体系建设，加快推进专利评估指引、企业知识产权管理规范、商品交易市场知识产权保护规范等国家标准制修订"。

2022年2月15日，国家标准化管理委员会印发《2022年全国标准化工作要点》，其中"六、着力夯实基础，提升标准化治理能力"中指出"探索开展标准与知识产权融合试点，加强标准专利联动。扩大国际创新管理体系与知识产权标准化融合试点"。

2022年10月13日，国家知识产权局、工业和信息化部发布《关于知识产权助力专精特新中小企业创新发展若干措施》，其中"（二）推动知识产权管理融入企业创新全过程"中指出："对标世界先进企业管理模式，推广实施《创新管理——知识产权管理指南（ISO56005）》国际标准，进一步完善全国知识管理标准化技术委员会标准推广应用综合服务平台，为各类创新主体提供国际标准宣贯解读、课程培训、能力测评、案例分享等综合服务，面向全国遴选一批专精特新'小巨人'企业率先开展国际标准实施试点，推动知识产权管理融入企业创新全过程，加快培育单项冠军企业和领航企业。"

2023年3月23日，国家知识产权局印发《推动知识产权高质量发展年度工作指引（2023）》，其中"三、聚焦重点任务，完善知识产权高质量发展政策体系""（五）完善知识产权运用促进政策"中指出"开展《创新管理知识产权管理指南》国际标准实施试点，发布实施《企业知识产权合规管理体系要求》国家标准"。

2023年4月28日，《国家知识产权局办公室工业和信息化部办公厅关于组织开展创新管理知识产权国际标准实施试点的通知》（国知办发运字〔2023〕23号）发布。各省政府也对应发布工作通知，部署如下：2023—2025年，每年组织一批企业开展创新管理国际标准实施试点，分三批实现对本地国家知识产权优势示范企业和国家专精特新"小巨人"企业的全覆盖。组织试点企业通过全国知识管理标准化技术委员会标准推广应用综合服务平台，学习实施ISO56005国际标准，持续提升知识产权管理能力和创新能力，定期组织开展量化评价。

2023年7月21日，国务院知识产权战略实施工作部际联席会议办公室印发《2023年知识产权强国建设纲要和"十四五"规划实施推进计划》，其中"三、完善知识产权市场运行机制""（一）提高知识产权创造质量"中指出："开展《创新管理—知识产权管理指南》国际标准实施试点，发布实施《企业知识产权合规管理体系要求》国家标准"，"加强科技计划项目全周期的知识产权管理与服务。提升项目承担单位知识产权管理能力，鼓励知识产权服务机构参与服务各级各类科技计划项目"。

2023 年 8 月 24 日，工信部、知识产权局印发《知识产权助力产业创新发展行动方案（2023 — 2027 年）》，其中"三、重点任务""（二）深化重点产业知识产权转化运用""4. 提升工业企业知识产权管理和运用能力"中指出，要"推动知识产权管理融入企业创新全过程，鼓励企业开展《创新管理—知识产权管理指南（ISO56005）》国际标准实施试点，全面推广实施《企业知识产权合规管理体系　要求》国家标准，提高工业企业知识产权管理水平"。

2023 年 10 月 17 日，国务院办公厅印发《专利转化运用专项行动方案（2023—2025 年）》，其中"二、大力推进专利产业化，加快专利价值实现""（三）推进重点产业知识产权强链增效"中指出，要"深入实施创新过程知识产权管理国际标准，出台标准与专利协同政策指引，推动创新主体提升国际标准制定能力"。同时在"三、打通转化关键堵点，激发运用内生动力""（五）强化高校、科研机构专利转化激励"中指出，要"支持高校、科研机构通过多种途径筹资设立知识产权管理资金和运营基金"。

第五节　知识产权管理的挑战与应对

一、面对全球化的多元市场灵活制定策略

对于企业来说，知识产权管理在全球化市场中的竞争优势至关重要。随着市场扩张，其商业价值和应用范围不断增长，并要求企业在国际注册和保护上进行基础性布局。这一布局不仅包括传统领域如商标、专利、版权，还扩展到商业秘密、域名等新兴领域。技术进步，特别是信息技术和生物技术，加速了知识产权的产生，提升了管理和保护的重要性。不同国家和地区在知识产权

价值观和保护力度上的差异，要求企业进行本土化管理和策略调整。面对不同国家知识产权法律体系的显著差异，企业在全球范围内的知识产权管理面临挑战，不同国家的保护范围和强度差异增加了法律风险。尽管有国际条约如TRIPs 和区域协议如欧盟试图统一保护标准，但实施上的差异仍然存在。企业需要了解和遵守各国法律法规，具备跨文化沟通和协调能力，以及灵活应对不同市场环境的策略，并密切关注国际知识产权法律的发展动态。

企业在制定知识产权策略时，应考虑不同国家的法律特点，如在专利保护较弱的国家加强商业秘密保护。与知识产权专业律师合作，确保全球业务遵守各国法律，是降低法律风险的有效途径。跨国公司采取多元化策略，包括全球知识产权注册、组合管理、本地化策略、风险评估与应对、技术监控与创新保护、许可与合作、文化敏感性及培训与意识提升。这些策略有助于企业在不同国家的法律环境和市场特点中实现有效的知识产权保护和管理。企业需要加强国际知识产权意识，提升员工保护意识，构建全球知识产权管理网络，包括专业团队、法律顾问、信息管理系统等，通过技术创新和管理创新，增强核心竞争力，确保知识产权为企业带来持续竞争优势。

二、关注各类技术突破带来的趋势变化

人工智能技术的快速发展对知识产权体系带来了前所未有的挑战。首先，AI 生成物的著作权问题成为讨论的焦点。例如，AI 创作的诗歌、音乐和绘画作品，其著作权归属问题尚无定论。根据《著作权法》，著作权主体限于自然人、法人或其他组织，而 AI 作为一种技术工具，其生成物的著作权归属引发了法律界的广泛讨论。❶ 其次，AI 技术本身的可专利性问题也颇具争议。AI 算

---

❶ 王红燕，徐天冉.浅析中美两国人工智能对知识产权保护的挑战与应对制度 [J].《上海法学研究》集刊，2021，55（7）.

法的创新往往涉及抽象概念，如何界定其新颖性和创造性，成为专利审查中的难点。AI 技术在各领域的应用，如医疗诊断、自动驾驶等，其专利权的保护范围和强度，也是知识产权管理需要面对的问题。

大数据技术在知识产权管理中引发的界定问题主要体现在数据的收集、存储、分析和利用等方面。数据作为一种新型的知识产权资源，其权利归属、保护范围和利用方式尚不明确。例如，企业通过收集和分析用户数据来优化服务或开发新产品，但这些数据中可能包含大量个人隐私信息，如何在保护个人隐私权的同时，合理界定和利用数据产权，成为一个亟待解决的问题。数据的开放共享与知识产权保护之间也存在一定的矛盾。一方面，数据的开放共享有助于促进技术创新和知识传播；另一方面，过度的数据共享可能会侵犯企业的商业秘密和竞争优势。如何在保障数据安全和促进数据利用之间找到平衡点，是大数据时代知识产权管理的一大挑战。

区块链技术以其去中心化、不可篡改和可追溯的特性，在知识产权管理中具有巨大的应用潜力。然而，区块链技术在实际应用中也面临一些难点。首先，区块链技术的复杂性和技术门槛较高，普通用户和企业对其理解和应用存在难度。其次，区块链在知识产权确权、交易和保护等方面的法律法规尚不完善，如何确保区块链存证的法律效力，是亟待解决的问题。区块链技术在知识产权领域的应用还面临隐私保护的挑战。虽然区块链可以提供匿名性，但在知识产权确权和交易过程中，如何平衡透明度和隐私保护，避免敏感信息泄露，也是一个需要考虑的问题。同时，区块链技术的可扩展性和兼容性问题也需要在知识产权管理中得到充分考虑和解决。

对于技术发展突破带来的种种问题，创新主体应关注国家新政策的落地，以及国内外相关的趋势变化，时刻做好应对的准备，同时在实际知识产权管理中，适当利用新技术、新工具，提高知识产权管理的效能。2018 年 07 月 31 日，国家知识产权局印发《"互联网+"知识产权保护工作方案》，提出发挥大数据、人工智能等信息技术在知识产权侵权假冒的在线识别、实时监测、源头追溯中的作用。

三、有针对性地克服资源配置匮乏的困难

众多创新主体在人力资源、财力资源和物力资源的配置上仍面临诸多挑战。这些挑战不仅限制了对知识产权的保护力度，也影响了其创新能力。大多数创新主体缺乏专业的知识产权管理人员，现有人员往往没有接受足够的知识产权相关培训，导致他们在实际工作中难以有效应对各种知识产权问题。知识产权法律法规和技术不断更新，缺乏专业人才意味着难以跟上这些变化。知识产权管理岗位的人才流动性较大，这不仅影响了知识产权管理工作的连续性，也增加了企业在人力资源上的投入成本。财力资源投入往往也预算有限，导致企业无法购买必要的软件工具，聘请外部专业顾问，以及做好市场监测。由于知识产权的无形性，创新主体往往难以评估投资知识产权管理的直接回报，这影响了这方面的投入意愿。即使在有限的财力资源中，资金也常常被优先分配给其他看似更紧急的业务领域，而非知识产权管理。物力资源（包括必要的软件、硬件和其他工具），是有效知识产权管理的保障，然而，很多创新主体在这方面的投资远远不足，缺乏先进的知识产权管理系统和工具，使得知识产权的记录、存储和检索变得低效；缺少高效的数据分析工具，组织难以从大量数据中提取有价值的知识产权信息。

为了克服这些难题，创新主体可以招聘具有知识产权管理经验的专业人才，尤其是那些具备法律和技术双重背景的复合型人才；提供在职培训以提升员工的专业能力；合理增加预算以满足知识产权管理的需求；采用自动化监测工具以减少对人力资源的依赖。还应建立专业团队，制定培训计划，并通过激励机制吸引和留住关键人才。在财力资源方面，应探索多元化的资金来源，进

行预算的合理分配，并定期进行成本效益分析，以确保资源的有效利用。创新主体应投资于先进的管理软件和硬件，可利用云计算服务降低成本，同时与其他组织共享资源以提高效率。通过这些综合性的措施，创新主体能够在资源有限的情况下，更有效地保护和管理其知识产权资产，从而促进创新和提升竞争力。

四、提升各层级的知识产权管理意识

知识产权的意识不足在企业创新过程中起到制约作用。这种缺失可能导致企业在知识产权创造阶段缺乏战略规划，影响其创新力和市场竞争力。例如，企业可能因未能及时申请专利保护而面临技术泄露或被竞争对手抢先注册的风险。这种缺失还可能导致企业对现有知识产权的维护和管理不足，增加侵权风险，进而引发经济损失和品牌声誉损害。在知识产权的运用方面，意识的不足可能使企业未能充分利用其知识产权资产，错失商业化和货币化的机会。例如，企业可能未能有效许可或转让其专利技术，错失通过知识产权获取额外收入的机遇。如本节前文所述，意识不足还可能使企业在国际市场上处于不利地位，由于对国际知识产权法律和规则的不熟悉，在跨国经营中遭受法律风险和经济损失。

企业必须提升知识产权管理意识，并构建一个全面的知识产权管理体系。这涉及加强知识产权教育和培训，提高全员的知识产权意识；制定知识产权战略规划，确保知识产权创造与企业整体战略相协调；强化知识产权的注册、维护和监控，及时识别并应对侵权行为；探索知识产权的多种运用方式，如许可、转让等，以实现知识产权的商业价值；以及关注国际知识产权动态，了解并适应不同国家和地区的知识产权法律和规则。

第六节　知识产权管理中的知识产权文化

Maldonado-Guzmán 等❶将知识产权管理视为一种特殊的知识管理，认为应当从员工培训、政策战略、知识获取和创造、组织文化等方面加强知识产权管理能力。于丽艳等❷认为企业知识产权管理能力主要体现在知识产权管理组织与制度、知识产权人员以及知识产权文化等多个方面。张汉波等❸认为知识产权文化体现了企业知识产权管理参与者共同的知识产权管理价值观和行为准则，可以增强参与者的凝聚力，增进沟通、协调和学习，降低管理成本、提高管理效果。齐琳琳❹认为，知识产权文化包含观念形态的知识产权文化、制度形态的知识产权文化和器物形态的知识产权文化，这些浓厚的知识产权文化氛围是确保高校知识产权管理体系有效运行的软支撑。杨怀中等❺认为，企业知识产权文化是指在知识产权战略及其相关活动中企业和企业员工对于知识产权的认知、态度、信念、价值观及涉及知识产权的行为的总和，它是企业文化的重要组成部分，是企业重要的软资源. 建设企业知识产权文化，培育企业员工的知识产权保护理念，是健全知识产权管理制度的必然要求。

---

❶ MALDONADO-GUZMÁN G, LOPEZ-TORRES G C, GARZAREYES J A, et al. Knowledge management as intellectual property：evidence from Mexican manufacturing SMEs [J]. Management Research Review, 2016, 39（7）：830-850.

❷ 于丽艳，曹晓宇，王岚. 企业知识产权能力演进阶段研究 [J]. 科技管理研究, 2021, 41（6）：156-160.

❸ 张汉波，戚湧. 基于能力成熟度模型的企业知识产权管理研究 [J]. 科技管理研究, 2022, 42（18）：126-135.

❹ 齐琳琳. 论创新驱动发展战略下高校知识产权管理体系的构建 [J]. 湖北社会科学, 2016, 10：169-174.

❺ 杨怀中，朱铁. 企业科技创新与知识产权制度建设 [J]. 武汉理工大学学报（交通科学与工程版），2011, 35（1）：151-155.

《创新管理—知识产权管理指南（ISO56005）》国际标准中，指出组织应促进支持有效知识产权管理的组织文化，即意识和工作环境两个方面。意识包括：获得组织最高管理者对知识产权战略管理的方针和过程的监督与批准；指定高级管理团队成员负责实施组织的知识产权管理方针和过程；让员工理解知识产权管理方针和过程、目的及与其岗位要求相关的特定期望，以及如何在日常工作运行中促进知识产权管理的有效性；确保全员理解知识产权特定的业务过程和方法，并理解不符合组织知识产权管理要求产生的影响和后果。工作环境包括：为有效建立、实施、保持和持续改进知识产权管理，组织应通过以下措施提供和保持有利的工作环境；鼓励各级管理人员促进和表明其对知识产权管理的承诺，并考虑违反的后果；为知识产权管理过程的有效和高效运作提供必要支持（包括基础设施、资源、资产、培训及工具等）；授权员工在日常工作中作出确保适当管理知识产权的决策；鼓励员工适当参与知识产权管理过程并给予反馈；考虑激励措施和计划以认可个人和／或工作组及团队在知识产权管理方面的业绩；建立人力资源过程以解决新员工入职和员工离职的知识产权问题（例如，商业秘密的保密与信息披露等）。

《企业知识产权合规管理体系　要求》（GB/T 29490—2023）中指出，企业应在其内部各个层级建立、维护并推进文化建设，对履行知识产权合规义务的共同行为准则，应做出积极的、明示的、一致且持续的承诺，最高管理者应鼓励和支持知识产权合规的行为，阻止且不容忍损害知识产权合规的行为。最高管理者应制定、实施和保持知识产权方针，并确保方针在企业内部得到沟通、理解和应用。

《高等学校知识产权管理规范》（GB/T 33251-2016）、《科研组织知识产权管理规范》（GB/T 33250-2016）中，尽管没有直接对知识产权文化的描述，但其关于知识产权方针和目标、各级管理者和员工的行为规范等的逻辑体系与前两个标准类似。

一、知识产权文化对知识产权管理的促进

知识产权文化它不仅是知识产权管理的基石，更是推动组织长期发展的关键因素。它不仅影响着管理的具体实践，还决定了管理的整体方向和效果。一个组织若能培育出对知识产权共同的价值观、信念和行为，便能为知识产权的产生、保护和利用打下坚实的基础，从而为组织创造持续的价值。培育良好的知识产权文化应该是组织开展知识产权管理的首要任务之一。

王靖轩认为，要大力培育研究所的知识产权文化。通过在全所范围内加强宣传、教育、培训和普及工作，配合实施《农业知识产权战略纲要》，充分利用报纸杂志、广播电视、网络等媒体，宣传介绍农业知识产权知识、法律法规、政策措施、重大活动和典型案例，推进面向研究所的知识产权意识普及。[1] 培育尊重知识、崇尚创新、诚信守法的知识产权文化。制定环发所实施知识产权战略的指导意见和管理办法，把知识产权管理纳入科技评估评价体系，推行知识产权考核体系，在绩效考评指标体系中提高对发明专利等知识产权的拥有量和实施效益的指标权重，建立完善对获中国专利奖等优秀知识产权的激励奖励机制，对知识产权交易分配进行制度化和合理化的调整，最大效果地调动科研人员知识产权创造和运用的积极性。

知识产权文化为管理提供了必要的意识形态基础。在这种文化氛围中，组织成员能够深刻理解知识产权管理的重要性，并将其内化为自觉行动。这种内化不仅减少了管理过程中的抵触情绪，还提高了管理的效率和效果。知识产权文化塑造了组织的价值观导向，将尊重知识和保护创新作为组织的核心价值之一，使得知识产权管理成为组织运营的自然组成部分，成员在这种文化的影响下，会更加警惕潜在的知识产权侵权风险，为知识产权管理中的风险防控工作

---

[1] 王靖轩. 加强科研院所知识产权管理工作的探讨：以中国农业科学院农业环境与可持续发展研究所为例 [J]. 农业科研经济管理，2017（1）：43-45，48.

奠定基础。良好的知识产权文化能够形成一套非正式的行为规范，如在研发过程中进行专利检索，或在对外交流时注意保护商业秘密等，这些行为规范为正式的知识产权管理制度提供了有力支撑。知识产权文化还能激发组织成员的创新热情，员工在意识到自己的创新成果能够得到保护和尊重时，将更有动力投身于创新活动，也更愿意学习新的知识产权知识和技能，有利于知识产权管理水平的不断提高，为知识产权管理提供了源源不断的"原材料"。

组织要想提升知识产权管理水平，就必须重视知识产权文化的培育和引导。成熟的知识产权文化能帮助组织树立长期战略视角，关注知识产权的长期价值，而非仅仅局限于短期利益，有助于制定贯彻有效的知识产权管理策略，同时促进不同部门之间的沟通与协作，确保知识产权管理工作的协调一致，为知识产权管理配置足够的人力财力物力资源保障。同时，知识产权文化还影响着组织的外部形象。一个尊重知识产权的组织更容易赢得合作伙伴和客户的信任，为知识产权管理创造了有利的外部环境。

不同的知识产权文化对知识产权管理的方向和重点有着显著的影响，比如，注重创新的文化可能会更倾向于专利保护，而注重品牌的文化可能会更关注商标策略。开放程度也会影响组织对外部合作的接受度，开放的文化可能更倾向于知识产权共享，倾向于与大学或研究机构合作，共同开发和管理知识产权，而封闭的文化则可能更重视独占权和保密。时间视角上，注重长期发展的文化可能会在基础研究和前沿技术专利布局上投入更多资源，而关注短期利益的文化可能更专注于现有技术的快速商业化。具有全球化视野的知识产权文化会推动组织考虑全球知识产权策略，如在多国申请专利，而本土市场导向的文化则可能主要关注本国的知识产权保护。创新方向上，注重突破性创新的文化可能会鼓励更多的原创性专利申请，而注重渐进式创新的文化可能更多地关注现有专利的改进和优化。

二、知识产权管理对知识产权文化的强化

有效的知识产权管理不仅能够保护和利用组织的知识产权，还能够通过各种方式促进知识产权文化的内化和传播。

高层管理者在知识产权管理中的参与和重视，能够起到示范作用，当领导者重视知识产权时，这种态度会自上而下地影响整个组织，逐步形成一种知识产权文化。有效的知识产权管理能够为创新提供保护，鼓励组织成员更大胆地进行创新，形成一种鼓励创新、保护创新的文化。通过建立系统的知识产权管理制度，组织可以将知识产权保护的理念制度化，这些制度的实施会内化为组织成员的自觉行为，从而强化知识产权文化。知识产权管理的持续实施能够逐渐影响组织成员的行为和思维方式。例如，定期进行的专利检索活动会让研发人员养成在创新前先了解现有技术的习惯，这种习惯最终成为组织文化的一部分。

通过积极的知识产权管理塑造尊重知识产权的品牌形象，这种形象会反过来影响内部文化，员工会为此感到自豪，更加重视知识产权。随着知识产权管理的深入，组织往往需要考虑国际知识产权保护，这种国际化视野会影响组织的整体文化，使其更加开放和全球化。知识产权管理通常需要长期规划，这种长期思维会逐渐影响组织的决策文化，使其更加注重长远发展。现代知识产权管理越来越依赖数据分析，这种依赖数据的决策方式可能会逐渐影响组织的整体决策文化。知识产权管理需要不断适应新的法律法规和市场环境，这种持续改进的理念可能会影响组织的整体文化，使其更加灵活和适应性强。

跨部门合作可以促进知识产权意识在整个组织中的传播，形成一种全员参与的知识产权文化。与外部机构的合作，如专利代理机构、法律顾问等，可以为组织带来先进的知识产权理念，促进组织知识产权文化的提升。成功的知识产权管理案例能够带来显著的经济效益或竞争优势，这些成功案例可以激发组织成员对知识产权的重视，增强他们保护和运用知识产权的积极性。定期的培

训和教育活动不仅传播知识，还能影响参与者的价值观，逐步塑造组织的知识产权文化。奖励机制，如专利奖励、技术创新奖等，能够引导组织成员重视知识产权创造和保护，形成一种尊重和追求知识产权的组织文化。

三、知识产权管理和知识产权文化共同推动创新

知识产权管理和知识产权文化共同塑造了有效的创新激励机制，包括物质奖励、职业发展和社会认可等多方面的激励，从而激发了创新动力。华为运用有效的激励机制来实现知识产权的积累。华为为取得专利的员工提供高达万元的奖金，重要专利的发明人还能够将其专利证书列入华为坂田基地数据中心大厅的"专利墙"，这种极大的荣誉大大激发了研发人员进行技术创新的积极性。❶

知识产权教育培养了创新思维，帮助创新者更好地构思和改进他们的创新。有效的知识产权管理控制了创新的法律风险和市场风险，降低了创新风险，吸引了投资者，为创新活动提供了资金支持，使组织和个人能够勇敢尝试新的想法，即使面临失败，也能从中获得可保护的知识产权。知识产权管理通过优化创新资源的配置，提高了创新效率，并为创新成果的商业化提供了途径，如许可和转让，进一步激励了创新活动。知识产权文化的建设过程本身就是一种创新文化的传播过程，激发了更广泛的创新意识。

成熟的知识产权文化鼓励跨领域合作，而有效的知识产权管理则为这种合作提供了明确的规则和框架，促进了不同主体间的顺畅合作。它们共同为开放创新创造了条件，保护核心技术的同时，为外部合作提供了清晰的规则，促进了创新生态系统的形成，推动了创新的国际化，使创新能在全球范围内得到保护和应用。

---

❶ 柴金艳. 基于价值链的企业知识产权竞争优势培育——以华为公司的知识产权管理为例 [J]. 科技进步与对策，2009，26（22）：53-56.

长期创新的保障和创新信心的建立是通过知识产权文化和管理实现的。通过知识产权管理，组织能够系统性地积累创新知识和经验，显著提升长期创新能力。知识产权分析为创新决策提供了重要参考，帮助组织做出更明智的创新投资决策。分析专利数据库和其他知识产权信息，为创新提供了方向性指导，帮助组织更精准地定位创新焦点，避免了重复创新，提高了创新效率，并为创新价值的实现提供了多种途径。

知识产权管理和知识产权文化共同确保了创新的可持续性，不仅保护了已有的创新成果，还为未来的创新活动铺平了道路。他们相互作用和影响，为组织的创新发展提供了坚实的基础，通过持续改进，组织能够适应不断变化的环境，保持创新的前沿性和有效性。

第七节　知识产权管理与知识产权文化的社会传播

第六节着重分析了创新主体内部的知识产权文化与知识产权管理的关联。事实上，创新主体的知识产权管理需要在内部文化和外部文化的双重影响下运作。它既要符合组织的特定需求和价值观，又要适应更广泛的社会环境和全球趋势。成功的知识产权管理应该能够有效地将内部文化和外部文化结合起来，在遵守法律、响应市场的同时，也保持组织的独特优势和创新活力。这种平衡需要持续的努力和调整，但也正是这种动态平衡，才能使创新主体在复杂的知识产权环境中保持竞争力并做出积极贡献。

一、创新主体外部与内部的知识产权文化与知识产权管理

创新主体的知识产权管理与外部社会、国家乃至全球范围内的知识产权文化存在着复杂的关系，这与其内部知识产权文化的关系既有相同点，也有显著

的不同点。

知识产权文化，无论是在组织内部还是外部，都与创新主体的知识产权管理紧密相连，形成了一种相互影响的动态关系。这种文化不仅塑造了管理实践，而且也被管理实践所塑造，从而形成了一种双向的互动。这种文化强调知识产权的价值，对创新主体的知识产权管理重视程度产生了深远的影响。同时，内外部知识产权文化都要求创新主体的知识产权管理必须遵守相关的法律法规，确保合规性。

随着时间的推移，内外部知识产权文化都在不断地发展和进化，这要求创新主体的知识产权管理也必须与时俱进，以适应不断变化的环境。无论是内部还是外部的知识产权文化，都以促进创新为核心目标，推动着创新主体不断向前发展。

然而，内外部知识产权文化在某些方面也存在显著的不同。内部文化主要影响组织内的行为和决策，而外部文化则影响整个社会、国家甚至全球的知识产权生态系统。内部文化的塑造主要由组织领导和成员完成，而外部文化则由政府、法律、教育系统、媒体等多方力量共同塑造。在变革速度上，内部文化相对容易调整和改变，而外部文化变革则通常需要更长时间和更广泛的社会共识。

内部文化的多样性程度相对较低，通常反映特定组织的价值观，而外部文化则更加多元，需要兼顾不同利益群体的诉求。在强制力来源上，内部文化主要通过组织规章和管理措施实施，而外部文化则通过法律、政策和社会舆论等方式实施。在知识产权策略的制定上，内部文化影响组织的具体知识产权策略，而外部文化则影响整体知识产权政策和法律框架。

在利益平衡方面，内部文化主要关注组织利益，而外部文化则需要平衡创新者、消费者、公共利益等多方利益。在国际化程度上，内部文化可能更多反映本地特色，而外部文化则需要考虑国际协调和全球化趋势。教育和培训方式也有所不同，内部文化通过企业培训等方式传播，而外部文化则通过学校教育、公共宣传等广泛渠道传播。

评价标准方面，内部文化的成效主要通过组织绩效评估，而外部文化的影响则通过国家创新能力、知识产权保护水平等宏观指标评估。资源调配上，内部文化影响组织内部的资源分配，而外部文化影响社会整体对知识产权事业的资源投入。在创新合作模式上，内部文化主要影响组织内部的创新协作，而外部文化则塑造更广泛的产学研合作生态。

争议解决机制也有所不同，内部文化依赖组织内部的冲突解决机制，而外部文化需要建立完善的司法和仲裁体系。对市场的反应，内部文化可能更快速地响应市场变化，而外部文化的变革通常滞后于市场需求。最后，在知识共享程度上，内部文化可能更强调知识的内部共享和保护，而外部文化需要在开放创新和知识保护之间寻找平衡。

知识产权文化对创新主体的知识产权管理具有深远的影响，不仅在管理实践和文化塑造上形成了双向互动，而且在内外部文化的不同特点上也展现出了多样性和复杂性。创新主体需要在理解和适应这些文化特点的基础上，不断优化自身的知识产权管理策略，以促进组织的持续创新和发展。

二、创新主体内部知识产权文化对外部知识产权文化的补强

创新主体在知识产权管理方面的实践，不仅对企业自身的发展至关重要，而且对整个社会的知识产权文化传播具有深远的影响。

创新主体通过有效的知识产权管理，能够在整个行业乃至社会中起到示范作用。例如，苹果公司不仅在产品创新上领先，其知识产权管理也成为业界标杆。苹果公司积极申请专利，并且善于运用外观设计专利和商标保护，如其"Think Different"广告语的商标注册和 iPhone 圆角矩形设计的专利保护。除了

数以万计的专利以外，苹果还拥有大量的商标、商业秘密等知识产权。正是因为源源不断的创新和强大严密的知识产权保护，支撑并成就了具有持续生命力的世界级苹果品牌。这些都极大地提升了整个科技行业对知识产权的重视。红砖高校强化顶层设计，从战略高度凸显出对知识产权管理和转化的重视，建立了专业化、多样化的知识产权转化机构，构建起政产学研一体化的知识产权转化联动系统，实现政策协同、科创协同和产业链协同，并在人才培养中融合创新创业教育促进知识产权创造，提供无缝链接的知识产权信息服务，形成知识产权理念、创造、运用、转化等的全过程循环联动模式。❶

创新主体培养了大量知识产权人才，这些知识产权人才在职业流动中，将先进的知识产权理念和实践扩散到整个社会。弗朗霍夫学会总部的专利与许可办公室统管知识产权管理工作，下属德国专利中心有 60 人，其中科学家 35 人；直属有知识产权信息部门、知识产权管理部门和秘书，其中知识产权管理部门又分为专利处理律师、专利战略律师和合同处理律师组。牛津大学 ISIS 创新公司有员工 76 人，其技术转移部门有 36 人，分为技术转移组、运营组、医学组、专利与许可组、种子基金组；咨询部门 6 人，主要开展咨询工作；企业部门 15 人，主要从事技术咨询与创新管理；还在香港成立有 2 个人的亚洲分部。❷ IBM 设有知识产权管理总部，负责公司所有的知识产权管理事务，内设法务部和专利部。专利部下设五个技术领域，每一个领域由一名专利律师担任专利经理。曾拥有在 IBM 十二年工作经验，担任 IBM 亚太及大中华区知识产权法律总监的徐驰，现任思摩尔国际首席法务与知识产权官，知识产权与法务部负责人，全面负责公司的知识产权、法务与合规工作。

---

❶ 刘珮函，唐杨，肖延高. 高校知识产权管理关键路径研究——基于英国红砖大学的专利转化实践 [J]. 图书情报工作，2023，67（3）：140-150.

❷ 宋河发，曲婉，王婷. 国外主要科研机构和高校知识产权管理及其对我国的启示 [J]. 中国科学院院刊，2013，28（4）：450-460.

大型创新主体通过其供应链管理，将知识产权要求传递给上下游企业，提升整个产业链的知识产权意识。华为要求其供应商必须遵守严格的知识产权规范，包括专利许可、商业秘密保护等，这种做法不仅保护了华为自身，也提升了整个供应链的知识产权管理水平。华为要求供应商遵守社会责任行为准则和诚信廉洁承诺，鼓励供应商进行合规管理体系建设并构筑合规专业能力；也将合规要求纳入合作伙伴管理政策，并嵌入合作伙伴认证体系，要求合作伙伴学习和签署行为准则，对合作伙伴进行尽职调查及真实性验证。

一些创新主体积极参与公共知识产权教育，直接促进社会知识产权文化的传播。微软公司在全球多个国家开展知识产权教育项目，包括为学生、教育工作者和中小企业提供知识产权培训，这些努力极大地提升了公众的知识产权意识。清华大学—微软创新与知识产权联合研究中心（以下称研究中心）致力于创新政策与知识产权研究，努力为我国建立可持续发展的创新生态及更为完善的知识产权保护机制做出贡献。研究中心设立"清华—微软知识产权奖学金""孟方睿奖学金"，鼓励和支持更多的学生从事知识产权领域的工作和研究。

跨国创新主体在全球运营过程中，促进了不同知识产权文化之间的碰撞。高通公司的专利许可模式在全球范围内产生了深远影响。2015年2月10日，国家发展改革委开出中国反垄断历史上金额最大的罚单——美国高通公司因垄断行为被罚60.88亿元，并被责令整改。这一罚单不仅改写了中国反垄断历史，更是在全球范围率先改变了高通实行二十余年、通行全球的专利收费模式。

创新主体之间的合作，促进了学术界和产业界知识产权文化的交融。清华苏州环境创新研究院提供专业化支持，帮助创业公司招募员工、申请经费、牵线投资等，形成了600多项知识产权，通过技术作价入股方式转化的清华大学专利30多项，目前已经形成了25支研发团队，41家孵化公司，550多名员工的研究院加孵化公司的整体生态。

一些创新主体通过参与开源项目，推动了知识共享文化的发展。谷歌通过 Android、Tensorflow 等开源项目，在保护自身核心知识产权的同时，也推动了开源文化在全球范围内的传播，影响了整个软件行业的知识产权观念。TensorFlow 作为一个开源的机器学习框架，已经广泛应用于各种产品和服务中，如 Gmail 智能回复、Twitter 时间线排序方法、WPS Office 的光学字符识别（OCR）等，这些应用展示了谷歌在推广开源文化的同时，也在保护和利用其知识产权。

重大知识产权诉讼案件往往成为社会关注的焦点，提高了公众对知识产权的认知。例如，苹果诉三星专利侵权案，这场持续多年的全球专利战不仅影响了智能手机行业，也让普通消费者更加了解专利对产品创新的重要性。

创新主体的这些实践不仅直接塑造了行业标准，也通过人才培养、政策参与、公共教育等方式间接影响了更广泛的社会群体，同时在全球化背景下推动了不同知识产权文化之间的交流和融合。提升创新主体的知识产权管理水平不仅对企业自身重要，对推动整个社会知识产权文化的发展也具有重要意义。

第八章　面向知识产权服务的
文化传播实践

第一节　知识产权服务的范畴

从国家知识产权局各项政策发文来看，"知识产权服务业""知识产权公共服务"和"知识产权运营服务"虽然都涉及为社会公众、创新主体等提供知识产权方面的服务，但重点各有不同。知识产权服务业是指面向企事业单位或个人，提供专门知识产权咨询服务的知识产权中介机构的服务活动，服务内容包括知识产权代理、专利信息分析与应用、知识产权运营、提起及应对诉讼和知识产权体系建设等。知识产权公共服务是构建在知识产权服务基础上，更侧重于提供便利化、规范化、标准化的公共服务，强调服务的普及性和公共利益，通常由政府或公共机构主导，以满足社会公众和创新创业主体的需求。这二者都旨在支持和促进知识产权的创造、运用、保护和管理，知识产权服务业属于商业性质的服务，而知识产权公共服务更侧重于公益性质，强调实现政策普惠公平、服务普惠可及、数据普惠开放。此外，为促进知识产权运用促进，"知识产权运营服务"也是一个特别重要的分类，在促进知识产权价值实现、服务经济发展和创新驱动发展战略中发挥了重要作用。

一、知识产权服务业的发展、作用与远景

自 2008 年国务院《国家知识产权战略纲要》发布以来，我国先后颁布多

项促进知识产权服务业发展的重要指导文件。2012 年 11 月，国家知识产权局牵头制定并联合国家发展和改革委员会等 9 个部门发布了《关于加快培育和发展知识产权服务业的指导意见》（国知发规字〔2012〕110 号），全面规划和系统部署了知识产权服务业发展工作。其中指出，知识产权服务包括专利服务、商标服务、版权服务、商业秘密服务、植物新品种服务和其他知识产权服务，涉及知识产权代理服务、法律服务、信息服务、咨询服务、商用化服务、培训服务以及其他服务。其不仅明确确立了知识产权服务业作为国家服务业发展的四大支撑体系地位，而且科学确立了知识产权服务业领域的类型化界分。

知识产权服务业是为知识产权的创造、运用、保护和管理提供专业服务的新兴产业。近年来，随着我国创新驱动发展战略的深入实施，知识产权服务业呈现出快速发展的态势。根据国家知识产权局发布的《2023 年全国知识产权服务业统计调查报告》，截至 2022 年年底，我国从事知识产权服务的机构数量约为 8.7 万家，较 2021 年底增长 3.9%。其中包括 4520 家专利代理机构、7.1 万家商标代理机构、超过 1.4 万家从事知识产权法律服务的机构、超过 0.9 万家从事知识产权运营服务的机构、超过 1.5 万家从事知识产权信息服务的机构、超过 2.2 万家从事知识产权咨询服务的机构。

从行业规模来看，2022 年全国知识产权服务机构共创造营业收入超过 2700 亿元，同比增长 3.8%。专利代理机构的总营业收入达 465.6 亿元，平均每家机构营业收入为 1030.1 万元。知识产权服务业的从业人员人均营业收入（即劳动生产率）为 29.2 万元 / 人，显示出较高的产业效益。值得注意的是，近五成从事知识产权法律服务、运营服务、信息服务和咨询服务的机构在 2022 年的服务利润较上年有所增加或保持不变，反映出行业的稳定发展态势。

知识产权服务业在促进就业方面发挥了重要作用。截至 2022 年底，该行业从业人员约 96.9 万人，较 2021 年底增长 4.4%。2022 年有 43.2% 的知识产权服务机构招入新员工，其中 19.3% 的机构录用了应届毕业生。新入职人员的年龄主要集中在 25~30 岁，显示出行业对年轻人才的吸引力。此外，近 2000 家知识产权服务机构为约 6000 名失业人员提供了再就业机会，体现了行业的社会责任。值得一提的是，知识产权服务业从业人员中，76.1% 具有大学本科及以上学历，反映出该行业对高学历人才的需求。

从地域分布来看，知识产权服务业呈现出明显的区域集中特征。在全国 8.7 万家知识产权服务机构中，64.5% 分布在京津冀地区、长三角地区、粤港澳大湾区、成渝地区等经济发达区域。不同地区的知识产权服务业也呈现出各自的特点。例如，北京在知识产权运营和信息服务方面较为突出；长三角地区拥有大量新成立的知识产权服务机构，反映出该地区良好的创业环境和旺盛的服务需求；粤港澳大湾区的知识产权服务机构中有 53.7% 开展涉外业务，显示出较强的国际化趋势；成渝地区则在企业知识产权战略、管理与实务等咨询服务方面表现突出。

2022 年 12 月 27 日，国家知识产权局等 17 部门联合发布的《关于加快推动知识产权服务业高质量发展的意见》为行业发展提供了政策指引。知识产权服务业应与先进制造业等重点领域深度融合，提供专业服务，促进专利与标准创新的结合，支持关键技术攻关，加强知识产权布局。同时，服务业应科学布局，增强服务区域经济发展能力，推动东部地区服务业向高端攀升，提升中西部地区的服务规模和水平。知识产权服务资源需与企业需求精准对接，更新服务理念，创新服务模式，包括支持企业国际化布局，帮助中小企业进行高价值专利布局和商标品牌培育，以及深度参与高校院所的创新全过程。为助力贸易高质量发展，知识产权服务业应提供专业化服务，支持企业产品出口、海外投资等，加快知识产权服务出口基地建设，培育发展知识产权服务贸易，并鼓励境外分支机构的设立。应提升服务供给能力，培育不同规模的服务机构，开展品牌价值提升行动，加强技术创新和产品创新。知识产权代理服务需树立质优竞争导向，优化专利代理服务供给，提升商标代理服务水平，并促进版权、地理标志等知识产权代理服务的健康发展。应深化知识产权法律服务，推进专业化法律服务，拓展商业活动中的知识产权法律服务，加强海外知识产权保护服务。应拓展知识产权运营服务，构建完善的运营服务体系，发展交易经纪服务，拓展知识产权金融等增值服务。应提升知识产权信息服务专业化、智能化水平，支持商业化数据库建设，推动信息资源深度开发，依法保护信息安全。应拓宽咨询服务领域，培育专业咨询机构，提供战略咨询等专业服务，并鼓励市场化服务机构开展公益知识产权咨询服务。应促进新业态新模式发展，利用大数据、云计算等现代信息技术，培育服务业态，创新服务产品，发展智慧服务。应深化"放管服"改革，优化行业准入，强化政府监管，完善行业自律，加强社会监督，推动机构自治。应强化发展要素支撑，筑牢数据基础，加强人才队伍建设，完善行业标准和评价体系，加强基础研究和统计调查，加强行业文化建设，以营造有序发展的行业文化氛围。

二、知识产权公共服务的体系、重点和作用

2021 年 12 月 31 日，国家知识产权局印发《知识产权公共服务"十四五"规划》(国知发服字〔2021〕39 号)，其中指出，知识产权公共服务是知识产权管理部门及相关政府部门或公共服务机构承担或者主导开展的，围绕知识产权创造、运用、保护、管理等主要环节，按照党中央、国务院有关知识产权的重大决策和战略部署，为社会公众和创新主体提供相关公共服务政策、公共服务产品、信息公共服务、数据开放共享、便利化政务服务、政策业务咨询等基础性服务的授益性行为。

随着国家创新驱动发展战略的实施，知识产权公共服务体系快速发展，服务内容和方式不断创新，服务能力和水平持续提升。特别是近年来，国家知识产权局出台了一系列政策和措施，如 2021 年 7 月 13 日《知识产权公共服务能

力提升工程工作方案》（国知发服函字〔2021〕104号），进一步明确了知识产权公共服务的发展目标、主要任务和保障措施，推动了知识产权公共服务体系的建设和完善。目前，已经形成了覆盖全国的知识产权公共服务网络，为社会公众和创新主体提供了便捷、高效的服务。

知识产权公共服务的基础是公共服务体系，载体是公共服务机构和基础设施，内容是提供政策保障以及免费或低成本的公共产品和公共服务，目标是围绕知识产权全链条提供高质量的知识产权公共服务供给，助力提高知识产权创造质量，强化知识产权保护综合效能，提升知识产权运用效益，营造良好的创新环境和营商环境，激发全社会创造力和市场活力，有力推动创新型国家建设和经济社会高质量发展。

知识产权公共服务体系的构建是一个以国家知识产权局为核心，联合各级地方知识产权局、技术与创新支持中心（TISC）、高校国家知识产权信息服务中心等机构的全国性服务网络。这一体系旨在提供基础的知识产权信息查询、咨询和培训服务，确保社会公众和创新主体能够获取必要的知识产权信息。服务主体遵循基础性、便利性、规范性和创新性原则，通过线上平台和线下服务点实现知识产权服务的便捷获取，同时建立健全的服务体系和工作流程，确保服务的标准化和质量。此外，鼓励服务主体利用现代信息技术，创新服务模式，提高服务效率和质量。

知识产权公共服务的重点在于促进知识产权的创造、运用、保护和管理。具体内容包括信息服务，提供专利、商标、地理标志等知识产权的基础信息查询服务，以及高级检索和分析工具；培训与教育，开展知识产权意识提升和能力建设培训，包括面向创新主体的专题培训和面向公众的普及教育；政策咨询，提供知识产权相关政策的解读和咨询服务，帮助创新主体和公众更好地理解政策导向；权益保护，建立知识产权维权援助机制，为创新主体提供侵权风险预警和维权指导；转化运用，推动知识产权的商业化运用，提供专利导航、技术转移等服务，促进知识产权与产业发展的深度融合。通过这些服务，知识产权公共服务体系致力于提升知识产权的整体价值，促进创新和经济的持续发展。

知识产权公共服务在"十四五"规划中扮演着至关重要的角色，它不仅是推动创新发展的关键因素，而且在促进现代化经济体系建设和高质量发展方面发挥着日益重要的作用。随着科技革命和产业变革的不断深入，知识产权的重要性愈发凸显。在"十三五"期间，我国在知识产权公共服务体系建设方面取得了显著成就，服务意识和服务能力不断提升，为"十四五"规划的顺利实施打下了坚实的基础。"十四五"设定了明确的目标：到2025年，建立一个更加便民利民的知识产权公共服务体系，实现省级全覆盖，地市级覆盖率超过50%；构建智慧便捷的知识产权信息化基础设施，实现各级各类平台的互联互通和数据共享；丰富知识产权公共服务供给，形成多元化的服务产品和供给机制，满足不同创新主体的需求；加强知识产权公共服务基础理论研究，提升政策保障力度，培养高素质的知识产权公共服务专业人才队伍。为实现这些目标，规划提出了一系列主要任务和实施策略，包括加强公共服务机构建设，提升专业化水平，支持地级市和县（市、区）建立综合性知识产权公共服务机构；优化运行机制，加强分级分类指导，推动服务内容的有效衔接；推进区域协调发展，建立区域协同工作机制，促进公共服务资源向欠发达地区倾斜；加强信息化基础设施建设，加快国家知识产权大数据中心和公共服务平台建设，提升智能化水平和网络安全保障；推动数据共享和业务协同，打通壁垒，优化业务网络架构；强化公共服务供给，优化资源，加大数据资源供给，开发公共服务产品，提升服务能力。

三、知识产权运营服务的内涵、作用和目标

知识产权运营服务是指以实现知识产权经济价值为直接目的、促进知识

产权流通和利用的一系列商业活动行为。这些活动包括但不限于知识产权的许可、转让、融资、产业化、作价入股、专利池集成运作、专利标准化等，涵盖知识产权价值评估、交易经纪以及基于特定专利运用目标的专利分析服务。其涉及知识产权的制度运用和权利经营，具体来说，包括运作和经营两个方面：运作指的是价值提升的过程，如专利运作、市场运作、资本运作等；经营则是指价值实现的环节，确保知识产权能够转化为经济利益。

知识产权运营服务包括多个层面：为知识产权所有者提供许可或转让其知识产权的服务，以实现知识产权的经济价值；通过知识产权质押等方式，帮助企业获得资金支持，促进知识产权的商业化；将知识产权转化为实际产品或服务，推动技术成果的产业化；将知识产权作为投资的一部分，参与企业股份；将多个专利集中管理，形成专利池，提高专利的商业价值和谈判力；参与或推动专利技术成为行业标准，增强专利的市场影响力；对知识产权的市场价值进行评估，为交易、投资等提供依据；作为中介机构，协助知识产权的买卖双方达成交易；基于特定运用目标，提供专利的深度分析和咨询服务。

知识产权运营服务在促进创新和经济发展方面发挥着至关重要的作用。根据国家知识产权局 2021 年 7 月 27 日发布的《关于促进和规范知识产权运营工作的通知》（国知发运字〔2021〕22 号），知识产权运营服务能够"充分运用知识产权规则，有效发挥知识产权融资、评估、转移对接服务的支撑作用"，这不仅推动了知识产权的转化实施，而且促进了知识产权市场价值的充分实现

知识产权的高效运营有助于激发市场主体的创新活力，通过专业化服务，可以加速知识产权的商业化过程，将创新成果转化为实际的经济效益。知识产权运营服务通过提供专利导航、评估和交易促进等服务，增强了企业的市场竞争力。企业可以利用这些服务来优化其知识产权组合，提高专利的质量与效益，从而在激烈的市场竞争中占据有利地位。

2023 年 10 月 19 日，国务院办公厅印发《专利转化运用专项行动方案

（2023—2025 年）》中，提出了至 2025 年，推动一批高价值专利实现产业化的目标，并强调了知识产权运营服务平台在专利转化运用中的关键作用。我国已初步构建了包括平台、机构、资本、产业在内的四位一体的知识产权运营服务体系。这一体系不仅涵盖了知识产权的转移转化、收购托管、交易流转和质押融资等方面，还通过建立功能性平台、区域运营中心和产业运营中心，形成了覆盖全国的服务网络。

第二节　知识产权服务业概述

知识产权服务业是一个多元化和专业化的领域，涵盖了多种服务主体和服务类型，已经纳入我国国民经济行业分类，最初隶属于国民经济行业代码中的商业服务类，2017 年新版的《国民经济行业分类》（GB/T 4754—2017）将其调整至科学研究与技术服务业。知识产权服务业的主体包括专利代理机构、商标代理机构、律师事务所和其他机构。

知识产权服务业在中国的分布具有明显的区域集中性，主要集中在京津冀地区、长三角地区、粤港澳大湾区、成渝地区等区域，占全国机构总数的64.5%。北京市在知识产权运营和信息服务方面的机构比例相对较高，为创新主体提供多元化专业化服务。长三角地区的新生机构数量较多，反映出该地区优质的知识产权服务创业环境以及创新主体对于知识产权服务的迫切需求。知识产权服务业有着专业化细分、数字化转型、一体化服务和国际化的发展趋势。服务机构更加专注于特定领域，提供更加专业化的服务。数字技术广泛应用于知识产权服务，提高服务效率和质量。大型服务机构向全链条、一体化服务方向发展，为客户提供一站式服务。越来越多的服务机构面向海外客户提供服务，参与国际竞争。

尽管知识产权服务业在发展过程中面临一些问题，如市场竞争激烈、人才短缺、政策支持不足等，但行业对未来的发展信心较强，认为行业仍有较大的发展空间和潜力。大多数知识产权服务机构对自身的发展状况和未来前景持乐观态度，认为行业发展环境持续向好。从业人员普遍对知识产权服务业的职业前景和发展机会表示认可，认为行业具有较好的发展潜力和职业吸引力。科技创新在推动知识产权服务业发展的过程中起到了重要作用，知识产权服务业在支持科技创新方面的作用也日益显著。知识产权服务供给体系逐步完善，服务质量和效率不断提升。知识产权服务业的细分领域越来越多，服务模式也日益多样化，能够满足不同客户的多样化需求。知识产权服务业呈现出集约化发展的趋势，大型机构的市场份额和影响力不断提升。知识产权服务业对高素质人才的需求持续增加，行业对从业人员的专业能力和综合素质要求越来越高。行业需要更多的政策支持和激励措施，以促进其健康快速发展。

一、专利代理机构

专利代理机构是指依法设立，接受委托人委托，在代理权限范围内办理专利事务的专业服务机构。其职能主要包括以下几个方面：

专利申请代理：代理机构接受委托，以委托人的名义在代理权限范围内办理专利申请，包括但不限于发明专利、实用新型专利和外观设计专利的申请。

专利权维护：为专利权人提供专利权维护服务，包括专利权的续费、变更、转让、许可等事务。

专利无效宣告：代理机构可以代表委托人向专利复审委员会提出专利无效宣告请求，以维护委托人的合法权益。

专利咨询与预警：提供专利法律咨询、专利战略规划、专利预警分析等服务，帮助企业规避专利风险，提升专利资产的价值。

涉外专利事务：代理机构还可以承接涉外专利事务，包括 PCT 国际专利申请、外国专利申请等，帮助中国企业和发明人在全球范围内保护其知识产权。

专利纠纷处理：在专利侵权纠纷、专利权属纠纷等案件中，代理机构可以代表委托人进行诉讼或非诉讼的法律服务。

根据 2018 年 11 月 6 日发布，2019 年 3 月 1 日起实施的《专利代理条例》规定，专利代理机构的组织形式可以是合伙企业、有限责任公司等。专利代理机构的设立需要满足一定的条件，包括但不限于有符合规定的名称、书面合伙协议或公司章程、独立的经营场所，以及合伙人或股东符合国家有关规定。专利代理机构和专利代理师依法执业受法律保护。国务院专利行政部门负责全国的专利代理管理工作，省、自治区、直辖市人民政府管理专利工作的部门负责本行政区域内的专利代理管理工作。专利代理机构和专利代理师可以依法成立和参加专利代理行业组织，行业组织应当制定专利代理行业自律规范，促进专利代理行业的健康发展。专利代理机构在提供服务时，还应遵循自愿、公平和诚实信用的原则，兼顾经济效益和社会效益。国家鼓励专利代理机构为小微企业及无收入或者低收入的发明人、设计人提供专利代理援助服务。

二、商标代理机构

商标代理是指由具备相应资质的个人或机构，代表商标权利人或申请人，向商标局提交商标注册申请、变更、续展、转让、补证、质押、许可合同备案、异议、注销、撤销等事宜的服务。商标代理机构不仅可以帮助客户处理商标注册的行政程序，还能提供专业的法律咨询和策略规划。

商标代理服务的范围广泛，包括但不限于：

商标注册申请：代理提交商标注册申请书，领取补正、受理、不予受理、驳回、异议答辩等通知书，领取商标注册证。

商标变更与续展：协助处理商标信息的变更和商标有效期的续展。

商标转让与许可：代理商标的转让、许可合同备案等事宜。

商标法律事务：包括商标驳回复审、异议复审、撤销复审及商标争议案件的处理。

商标侵权案件：进行商标案件证据调查，代理商标侵权投诉案件。

三、律师事务所

律师事务所参与知识产权服务的主要业务为知识产权诉讼、仲裁、调解等，部分律所也同时具有专利商标代理的业务。律所为企业提供知识产权的尽职调查服务，评估潜在的法律风险和商业价值；提供知识产权保护的战略规划和咨询服务，帮助企业构建系统的知识产权保护体系；通过监测市场动态和法律变化，为客户提供知识产权风险预警和应对策略；代表客户在各级法院和仲裁机构进行知识产权诉讼，包括专利侵权、商标侵权、版权侵权等案件；在国际和国内仲裁中代表客户处理知识产权纠纷，例如帮助中国企业应对美国知识产权诉讼和"337 调查"。

四、其他机构

除了代理所和律所的事务之外，知识产权服务业中，知识产权信息服务机构主要业务为知识产权检索、分析、预警等，其特点是数据和技术驱动，服务模式不断创新，知识产权咨询服务机构要业务为知识产权战略制定、管理体系建设等，其特点是咨询服务内容广泛，与企业经营管理深度融合。事实上，很多机构都是综合性服务，同时具有以上多个典型机构的功能。

第三节　知识产权公共服务概述

知识产权公共服务体系是一个包含多个层次和参与者的复杂系统，其主要目的是为公众和创新者提供全面、高效的知识产权信息与服务。这个体系由不同的服务主体组成，它们在体系中扮演着关键角色。随着知识产权强国建设的推进，未来服务内容、服务模式、服务机制等方面都有待持续创新，为建设创新型国家和世界科技强国提供更加有力的支撑。体系的不同层级主体和服务类型可以进一步细化。知识产权信息公共服务节点和网点在提升知识产权信息利用能力、提供个性化服务、推动知识产权信息服务普及化和精准化方面发挥着重要作用。同时，基础性服务和专业化服务的提供，以及服务保障的实施，都是提升知识产权信息公共服务规范化、便利化和专业化水平的关键。通过资源保障、互联共享、交流协作、服务反馈和宣传推广，可以进一步加强知识产权公共服务体系的效能和影响力。

服务类型主要分为三类：基础性公共服务、低成本专业化公共服务和其他服务。基础性公共服务面向社会公众和创新创业主体，提供免费的知识产权公益培训、基础性检索查询和分析、知识产权文献传递和信息咨询。低成本专业化公共服务则面向有一定需求和支付能力的创新主体，提供知识产权专业检索和分析、专题数据库建设和专利导航等服务，特点是低成本和专业化。其他服务则面向政府部门、特定行业和企业等，提供知识产权战略咨询、产业检索分析、行业规划研究、知识产权风险预警和业务交流合作等定制化、专业化的服务。

服务层面与协同方面，国家级层面负责制定政策标准、建设国家级平台、提供顶层设计和统筹协调。省级层面则负责贯彻落实国家政策、建设省级平台、指导和支持地市级机构建设。地市级层面依托现有资源，面向区域提供综合性知识产权公共服务，打通服务的"最后一公里"。各级服务主体之间相互协作，形成上下联动、资源共享、服务衔接的格局，共同推动知识产权信息公共服务体系的高质量发展。

服务主体包括节点和网点。节点由各级知识产权管理部门的知识产权信息公共服务机构构成，它们构成了全国知识产权信息公共服务的主干网络。这些节点分为国家级、省级和区域中心城市级，它们负责提供基础性的知识产权信息公共服务，并支持区域内的服务网点。而网点则是提供知识产权信息公共服务的社会化信息服务机构，它们是连接主干网络与创新主体的桥梁，解决服务的"最后一公里"问题。网点的类型多样，包括技术与创新支持中心、高校国家知识产权信息服务中心、公共图书馆、产业园区生产力促进机构等，它们主要面向社会公众和创新创业主体提供服务。

知识产权公共服务的主体包括国家知识产权公共服务网、高校国家知识产权信息服务中心、技术与创新支持中心（TISC）、知识产权保护中心、知识产权快速维权中心、知识产权维权援助中心和其他机构。

一、国家知识产权公共服务网

国家知识产权公共服务网是国家知识产权局建立的一个综合性服务平台，旨在为社会公众和创新创业主体提供便捷、高效的知识产权服务。公共服务网整合了商标、专利、地理标志、集成电路布图设计的申请、缴费、信息查询、检索及数据下载等多项服务，实现了知识产权公共服务网络骨干节点及服务网点的一体化可视化展示。

通过公共服务网，国家知识产权局对新一代地方专利检索及分析系统进行了升级改造，增加了著录项目下载项，新增了国民经济分类检索，升级了自建库及分享功能，支持用户自建、共享多层级多分支专属技术领域的专利数据库。公共服务网还增设了公共服务聚焦、常见问题等栏目，优化了后台管理功能及新一代系统数据下载模式，不断补充公益课程，更新网点信息，调整模块功能及优化页面体验，以提高用户体验度。

此外，公共服务网还提供了专利审查信息查询服务，包括中国专利审查信息查询和多国发明专利审查信息查询，用户可以查询到中国国家知识产权局、欧洲专利局、日本特许厅、韩国特许厅、美国专利商标局受理的发明专利审查信息。公共服务网还提供了专利公布公告查询、商标公告及注册证明公示查询、知识产权数据统计查询等服务，极大地方便了用户获取知识产权相关信息。

为了更好地服务社会公众和创新创业主体，国家知识产权公共服务网还推出了百度小程序，进一步方便移动端用户获取知识产权信息公共服务。小程序包括"专利查询""商标查询""常用问题""机构导航"以及"公益课堂"等业务内容，显著提高了知识产权信息公共服务质量和传播利用效能。

国家知识产权公共服务网的建设和完善，不仅提升了知识产权信息的可及性和均等化，还推动了知识产权公共服务产品的多元化和智能化，为创新创业主体提供了更加便捷、高效的服务。通过不断优化和升级，公共服务网已成为知识产权强国建设的重要支撑，为知识产权的创造、运用、保护和管理提供了有力保障。

二、高校国家知识产权信息服务中心

高校国家知识产权信息服务中心的建设始于国家知识产权局和教育部的联合推动。2016年，国家知识产权局规划发展司联合教育部科技发展中心对152所高校的知识产权信息服务情况进行了调研，为后续的建设奠定了基础。2017年，基于调研结果，国家知识产权局和教育部拟定了《高校知识产权信息服务中心建设实施办法》（国知发规字〔2017〕62号），并广泛征求了各方意见。依据《国家知识产权局关于新形势下加快建设知识产权信息公共服务体系的若干意见》等政策文件，通过国家知识产权局和教育部的联合遴选，2019年3月7日，国家知识产权局办公室、教育部办公厅发布关于公布首批高校国家知识产权信息服务中心名单的通知。其服务范围涵盖知识产权的创造、运用、保护、管理和服务等全链条，致力于提供全流程的信息服务。2021年6月8日，国家知识产权局办公室、教育部办公厅印发《高校知识产权信息服务中心建设实施办法（修订）》（国知办发服字〔2021〕23号），对高校知识产权信息服务中心建设和运行、申报和遴选、考核和监督进一步做出要求。

高校国家知识产权信息服务中心依托高校图书馆等现有机构，整合了校内文献信息服务、科学研究、技术成果转移转化、教育培训等方面的力量，形成了知识产权信息服务统筹协调机制。其收集国内外知识产权相关数据和文献，为高校提供全面的信息资源，建设和维护知识产权信息资源平台，提供便捷的信息访问和分析工具，提供知识产权信息查询、检索、分析等服务，帮助高校师生和科研人员了解知识产权现状和趋势。同时，开展知识产权知识普及和专业培训，提升高校师生的知识产权意识和能力，参与高校知识产权的资产管理和运营，推动知识产权的转移转化，促进科技成果的商业化应用。

三、技术与创新支持中心（TISC）

技术与创新支持中心是由世界知识产权组织发起的一个项目，旨在提升发展中国家的知识产权和创新用户在技术信息检索方面的能力。在中国，TISC项目自2016年启动以来，由WIPO与国家知识产权局共同推广，其目的是帮助中国的创新者和知识产权用户更好地获取知识产权信息服务。2019年8月

23 日，国家知识产权局办公室印发《技术与创新支持中心（TISC）建设实施办法》（国知办发服字〔2019〕27 号），明确了 TISC 的建设目标、类型和布局。该办法规定了 TISC 的推荐、遴选和认定流程，确保了 TISC 的质量和专业性。已有多个省份成功申报并运行 TISC，各地运行的 TISC 中心在提升当地创新能力和知识产权服务水平方面发挥了重要作用。为不断提升在华技术与创新支持中心服务能力和服务质量，推动 TISC 实现特色化和差异化发展，支撑 TISC "高级版"建设，2020 年 12 月 31 日，国家知识产权局办公室制定印发《技术与创新支持中心（TISC）服务能力提升指南》和《技术与创新支持中心（TISC）服务产品和服务指引》（国知办函服字〔2020〕1189 号）。

TISC 为企业提供全方位的服务，以支持其在创新过程中的各个阶段。在项目立项前，TISC 提供知识产权战略咨询、产业规划研究、产业政策制定、基础检索以及技术主题检索，帮助企业了解产业发展趋势和现有技术状况。进入立项阶段，TISC 通过法律状态检索、行业现状分析、竞争对手分析、专利性检索和同族专利检索，为企业提供决策支持。研发阶段，TISC 继续提供专利稳定性检索、侵权对比分析、专利侵权检索和持续的专利性检索，以确保技术创新的保护。在成果产出时，TISC 的知识产权分析、专利布局和技术成果转化服务，帮助企业规划专利申请策略并实现技术成果的商业价值。采购阶段，TISC 通过专利侵权检索和侵权对比分析，确保企业采购产品的合法性。生产阶段，TISC 提供知识产权申请、知识产权分析和侵权对比分析，保护企业的生产技术。销售阶段，TISC 的竞争对手专利分析、"337 调查"和海外维权服务，支持企业在市场竞争中的知识产权保护。参展阶段，TISC 的侵权对比分析和资产评估服务，确保参展产品的合法性并评估其知识产权价值。在运营阶段，TISC 的数据统计监测、数据库资源检索平台、知识产权管理平台、基础培训、进阶培训、专题研讨、宣传培训、技术联盟、出版刊物和贯标咨询服务，为企业提供全面的知识产权管理和保护支持。

四、知识产权保护中心

知识产权保护中心旨在加强知识产权的保护和管理，推动创新和产业升级。保护中心提供专利快速预审、维权援助、教育和培训等服务，由国家知识产权局和地方政府共同设立。它们属于公益一类事业单位，全额拨款支持，构建快速协同的知识产权保护体系，支撑产业创新发展。保护中心设有多个部门，如综合管理、预审确权、快速维权等，拥有专利审查员、法律顾问、技术专家等专业人才队伍。知识产权保护中心实现广泛地域覆盖，对促进地方经济发展、提升企业竞争力、保护创新成果等方面发挥重要作用。

知识产权保护中心提供的服务包括：专利快速审查与确权，为企业提供专利申请的预审服务，加快专利审查流程，缩短专利授权周期，还提供专利确权服务，帮助创新主体快速确立专利权，增强其在市场中的竞争力；知识产权快速维权，包括纠纷调解和侵权判定咨询，为创新主体提供及时有效的知识产权保护服务；知识产权协作保护，构建信用体系，与公、检、法、司等相关部门建立合作，形成全链条的协同保护格局，有效提升了知识产权纠纷的处理效率和质量；知识产权综合服务，包括知识产权政策咨询、专利导航及运营、知识产权评议、专利分析预警等在内的综合服务，帮助创新主体更好地利用知识产权资源，促进产业升级和经济结构优化；海外知识产权保护指导，针对企业"走出去"过程中可能遇到的海外知识产权问题，地方知识产权保护中心提供专业的指导和服务，帮助企业规避风险，提升国际竞争力。

知识产权保护中心的建设和完善，为地方创新驱动发展提供了有力支撑，促进了知识产权保护与地方经济社会发展的深度融合。

五、知识产权快速维权中心

知识产权快速维权中心作为国家知识产权保护体系的重要组成部分，通过提供快速审查、快速确权和快速维权的一站式服务，有效解决了市场主体在知识产权维权过程中面临的举证难、周期长和成本高的问题。该中心主要面向县域产业集聚区，特别是那些产品更新快、对外观设计维权需求强烈的领域，如演出服装、林产品、纺织产业等，为相关产业提供了有力的知识产权保护和支持。

知识产权快速维权中心的建设，不仅促进了传统劳动密集型产业的转型升级，还为产业高质量发展营造了良好的营商环境。据统计，通过知识产权快速维权中心申请的外观设计专利，最快可在 7 个工作日内获得授权，极大地提高了审查效率。此外，知识产权快速维权中心还承担了包括专利快速预审、版权登记、争议调解、法律法规咨询等在内的多项职责，为创新主体和经营主体提供了全面的知识产权保护服务。

国家知识产权局 2020 年 8 月 25 日印发《关于进一步加强知识产权快速维权中心建设工作的通知》，明确了知识产权快速维权中心的建设目标和重点任务，加强对知识产权快速维权中心建设的指导，优化并加快布局，以支持县域经济的转型升级和中小微企业的创新创业。通过这些措施，随着知识产权保护意识的不断提升和维权机制的不断完善，知识产权快速维权中心将更好地服务于社会公众和创新主体的知识产权保护需求，加强知识产权保护，激发市场主体的发展活力，在促进创新驱动发展和维护市场秩序中发挥越来越重要的作用。

六、知识产权维权援助中心

知识产权维权援助中心为自然人、法人或其他组织提供知识产权保护和维权援助服务。其主要任务是提供专业的咨询、指导和帮助，以维护创新者的合法权益，推动知识产权的有效利用和保护。该机构由政府相关部门支持或指导，具有公益性质，不以营利为主要目的，服务宗旨是加强知识产权保护，提高公众对知识产权重要性的认识，为创新提供法律保障和支持。

知识产权维权援助中心服务对象包括企业、科研机构、高校、个人发明者等所有涉及知识产权的主体。服务范围包括专利、商标、著作权、商业秘密等多个领域，提供的服务内容包括知识产权法律法规咨询、侵权判定参考意见、纠纷处理指导、取证方法指导等。服务方式包括线上服务平台和线下咨询服务，以及参与知识产权行政执法、司法保护等活动。

2023 年 2 月 16 日国家知识产权局办公室印发《知识产权维权援助工作指引》（国知办发保字〔2023〕9 号），明确了知识产权维权援助中心的工作内容、程序和标准。知识产权维权援助中心的组织架构由国家知识产权局统筹协调，形成覆盖全国的服务体系。国家知识产权局负责整体的维权援助工作的指导和协调，各省级知识产权管理部门负责本省内维权援助工作体系的建设，知识产权维权援助分中心和工作站，设立在具备公益服务职能的地方知识产权管理部门或其他行政部门的下属事业单位，以及相关园区、专业市场、行业协会等创新主体集聚区。具体运行机制包括服务提供、工作程序、人员管理、合作单位与专家库、信息化平台、监督考核等方面。工作流程是标准化和系统化的，包括申请受理、需求了解、团队组建、信息收集、案件处理、结果反馈、后续服务、档案管理等。

七、其他机构

专利审查协作中心是国家知识产权局专利局的直属事业单位，其对部分发明专利申请进行实质审查；对部分 PCT 国际申请进行国际检索和国际初步审查；对专利申请进行分类；作出实用新型专利检索报告；参与发明、实用新型、外观设计的复审和应诉；在执行国家知识产权局赋予的审查职能之外，为国内企事业单位提供涉及专利申请和保护的相关法律和技术咨询也是其重要的服务职能。截至 2024 年 7 月，全国共设有 7 家专利审查协作中心。

商标审查协作中心接受国家知识产权局商标局委托，开展注册商标申请现场受理、咨询、商标注册申请审查和商标法律法规宣传咨询服务等工作。

综合业务受理窗口——代办处是国家知识产权局专利局在各省、自治区、直辖市知识产权局设立的专利业务派出机构，主要承担专利局授权或委托的专利业务工作及相关的服务性工作，工作职能属于执行《专利法》的公务行为，目前主要业务包括：专利申请文件的受理、费用减缓请求的审批、专利费用的收缴、专利实施许可合同备案、办理专利登记簿副本及相关业务咨询服务。

商标业务受理窗口负责指定区域内商标注册申请受理、规费收缴，并接收、审核商标注册申请文件，对符合受理条件的商标注册申请确定申请日。受理窗口同时还代发商标注册证，提供查询和咨询等服务工作。

全国专利文献服务网点是全国专利信息传播利用工作体系的基础节点，是服务创新驱动和经济发展的专利文献支持中心、专利信息咨询中心和知识产权公共教育中心。各专利文献服务网点要为社会公众、创新主体提供专利文献支持、专利信息咨询、公共教育等基础性公益服务，持续丰富服务内容，不断提升服务能力，积极创新服务方式，为助力创新创业、服务地方经济发展做出贡献。

国家级专利信息传播利用基地立足专利信息传播和利用工作的特点和现有工作基础，借鉴国内外专利信息服务的先进经验，研究制定适用于专利信息传播利用途径和方法，从建设服务体系、健全工作机制、设计服务主体、优化服务资源、扩展服务内容、创新服务方式等角度对于专利信息传播和利用工作提出了科学合理的、可操作性强的规划和建议。

第四节　知识产权运营服务概述

知识产权运营服务体系涵盖了多个服务主体，包括中央政府、地方政府、企事业单位、专业化知识产权运营机构、知识产权保护中心和产业知识产权联盟、金融机构、社会组织和中介机构，部分机构和前述知识产权服务业和知识产权公共服务实际是有交叠的，本节后续主要具体介绍一些功能性运营服务特色平台。中央政府中的财政部和国家知识产权局负责制定宏观政策、提供资金支持、工作指导、绩效考核和经验推广。地方政府，特别是省级财政部门和知识产权局，负责审核城市申报、提供指导和监督，而市政府则作为责任主体，制订工作方案并建立工作推进机制。企事业单位，特别是中小企业和高价值专利持有企业，以及科研院所和高校，参与知识产权的创造和应用。专业化知识产权运营机构提供知识产权管理、风险管控、资本运作等服务，支持中小企业知识产权集中托管。知识产权保护中心和产业知识产权联盟负责协调解决国际知识产权纠纷，提供快速维权、确权等服务。金融机构提供知识产权质押融资、保险等金融服务，而社会组织和中介机构提供专利导航、知识产权交易、维权援助等专业服务。

知识产权运营服务鼓励企事业单位贯彻知识产权管理国家标准，强化知识产权战略管理、风险管控和资本运作，支持专业机构为小微企业开展知识产权集中托管，建设具有产业特色的分平台以促进知识产权交易和服务资源的汇聚。在融资服务方面，推广贷款、保险、财政风险补偿捆绑的知识产权质押融资模式，探索设立重点产业知识产权运营基金。

不同主体的协同合作和多样化的服务类型使得知识产权运营服务体系得以不断完善和发展，提升了知识产权的创造、保护和运用水平，促进了产业的高质量发展，增强了中国经济的创新力和竞争力。

本节将介绍到功能性运营服务特色平台，包括国家知识产权运营公共服务平台、国家知识产权运营交易服务平台、全国知识产权质押信息平台、国家知识产权保险综合服务试点平台、国家知识产权运营（上海）国际服务平台、国家知识产权运营（武汉）高校服务平台、国家专利密集型产品备案认定试点平台、国家专利导航综合服务平台、国家知识产权运营先进技术转化平台等。

一、国家知识产权运营公共服务平台

国家知识产权运营公共服务平台是中国政府为推动知识产权的高效运用和保护而建设的重要基础设施。该平台旨在畅通知识产权转移转化渠道，促进专利产业化，为知识产权持有者、需求者和服务者提供便捷、高效、安全的运营服务。平台的建设目标是实现知识产权的有效转化和产业化，通过分步实施、分类指导、分层推进的方式，逐步形成覆盖全国的知识产权运营服务网络。平台提供包括专利搜索、项目登记、服务集市、创客空间、数据开放平台等多项服务，满足知识产权的创造、运用、保护和管理需求。平台通过市场化运作方式，与各类知识产权服务机构、金融机构、科研机构等合作，提供专业化、个性化的服务。此外，平台还通过股权投资、基金支持等方式，引导和促进知识产权的商业化运作。

该平台在全国范围内布局，形成了以国家级平台为核心的服务网络，推动知识产权服务的标准化和规范化。地方平台与地方政府、行业协会等合作，建设地方知识产权运营服务中心，提供定制化的知识产权服务，促进地方经济的创新发展。该平台积极参与国际知识产权交流与合作，通过与世界知识产权组织、外国知识产权机构等建立合作关系，推动知识产权的国际保护和运用。同时平台提供跨境知识产权服务，帮助中国企业在国际市场上保护和运用其知识产权，为外国企业提供进入中国市场的知识产权服务。

二、国家知识产权运营交易服务平台

国家知识产权运营交易服务平台是中国政府为推动知识产权的有效转化与实施而建立的关键基础设施。该平台整合了知识产权资源，并提供交易、评估和融资等多元化服务，旨在构建一个规范、有序且互联互通的知识产权服务体系。该平台具备全面的服务功能，包括但不限于知识产权交易、金融服务、特色服务和工具支持。这些服务为知识产权持有者和需求者搭建了一个交流与合作的桥梁，加速了知识产权的市场化进程。采用线上线下结合的运营模式，该平台通过线上提供信息发布和交易撮合服务，而线下则通过论坛、研讨会等形式促进知识产权的深入交流与合作。此外，该平台与金融机构和评估机构的合作，为知识产权的融资和评估提供了坚实的支持。

国家知识产权运营交易服务平台服务对象广泛，覆盖个人发明者、企业、高校和科研机构等，无论是知识产权的持有者还是需求者，都能通过该平台获取相应的服务，实现知识产权的价值最大化。该平台通过与金融机构的合作，为知识产权交易提供金融支持，降低交易成本，提高交易成功率。同时，提供知识产权保险服务，降低交易风险，保障交易双方的利益。针对不同行业和领域，该平台提供定制化的知识产权服务，满足不同用户的需求。为高新技术企业提供知识产权转化服务，帮助企业实现技术成果的商业化。同时，提供国际化知识产权运营服务，帮助企业在全球范围内保护和运用知识产权。该平台提供多种知识产权管理工具，帮助企业更好地管理和运用知识产权。提供专利产品备案服务，规范专利管理，提高知识产权保护水平。专利导航服务帮助企业了解行业发展趋势，制定知识产权战略。知识产权管理测评服务则帮助企业评估管理水平，提升管理效率。依托大数据技术，该平台为知识产权交易提供数据支持，提高交易透明度和效率。大数据分析技术为企业提供知识产权交易趋势分析，帮助企业作出更明智的决策。该平台推动知识产权数据共享，促进信息流通，提高利用效率。

三、全国知识产权质押信息平台

在国家发展改革委、国家知识产权局和中国银保监会的联合推动下，国家公共信用信息中心利用"信用中国"网站，成功构建了全国知识产权质押信息平台。自2021年9月启用以来，该平台致力于提供一系列公益性服务，旨在促进知识产权的质押融资活动，特别是满足中小型科技企业的融资需求。该平台的社会影响显著，不仅促进了知识产权的商业化和金融化，有效缓解了中小企业的融资难题，而且通过融资规模的增长、普惠效应的显著提升及风险分担机制的建立，为中小企业的发展提供了有力支持。展望未来，该平台有望在服务范围、数据服务、政策支持、国际合作及技术创新等方面进一步扩大其社会影响力。

全国知识产权质押信息平台的服务内容涵盖了知识产权质押登记信息的查询、金融产品信息的展示、企业信用信息的查询以及知识产权业务办理的导航。这些服务不仅免费向社会公众开放，而且具有"3个一"的服务特色：信息的一站式汇聚、查询的便捷性及金融产品展示的窗口功能。自上线以来，该平台已经汇集了大量的信用信息和知识产权质押信息，提供了数十万次的数据接口查询服务，并展示了大量的地方知识产权政策法规、典型案例和宣传报道，同时链接了多个相关网站。该平台的操作流程包括用户注册与登录、信息查询、质押登记申请、材料审核、质押登记公示、金融服务对接以及质押登记的跟踪与管理。此外，该平台还提供了政策与法规咨询服务，使用户能够方便地查询到与知识产权质押相关的法律法规和政策动态。

四、国家知识产权保险综合服务试点平台

国家知识产权局为推动知识产权保险的发展，提升知识产权保护水平，统筹建立了国家知识产权保险综合服务试点平台。该试点平台建设的意义在

于支持知识产权运营，促进知识产权的有效运用，完善服务体系，以保险机制增强风险管理能力，推动知识产权的商业化和产业化。通过集聚服务资源，创新服务产品，提供一站式服务，满足市场主体的多元化需求。面临知识产权价值评估难度大、保险产品设计复杂、市场认知度不高等挑战，平台还需加强合作，提升服务能力，加大市场推广力度，提高知识产权保险的社会认可度。

该试点平台提供的服务包括知识产权保险产品设计、风险评估与管理、理赔服务、金融服务、信息查询和咨询服务等。平台采用政府引导、市场运作的模式，与保险公司、金融机构、知识产权服务机构等合作，构建服务体系。该试点平台注重服务方式的创新，提高效率，降低成本，增强市场竞争力。该试点平台整合了多方资源，提供全面的保险服务，旨在为知识产权的创造、保护、运用和管理提供风险保障。该试点平台已在多个地区开展业务，为众多企业提供服务。通过优化服务流程和提升服务质量，取得了社会效益和经济效益。

五、国家知识产权运营（上海）国际服务平台

国家知识产权运营（上海）国际服务平台是中国知识产权运营公共服务体系的重要组成部分，致力于促进知识产权的交易、保护和国际合作。该平台以上海为基地，服务全国，辐射全球，旨在成为知识产权跨境交易的重要枢纽和国际知识产权金融创新的策源地。该平台的成立得到了国家知识产权局和上海市人民政府的共同支持与推动，通过整合技术拥有者、需求方、资本方等资源，提供全面的知识产权运营服务。该平台聚焦生物医药、农业科技、人工智能、航空航天、集成电路、新一代信息技术、新能源、新材料等重点产业，提供专业的知识产权运营服务，推动这些产业的技术创新和市场

竞争力提升。该平台的组织架构按照现代企业制度建立，包括决策层、管理层和执行层，确保其运营的灵活性和高效性。运营实体包括上海国际知识产权运营管理有限公司、交易机构和联盟组织，负责平台的日常运营和管理。平台通过提供知识产权交易服务、金融创新、海外布局及维权、重点产业运营和基础服务等核心业务功能，有效整合各方资源，提供专业的服务，推动知识产权的高效运用和保护。

该平台的服务范围广泛，包括知识产权交易服务、金融创新、海外布局及维权、重点产业运营及基础服务等。具体服务包括在线交易、双向挂牌、网上竞价、专场交易、IP咨询与托管、IP运营开发和金融服务等。平台还积极开展国际业务，通过与国际组织、各国驻沪领事馆、商务处、商会、投资局等的合作，探索跨境知识产权运营合作新模式，并成立上海国际知识产权运营联盟，促进知识产权运营、服务的共商、共建、共赢的生态。平台在国际合作方面已经取得了显著进展，与多个国家和地区的知识产权机构建立了合作关系。该平台已经与"一带一路"共建国家、欧洲、北美等地区的知识产权机构建立了合作关系，形成了广泛的国际合作网络。通过与国际合作伙伴的共同努力，该平台已经成功开展了多个知识产权交流与合作项目，促进了知识产权的国际流通和应用。该平台在国际合作中采取了多元化的合作模式，以适应不同国家和地区的知识产权运营需求。

六、国家知识产权运营（武汉）高校服务平台

国家知识产权运营（武汉）高校服务平台是国家知识产权运营体系中的关键组成部分，由国家知识产权局于 2018 年 6 月批准成立，并由中部知光技术转移有限公司、国家知识产权局专利局专利审查协作湖北中心以及中国地质大学（武汉）共同构建。该平台的成立旨在利用武汉地区的科教资源，推动知识

产权的转化和应用，探索新的运营模式，构建创新生态，加速武汉地区的创新改革，并支持长江经济带的发展。

该平台的服务范围广泛，包括知识产权培训、高校知识产权运营、科技成果转化、技术转移、科技咨询、高价值专利培育、知识产权分析评议、产学研活动、双创大赛、评估评价、科技金融和产业孵化等。该平台通过组织重要活动，如高校知识产权运营与成果转化研讨会和"向市葵"信息平台的推出，加强了知识产权的运营与成果转化。该平台还探索了专利开放许可、作价入股、知识产权证券化等运营模式，并成功打造了"仙桃模式"。自成立以来，该平台已经取得了显著的成果和影响，它帮助高校和企业实现了大量专利的申请与转化，并促进了科技成果与企业的对接。该平台的运营成效得到了教育部科技司的认可，并被推荐为全国高校科技成果转化和技术转移基地的典型经验。

七、国家专利密集型产品备案认定试点平台

国家专利密集型产品备案认定试点平台由中国专利保护协会承建并运营，旨在推动专利产业化和创新成果向实体经济转化。该平台为企业提供公益性的专利产品备案服务，全年开放且不收费，确保备案工作的便捷性和高效性。国家知识产权局通过政策引导，鼓励企业开展专利产品备案，实施专利密集型产品培育推广工程，强化部门协同，推动知识产权优势示范企业、专精特新中小企业、高新技术企业、国有科技型骨干企业等全面开展专利产品备案。政府采购、金融支持和产业政策等措施将支持专利密集型产品的发展，提升专利对实体经济高质量发展的支撑效能。该平台的建立有效避免了资源浪费和标准不统一的问题，实现了统一平台、统一标准、统一认定的目标，提高了专利产品备案工作的规范性和科学性。

　　该平台功能包括备案申报与审核、认定程序、政策支持与服务、培训与指导。企业可以通过平台提交专利产品的相关信息，该平台对提交的信息进行审核，确保其真实性和合规性。通过审核的专利产品将进入认定程序，根据《企业专利密集型产品评价方法》等标准，对产品进行评价和认定。平台还提供政策协同、数据支撑、专题培训和政策解读等服务。

八、国家专利导航综合服务平台

　　国家专利导航综合服务平台的建立，对于提升产业创新和优化资源配置具有明显的推动作用。在国家知识产权局的引导和中国专利保护协会的建设下，该平台的搭建旨在实现专利导航服务的深化。该平台的建设和运营得到了包括国家级专利导航工程支撑服务机构、地方知识产权局、高校和科研机构以及行业协会和企业的多方支持。通过多种合作模式，如政策宣贯、成果推广、场景挖掘、大数据服务和技术服务，平台建立了一个共建、共治、共享的合作生态。

　　该平台的功能广泛，包括全流程管理和绩效评估工具的提供，以确保专利导航工程的高效率和标准化运作。它还搭建了一个供需对接平台，通过产业细分实现服务与需求的精确匹配。此外，该平台还集成了技术工具和数据资源，支持技术研发和创新，促进产业决策和企业经营的科学化。该平台还倡导成果共享与推广，通过成果备案系统，积累和传播知识和经验。同时，作为数字化服务基础设施，该平台运用先进的信息技术，提供数据集成、分析和应用服务，推动服务模式的创新和升级。这些服务在多个应用场景中发挥作用，如高校、科研机构、中小企业、产业决策支持、区域规划和双招双引等，加强了知识产权的保护和运用，推动了创新和技术进步。

九、国家知识产权运营先进技术转化平台

国家知识产权运营先进技术转化平台是财政部、国家知识产权局在全国布局建设的。该平台立足于要素整合和资源聚集，通过构建知识产权运营生态链，致力于成为特色知识产权运营公共服务集聚地和数据交换枢纽，坚持以市场化手段为知识产权运营提供专业化服务支撑，为利用知识产权助力融合深度发展进行有益探索。

第五节　知识产权服务推动知识产权文化传播

知识产权服务机构和专业人士在无形中扮演着知识产权文化传播者的角色，通过日常的服务活动、专业的知识传播、丰富的案例分享、广泛的合作网络以及国际化的交流，知识产权服务正在以多元化的方式推动着知识产权文化的传播和发展。然而，我们也要认识到，知识产权服务推动知识产权文化传播面临着一些挑战。首先，知识产权的专业性和复杂性可能会阻碍文化传播的广泛性。如何将专业的知识产权概念转化为大众易于理解和接受的形式，是知识产权服务机构需要不断探索的问题。其次，在追求经济效益的同时，如何平衡商业利益与文化传播的社会责任，也是知识产权服务机构面临的一个重要课题。未来，随着创新驱动发展战略的深入实施和知识经济的不断发展，知识产权服务在文化传播方面的作用将会更加凸显。我们期待看到，在知识产权服务的推动下，尊重知识、崇尚创新、诚信守法、公平竞争的知识产权文化能够在全社会范围内得到更加广泛的认同和实践。

一、知识产权服务本身就是一种文化传播的过程

知识产权服务不仅是一种专业服务，更是一种文化传播的载体。知识产权

服务涉及法律、技术、经济等多个领域，其核心是保护和促进创新。在提供这些服务的过程中，服务提供者不可避免地要向客户传递相关的理念、价值观和行为准则，这本质上就是一种文化传播。当专利代理师向发明人解释专利申请流程时，他不仅是在传授技术知识，还在传播"保护创新成果"的理念。当商标代理人帮助企业注册商标时，他也在传播"品牌价值"和"诚信经营"的理念。在一次专利侵权诉讼中，律师不仅要向客户解释法律程序，还要传达"尊重他人知识产权"和"公平竞争"的理念。这种持续的互动过程使得文化传播更加深入和有效。知识产权服务通常涉及服务提供者和客户之间的深度互动，这种互动不仅限于专业知识的交流，还包括价值观和行为方式的潜移默化影响。

知识产权服务通常不是一次性的，而是一个持续的过程，这种持续性为文化传播提供了更多机会和更长的时间。一家企业可能会长期与同一家知识产权代理机构合作，处理其专利申请、商标注册、版权登记等事务。在这个过程中，企业不断接受知识产权文化的熏陶，逐渐将尊重和保护知识产权的理念融入到企业文化中。知识产权服务由专业人士提供，这些专业人士不仅拥有丰富的知识和经验，还具有较高的职业素养和道德标准。他们在提供服务的过程中，自然而然地会将这些专业素养传递给客户。一位资深的知识产权评估师在为客户评估专利价值时，不仅会运用专业知识进行分析，还会向客户传递"创新价值"和"无形资产管理"的理念。

知识产权服务涵盖了从创造、保护到运用的全过程，包括专利申请、商标注册、版权登记、知识产权评估、许可交易、侵权诉讼等多个方面。这种多样性使得知识产权文化能够以不同的形式、在不同的场景下传播。知识产权服务不仅涉及理论知识的传授，更多的是实际问题的解决。这种实践性使得知识产权文化能够通过具体案例和真实情境得到传播，增强了文化传播的说服力和影响力。当一家律所帮助某公司成功通过专利诉讼维护了自身权益时，不仅该公司，整个行业都会更加重视知识产权保护，这就是通过实践传播知识产权文化的典型案例。知识产权本身就与创新密切相关，知识产权服务也需要不断创新以适应新的技术发展和市场需求。这种创新性使得知识产权文化能够与时俱进，不断吸收新的元素。知识产权还具有天然的跨国界特性，知识产权服务也常常涉及国际事务。这种国际性使得知识产权文化能够在全球范围内传播，促进了不同文化背景下的知识产权理念的交流和融合。

总之，知识产权服务是一种深入而有效的文化传播过程，通过日常的服务过程，知识产权文化得以潜移默化地传播给客户，并最终影响整个社会。这种传播通过解决实际问题、满足现实需求来实现的，因此更加深入和有效。随着知识经济的演进和创新驱动发展的推进，知识产权服务作为文化传播的载体，其重要性将会越来越凸显。

二、知识产权服务机构的培训、讲座和研讨会直接促进知识产权文化的传播

知识产权服务机构举办的培训、讲座和研讨会等活动不仅直接传播知识产权相关知识，还能深化人们对知识产权的理解，培养尊重创新、保护知识产权的意识。

这些活动为知识产权文化传播提供了专业的平台。知识产权服务机构通常拥有丰富的专业知识和实践经验，他们举办的活动能够提供高质量、专业化的知识产权教育。某些服务机构可能会定期举办"最新专利法解读"的讲座，邀请资深专利律师或学者进行深入浅出的讲解。这种专业性的解读不仅能让参与者了解最新的法律法规，还能帮助他们理解这些变化背后的立法意图和社会影响，从而加深对知识产权制度的理解。

不同背景的人在这些活动中增加了交流的机会，促进了知识产权文化在不

同群体间的传播。一场"人工智能与知识产权保护"的研讨会可能会吸引技术专家、法律专业人士、企业管理者等不同背景的参与者。通过这样的跨领域交流，技术人员可以更好地理解知识产权保护的法律框架，而法律专业人士也能更深入地了解技术发展带来的新挑战。这种多元化的交流不仅拓宽了参与者的视野，也促进了知识产权文化在不同行业和领域的传播。

交流如果聚焦当前热点话题，有助于提高公众对知识产权问题的关注度。例如，在某个知名的专利侵权案件审理期间，知识产权服务机构可能会举办相关的分析会，邀请专家解读案件的来龙去脉及其可能的影响。这样的活动不仅能满足公众对热点事件的关注，还能借机普及相关的知识产权知识，提高公众的知识产权意识。

多样化的形式，能够更好地适应不同受众的需求，从而更有效地传播知识产权文化。对于企业管理者，可能会举办"知识产权战略与企业发展"的高级研讨会，探讨如何将知识产权管理融入企业整体战略。针对初创企业，可能会组织"知识产权入门与融资"的实践工作坊，帮助他们了解如何利用知识产权吸引投资。面向大学生，可能会举办"知识产权与创新创业"的系列讲座，激发他们的创新意识，并培养知识产权保护的意识。对于普通公众，可能会组织"知识产权进社区"的科普活动，通过生动有趣的方式普及基本的知识产权常识。

随着技术的发展，这些活动的形式也在不断创新。除了传统的线下讲座和研讨会，许多知识产权服务机构还开始尝试线上直播、在线课程、播客等新形式。这不仅扩大了活动的覆盖范围，也为知识产权文化的传播提供了更多可能性。

这些交流活动通常不是孤立的，而是构成了一个持续的知识产权教育体系。许多知识产权服务机构会根据市场需求和政策变化，定期更新他们的培训内容，并设计系列课程。这种持续性的教育不仅能够帮助参与者建立系统的知识体系，还能培养他们持续关注知识产权问题的习惯，从而在长期内推动知识产权文化的传播和发展。

所以，知识产权服务机构举办的各种培训、讲座和研讨会，通过提供专业的知识、促进多元化交流、聚焦热点问题、采用多样化形式、结合案例分析、创新传播方式以及构建持续的教育体系等方式，在知识产权文化的传播中发挥了重要作用。这些活动不仅提高了社会各界对知识产权的认知和重视程度，还培养了大量的知识产权人才，为知识产权文化深入发展奠定了坚实基础。

三、知识产权服务案例丰富知识产权文化的内涵

知识产权服务机构在日常工作中会接触到大量的实际案例，涵盖专利申请、商标注册、版权保护、知识产权诉讼等各个方面。这些案例往往具有独特性和代表性，反映了知识产权领域的最新发展和挑战。知识产权服务机构不仅仅是案例的收集者，更重要的是，他们会对这些案例进行深入的分析和总结。这个过程涉及法律分析、技术评估、市场影响等多个维度，能够提炼出有价值的经验和洞见。

这些案例和经验通过多种渠道进行传播，每种渠道都有其特点和受众。业界报告通常由知识产权服务机构或行业协会发布，提供行业趋势分析和最佳实践指南。这类报告常常被业内人士广泛阅读和引用，对行业发展方向有重要影响。学术论文将实践经验上升到理论高度，推动学术研究和法律政策的发展，这些论文可能发表在法学、经济学或技术类的学术期刊上，影响学术界和政策制定者。媒体报道通过大众媒体传播，将专业知识转化为通俗易懂的内容，提高公众的知识产权意识。研讨会和讲座直接面对特定群体，进行深入的案例分析和经验分享。社交媒体以更加灵活和互动的方式分享观点和见解，特别适合快速传播热点话题。

通过这些案例和经验的传播，知识产权文化的内涵得到了极大的丰富。理论知识与实际案例相结合，使知识产权文化更加贴近现实，更具操作性，增强了实践性。案例能够反映最新的技术发展和法律变化，使知识产权文化与时俱进。不同行业、不同类型的案例丰富了知识产权文化的内容，使其更加全面和多元。大量案例和经验的积累和传播，实际上在推动行业标准的形成。这些标准可能涉及专利撰写的最佳实践、商标注册策略、知识产权评估方法等，进一步规范和发展了知识产权文化。

知识产权服务机构通过案例和经验的积累、分析和传播，在知识产权文化的传播和发展中扮演了关键角色。他们不仅丰富了知识产权文化的内涵，还推动了这种文化在不同群体、不同领域的传播和应用。这种基于实践的文化传播方式，使得知识产权文化更加贴近现实，更具影响力，从而有效地推动了创新驱动发展战略的实施和知识经济的发展。

四、知识产权服务机构的多方合作为知识产权文化传播提供广阔平台

知识产权服务机构协助政府开展知识产权宣传、普及活动，提高公众意识，以及参与政府主导的知识产权项目，如专利导航等。这种合作使得知识产权文化能够通过官方渠道得到更广泛的传播，同时也赋予了这种文化更高的权威性。

知识产权服务机构可以与高校合作开展知识产权研究，推动理论创新，协助高校开发知识产权相关课程，将实践经验引入教学，在教育机构举办专业讲座，分享行业前沿知识，同时也为学生提供实习机会，培养未来的知识产权人才。这种合作不仅能够培养专业人才，还能将知识产权文化深入到教育体系中，影响未来的决策者和从业者。

知识产权服务机构与企业的合作能够直接影响企业的经营策略和创新行为，从而在商业实践中得到体现和传播。

知识产权服务机构可以在与各类行业协会的合作中参与行业知识产权标准的制定，合作发布行业知识产权发展报告，共同组织行业研讨会，协助行业协会维护会员的知识产权权益，使得知识产权文化能够在特定行业内得到更有针对性的传播。

知识产权服务机构可以为热点知识产权事件提供专业解读，在专业媒体上开设知识产权专栏，通过媒体分享典型案例，普及知识产权知识，参与制作知识产权主题的科普节目，从而与各种媒体进行合作，能够将专业的知识产权内容转化为大众能理解的形式，大大扩大知识产权文化的传播范围。

知识产权服务机构不仅是知识产权服务的提供者，更是知识产权文化的传播者和创新文化的推动者，通过其与政府部门、教育机构、企业、行业协会、媒体等多方主体的密切合作，极大地扩展了知识产权文化传播的平台和渠道。这种多方合作不仅增加了传播的广度，使知识产权文化能够触及更多的群体和领域，还提升了传播的深度，使知识产权理念能够更好地融入政策制定、教育体系、商业实践和公众认知中。通过这种广泛的合作网络，知识产权服务机构实际上成了知识产权文化传播的重要节点，连接了不同的利益相关者，促进了知识和经验的交流。这种模式不仅有效地推动了知识产权文化的传播，还促进了整个创新生态系统的发展，为建设创新型国家和知识型社会作出了重要贡献。

五、知识产权服务推动知识产权文化国际化传播

知识产权服务机构通过开展跨国业务，自然而然地成为知识产权文化国际化传播的载体。许多大型知识产权服务机构在多个国家设有分支机构，形成全

球服务网络，为跨国公司提供全球范围的知识产权保护服务，与不同国家的本地机构建立合作关系，促进知识产权实践和文化的交流。

知识产权服务机构积极参与各种国际会议和论坛，这些活动是知识产权文化国际传播的重要平台如 INTA（国际商标协会）年会、AIPPI（国际保护知识产权协会）世界大会等行业会议，国际学术研讨会，WIPO 组织的政策讨论会等。服务机构不仅分享本国的知识产权实践和文化，也学习和吸收其他国家的先进理念，促进了知识产权文化的全球交流。

许多知识产权服务机构还参与国际知识产权标准的制定，这直接影响了全球知识产权文化的发展。如 ISO（国际标准化组织）关于知识产权管理的标准，国际性的知识产权服务规范和道德准则。

知识产权服务机构还能够提供跨文化的知识产权培训，直接促进了知识产权文化的国际传播。他们为国际客户提供针对不同国家知识产权制度的培训，为跨国企业提供全球知识产权战略培训，参与或组织国际知识产权人才交流项目。

知识产权服务机构处理的国际重大案例会成为全球关注的焦点，这些案例的处理和传播对知识产权文化的国际化传播有重要影响。苹果和三星的全球专利战就引起了全世界的关注，参与其中的知识产权服务机构通过案例分析和经验分享，极大地促进了全球范围内对科技行业知识产权问题的讨论和理解。

许多知识产权服务机构参与国际知识产权政策的研究和建议工作，研究不同国家的知识产权政策，向国际组织如 WIPO 提交政策建议，这种参与直接影响了国际知识产权规则的制定，从而影响全球知识产权文化的发展方向。

知识产权服务机构通过促进国际创新合作，间接推动了知识产权文化的国际传播。他们协助企业进行国际技术转让，促进创新成果的跨国流动，协助建立和管理国际专利池，促进全球范围内的技术合作，为企业的全球开放创新战略提供知识产权支持，不仅促进了技术的国际流动，也推动了不同国家创新文化和知识产权理念的交流。

知识产权服务机构是知识产权文化在全球传播的重要载体和推动者，促进了不同国家和地区之间知识产权理念和实践的交流。在知识经济和全球化深入发展的背景下，知识产权服务机构在促进知识产权文化国际化传播方面的作用将会越来越突出，它们不仅是知识产权服务的提供者，更是全球创新文化的传播者和塑造者。这种国际化传播对于构建更加公平、高效的全球知识产权体系，促进全球创新合作具有重要意义。

六、知识产权服务与知识产权文化传播的循环反馈

知识产权服务机构通过其专业服务，初步推动知识产权文化的传播。随着知识产权文化的传播，社会对知识产权的认知得以提升，进而增加了知识产权服务的需求，使得创新主体更加重视知识产权，寻求更多相关服务，知识产权服务市场规模扩大，服务种类增加，并且客户对知识产权服务的质量要求在提高。

知识产权文化的深化直接提高了对服务专业性的要求。知识产权服务人员需要具备更全面、更深入的知识储备，包括法律、技术、商业等多个领域。除了基本的业务技能，还需要具备分析、预判、战略规划等高级技能。知识产权领域的快速发展要求知识产权服务人员具有持续学习的能力和意愿。在专利代理领域，仅仅了解《专利法》已经不够，还需要对相关技术领域有深入理解，甚至需要具备一定的商业洞察力。知识产权文化促进了服务精准度的提升，促使服务机构更深入地理解客户的实际需求，提供针对性服务。要求根据客户的具体情况，提供个性化的解决方案，更加注重服务的实际效果，而不仅仅是完成流程。例如在商标注册服务中，不是简单地按客户要求申请，而是会结合企业战略、市场情况等因素，提供更有针对性的建议。知识产权文化的发展推

动了服务范围的拓展，从单一环节服务向覆盖知识产权全生命周期的服务延伸，将知识产权服务与其他专业服务如财务、管理咨询相结合，或者提供更多的增值服务，如市场分析、竞争对手监测等。知识产权文化推动了服务标准更加严格，促进更高水平的行业服务标准的制定和实施，更规范的内部质量控制标准，以及与国际接轨的服务标准。知识产权服务机构需要持续关注知识产权文化发展，不断提升服务能力，以满足日益提高的市场需求。培育知识产权文化，即是提升知识产权服务质量的重要途径。

增加的服务需求和提高的质量，要求促使知识产权服务机构不断创新和升级其服务，开发新的服务项目以满足多样化需求，引入人工智能等新技术提高服务效率，和在特定领域提供更专业、深入的服务。服务的创新和升级进一步推动了知识产权文化的深化，高质量服务展示知识产权管理的最佳实践，专业服务证明知识产权的商业价值。知识产权文化的深化会影响政策制定，进而又影响知识产权服务，社会对知识产权保护意识的提高推动政府加大知识产权执法力度，这又为知识产权诉讼服务创造了更多需求。知识产权文化的传播会促进相关人才的培养，这些人才又会加入知识产权服务行业。高校增加知识产权相关课程和专业，更多人选择知识产权作为职业方向，也有一些人才从企业或政府部门转入服务机构。知识产权服务的发展不仅推动了知识产权文化，还推动了整个创新文化的发展，创新文化的发展又会带来更多的知识产权服务需求，形成良性循环。

知识产权服务推动知识产权文化传播是一个持续、动态的循环反馈过程。在这个过程中，知识产权服务机构既是文化的传播者，也是文化发展的受益者。它们通过提供服务推动文化传播，文化传播又创造了新的服务需求和机会。这种循环反馈机制使得知识产权服务和知识产权文化能够共同发展，相互促进。它不仅推动了知识产权事业的发展，还对整个社会的创新文化产生了深远影响。

结　语

文化是一个国家和民族生生不息的基石。中国知识产权文化也在我国的社会主义建设的征程中孕育、发展、完善和升华。当今世界正处于百年未有之大变局，国家的软实力对中华民族伟大复兴尤显重要。因此，迫切需要对发展至今的中国知识产权文化进行一个比较系统且清晰的梳理。

本书试图通过全面的、系统的、全球的视野去梳理知识产权文化的过去、现在和未来。尽管由于我们的水平有限，时间紧张，我们的最终作品也许还不能完全达到预期的目的，但我们认为可以在如下方面与大家达成基本共识。

一是知识产权文化及其传播的重要性毋庸置疑，其在知识产权创造、运用、保护、管理、服务等全链条的各个环节都发挥着不可或缺的重要作用。

二是在知识产权文化的共性方面，我国知识产权人要敢于跨越和引领。例如，强保护是世界各国知识产权文化的一个重要共识，我国在知识产权司法保护和协同保护等方面做了大量的工作，要有信心和决心进行大踏步的推进，不断健全知识产权严保护、大保护、快保护、同保护工作体系。

三是在知识产权文化的个性方面，我们要认真地把握和尊重。例如，开展转化运用专项行动，加强知识产权的宏观和微观管理，并提供更优质的知识产权公共服务，是近年来我国结合科技发展水平和经济社会实际而着力加强的。政府部门陆续出台各种政策，进一步搭建形式多样的平台，助力社会各界知识产权的成果落地开花、百花齐放。

四是中国知识产权文化的发展有其中国特色，也是我国社会发展的一个侧面和缩影，应进一步发展好、尊重好、利用好。各相关部门和各地方政府要形成合力，让创新主体和社会公众切实体会到我国在知识产权工作全链条上的力度和丰硕成果，不断丰富知识产权文化的内涵与外延。

五是发展好中国知识产权文化的重要手段之一就是要加强其传播。在传播知识产权文化的过程中，我们应在将各方面的经验进一步发扬光大的同时，放眼全球、补齐短板，让中国知识产权文化越来越繁荣，更好地为知识产权强国建设贡献力量，为中国式现代化提供有力支撑。

在全书的最后，我们想表达的是，当今世界正处于百年未有之大变局，当今中国正处于建设中国式现代化的关键时期，在新时代的征途上，进一步加强知识产权事业发展是我们每一位知识产权人的责任和义务。我们期望通过本书的出版，能够抛砖引玉地吸引更多的有识之士，为中国知识产权传播的实践、为中国知识产权文化的建设提供更多的建设性思考，以进一步促进中国知识产权高质量发展，这将是本书作者的最大的荣幸。

韩晓洁，高级知识产权师，北京化工大学硕士，拥有法律职业资格证书，福建省知识产权专家智库专家，国家知识产权局优秀共青团干部，从事知识产权工作16年，参与多次知识产权对外宣传专项工作。

黎舒婷，高级知识产权师，中国药科大学硕士，国家知识产权局骨干人才，国家知识产权局"四好"党员、提质增效金质奖章获得者，专利审查协作北京中心首批青年人才，从事知识产权工作16年。

长丹，副研究员，清华大学、德国亚琛工业大学双硕士，国家知识产权局高层次人才，国家知识产权局优秀党务工作者、"四好"党员、优秀青年、政务信息工作先进个人，中国知识产权报优秀通联工作者，从事知识产权工作18年。

新时代知识产权文化传播实践研究

吴峥，高级知识产权师，中国科学院博士，中国科学技术大学双学士，国家知识产权局骨干人才，北京市知识产权局技术调查官，专利审查协作北京中心培训师资，从事知识产权工作15年。

徐慧芳，北京印刷学院硕士，国家知识产权局创意海报大赛三等奖获得者，专利审查协作北京中心青年学习标兵、优秀青年志愿者等荣誉称号。多部艺术作品被中国知识产权报、扬州日报等采用。

作者简介

李文龙，助理研究员，北京林业大学学士，国家知识产权局骨干人才，国家知识产权局青年岗位能手，连续两届国家知识产权局提质增效金质奖章获得者，从事知识产权工作12年。

付佳，正高级知识产权师，西安建筑科技大学硕士，国家知识产权局骨干人才，国家知识产权局级教师，从事知识产权工作16年，长期从事专利审查及相关教学工作，参与多次知识产权对外宣传专项工作。

赵偲懿，北京电影学院硕士，国家知识产权局骨干人才，国家知识产权局优秀共青团员。多部艺术作品入围ACG SIGGRAPH VR主竞赛单元、华盛顿独立电影节、墨西哥Multvision Festival等；参与作品荣获国际百年献礼创意动漫奖、海外新媒体动漫创意奖等。

罗朋，助理研究员，北京理工大学硕士，从事知识产权工作15年，并多次为各类创新主体提供知识产权咨询专项服务。